अस्तित्व की खोज

भारतीय इतिहास की महत्त्वपूर्ण स्त्रियाँ

ज्ञान शांति मैत्री

महात्मा गांधी अंतरराष्ट्रीय हिंदी विश्वविद्यालय

अस्तित्व की खोज

भारतीय इतिहास की महत्त्वपूर्ण स्त्रियाँ

संकलन एवं सम्पादन

रेखा मोदी

तकनीकी सम्पादक

डॉ. कमलकिशोर मिश्र

अनुवाद

पूर्वा याज्ञिक कुशवाहा

शोध सहयोग

प्रो. रिमी बी. चटर्जी

राजकमल प्रकाशन

ISBN : 978-93-88183-27-7

मूल्य : ₹895

पहला संस्करण : 2018
दूसरा संस्करण : 2022

प्रकाशक : राजकमल प्रकाशन प्रा. लि.
1-बी, नेताजी सुभाष मार्ग, दरियागंज
नई दिल्ली-110 002

शाखाएँ : अशोक राजपथ, साइंस कॉलेज के सामने, पटना-800 006
पहली मंजिल, दरबारी बिल्डिंग, महात्मा गांधी मार्ग, प्रयागराज-211 001
36 ए, शेक्सपियर सरणी, कोलकाता-700 017

वेबसाइट : www.rajkamalprakashan.com
ई-मेल : info@rajkamalprakashan.com

मुद्रक : बी.के. ऑफसेट
नवीन शाहदरा, दिल्ली-110 032

ASTITTVA KI KHOJ
Compilation and editing by Rekha Modi

आमुख

भारतीय महिलाओं की छवि को लेकर यह रूढ़ि लोक-प्रचलित है कि वे 'अबला' हैं और उन्हें जीवन-भर सहारों की ज़रूरत पड़ा करती है। ऐसे में पर निर्भरता को यदि उनका आन्तरिक स्वभाव मान लिया जाए तो उनके शोषण का रास्ता खुल जाता है। घर की चारदीवारी के अन्दर और बाहर उन्हें तरह-तरह की हिंसा का सामना करना पड़ता है। ऐसी घटनाएँ आए दिन प्रकाश में आती हैं जिनमें स्त्रियों को प्रताड़ित किया गया होता है। इसके अतिरिक्त बहुत सी घटनाएँ अलक्षित ही रह जाती हैं। आशंका, भय और भेदभाव के परिवेश में जीने के लिए वे अभिशप्त-सी बनी हुई हैं। इस पृष्ठभूमि में 'अस्तित्व की खोज' एक भरोसे की बयार जैसी अनुभूति देती है। वह सहलाती है, पुचकारती है और दृढ़तापूर्वक मार्ग पर अविराम आगे बढ़ने के लिए निमंत्रित करती है। डगर कठिन है, बाधाएँ भी बहुत सारी हैं पर यदि साहस और लक्ष्य के प्रति प्रतिबद्धता हो तो कुछ भी असम्भव नहीं होता।

इस महत्त्वपूर्ण कृति में तीन सौ चार ऐसी भारतीय महिलाओं की जीवन-छवि उकेरी गई है जिन्होंने अपने समय से आगे बढ़कर स्त्री-शक्ति के विभिन्न आयामों को आचरण के स्तर पर उद्‌घाटित किया है। यह पुस्तक इस बात का सबूत देती है कि भारतीय स्त्री अपने देश-काल की ज़िम्मेदारियों को जानती है और निभाती है। उन सबमें सामाजिक और सांस्कृतिक सरोकारों के प्रति एक तीव्र और दुर्दमनीय आकर्षण है। वे कुछ कर गुज़रने के लिए आकुल हैं। उनमें अधिकांश घर-परिवार की जटिल परिस्थितियों से आती हैं। उनकी पृष्ठभूमि गाँव, शहर या क़स्बा कहीं कि हो सकती है। वे शिक्षित और अनपढ़ दोनों ही क़िस्म की हैं। जीने की चुनौती उन्होंने स्वीकार की और मार्ग में आने वाले सभी अवरोधों को दूर किया, स्वीकार किया और अपना मार्ग ढूँढ़ा। उनकी जीवनगाथा मन को कुरेदती और उत्साहित करती है।

इनके निकट पहुँचकर यही कहा जा सकता है कि पुस्तक में सम्मिलित सारे चरित्र सामाजिक सृजनशीलता और उद्यम के जीवन्त प्रतीक हैं। इनमें से बहुत तो अदृश्य थीं और किसी को उनके बारे में कुछ अता-पता ही नहीं था। साहित्य, कला, भक्ति, सामाजिक कार्य, राजनीति और ज्ञान-विज्ञान के अनेकानेक क्षेत्रों में इनकी उपस्थिति से हमारा समाज समृद्ध हुआ है। यह भारत के सामाजिक जीवन का एक महत्त्वपूर्ण दस्तावेज़ है जो स्त्रियों के बारे में प्रचलित अनेक भ्रान्तियों को मिटाता है और प्रेरणा का स्रोत है। सामाजिक स्मृति में इनका बना रहना बेहद ज़रूरी है।

मुझे विश्वास है कि इस पुस्तक का पाठकों द्वारा हृदय से स्वागत किया जाएगा और यह आयोजन निरन्तर अद्यतन होता रहेगा। विस्मृति की गर्त में छिपे इन मानव-रत्नों को खोजकर सामने लाने के लिए इस परियोजना से जुड़े सभी जनों के लिए हार्दिक बधाई!

—गिरीश्वर मिश्र

कुलपति, महात्मा गांधी अन्तर्राष्ट्रीय
हिन्दी विश्वविद्यालय, वर्धा

पुस्तक के बारे में

हिन्दी में प्रथम 'अस्तित्व की खोज' के प्रस्तुत संस्करण को व्यापक रूप से संशोधित व परिवर्धित किया गया है, इसमें असाधारण महिलाओं के नये शब्दचित्र जोड़े गए हैं। इनमें से कुछ तो ऐसी महान स्त्रियों के भी हैं जो 1999 में पुस्तक के अंग्रेज़ी संस्करण के बाद इस संसार से विदा ले चुकी हैं, अतः इसमें शामिल की जा सकी हैं। जिन अन्य स्त्रियों को शामिल किया गया है, वे ऐसी हैं जिन्हें प्रथम संस्करण में भी होना चाहिए था, पर जिन्हें तब तक तलाशा नहीं जा सका था। हमारी सूची अब पहले की तुलना में कहीं अधिक विविध, अखिल भारतीय व अधिक समग्र है। सम्भावना है कि समय के साथ यह अपने विस्तार व वैविध्य में और भी बढ़ सकेगी।

इस पुस्तक के संकलन का अनुभव दरअसल खोज की एक यात्रा का रहा है। जिस क्षेत्र में हम कई रोचक नये चेहरे जोड़ सके हैं वह विज्ञान, प्रौद्योगिकी व चिकित्सा का है जिससे उस आम मान्यता को ग़लत सिद्ध किया जा सका है कि इन विषयों में दक्षता केवल पुरुषों तक सीमित थी। एक अन्य क्षेत्र जिसमें महिलाओं का प्रतिनिधित्व दुःखद रूप से कम है, वह है खेल-कूद का क्योंकि इसमें स्त्रियों ने तुलनात्मक रूप से देर से प्रवेश किया है।

हम जानते हैं कि हमारी पुरजोर कोशिशों के बावजूद, जीवन के तमाम दूसरे क्षेत्रों में कई नारियों के नाम और कथाएँ हैं, जिन्हें हम अब तक सुन ही नहीं पाए हैं। परन्तु कुछ उत्साहवर्धक संकेत भी हैं। अब स्त्रियों के जीवन का बेहतर दस्तावेज़ीकरण हो रहा है और आज से पचास, बल्कि दस वर्ष पूर्व तक भी समाज उनकी उपलब्धियों को जितना स्वीकारता उससे अधिक सम्भावना आज उनके स्वीकृत होने की है। यह उस रिवाज़ के विपरीत है जिसके चलते हाल तक, स्त्रियों के नाम विवाहोपरांत बदल दिए जाते थे और इस घटना के पूर्व का उसका इतिहास बिलकुल मिटा दिया जाता था। आज प्रेस विख्यात

स्त्रियों के मृत्यु-संवाद और उनकी ख़बरें पुरुषों की बराबरी में छापता है और उनके विषय में लिखते या बोलते समय मीडिया का नज़रिया पहले की तुलना में उन पर कृपा करने का भी कम रहता है। इसके अलावा घर-संसार का 'निजी' क्षेत्र भी अब कड़ी चौकीदारी वाला स्थान नहीं रह गया है, तथा उसमें रहने वाली स्त्रियों से यह उम्मीद भी नहीं रखी जाती कि वे सार्वजनिक नज़रों से लुकी-छिपी रहेंगी। मंज़िल बेशक दूर है, पर यह नज़रिया भी विकसित हो रहा है कि स्त्रियों की उपलब्धियाँ स्वयं अपने हक़ से ग़ौर करने लायक हैं। अब यह सम्भावना भी घटी है कि किसी स्त्री की सफलता की बधाई उसके पति और पिता को दी जाए, या अगर किसी क्षेत्र में उसकी उपलब्धियाँ पुरुषों के समान हों तो अचरज हो।

इस पुस्तक की सभी स्त्रियाँ यहाँ इसलिए मौजूद हैं क्योंकि उन्होंने कुछ ऐसा रचा-गढ़ा जो उनके बाद भी ज़िन्दा है, फिर चाहे वह रचना कोई संस्था हो, कला विधा या उसका रचना संकलन हो, या कोई ढाँचा, एक दर्शन, कोई तकनीक या कोई सामाजिक आन्दोलन हो। अपने जीवन के एकान्त स्थलों को छोड़ व्यापक दुनिया से जुड़ने की चेष्टा में उन्होंने तमाम हतोत्साहनों व निषेधों का सामना किया। कभी अपने इर्द-गिर्द लोगों से उन्हें मदद मिली, तो कभी वे उनके आड़े आए, पर उन्होंने हिम्मत नहीं हारी। वे अपने बाद आने वालों के लिए प्रेरणा बनीं, जो उनके पदचिह्नों पर चले और जिन्होंने उनके द्वारा बनाई गई नींव पर निर्माण किया। उनकी कथाओं का संकलन कर हम एक परम्परा रच रहे हैं, रिवायतें स्थापित कर रहे हैं जिनसे आज की नारियाँ प्रेरणा ले सकती हैं और अपना जीवन सुधार सकती हैं। समृद्ध वैविध्य के ताने-बानों से बुनी उनकी कथाओं को एक ही पाठ के रूप में पढ़ा जाना चाहिए। जब प्रत्येक छवि को समग्रता में रखा जाता है, तो ऐसे नमूने व बेल-बूटे दिखने लगते हैं मानो कई सूइयों ने इस लिहाफ़ पर काम कर उसे मोहक कशीदों से भर दिया हो। हम देख पाते हैं कि वैज्ञानिकों और रानियों जैसी नितान्त भिन्न स्त्रियों ने अपने जीवन में एक-सी समस्याओं का सामना किया है, फिर भी एक से साहस और संकल्प से अपनी समस्याएँ सुलझाई हैं। गायिकाओं और सक्रियकर्मियों ने मूक कर देने की धमकियों के बावजूद, नतीजों की परवाह किए बिना बेधड़क अपनी बात कही है। अभिनेत्रियों और राजनीतिज्ञों ने घर के बाहर मुँह उघाड़ने पर निन्दा झेली है, पर फिर भी जुटी रही हैं। लेखिकाओं और माताओं ने अपनी सन्तानों को

पाला-पोसा है, फिर चाहे ये सन्तान शरीर से उत्पन्न हों या उनके मानस से।

हमारे बेहतरीन कोशिशों के बावजूद, हम पुस्तक में उल्लिखित सभी तथ्यों व तिथियों की पुनर्पुष्टि नहीं कर पाए हैं, और कुछ मामलों में तो हमें जन्म व मृत्यु की तिथियाँ तक नहीं मिल सकी हैं। अतः हम अपने पाठकों से भूलों या अनुल्लेखों की क्षमा चाहते हैं। कुछ प्राचीन तथा मध्ययुगीन महिलाओं के सन्दर्भ में, लड़कियों की जन्मतिथियों को दर्ज करने का समसामयिक रिवाज़ न होने के कारण, उन तिथियों की पुष्टि कर पाना तक असम्भव है। हमें उन्हें निकटतम शताब्दी में रखना पड़ा है, या उनके शासनकाल का उल्लेख करना पड़ा है (बशर्ते उन्होंने राज किया रहा हो।) आधुनिक महिलाओं के सन्दर्भ में भी कई महत्त्वपूर्ण विभूतियों की सूचनाओं का अभाव भयावह है। हमें गौण स्रोतों पर निर्भर होना पड़ा है क्योंकि प्रत्येक शख़्सियत की सूचनाओं के लिए प्राथमिक स्रोतों से शोध करना भारी काम सिद्ध होता। फिर भी हमने तथ्यों की यथासम्भव पुष्टि के लिए ऐसी सामग्री का उपयोग किया है जो प्राथमिक स्रोतों पर आधारित हो।

इतिहास में स्त्रियों के योगदान का जश्न मनाने वाले पुरुष विमर्श में आमतौर पर यह कहने का चलन रहा है कि स्त्रियाँ कोमल लताओं-सी हैं जो अपनी नाज़ुक पत्तियाँ किसी ऐसे विशाल वृक्ष के तने के गिर्द लपेटती ऊपर चढ़ती हैं, जो उनके जीवन का पुरुष हो, चाहे वह पुरुष पिता हो, पति हो या फिर मार्गदर्शक। पर हमने पाया कि इस बिम्ब के ठीक उलट, ये स्त्रियाँ स्वतंत्र रूप से 'वृक्षों' में विकसित हुईं। और तो और, इनमें जो श्रेष्ठतम थीं उनमें इतनी ऊर्जा और जीवन्तता थी कि वे विशाल, अनेक शाखाओं वाले बोधि-वृक्ष बनीं, जिनकी कोमल छाया में पोषक निगहबानी के तहत कई पहलें, संस्थाओं, मुद्दे, कार्य और दृष्टियाँ पनप सकीं। प्रत्येक ने अपने तरीक़े से, अपनी शाखाएँ फैलाना और रोशनी तलाशना सीखा।

अमला शंकर ने 1999 में स्त्री शक्ति पुरस्कार वितरण के दौरान इस पुस्तक के अंग्रेज़ी संस्करण का विमोचन किया था।

सर्वप्रथम मैं अपनी माँ जी श्रीमती दयावती मोदी को स्मरण करना चाहूँगी जिनका जीवन मेरे लिए मार्गदर्शक के रूप में सदैव मेरे अन्तःकरण में मौजूद रहेगा।

मैं अपनी परामर्श समिति, योगदान करने वालों तथा उप-सम्पादक रिमी. बी. चैटर्जी व कॉपी एडिटर अभिजीत चैटर्जी के योगदान को

स्वीकारना चाहूँगी। मुखपृष्ठ के विषय में नीरू पोद्दार के सुझावों के लिए उनको धन्यवाद देती हूँ। रीता डालमिया का विशेष उल्लेख आवश्यक है क्योंकि उनके उत्साह और निरन्तर सहयोग के बिना यह पुस्तक अस्तित्व में ही नहीं आती। अन्त में मैं स्वर्गीय डॉ. विद्यानिवास मिश्र, प्रोफेसर जैरी फोर्ब्स तथा डॉ. अनुराधा चन्दा के योगदान के लिए आभार प्रकट करना चाहूँगी। पुस्तक के अनुवादक पूर्वा याज्ञिक कुशवाहा तथा इस पुस्तक के तकनीकी सम्पादन के लिए कलकत्ता विश्वविद्यालय में कार्यरत संस्कृत विभाग के सहायक प्रोफेसर डॉ. कमलकिशोर मिश्र के प्रति मैं आभार प्रकट करती हूँ।

अगस्त, 2018

—रेखा मोदी

अनुक्रम

परिचय

धर्मगुरुओं (पोपों) और राजाओं की लड़ाइयाँ, हर पृष्ठ पर और साथ ही युद्ध व महामारी; हर तरह से निकम्मे पुरुष और औरतें लगभग नामौजूद—यह सारी घटनाएँ थका देने वाली हैं।

—जेन ऑस्टेन

हालाँकि कम से कम आधी आबादी हमेशा ही औरतों की रही है, उन्हें इतिहास में उनका देय कभी दिया नहीं गया है। गर्डा लर्नर, जिन्होंने महिला इतिहास को छानबीन के गम्भीर विषय के रूप में प्रस्तुत किया, हमेशा हमें जो हुआ हिज़ स्टोरी तथा जो लिखा गया हिज़ स्टोरी में अन्तर को ध्यान में रखने को चेताती थीं। दुर्भाग्य से कैपिटल एच से जो हिस्ट्री लिखी गई उसने पुरुषों के जीवन व क्रियाकलापों को अपना मुख्य विषय बना डाला और स्त्रियों के कृत्यों व गतिविधियों की उपेक्षा की, उन्हें हाशिए पर धकेला, यहाँ तक कि उसे मिटा भी डाला।

1970 के दशक से ही इतिहास के लिए स्त्रियों के जीवन को वापस स्थापित करना नारी इतिहास परियोजना का प्रमुख हिस्सा रहा है, पर इस अनुशासन में काम करने वालों को अपर्याप्त अभिलेखों के साथ ही स्त्रियों की उपलब्धियों को जानबूझकर छुपाने के प्रयासों से भी जूझना पड़ा है। हममें से जो नारियों का इतिहास लिखते हैं, उनका दृढ़ विश्वास है कि स्त्रियाँ इतिहास के पूरे कालक्रम के दौरान लगातार कृत्य करती रही हैं, सोचती, रचती, ईजाद करती और बग़ावत भी करती रही हैं, और यह विश्वास भी है कि मेहनत करें तो हम उन्हें इतिहास में 'पुनर्स्थापित' भी कर सकते हैं। साथ ही हम यह माँग भी करते हैं कि इतिहास का प्रमुख वर्णन मानव विकास की एक अधिक समग्र कथा कहे।

भारत में उपनिवेशवादी ब्रिटिश सरकार ने दस्तावेज़ीकरण के नये तौर-तरीक़े और संस्थाएँ कायम कीं, परन्तु भारतीय स्त्रियों के जीवन

को समझने या उनका लेखा-जोखा रखने में कोई रुचि नहीं दर्शाई। भारतीय स्त्रियाँ उनके लिए सरोकार का विषय केवल तब बनतीं, जब पीड़ित स्त्रियों को उन क्रूर प्रथाओं से बचाने का दावा सम्भव होता, जो उनके ही पुरुषों द्वारा कायम रखी गई थीं; या फिर तब जब सरकार को यह भय लगता कि वे बग़ावत पर उतर आएँगी। इन परिस्थितियों में पुरुष-केन्द्रित तथा सांस्कृतिक पट्टियों ने उपनिवेशवादी इतिहासकारों की दृष्टि को भी बाधित किया जो भारतीय नारियों के जीवन का दस्तावेज़ीकरण कर सकते थे। एक उदाहरण इस बिन्दु का दृष्टान्त उपलब्ध करवाएगा। पर्दा व लिंग पार्थक्य की संयुक्त प्रथाओं का अवलोकन करते समय, ब्रिटिशरों ने इन्हें 'सम्पूर्ण' माना (या तो स्त्री पर्दे में थी, या नहीं) और उन्हें पर्दा त्यागने को प्रोत्साहित किया। उनकी दृष्टि में घूँघट ओढ़े स्त्री दमित-शोषित थी और घूँघट बिना मुक्त। ब्रिटिश शिक्षिकाएँ, चिकित्सक व मिशनरी महिलाएँ 'पर्दानशीन' स्त्रियों को प्रबुद्ध और स्वामिभक्त प्रजा बना सकेंगी ऐसा माना गया। यह परियोजना असफल रही, इसलिए नहीं कि इससे जुड़े लोगों में कमी थी, बल्कि इसलिए क्योंकि उपनिवेशवादी जिस प्रथा को समाप्त करना चाहते थे, उसका अर्थ ही उन्होंने ग़लत समझा था।

राष्ट्रवादी इतिहासकार भी स्त्री की कथा कहने से चूक गए, उन्हें भी ऐसे 'महापुरुषों' का विवरण-वृत्तान्त लिखना पसन्द आया जिन्होंने राष्ट्र निर्माण किया था। आज़ादी के बाद जब भारतीय नारियों के इतिहास पहले-पहल लिखे गए, पुरुष लेखकों ने प्राचीन भारत की आज़ाद और सशक्त स्त्रियों की भूरि-भूरि प्रशंसा करते हुए आज़ाद भारत में उस महानता को लौटा लाने की कामना की। नीरा देसाई की रचना, *विमेन इन मॉर्डन इंडिया* (1957 में प्रकाशित), भारतीय महिलाओं का पहला विश्लेषणात्मक इतिहास था, जिसने ऐसे वर्णनों को चुनौती दी। इस पथ-प्रदर्शक व दूरदर्शी रचना में देसाई ने तर्क किया कि स्त्रियों के लिए कोई–'स्वर्णिम युग' नहीं था, प्राचीन काल पितृसत्तात्मक था, और उस युग की 'महान नारियाँ' भी पुरुषों की अधीनता में जीती थीं। मुस्लिम शासन के दौरान पर्दा व बहुपत्नीवाद की दोहरी प्रथाओं के प्रचलन के कारण भारतीय स्त्रियों के अधिकारों व आज़ादी पर और भी बंदिशें लगीं। ब्रिटिश नये विचार व तकनीक के साथ आए, जिसका उपयोग उन्होंने देश के आर्थिक व राजनीतिक शोषण के लिए किया। बेशक कुछ प्रकाशमय बिन्दु भी थे, देसाई ने तर्क रखा, परन्तु किसी भी गम्भीर इतिहासकार को इन्हें खोज निकालना होगा और यह

समझाना होगा कि इन युगों में स्त्रियों के जीवन किस प्रकार सुधरे।

देसाई के बाद, और खासतौर से 1970 के दशक के बाद इतिहासकारों ने स्त्रियों के इतिहास लेखन में नये अभिगमों और पुरालेखों का उपयोग किया है। मौखिक इतिहास, नारीवादी सिद्धान्त तथा उत्तर आधुनिकतावाद की विधियों को उधार लेना और 'पुरालेख' की धारणा को विस्तृत बनाना महिलाओं के इतिहास को तलाशने में बेशकीमती सिद्ध हुआ है।

व्यावसायिक (प्रोफेशनल) इतिहासज्ञों के रूप में हम इन नये अभिगमों और प्रकाशनों पर गर्व तो करते हैं, पर फिर भी यह विलाप तो रह ही जाता है कि हम इतिहास के मुख्यधारा के वर्णन को बदलने में सफल नहीं रहे हैं। चुनिन्दा कॉलेज छात्र-छात्राएँ विभाजन के बाद के भारत में नारी की भूमिका को मुखरित करने लगे हैं, परन्तु उनसे कहीं अधिक स्कूली व कॉलेज छात्र-छात्राएँ घटनाक्रम के पुरुष केन्द्रित वर्णन को दोहराते हैं। ज़ाहिर है कि भावी चुनौती इतिहास के बुनियादी वर्णन को प्रभावित करने की है।

इसी सन्दर्भ में मैं 'अस्तित्व की खोज' जो भारतीय महिलाओं का जीवनकथात्मक शब्दकोश है के इस नये संस्करण के पूर्ण होने का स्वागत करती हूँ। इन पृष्ठों में जो स्त्रियाँ दर्ज हुई हैं वे वैदिक सन्तों से लेकर मध्ययुगीन रानियों तथा समकालीन वैज्ञानिक तक हैं। हालाँकि यह व्यापक होने का गम्भीर प्रयास है, कोई भी जीवनकथात्मक शब्दकोश तब तक पूर्णतः व्यापक नहीं हो सकता, जब शोध के क्षेत्र की छानबीन जारी हो। स्त्रियों के इतिहास को ऐतिहासिक वर्णन का हिस्सा बनाने के लक्ष्य की दिशा में 'अस्तित्व की खोज' एक प्रमुख क़दम है।

—गैराल्डीन फोर्ब्स

सेराक्रूज, अमेरिका
सितम्बर, 2009

अख़्तर बेगम
(1914-1974)

बेगम अख़्तर का जन्म नाम अख़्तरी बाई फैज़ाबादी था। वे लखनऊ के एक कुलीन परिवार में जन्मी थीं जो आर्थिक संकट में घिर गया था। उन्होंने बाद में दावा किया कि उनके पिता असग़र हुसैन जो एक न्यायाधीश रह चुके थे, ने उनके संगीत से जुड़ने पर सख़्त एतराज़ किया था। परन्तु असलियत यह थी कि उनकी माता, मुश्तारी बेगम गाकर ही गुज़ारा चलाती थीं और एक तवायफ़ थीं। मुश्तारी बेगम को जल्दी ही यह अहसास हो गया कि उनकी बेटी में चोटी तक पहुँचने की लियाक़त है। बेगम अख़्तर ने तेरह वर्ष की उम्र में मंच पर अपनी माँ की संगत की, और पन्द्रह साल की उम्र में अपना पहला सार्वजनिक प्रदर्शन किया। उस समय एचएमवी रिकॉर्ड के प्रमुख वहाँ मौजूद थे। वे उनके मुरीद बने और बेगम अख़्तर को अपना रिकॉर्ड बनाने को राज़ी कर लिया। बेगम अख़्तर का चेहरा और आँखें अभिव्यक्तिपूर्ण थीं और वे 'भाव बताने' के साथ गाने में माहिर थीं।

उन्होंने पटियाला घराने के उस्ताद अदा मुहम्मद ख़ाँ से तालीम ली। सुलभ शास्त्रीय संगीत, ख़ासकर ग़ज़ल गायकी में, उन्होंने महारत हासिल की। उन्होंने फ़िल्मों में भी अभिनय किया। 1933 में प्रारम्भ कर 1942 में *रोटी* तक उन्होंने अदाकारी की, जो उनकी सबसे सफल फ़िल्म रही। 1943 से उन्होंने किराने घराने के उस्ताद वाहिद ख़ान से तालीम ली। 1946 में उनका निकाह काकोरी के नवाब इश्तियाक़ अहमद अब्बासी से हुआ। उनके पति नहीं चाहते थे कि वे गायें, बल्कि चाहते थे कि वे एक इज़्ज़तदार स्त्री की तरह जियें। बेगम अख़्तर ने सिगरेट पीने की लत छोड़ने और आज्ञाकारी बनने के लिए काफ़ी संघर्ष किया, पर संगीत के बिना वे मुरझाने लगीं। आख़िरकार उनके शौहर को झुकना पड़ा। 1949 में उन्होंने एक रिकॉर्डिंग की और लखनऊ रेडियो के लिए गाया। बेगम अख़्तर खिल उठीं और उनके पति ने उन्हें फिर से संगीत सभाओं में हिस्सा लेने की अनुमति दी। उनको मिली नई प्रतिष्ठा के कारण उनके कई प्रशंसक और छात्र मिले, जिनके लिए उन्होंने अपने अतीत को नये सिरे से रचा और तवायफ़ संस्कृति से उपजे होने की बात छिपाई। बाद में जब उनकी एक सम्मानित शिष्या, शान्ति हीरानन्द ने उनका ज़िन्दगीनामा लिखा, तो इस सबका कोई ज़िक्र ही नहीं किया या अप्रिय तथ्यों पर लीपापोती कर दी गई। बेगम अख़्तर स्वयं

ऐसा चाहती थीं, गौहर जॉन जैसी गायिकाओं के विपरीत, वे अपने इस अन्तर से लज़्जित थीं, वे चाहती थीं कि उन्हें उच्च समाज में स्वीकारा जाए।

ग़ज़ल तथा ठुमरी, दादरा जैसे सुलभ शास्त्रीय गायन शैलियों को लोकप्रिय बनाने में बेगम अख़्तर का योगदान रहा। उनकी उम्दा शैली और शास्त्रीय संगीत में प्रवीणता ने संगीत के इस क्षेत्र में नये मानक स्थापित किए। मंच पर उनकी उपस्थिति सम्मोहित करती थी और वे श्रोताओं से आसानी से तारतम्य बैठा लेती थीं। 1968 में उन्हें पद्मश्री तथा 1972 में संगीत नाटक अकादमी के पुरस्कार से नवाज़ा गया। उस्ताद बड़े ग़ुलाम अली ख़ान और उस्ताद आमिर ख़ान जैसे प्रतिष्ठित उस्तादों ने उनके काम की तारीफ़ की। बेगम अख़्तर हमेशा कहती थीं कि वे अपने अन्तिम दिन तक गाते रहना चाहती हैं, और उनकी यह इच्छा पूरी भी हुई। 30 अक्टूबर, 1974 को अहमदाबाद में एक कार्यक्रम देने के तत्काल बाद उनकी मृत्यु हुई। भारत सरकार ने 1975 में उन्हें मृत्योपरान्त पद्म भूषण से सम्मानित किया।

अन्डल

(आठवीं शताब्दी)

अन्डल (अन्तल भी) भक्ति आन्दोलन की अलवार सन्त-कवि थीं, जिन्होंने तमिल भाषा में रचनाएँ कीं। संस्कृत के अलावा तमिल ही भारतीय भाषाओं में सबसे प्राचीन भाषा है। अलवार तमिल वैष्णव सन्त-कवि थे। अन्डल के जन्म आदि की जानकारी रहस्यमय है क्योंकि उन्हें परित्यक्त शिशु के रूप में पाया गया था। उनकी सर्वाधिक प्रसिद्ध रचना तिरु-प-पवाई है।

उनके जन्म की कथा इस प्रकार है : विख्यात भक्ति कवि पेरियालवार विष्णुचित्त को, जिन पर विलिपुत्तूर के मन्दिर के लिए फूल एकत्रित करने का दायित्व था, तुलसी की झाड़ के नीचे एक शिशु कन्या पड़ी मिली और उन्होंने इस बच्ची का लालन-पालन करने का निर्णय किया। उन्होंने बालिका का नाम 'गोदाई' या भूमि का उपहार रखा। गोदाई की ईश्वर भक्ति इतनी थी कि वे प्रातः जल्दी उठ बाहर निकल जातीं और पूजा के फूलों को गुपचुप शरीर पर लपेट लेतीं यह कल्पना करतीं कि वे भगवान विष्णु से विवाहित हैं। एक दिन विष्णुचित्त को फूलों में एक बाल मिला और उन्होंने गोदाई से पूछताछ की। गोदाई ने सत्य स्वीकारा, इस पर पेरियालवार को फूल फेंक देने पड़े क्योंकि वे दूषित थे। परन्तु विष्णु स्वयं पेरियालवार के समक्ष प्रकट हुए और कहा कि उन्हें केवल वे पुष्प ही स्वीकार्य हैं जो गोदाई के शरीर से छुए गए हों। पेरियालवार को लगा कि गोदाई ही भगवान विष्णु की वास्तविक वधू है। इस पर उन्होंने उसे 'अन्डल' नाम दिया, जिसका अर्थ है 'राज करने वाली' तथा उसका विवाह विष्णु के

श्रीरंगनाथ अवतार से श्रीरंगम मन्दिर में करवाया। कहते हैं कि विवाह सम्पन्न करते समय अन्डल श्री रंगनाथ की मूर्ति में अलोप हो गई। अन्डल को अब तक नारायण या विष्णु की विवाहित पत्नी के रूप में पूजा जाता है। क्योंकि उनकी मृत्यु अल्पायु में हुई उनके विषय में ऐसे तथ्यों की कमी है जिनकी पुष्टि हो सके।

अन्डल के दो काव्य उपलब्ध हैं। *तिरु-प-पवाई* (30 बन्ध) तथा *नच्चियार तिरुमोझी* (143 बन्ध)। उनकी रचनाओं की तुलना उस युग के श्रेष्ठतम कवियों से की जा सकती है। *नच्चियार तिरुमोझी* में वे अपनी सखियों से उस अद्‌भुत स्वप्न का वर्णन करती हैं जिसमें उनका विवाह कृष्ण भगवान से होता है। विवाह संस्कार का उनका वर्णन इतना जीवन्त व वृहद है तथा ऐंद्रिक रंगों में चित्रित कि इसका गायन अमूमन वैष्णव विवाहों में होता है। अपने देवी प्रेमी के प्रति उनका आकर्षण ठीक वैसा है जैसा किसी कामुक स्त्री का किसी पुरुष के प्रति हो, न कि अनंत की तलाश में किसी खोई आत्मा का पारलौकिक प्रेम। फिर भी प्रेम के विषय को उन्होंने कोमलता से बखाना है। 'कृष्ण के होंठों की गन्ध क्या है?' वह उसकी बाँसुरी से पूछती है, 'क्या वे अगरु के समान हैं? या कि उनमें पद्‌म पुष्पों की गन्ध होती है?' उनके प्रकृति के वर्णन भी जीवन्त हैं और सौन्दर्य के प्रति उनकी संवेदनशीलता को दर्शाती हैं। **–रीता डालमिया**

अड्‌यू हैंडिक
(1525-1570)

अड्‌यू नीलाम्बर हैंडिक फ़िल्म अभिनेता थीं। आसामी फ़िल्मों में काम करने वाली वे पहली स्त्री थीं, जिन्होंने 1935 में ज्योतिप्रसाद अग्रवाल द्वारा निर्मित पहली असमिया फ़िल्म *जॉयमोती* में मुख्य भूमिका निभाई थी। उनके किसी रिश्तेदार ने उनका एक चित्र ज्योतिप्रसाद को दिखाया और ज्योतिप्रसाद ने अड्‌यू को अपने चाय बागान में बुलवा कर जॉयमोती की भूमिका के लिए तैयार किया। स्वाभाविक ही था कि अड्‌यू भयभीत और अनिच्छुक थीं। ज्योतिप्रसाद ने उन्हें प्रशिक्षण दिया, क्या करना है, कैसे चलना है, कैसे बोलना है, दुखी या ख़ुश कैसे दिखना है आदि सिखाया। फ़िल्म अड्‌यू के पिता की सहमति से बनी थी, पर उसमें उन्हें अपने सह-अभिनेता को 'बोंगोहोरदेओ' (पति) नाम से सम्बोधित करना पड़ा था और एक दूसरे दृश्य में उनको पीटा गया था। अपने गाँव पानीडिहिंगिया लौटने पर अड्‌यू को बहिष्कार और विरोध का सामना करना पड़ा क्योंकि वे शिविर में पुरुषों के साथ रही थीं, और तो और अपने सह-अभिनेता को 'पति' भी कहा था।

उन्हें विवाह के कोई प्रस्ताव नहीं मिले। जॉयमोति उनकी एकमात्र फ़िल्म रही, उन्हें कोई दूसरी भूमिका नहीं मिली। वे अपनी फ़िल्म तक नहीं देख पाईं क्योंकि

पानीडिहिंगिया के आसपास कोई सिनेमाघर भी नहीं था। 1985 में जब असमिया सिनेमा की स्वर्णजयन्ती मनाई गई, राज्य सरकार ने फ़िल्म के बचे-खुचे हिस्से का एक कैसेट उन्हें दिया क्योंकि फ़िल्म का स्टॉक आंशिक रूप से नष्ट हो चुका था। उन्हें एक हज़ार रुपए प्रतिमाह का पेंशन दिया गया, हालाँकि वह कभी भी समय से अदा नहीं किया गया। अपने जीवन के अन्तिम वर्षों में वे काफ़ी कमज़ोर हो गई थीं और एक लम्बी बीमारी के बाद उनकी मृत्यु हो गई। 2006 में अरूप मन्ना ने अइ्यू के जीवन पर एक वृत्तचित्र बनाया।

अबला, लेडी बोस

(1864-1951)

लेडी अबला बोस विश्वविख्यात वैज्ञानिक जगदीशचन्द्र बोस की पत्नी होने के साथ स्वयं अपने बूते एक राजनेत्री व सामाजिक सुधारक थीं।

वे समाज सुधारक दुर्गा मोहन दास की पुत्री थीं। वे तथा उनकी बहन उन प्रथम महिलाओं में शामिल थीं जिन्हें कलकत्ता विश्वविद्यालय ने पहले-पहल शिक्षार्थियों के रूप में स्वीकारा था। बाद में अबला मद्रास में चिकित्सा शास्त्र का अध्ययन करने गईं। सन् 1887 में उन्होंने जगदीशचन्द्र से विवाह किया। 1896 में वे यूरोप यात्रा पर गईं व वहाँ अवलोकन किया कि कन्या शालाएँ कैसे चलाई जाती हैं। वापसी पर उन्हें ब्राह्मो बालिका शिक्षालय का सचिव चुना गया। उन्होंने इस शिक्षालय को बेहतर बनाने की दिशा में अथक परिश्रम किया और छात्राओं के लिए आत्म-रक्षा की कक्षाएँ प्रारम्भ कीं। उन्होंने भारत को मॉन्टेसरी पद्धति से परिचित करवाया। सन् 1919 में उन्होंने नारी शिक्षा समिति का गठन किया। 1928 में बंगाल महिला शिक्षा लीग की स्थापना की जिसने शैक्षिक निकायों में महिलाओं के प्रतिनिधित्व तथा नारी संवेदनशील पाठ्यक्रमों के लिए दबाव बनाया।

मार्गरेट कज़िन्स, सरोजिनी नायडू तथा अन्य लोगों के साथ उन्होंने महिला मताधिकार की पैरवी की। मोंटेग्यू-चैम्सफोर्ड सुधारों पर चर्चा करने जब एडविन मोंटेग्यू भारत आए तो अबला भी उन प्रतिनिधियों में शामिल की गईं जो उनसे मिले। 1925 में उन्होंने एक विधवा गृह की स्थापना की, और एक दशक पश्चात् कलकत्ता में महिला औद्योगिक सहकारी गृह की स्थापना की। कालान्तर में इसे पूर्वी पाकिस्तान की शरणार्थी महिलाओं के पुनर्वास केन्द्र में परिवर्तित किया गया। उन्होंने सिस्टर निवेदिता प्रौढ़ शिक्षा कोष तथा साधना आश्रम की भी स्थापना की।

अब्बक्का रानी
(1525-1570)

अब्बक्का रानी या अब्बक्का महादेवी तुलुनाडू की रानी थीं जिन्होंने सोलहवीं शताब्दी के उत्तरार्ध में पुर्तगालियों के साथ युद्ध किया था। उनका जन्म मूदबिद्री नामक मन्दिर नगर में चौथा मातृवंशीय कुल में हुआ था, जो जैन थे और भांजी को मामा का उत्तराधिकारी मानते थे। अब्बक्का के मामा तिरुमाला राय ने उन्हें युद्धकला, कूटनीति और मंचकला में प्रशिक्षित करवाया तथा राज्याभिषेक कर उल्लाल जो राज्य की राजधानी थी, के समृद्ध और व्यस्त बन्दरगाह नगर की रानी घोषित किया। हालाँकि वे स्वयं जैन थीं परन्तु उनके प्रशासन और सेना में सभी समुदायों और प्रजातियों का प्रतिनिधित्व था। उनकी शक्ति का आधार था मसालों का व्यापार। उल्लाल मसालों का प्रमुख बन्दरगाह था और भारत के पश्चिमी तट पर उसकी स्थिति महत्त्वपूर्ण थी। पुर्तगाली यहीं से अपने घोषित शत्रु कैलिकट के जैमोरिन पर धावा बोलना चाहते थे। उन्होंने उल्लाल को जीतने की कई कोशिशें कीं परन्तु अब्बक्का चार दशकों तक उन्हें दूर रख सकीं, और उन्हें 'अभय रानी' की उपाधि दी गई। पुर्तगालियों की मंशा को पछाड़ने की रणनीति के तहत उन्होंने मैंगलोर के बंगा राजवंश के शक्तिशाली राजा लक्ष्मप्पा आरासा से विवाह किया। परन्तु यह सम्बन्ध टिक न पाया और लक्ष्मप्पा अन्ततः उनके विरुद्ध हो गया। अब्बक्का ने कर्नाटक तथा केरला के कई मुसलमान शासकों से भी समझौते किए।

1510 तक पुर्तगाली गोवा पर काबिज़ हो गए और 1525 में उन्होंने मैंगलोर को भी तबाह कर दिया। अब अब्बक्का को अपनी योजनाओं में सबसे बड़ा बाधक मान उन्होंने उनसे खिराज की माँग की पर अब्बक्का ने इसे चुकाने से इनकार कर दिया। इस बहाने से 1555 में एडमिरल डॉम आल्वारो दा सिल्वेरा ने उल्लाल पर हमला किया, पर उन्हें पीछे खदेड़ दिया गया। दो वर्ष बाद पुर्तगालियों ने फिर से मैंगलोर को लूटा। 1568 में पुर्तगाली वायसराय आन्टोनियो नोरान्या होआओ पेईहोरो नामक पुर्तगाली जनरल व जहाजों का एक बेड़ा उल्लाल को जीतने के लिए भेजा और इस बार उन्हें सफलता मिली। अब्बक्का भाग निकलीं और उन्होंने एक मस्जिद में शरण ली। उस रात तकरीबन 200 सिपाहियों को इकट्ठा कर उन्होंने पुर्तगाली शिविर पर धावा बोला। जनरल पाइक्ज़ोटो मार डाला गया, सत्तर पुर्तगाली सैनिकों को बन्दी बनाया गया और शेष तितर-बितर हो गए। एडमिरल मैसकारेन्हास की हत्या हुई और पुर्तगालियों को मैंगलोर के क़िले से भगा दिया गया। पुर्तगालियों ने कड़ी कार्रवाई की और 1569 में क़िले को फिर से जीतने के साथ कुन्दपुर नगर पर भी कब्ज़ा कर लिया। अब मैंगलोर पुर्तगालियों की जागीर बन गया और अब्बक्का के विरुद्ध पुर्तगालियों से मिल गया। 1570 में अब्बक्का ने अहमदनगर के बीजापुर सुल्तान तथा कैलिकट के जमोरिन

से संधि की, जिसने अपने सेनापति कुट्टी पोकर मारकर को उनकी मदद के लिए भेजा ताकि वे मैंगलोर दुर्ग को नष्ट कर सकें, इस अभियान में सेनापति जान गँवा बैठे। अब्बक्का को बन्दी बना लिया गया, पर वे कारागार से भी मृत्युपर्यन्त संघर्ष करती रहीं।

अब्बक्का की कथा कर्नाटक में अब तक आख्यान रूप में प्रचलित है तथा तुलु नाडु के लोक नाट्य शैली यक्षगान में अभिनीत की जाती है। उल्लाल में उनकी स्मृति में वीर रानी अब्बक्का उत्सव प्रतिवर्ष आयोजित होता है जिसमें प्रतिष्ठित महिलाओं को वीर रानी अब्बक्का प्रशस्ति (पुरस्कार) से सम्मानित किया जाता था। 15 जनवरी, 2003 को भारतीय डाक विभाग ने उनकी स्मृति में लिफ़ाफ़ा जारी किया। उनकी ताम्र प्रतिमाएँ एक उल्लाल तथा दूसरी बैंगलोर में स्थापित हैं।

अन्ना चांडी

(1905-1996)

अन्ना चांडी भारत की पहली महिला थीं जो 1948 में जिला अदालत व 1959 में केरल उच्च न्यायालय में न्यायाधीश बनीं। वे सम्भवतः विश्व की दूसरी स्त्री थीं जो उच्च न्यायालय की न्यायाधीश बनीं और 1967 तक इस पद पर बनी रहीं। त्रैवणकोर के एलाफी के एक ईसाई परिवार में उनका जन्म हुआ और 1926 में स्नातकोत्तर डिग्री हासिल करने के बाद उन्होंने 1927 में विधि शाला (लॉ कॉलेज) में दाख़िला लिया। 1929 में आपराधिक क़ानून में विशेषज्ञता के साथ उन्होंने बार की पहली परीक्षा उत्तीर्ण की। उन्होंने *श्रीमती* नाम से एक पत्रिका स्थापित व सम्पादित की जिसमें महिलाओं के अधिकारों की पैरवी की जाती थी।

त्रैवणकोर एक रजवाड़ा था, जिसने सबसे पहले अपने राज्य में एक लोकतांत्रिक विधानसभा की स्थापना 1888 में ही कर डाली थी। 1904 में त्रैवणकोर के महाराजा ने श्री मूलम् प्रजा सभा का उद्घाटन किया, जो ग़ैर-वैधानिक सलाहकार निकाय थी। इसके दो तिहाई सदस्य चुने जाते थे और शेष मनोनीत किए जाते थे। 1932 से 1934 के दौरान अन्ना ने प्रजा सभा में सेवाएँ दीं। 1937 में वे प्रथम श्रेणी की ज़िला मुन्सिफ बनीं, सम्भवतः वे प्रथम महिला थीं जो इस पद तक पहुँच सकीं। 1943 में उन्हें अतिरिक्त ज़िला न्यायाधीश और 1948 में ज़िला न्यायाधीश बनाया गया। इसने 1959 में उच्च न्यायालय में उनकी नियुक्ति का मार्ग खोला। 1967 में सेवा मुक्ति के बाद वे राष्ट्रीय विधि आयोग की सदस्य बनीं।

1971 में मलयाला मनोरमा ने उनकी आत्मकथा को किश्तों में छापा, जिसे बाद में थ्रिसूर से कैरमेल बुक्स ने 1973 में 'आत्मकथा' शीर्षक से प्रकाशित किया। उनके पति

पी.सी. चांडी पुलिस महानिदेशक थे, उन्होंने हमेशा अन्ना को सहयोग दिया। अन्ना त्रैवणकोर विधान परिषद की सदस्य भी रहीं।

अन्ना मणि
(1918-2001)

अन्ना मोदयिल मणि भौतिकशास्त्री व मौसम विज्ञानी थीं। वे त्रैवणकोर के सम्पन्न परम्परागत सिरियन क्रिश्चियन परिवार में जन्मीं, तथा माता-पिता के आठ बच्चों में सातवीं सन्तान थीं। उनके पिता सिविल इंजीनियर व ज़मींदार थे; साथ ही अज्ञेयतावादी भी। उनके विचारों का उनकी पुत्री पर प्रभाव पड़ा।

छोटी उम्र से ही अन्ना ने सम्भावनाओं का प्रदर्शन किया। अपने आठवें जन्मदिवस पर उन्होंने हीरों के बुन्दों की जोड़ी ठुकराकर उपहार में एन्साइक्लोपीडिया ब्रिटैनिका का सेट माँगा। बारह वर्ष की आयु में उन्होंने स्थानीय पुस्तकालय की सभी पुस्तकें पढ़ डाली थीं। जब वे किशोरी थीं, वे 1925 में वाइकोम आन्दोलन की गवाह बनीं। आन्दोलनकर्ता दलितों की माँग थी कि उन्हें भी मन्दिर के पास वाली सड़क का उपयोग करने दिया जाए। इस घटना ने उनके इस संकल्प को और मज़बूत किया कि भारत में सामाजिक न्याय को प्रोत्साहित करना चाहिए, यद्यपि वे कभी किसी समूह से सीधे नहीं जुड़ीं। कॉलेज में उनका परिचय समाजवादी राजनीति से हुआ, वामपन्थी रुझान वाले लोगों से उनका मेलजोल बढ़ा और उन्होंने समाजवादी साहित्य भी पढ़ा। पहले वे चिकित्साशास्त्र का अध्ययन करना चाहती थीं, पर बाद में उन्होंने विषय बदल भौतिकशास्त्र चुना और 1939 में मद्रास विश्वविद्यालय से उसमें ऑनर्स की उपाधि प्राप्त की।

1940 में उन्हें भारतीय विज्ञान संस्थान, बैंगलोर में शोध छात्रवृत्ति दी गई और वे सी.वी.रमण की टोली के साथ वहाँ काम करने लगीं। उस समय सी.वी. रमण मैक्स बॉर्न तथा कैथलीन लॉन्सडेल के साथ क्रिस्टल डायनेमिक्स सम्बन्धी विवाद में उलझे थे। अतः अन्ना ने हीरों और माणिक के स्पैक्ट्रोस्कोपी पर काम प्रारम्भ किया। हीरों के छोटे आकार के कारण यह काम बेहद श्रमसाध्य था, और अन्ना प्रयोगशाला में घंटों तक काम करती रहती थीं। परेशानियाँ और भी थीं। रमण पुरातनपन्थी थे और उन्हें प्रयोगशाला में स्त्री-पुरुषों का मेलजोल नापसन्द था। आभा सूर, जिन्होंने अन्ना की जीवनी लिखी है, बताती हैं कि रमण प्रयोगशाला में पुरुषों और स्त्रियों के बीच पार्थक्य बनाए रखते थे। स्त्रियों को औपचारिक चर्चाओं में भागीदारी की अनुमति नहीं थी, न ही अपने पुरुष सहकर्मियों से अनौपचारिक बातचीत की। अन्ना याद करती हैं कि जब भी उनकी खिड़की के सामने से स्त्री-पुरुष छात्रों का जोड़ा गुज़रता,

वे बुदबुदाते 'स्कैंडलस!' माइक्रोस्कोप पर झुके हुए होने के बावजूद वे यह देख लेते थे। अन्ना ने ख़ुद को कड़ा किया और ख़ुशमिज़ाज़ी का बाना ओढ़ इस आचरण को अनदेखा करती रहतीं, परन्तु अपने सहकर्मियों के पूर्वग्रह के बारे में खुलकर बोलने से वे कभी चूकी भी नहीं।

प्रयोगशाला में किए श्रम का नतीजा उन्हें मिला और 1942 तथा 1945 के दौरान उन्होंने पाँच एकल-लेखक शोधपत्र हीरे के क्रिस्टलोग्राफी पर लिखे। बहरहाल 1945 में मद्रास विश्वविद्यालय ने उन्हें पी-एच.डी. की उपाधि देने से इनकार कर दिया क्योंकि उनके पास एम.एससी. की डिग्री नहीं थी। उन्होंने इस तथ्य की पूरी तरह उपेक्षा की कि उन्होंने ऑनर्स के साथ भौतिक व रसायनशास्त्र में स्नातक किया था और भारतीय विज्ञान संस्थान में स्नातक अध्ययन की छात्रवृत्ति भी जीती थी और पाँच एकल शोध पत्र लिखे थे। ठीक यही उनकी सहकर्मी के. सुनन्दा बाई के साथ भी हुआ, जो बाद में इतनी हताश हुईं कि उन्होंने आत्महत्या कर ली, जिससे जैव रसायनशास्त्र की एक प्रतिभाशाली सम्भावना नष्ट हो गई। अन्ना मणि का कहना था कि सुनन्दा बाई की अन्तिम इच्छा थी कि उन्हें पी-एच.डी. की उपाधि मिले, जो उनके काम के आधार पर दरअसल उन्हें दिया भी जाना चाहिए था, अतः वह उन्हें मरणोपरान्त दिया जाए। परन्तु मद्रास विश्वविद्यालय के अधिकारियों ने यह इच्छा पूरी नहीं की, और इसका कारण क़ायदे-क़ानून बताए। हालाँकि अन्ना ने स्वयं को पी-एच.डी. न दिए जाने के कारण चुपचाप स्वीकारे थे, सुनन्दा बाई के मामले में उन्हें ये कारण अन्यायपूर्ण लगे। उनकी पूर्ण थीसिस को भारतीय विज्ञान संस्थान के पुस्तकालय में सम्मानपूर्ण स्थान मिला।

इसके बाद अन्ना एक छात्रवृत्ति पर इंग्लैंड गईं। पर यह छात्रवृत्ति मौसम विज्ञान सम्बन्धी उपकरणों के लिए थी, सो उन्होंने इस क्षेत्र में भी काम किया। वे 1948 में लौटीं और पुणे स्थित भारतीय मौसम विभाग से जुड़ीं। आगामी ढाई दशकों तक वे भारत में मौसम सम्बन्धी पक्षों पर काम करती रहीं जिसमें वायुमंडलीय ओज़ोन, सूर्य विकिरण, वायु ऊर्जा व अन्तर्राष्ट्रीय उपकरणीय मानक शामिल थे। उन्होंने एक कम्पनी भी प्रारम्भ की जो मौसम नापने के उपकरण व प्रमापों का निर्माण करती थीं। विश्व विकिरण केन्द्र के लिए दावोस के चयन को उन्होंने प्रोत्साहित किया। मौसम तंत्र में आ रहे बदलावों का अनुमान लगाने में ओज़ोन शोध को बढ़ावा दिया जाना चाहिए यह आग्रह भी उनका रहा। 1967 में उन्होंने विश्व मौसम संगठन के साथ काम कर अन्तर्राष्ट्रीय मानकों को संशोधित व संवर्धित किया। 1975 में उन्हें विश्व मौसम संगठन का तथा 1976 में सेवा मुक्त हुईं और रमण शोध संस्थान की विज़िटिंग प्रोफेसर बनीं। उन्होंने दो पुस्तकें प्रकाशित कीं, *द हैंडबुक फॉर सोलर रेडिएशन डेटा इन इंडिया* (1980) तथा *सोलर रेडियेशन ओवर इंडिया* (1981)। 1987 में भारतीय राष्ट्रीय विज्ञान अकादमी ने उन्हें के.आर. रामनाथन पदक से पुरस्कृत किया।

अनीस किदवई
(1906-1982)

बेगम अनीस किदवई का जन्म 1906 में बाराबंकी में हुआ, जहाँ उनका बचपन भी गुज़रा। उनके पिता शेख विलायत अली जाने-माने वकील थे और मौलाना मुहम्मद अली के अख़बार *कॉमरेड* और राजा ग़ुलाम हुसैन के *न्यू एरा* के लिए हास्य स्तम्भ लिखते थे; उनका लेखन पैनी हाज़िरजवाबी और शैली के कारण बेहद पसन्द किया जाता था। समूचा परिवार देशभक्त, फिर भी परम्परावादी था और अनीस के पिता घोर अनुशासनवादी थे। अनीस का दायरा घर तक सीमित था और वे एक स्वाध्यायी छात्रा थीं। साहित्य की अपनी नैसर्गिक ललक वे अपने भाइयों के लिए नियुक्त शिक्षकों को सुनकर सन्तुष्ट करती थीं, और यों वे उर्दू तथा अंग्रेज़ी साहित्य से बख़ूबी परिचित हुईं।

अनीस का निकाह उनके रिश्ते में भाई शफी अहमद किदवई से हुआ और वे उनके साथ पहले इलाहाबाद और बाद में कई अन्य शहरों में, जहाँ भी पति का तबादला हुआ, रहती रहीं। शफी के भाई रफी अहमद किदवई स्वतंत्रता सेनानी थे और नेहरू परिवार के करीबी दोस्त भी। अपनी सक्रियता के कारण रफी अहमद अक्सर गिरफ़्तार होते रहे और उनके परिवार को, मय अनीस और शफी के, लगातार राजनीतिक दमन झेलना पड़ा। 1921 से 1923 तक अनीस महिला कांग्रेस कमेटी की सचिव रहीं।

1947 में शफी की हत्या देहरादून में नृशंस साम्प्रदायिक हमले में लड़ते हुए हुई। अनीस को यह अहसास हुआ कि उनकी व्यक्तिगत त्रासदी दरअसल उपमहाद्वीप की तमाम औरतों की व्यापक विपदा का ही हिस्सा है। अनीस ने अपने घर की सुरक्षा का मोह छोड़ा, बुर्का त्यागा और दिल्ली चली गईं, जहाँ वे सुभद्रा जोशी तथा मृदुला साराभाई के साथ आज़ादी के बाद हुए सांप्रदायिक ख़ूनख़राबे से पीड़ित लोगों की मदद में जुट गईं। उन्होंने हज़ारों शरणार्थियों को पुनर्स्थापित किया, जो पाकिस्तान से दिल्ली भाग आए थे और लखनऊ में अगवा कर ली गईं हिन्दू तथा मुस्लिम स्त्रियों और बच्चों के लिए, एक आवास स्थापित किया। 1956 से 1968 तक वे राज्य सभा की सदस्य रहीं, और नई दिल्ली के जामिया मिलिया इस्लामिया विश्वविद्यालय के व्यवस्थापक मंडल की सदस्य भी। उन्होंने कई कल्याणकारी व शैक्षणिक संस्थानों व संघों की अध्यक्षता भी की।

हालाँकि अनीस की शिक्षा-दीक्षा स्वयं द्वारा ही हुई थी पर उर्दू ज़ुबान पर उनकी ग़ज़ब की पकड़ थी और उनके लेखन में रवानगी। उनकी पुस्तक *आज़ादी की छाँव* में 1974 में प्रकाशित हुई। यह किताब शरणार्थियों, सांप्रदायिक क्रूरता, प्रशासनिक अधिकारियों के भ्रष्टाचार व स्वार्थ तथा उनसे लड़ने के गांधी जी के प्रयासों के निजी अनुभवों का वर्णन करती है। इस पुस्तक ने उत्तर प्रदेश उर्दू अकादमी का पुरस्कार

जीता। उनकी एक अन्य किताब *अब जिनके देखने को* का प्रकाशन 1980 में हुआ। यह किताब भी पुरस्कृत हुई और उन स्वतंत्रता सेनानियों पर आधारित थी जिनसे अनीस का परिचय था। *नज़रे ख़ुश गुज़रे* उनके लेखों का संकलन है जिनमें वे जीवन की गम्भीर समस्याओं से अपनी ही शैली में निपटती हैं। साहित्य कला परिषद ने अनीस को साहित्य के क्षेत्र में उनके योगदान के लिए सम्मानित किया। उन्होंने *चार रुख़* की रचना भी की जो लेखकों और कवियों के जीवन पर आधारित है। उनका इन्तकाल रमज़ान के महीने में पाक जुम्मे के दिन हुआ, वे एक बेटा और दो बेटियों को छोड़ गईं।

अनीता अवछात

(1942-1997)

अनीता अवछात एक डॉक्टर थीं जिन्होंने व्यसन पर विशेषज्ञता हासिल की। उनका जन्म नाम अनीता सोहोनी था और ठाणे के गोलवाड़ में उनका जन्म और लालन-पालन हुआ। उनका परिवार उन्हें सुनन्दा पुकारता था। उनकी माता सिलाई सिखाती थीं और पिता आदिवासी छात्रों के लिए एक छात्रावास चलाते थे। अनीता पुणे स्थित फर्ग्युसन कॉलेज में अध्ययन किया जहाँ वे अपने भावी पति अनिल अवछात से मिलीं। दोनों ने बी.जे. मेडिकल कॉलेज में चिकित्साशास्त्र का अध्ययन किया, जहाँ अनीता अपने सहपाठियों को मय अनिल के, ट्यूशन पढ़ातीं ताकि अपना खर्च निकाल सकें। दोनों का विवाह 1968 में उनके माता-पिता की सहमति के बिना हुआ क्योंकि वे आयु में अपने पति से बड़ी थीं और सुन्दर भी नहीं मानी जाती थीं। उन्होंने अपनी प्रशिक्षुता (इन्टर्नशिप) ठाणे में की जहाँ उनके पास कुत्तों और साँपों के काटे गए कई रोगी आते थे। अपने माता-पिता के साथ रह उन्होंने पैसे बचाए। उन्होंने ठाणे के मनोरोग आश्रम में भी काम किया। इस दौरान उन्होंने ग़ौर किया कि विभिन्न प्रकार के नशाखोरों के लिए अलग से सुविधाएँ नहीं हैं और उन्हें मनोचिकित्सालय में ही रखा जाता है जिससे उन्हें पुनर्स्थापित कर पाने का कोई उपाय नहीं बचता। वे और अनिल कुछ समय अनिल के माता-पिता के साथ भी रहे, पर उन्होंने अनीता से दुर्व्यवहार किया और दम्पती को एक विपन्न मुहल्ले में किराए के घर में रहना पड़ा। इस समय तक उनके दो बेटियाँ हो चुकी थीं।

इस समय तक अनिल लिखने लगे थे और प्रकाशित भी हो रहे थे। उनकी पुस्तक *गार्ड* पढ़ पी.एल. देशपांडे ने उन्हें एक अनुदान दिया ताकि वे विभिन्न व्यसनों के लिए एक नशामुक्ति व पुनर्स्थापना केन्द्र प्रारम्भ कर सकें। 1986 में जाँच से पता चला कि अनीता को स्तन कैंसर है। 1991 में उत्परिवर्तन के बावजूद वे जूझती रहीं।

कुछ देर यह लगा कि वे ठीक हो गई हैं, पर 1995 में कैंसर फिर से उभरा। वे 1997 के अन्त तक मुक्तांगन में काम करती रहीं। आज यह अपनी तरह का सबसे उम्दा संस्थान है जिसमें कई ऐसे लोग भी काम करते हैं जो पहले स्वयं यहाँ इलाज करवाकर स्वस्थ हो चुके हैं। वे 'मुक्तांगन-स्नातक' कहलाते हैं। यह अकेला पुनर्वास केन्द्र हैं जिसे भारतीय मानक संगठन का प्रमाण-पत्र प्राप्त है। (आईएसओ 9001:2008)। इसमें 120 आवासी रोगी पाँच सप्ताह तक परिसर में रहते हुए उपचार करवाते हैं। महाराष्ट्र भर में स्थापित 20 अनुवर्ती (फॉलो-अप) केन्द्रों से उन्हें अनुवर्ती सेवाएँ मिलती हैं। यहाँ एक 'निशिगंध' वार्ड भी है, जिसकी सभी कार्यकर्ता महिलाएँ हैं और जहाँ कोई भी स्त्री बिना पूछताछ के उपचार पा सकती है। अनीता की पुत्री मुक्ता पुंताम्बेकर अब केन्द्र को चलाती हैं।

अनुपमा
(तेरहवीं शताब्दी)

माउंट आबू व देलवाड़ा के जैन मन्दिरों के निर्माण से जुड़ी किंवदंती में अनुपमा को याद किया जाता है। कहा जाता है कि उन्होंने ही अपने पति व उसके भाइयों को सलाह दी थी कि वे एक गुप्त ख़ज़ाने से मिली राशि का उपयोग कर शत्रुंजय व गिरनार में मन्दिरों का निर्माण करें।

अनुपमा आबू पर्वत के नीचे बसे चन्द्रावती नगर के व्यापारी धरनिगा की पुत्री थीं। उनका विवाह तेजपाल के साथ हुआ जो अपने बड़े भाई वस्तुपाल के साथ ढोलका के राजा वीरधवाल के मंत्री थे। वे समृद्ध जैन थे और किंवदंती के अनुसार, जब वे अपना कुछ धन गाड़ने यात्रा पर निकले तो उन्हें वहाँ और भी धन मिला। वे सभी मसलों पर अनुपमा से सलाह लेते थे, उन्होंने उसी से पूछा कि इस खज़ाने का क्या किया जाए। अनुपमा ने उत्तर दिया कि उसे पर्वत की चोटी पर रखा जाए ताकि वह किसी दूसरे के हाथ न लगे, जैसे उनके हाथ लगा था। इस प्रकार विमल वसाही मन्दिर जो तेईसवें जैन तीर्थंकर नेमिनाथ को समर्पित था व आबू पर्वत पर तथा गिरनार पर्वत पर अन्य मन्दिरों का निर्माण कार्य प्रारम्भ हुआ। इन पर्वतों पर जैन मन्दिरों का जो सम्पूर्ण परिसर बना हुआ है उसका निर्माण 800 से 1200 ई. के दौरान हुआ पर अनुपमा द्वारा निर्मित मन्दिर ही सबसे प्रसिद्ध हैं।

अनुपमा की भविष्यवाणी के अनुरूप ही इस परिवार द्वारा करवाए गए अन्य सार्वजनिक निर्माण, जिनकी संख्या काफ़ी थी, बच नहीं पाए। अनुपमा विद्वान् व दक्ष महिला थीं। उन्हें षड्-दर्शनामाता अर्थात् छह दार्शनिक प्रणालियों की माता कहा जाता था क्योंकि वे इन सभी में निष्पक्ष रुचि लेती थीं और उनकी संरक्षक थीं। कहा जाता

है कि उन्होंने कंकणा-काव्य की रचना की थी। अम्बादेवी सूरी की रचना 'समर-रासू' में कहा गया है कि तेजपाल व वस्तुपाल ने शत्रुंजय पर्वत पर अनुपमा की स्मृति में एक झील ख़ुदवाई थी।

अनुपमा की मृत्यु के बाद तेजपाल बेहद व्यथित हो गए। उनके पारिवारिक गुरु ने इस प्रकार दुःख प्रकट करने को अपुरुषोचित बताया, और याद दिलाया कि वे स्वयं अनुपमा से विवाह के बाद उनके साधारण रूप-रंग से दुखी थे और उन्होंने मन्दिर के क्षेत्रपाल अर्थात् प्रमुख पुजारी को उपहार व अन्न दे विवाह भंग करने का आग्रह किया था।

अनुपमा निरंजना

(1934-1991)

अनुपमा निरंजना पेशे से चिकित्सक थीं जिन्होंने भारत में स्त्री हितों की गुहार लगाई। उनका जन्म नाम वैंकट लक्ष्मी था। पढ़ने के लिए उन्हें अपने परिवार से जूझना पड़ा, तब कहीं वे 1956 में मैसूर मेडिकल कॉलेज की स्नातक बन पाईं। उस वर्ष उनका विवाह कन्नड़ लेखक निरंजन के साथ, परिवार की इच्छा के विरुद्ध, सम्पन्न हुआ। अनुपमा को अपने पति के लकवा रोग और स्वयं के कैंसर से भी कठोर संघर्ष करना पड़ा। इन स्थितियों के बावजूद उन्होंने अपनी दोनों पुत्रियों तेजस्विनी और सीमंथिनी का लालन-पालन किया और लिखती भी रहीं। 1976 में उनका उपन्यास *माधवी* प्रकाशित हुआ, इसके बाद *एले* (धागा, 1980) तथा *घोष* (1985)। उनके उपन्यास *रुनमुक्तालू* पर 1984 में एक सफल फ़िल्म बनी। उन्होंने किशोरियों व युवतियों के लिए स्वास्थ्य व सामाजिक मुद्दों पर परामर्श पुस्तकें भी लिखीं। उनकी पुत्री तेजस्विनी भी लेखिका व अकादमिक हैं और उन्होंने अपनी माता की कई रचनाओं का कन्नड़ से अंग्रेज़ी अनुवाद किया है। *कर्नाटक लेखकीयरा संघ* प्रतिवर्ष उनकी स्मृति में कन्नड़ लेखकों को 'अनुपमा पुरस्कार' देता है।

अनुसूया बाई काले

(1896-1958)

अनुसूया बाई काले मध्य प्रदेश में आदिवासियों व महिला अधिकारों के लिए कार्यरत रहीं। उनके पिता चितपावन ब्राह्मण व पेशे से वकील थे, उनकी माता उनके पिता की दूसरी पत्नी थीं। 1916 में उनका विवाह एक विधुर पी.बी. काले के साथ कर दिया गया। 1928 में अनुसूया को मध्य प्रदेश विधान काउंसिल का सदस्य तथा महिला

बन्दीगृहों का निरीक्षक नियुक्त किया गया। अगले वर्ष वे अन्तर्राष्ट्रीय श्रम संगठन से जुड़ीं तथा अन्तर्राष्ट्रीय व्हिटली श्रम आयोग के साथ उन्होंने मध्य प्रदेश (सेंट्रल प्रॉविन्सेस) का दौरा किया। 1930 में विधान काउंसिल से त्यागपत्र दे उन्होंने एक बार फिर गांधी के साथ मध्य प्रदेश का दौरा किया, जो अस्पृश्यता विरोधी अभियान यात्रा थी। 1935 में वे नागपुर कांग्रेस समिति की अध्यक्ष बनीं और 1936 में सेंट्रल प्रॉविन्स के मोहपा में आयोजित हरिजन सम्मेलन की भी उन्होंने अध्यक्षता की। 1937 में उन्हें सेंट्रल प्रॉविन्स तथा बेरार विधायिका में चुना गया जिसकी बाद में वे उपाध्यक्ष बनीं।

कुछ समय बाद एक शिक्षा निरीक्षक को एक युवती का बलात्कार का दोषी घोषित किया गया, पर कांग्रेस मंत्री ने उसे छुड़वा दिया अनुसूया मामले के लिए जाँच आयोग गठित करवाने में सफल रहीं, आयोग ने निरीक्षक को दोषी पाया और मंत्री को त्यागपत्र देना पड़ा। 1937 में अनुसूया अखिल भारतीय महिला कॉन्फ्रेंस को महिलाओं की सामाजिक समस्याओं के साथ उनकी राजनीतिक समस्याओं पर विचार करने को मना सकीं। 1942 में उनके प्रयासों से सात गौंड आदिवासी बच पाए जिन पर सरकार विरोधी गतिविधियों का आरोप लगाया गया था। साथ ही वे आदिवासियों के उत्थान के लिए भी सक्रिय हुईं। 1952 से 1957 तक वे लोकसभा के लिए चुनी गईं।

अनुसूया बेन साराभाई

(1885-1972)

अनुसूया साराभाई सामाजिक व श्रमिक सक्रियकर्मी थीं। उन्होंने 1920 में अहमदाबाद कपड़ा मजदूर संघ की स्थापना की जो बाद में स्वरोजगार महिला संघ (सेल्फ एम्पलॉयड विमेन्स एसोसिएशन, सेवा) में विकसित हुआ। वे गांधी के मार्ग पर चलती थीं पर स्वयं को गांधीवादी नहीं कहती थीं।

अनुसूया का जन्म 11 नवम्बर, 1885 में हुआ था तथा बारह वर्ष की आयु में उनका विवाह करवा दिया, हालाँकि बाद में यह विवाह रद्द कर दिया गया। 1911 में वे लन्दन स्कूल ऑफ इकोनॉमिक्स में पढ़ने के लिए इंग्लैंड गईं, जहाँ वे फेबियन समाजवाद व महिला मताधिकार आन्दोलन से प्रभावित हुईं। उनके भाई अम्बालाल साराभाई भी सक्रियकर्मी थे।

उस समय अहमदाबाद में 100 प्रतिष्ठान पगड़ियों की बुनाई के, 50 प्रतिष्ठान कालीन निर्माण व बिक्री का और 70 प्रतिष्ठान रेशमी वस्त्रों के उत्पादन व बिक्री का काम कर रहे थे। बीसवीं शताब्दी के दूसरे दशक में 'अनुसूया बेन' ने इन सभी प्रतिष्ठानों में लगे मजदूरों के बीच अहिंसक ट्रेड-यूनियनवाद के बीज बोए। उन्होंने गांधीवादी तर्ज तथा विचारों पर अहमदाबाद के सूती वस्त्र श्रमिकों को संगठित किया।

वे अन्य समाजवादियों, जिनमें शंकरलाल बैंकर प्रमुख थे, के करीबी सहयोग से काम करती रहीं। वे अपनी मृत्यु तक श्रम संगठन की अध्यक्ष रहीं।

अपाला
(वैदिक युग)

अपाला, जिन्हें *ब्रह्मवादिनी* कहा जाता था, का उल्लेख ऋग्वेद में मिलता है। ऋग्वेद की ऋचा 8.91 जो वास्तविकता व कल्पना का विचित्र मिश्रण है, को अपाला की रचना बताया गया है। कहा जाता है कि उन्हें एक ऐसा चर्म रोग हुआ जिससे उनके बाल झड़ गए अतः उनके पति ने उन्हें त्याग दिया। वे इस ऋचा में कहती हैं कि वे इन्द्र से मिलीं और उनकी पूजा-अर्चना की तथा उनके आशीर्वाद से रोग मुक्त हुईं। अपाला जानती थीं कि इन्द्र का चहेता पेय सोमरस है, अतः उन्होंने सोम पौधे की पत्तियाँ इकट्ठी कीं, उन्हें दाँतों से चबाकर उसका रस निकाला। इस आवाज़ से आकर्षित हो इन्द्र उनके समक्ष प्रकट हुए और उनके होंठों से सोमरस का पान किया। इन्द्रदेव ने अपाला को तीन वरदान दिए : अपाला के पिता का सिर, उनके खेत व उसका चर्म 'फलदायक' बनेंगे। ऋचा में यह भी लिखा है कि इन्द्र ने उन्हें वाहन, बैलगाड़ी तथा जुआ की आँख से निकाला जिससे वे सुन्दर बन गईं और उनकी चमड़ी धवल। इस उल्लेख का अर्थ अस्पष्ट है, परन्तु संकेत मिलता है कि यह किसी प्रकार की शुद्धिकरण रहा होगा। ऋचा के कुछ शब्द हैं :

पूरी तरह धधकती आग, व्योम की पृष्ठभूमि में
आलोकित सूर्योदय के सम्मुख, दूर तक चमकती है;
विश्ववरा पूर्व की दिशा में ससम्मान बढ़ते हैं।
देवताओं की स्तुति करते, समर्पण व घी की कलछी के साथ...।

इस उल्लेख से प्रतीत होता है कि वैदिक युग में स्त्रियों को स्वतंत्र रूप से देवताओं को अर्पण करने की अनुमति थी, यह अधिकार बाद में उनसे छिन गया।

अमल प्रभा दास
(1911-1994)

अमल प्रभा दास एक समाज सुधारक व गांधीवादी थीं जिन्होंने अपनी माँ हेम प्रभा दास के साथ साबरमती आश्रम की तर्ज पर गुवाहाटी के निकट सरनिया पर्वतों में एक आश्रम स्थापित किया।

अमल प्रभा, हेम प्रभा तथा हरे कृष्ण दास की पुत्री थीं। 1934 में गांधी जी आसाम आए और उनके माता-पिता के घर ठहरे। अमल प्रभा को गांधी के कार्य को करीब से देखने का अवसर मिला, जिससे उन्हें सेवा पथ पर बढ़ चलने की प्रेरणा प्राप्त हुई। 1927 में उन्हें कॉटन कॉलेज में प्रेवश नहीं दिया गया क्योंकि वे स्त्री थीं; विडम्बना यह रही कि बाद में इसी कॉलेज ने उन्हें नौकरी देने की पेशकश की, पर उन्होंने इसे ठुकरा दिया। वे कलकत्ता गईं जहाँ उन्होंने अप्लाइड रसायनशास्त्र का अध्ययन किया और पहली असमिया स्त्री बनीं जिसने स्नातकोत्तर डिग्री प्राप्त की हो। उन्होंने वहीं नैदानिकी, या क्लिनिकल पैथोलॉजी का अध्ययन भी किया।

1939 में अध्ययन पूरा करने के बाद वे अपनी माँ के साथ वर्धा स्थित मगनबारी आत्म विकास केन्द्र गईं ताकि ग्राम उत्थान के विषय में सीख सकें। इसके बाद दास परिवार ने सरनिया में एक गांधीवादी आश्रम की स्थापना की और स्थानीय लोगों को हस्तशिल्पों व वन्य उत्पाद आधारित कुटीर उद्योगों का प्रशिक्षण देने लगे। जब 1944 में कस्तूरबा गांधी की मृत्यु हो गई तो व्यथित गांधी ने कस्तूरबा गांधी स्मृति न्यास की स्थापना की और अमल प्रभा को उत्तर-पूर्व के कार्यों का निरीक्षण करने की ज़िम्मेदारी सौंपी। सरनिया पर्वत आश्रम अब कस्तूरबा आश्रम बना, जहाँ गांधी 1946 में आकर ठहरे और ग्राम सेविका विद्यालय का औपचारिक उद्घाटन किया। कहते हैं कि गांधी ने अमल प्रभा के बारे में कहा था, 'यह लड़की चतुर है, काम कर सकती है।' कस्तूरबा आश्रम ने इस इलाक़े के विभिन्न भागों में 21ग्राम सेविका केन्द्रों, या ग्रामोत्थान केन्द्रों की तथा अरुणाचल प्रदेश में भी कुछ केन्द्रों की स्थापना की, जो अब तक कार्य कर रहे हैं। 1950 में जब असम में भूकम्प से भारी तबाही हुई तो कस्तूरबा आश्रम तथा ग्राम सेवा केन्द्रों के सैकड़ों सदस्य स्वेच्छा से राहत कार्य में जुड़े। लखीमपुर में भूकम्प से बेघर हुए लोगों के लिए कस्तूरबा कल्याण केन्द्र स्थापित किया गया। अमल प्रभा ने स्कूल व कॉलेज के छात्र-छात्राओं के साथ अस्पृश्यता से लड़ने के लिए गुवाहटी युवक सेवादल का गठन भी किया। आश्रम के सदस्यों ने ढाकुआख़ाना तथा धेमाजी में विनोबा भावे के भूदान आन्दोलन के लिए भी काम किया। कस्तूरबा न्यास ने प्रथम ग्रामदान क़ानून का मसौदा तैयार किया जिसे असम सरकार ने पारित किया। गुवाहटी में महेन्द्र मोहन लाहिरी ने असम गो सेवा समिति के लिए ज़मीन दान में दी। अमल प्रभा को पद्म विभूषण तथा जमनालाल बजाज पुरस्कार से नवाज़ा गया।

अमीरबाई कर्नाटकी

(1906-1965)

अमीरबाई कर्नाटकी हिन्दी फ़िल्मों की गायिका व अभिनेत्री थीं। उनका जन्म कर्नाटक के बीजापुर जिले स्थित बिल्गी नामक गाँव में, एक मध्यवर्गीय परिवार में हुआ था।

अमीरबाई ने बाद में यह कहा था कि वे राजस्थान की कलावन्त परम्परा के संगीतकारों से जुड़ी हैं; बहरहाल उनके परिवार को उनके गाने और अभिनय पर आपत्ति थी और बाद में उनकी अपने परिवार से दूरी बनी। अमीरबाई की पाँच बहनें थीं उनमें सबसे बड़ी बहन गौहरबाई, उनसे पहले ही फ़िल्मों से जुड़ चुकी थीं। उनका एक भाई राज मुहम्मद कुन्तोजी, 'बेलगाम' में पुलिस अधिकारी बने। अमीरबाई बीजापुर में स्कूली पढ़ाई शेष कर पन्द्रह वर्ष की उम्र में बम्बई चली गईं। एचएमवी कम्पनी के जो लोग गायकों की तलाश में रहते थे उनकी नज़र अमीरबाई पर पड़ी। एक कव्वाली गा अमीरबाई ने उन्हें प्रभावित किया। यह रिकॉर्ड बेहद सफल रहा। गौहरबाई ने 1934 में *विष्णु भक्त* नामक फ़िल्म में अमीरबाई को एक भूमिका दिलवाई। इसके बाद *यास्मीन* (1935) तथा *नरसी भगत* (1940) में भी उन्हें भूमिकाएँ मिलीं। 1930 के दशक में उनका नाम हिमालयवाला नामक व्यक्ति से जोड़ा जाने लगा, सम्भवतः उन्होंने उससे विवाह भी किया; कुछ स्रोतों का दावा है कि वह उन्हें उत्पीड़ित करता था। बाद में अमीरबाई बद्री काँचवाला, जो पास के सम्पादक थे से विवाह किया। अमीरबाई की प्रारम्भिक फ़िल्मों पर किसी का ध्यान नहीं गया, जब तक कि उन्होंने *किस्मत* (बॉम्बे टॉकीज़, 1943) में अनिल बिस्वास के गीत नहीं गाए। वे 1947 में अपने चरम पर पहुँचीं जब उन्होंने स्क्रीन पर तथा पार्श्व गायन, दोनों प्रकार के गीत गाए। इसके बाद उन्होंने *हक़दार* (1946), *विद्या* (1948) तथा *सिपहिया* (1949) में भी काम किया।

उन्होंने *शहनाज़* (वहाब पिक्चर्स, 1948) में संगीत दिया। बहरहाल लता मंगेशकर की बढ़ती लोकप्रियता के कारण उन्होंने पार्श्व गायन बन्द कर दिया और अभिनय ज़ारी रखा, उम्र बढ़ने के साथ ही उन्होंने गुजराती तथा मारवाड़ी फ़िल्मों में भी काम किया। उनकी बाद की फ़िल्मों, *लवकुश* (1951) तथा *बेदर्दी* (1951) को कम सफलता मिली। 1952 में वे *दीवाना,* में आईं, जिसके बाद *माशूका* (1953), *मिस्टर एक्स* (1957), *बॉय फ्रेन्ड, डार्क सीकरेट्स* (दोनों 1961) में आईं। 1965 में उन्हें लकवा हुआ, जिसके चार दिन बाद उनकी मृत्यु हो गई। उन्हें अपने गृह नगर में दफनाया गया। उन्हें कन्नड़ कोकिला नाम से जाना जाता था। महात्मा गांधी को उनके द्वारा गाया 'वैष्णव जन' बेहद प्रिय था।

अमृत कौर कपूरथला
(1889-1964)

अमृत कौर एक राजनीतिज्ञ और लेखिका थीं; जिन्होंने 1947 से 1957 के दौरान प्रथम केन्द्रीय स्वास्थ्य मंत्री के रूप में काम किया। वे कपूरथला के राज परिवार से

थीं, एक देशभक्त व अहिंसा में अटूट आस्था रखने वाली स्त्री थीं।

उनका जन्म 2 फरवरी, 1889 में कपूरथला के अहलूवालिया राज परिवार में राजा सर हरनाम सिंह के घर हुआ। उनके पिता धर्म परिवर्तन कर ईसाई बन गए थे अतः कपूरथला की गद्दी से बेदख़ल कर दिए गए थे, परन्तु उनका मान-सम्मान बना रहा। अमृत कौर की प्रारम्भिक शिक्षा-दीक्षा इंग्लैंड के शेरबॉर्न स्कूल फॉर गर्ल्स में हुई, बाद में उन्होंने ऑक्सफोर्ड में भी अध्ययन किया। वे खेलकूद, खासकर टेनिस की शौक़ीन थीं। उन्होंने विवाह नहीं किया और स्वयं को सामाजिक कुरीतियों के उन्मूलन के प्रति समर्पित कर दिया।

वे अपने पिता के मित्र गोपाल कृष्ण गोखले व बाद में महात्मा गांधी से प्रभावित रहीं। 1931 से 1933 तक वे अखिल भारतीय महिला शिक्षा कोष की अध्यक्ष रहीं, जिसने नई दिल्ली में लेडी इरविन कॉलेज की स्थापना की थी। 1938 में वे अखिल भारतीय महिला कॉन्फ्रेंस की अध्यक्ष बनीं। 16 वर्षों तक उन्होंने महात्मा गांधी की सचिव के रूप में काम किया। तथा 1946 से 1950 तक संविधान गठन के लिए बनाई गई कॉन्स्टिट्यूएंट एसेम्बली की सदस्य रहीं। उन्होंने नमक सत्याग्रह में भाग लिया और गिरफ़्तार की गईं। भारतीय राष्ट्रीय कांग्रेस की पैरवी करने वे पश्चिमोत्तर सीमान्त प्रदेश (एनडब्ल्यूएफपी) गईं। 16 जुलाई, 1937 को उन्हें राजद्रोह के आरोप में दोषी ठहराकर गिरफ़्तार किया गया। भारत छोड़ो आन्दोलन के दौरान उन पर शिमला में नृशंस लाठी चार्ज किया गया और कालका में बन्दी बनाया गया।

वे पहली महिला थीं जिन्हें शिक्षा परामर्श बोर्ड का सदस्य नियुक्त किया गया था, पर अगस्त, 1942 में भारत छोड़ो आन्दोलन के पूर्व उन्होंने इस पद से इस्तीफा दिया। 1945 में उन्हें यूनेस्को की लन्दन बैठक के लिए तथा अगले वर्ष पेरिस बैठक के लिए भारतीय प्रतिनिधि बनाया गया। अखिल भारतीय चिकित्सा विज्ञान संस्थान की स्थापना में उनकी प्रमुख भूमिका थी। साथ ही उन्होंने प्रसूति गृहों, नर्सों के स्कूलों के विस्तार तथा मलेरिया, कोढ़ व तपेदिक जैसे रोगों के नियंत्रण के लिए योजनाएँ प्रारम्भ कीं। वे वाइडब्ल्यूसीए (यंग विमेन्स क्रिश्चियन एसोसिएशन) से भी सम्बन्धित थीं तथा अन्तर्राष्ट्रीय रेड क्रॉस व भारतीय रेड क्रॉस की अध्यक्ष भी रहीं। वे 1952 से 1957 तक प्रथम लोकसभा की सदस्य थीं व 1957 में राज्य सभा की सदस्य बनाई गईं। 1958 में उन्हें राज्य सभा में दूसरी बार चुना गया, जहाँ वे अपनी मृत्यु तक सेवा देती रहीं। 1948, 1949, 1951 तथा 1953 में उन्होंने विश्व स्वास्थ्य संगठन के भारतीय प्रतिनिधि मंडल का नेतृत्व किया। उनकी मृत्यु 1964 में हृदयाघात से हुई। **–रीना जैन**

अमृता प्रीतम
(1919-2005)

अमृता प्रीतम हिन्दी व पंजाबी की लेखिका थीं। उनका जन्म 1919 में पंजाब में गुजराँवाला में हुआ था। उनके माता-पिता सम्पन्न नहीं थे। उनके पिता सिख सम्प्रदाय के उपदेशक थे व माता कवि थीं। ग्यारह वर्ष की आयु में उनकी माता का देहान्त हुआ जिसके बाद वे अपने पिता के साथ लाहौर चली गईं। बाल्यावस्था के इन अनुभवों ने उन पर छाप छोड़ी और वे स्कूल में पढ़ते समय ही पंजाबी में कविताएँ लिखने लगीं। उनका पहला कविता संकलन *अमृत लेहरां* 1936 में प्रकाशित हुआ जब वे मात्र सोलह वर्ष की थीं। 1950 तक उनके 5 अन्य संकलन इस 'ओछे' काम के प्रति पिता के विरोध के बावजूद छप चुके थे। अमृता के मन को स्थिर करने की उम्मीद में पिता ने 1936 में उनका विवाह प्रीतम सिंह से करवा दिया, जिससे बचपन में ही वे अमृता को ब्याहने का वादा कर चुके थे। अमृता 1960 तक प्रीतम से विवाहित रहीं और तलाक के पहले एक पुत्री और एक पुत्र को जन्म दिया।

विभाजन के पूर्व बढ़ती हिंसा और अशान्ति से परेशान हो अमृता अपने पति के साथ 1947 में दिल्ली चली आईं। यहाँ अमृता ने नये पाठकों की उम्मीद में हिन्दी में लिखना शुरू किया। वे पंजाबी में भी कविताएँ लिखती रहीं, जिनमें सबसे प्रसिद्ध हुई *अज आक्खां वारिस शाह नूं* यह कविता वारिस शाह, पंजाबी महाकाव्य हीर-राँझा के लेखक को सम्बोधित है और विभाजन की क्रूरता तथा बर्बादी का विलाप करती है। 1950 में उन्होंने अपना सबसे प्रसिद्ध उपन्यास *पिंजर* लिखा, जो 1970 में प्रकाशित हुआ तथा 2003 में चन्द्र प्रकाश द्विवेदी ने उसे फ़िल्माया जिसे पुरस्कार भी मिला।

अमृता को ऑल इंडिया रेडियो में नौकरी मिली जहाँ वे 1961 तक बनी रहीं। उन्होंने पंजाबी साहित्यिक पत्रिका *नागमणि* का सम्पादन भी किया। तलाक के बाद वे साहिर लुधियानवी (1921-1980) के प्रति आकर्षित हुईं। अपने फ़िल्मी गीतों के लिए प्रसिद्ध लुधियानवी, जिनका जन्म नाम अब्दुल हयी था, नास्तिक व यथार्थवादी थे जो सामाजिक न्याय के पक्षधर व हर प्रकार के शोषण के घोर आलोचक थे, परन्तु स्वयं अपनी देखभाल करने तथा जीवन की व्यावहारिकताओं से निपटने में असमर्थ थे। चित्रकार इमरोज़ के साथ उनका लम्बा सम्बन्ध रहा, जिन्होंने उनकी अन्तिम बीमारी के समय देखभाल की। इमरोज़ के साथ अमृता ने तीन दशकों तक *नागमणि* नामक साहित्यिक पत्रिका का सम्पादन किया।

अमृता को 1956 में उनकी लम्बी कविता *सुनहरे* के लिए साहित्य अकादमी पुरस्कार से तथा 1969 में पद्मश्री से नवाज़ा गया। कई विश्वविद्यालयों, मय दिल्ली (1973), जबलपुर (1973) तथा विश्व भारती (1987) के, ने उन्हें डी.लिट्. की मानद उपाधि से सम्मानित किया। 1982 में उन्हें *काग़ज़ ते कैनवास* के लिए भारतीय ज्ञानपीठ

पुरस्कार दिया गया। 1986 तथा 1992 में उन्हें राज्य सभा की सदस्यता के लिए मनोनीत किया गया। 1979 में बुल्गारिया से उन्हें अन्तर्राष्ट्रीय वाप्तसरोव पुरस्कार प्राप्त हुआ। 1987 में फ्रांस की सरकार ने उन्हें ऑफिसर देस ऑडे देस आर्ट्स एट देस लेटर्स बनाकर सम्मानित किया। भारत तथा पाकिस्तान दोनों देशों में उन्हें बराबर की लोकप्रियता हासिल है। 2004 में उन्हें पद्म विभूषण तथा आजीवन उपलब्धि के लिए साहित्य अकादमी फेलोशिप दी गई।

उन्होंने 75 से अधिक पुस्तकों की रचना की–28 उपन्यास, 18 कविता संकलन, 5 कहानी संग्रह तथा 16 लेख-आलेखों के संकलन। उनकी कुछ रचनाओं का अंग्रेज़ी, फ्रेंच, जापानी तथा अन्य भाषाओं में अनुवाद हो चुका है। उनकी आत्मकथात्मक रचनाओं के शीर्षक हैं *काला गुलाब* (1968) तथा *रसीदी टिकट* (1976)।

अमृता शेरगिल
(1913-1994)

अमृता शेरगिल, जिसे शेर-गिल भी लिखा जाता है, एक अग्रगामी कवि व चित्रकार थीं। वे अपने कैनवस के लयात्मक साहसिकता व स्वेच्छाचारी जीवन शैली के लिए प्रसिद्ध हैं। उनके जीवन काल में ही उनके प्रेमियों को लेकर तमाम अफवाहें और कहानियाँ चर्चित थीं। खुशवंत सिंह ने 2002 में प्रकाशित अपने संस्मरण *ट्रुथ, लव एंड अ लिटिल मैलिस* में उनका वर्णन किया है।

उनके पिता सरदार उमराव सिंह मजीठिया एक विद्वान् व अभिजात सिख थे। 1911 में जब बुडापेस्ट की यहूदी मूल की हंगेरियन संगीतकार व ऑपेरा गायिका एन्टॉयनेट गॉटेस्मान पंजाब के महाराणा रणजीत सिंह की पुत्री से मिलने आईं, तब सरदार उमराव सिंह की उनसे मुलाक़ात हुई। दोनों का विवाह हुआ और वे बुडापेस्ट चले गए, जहाँ अमृता का जन्म 30 जनवरी, 1913 को हुआ। अमृता के प्रारम्भिक वर्ष बुडापेस्ट में बीते और उन्होंने पाँच वर्ष की आयु से ही चित्रकारी प्रारम्भ कर दी। वे 1921 में अपने माता-पिता के साथ भारत आईं तथा शिमला में और पंजाब में अपने पिता के परिवार के पुश्तैनी आवास में रहीं। 1924 में अमृता की माँ उन्हें अपने साथ इटली ले गईं, जहाँ फ्लोरेंस में कुछ समय के लिए उन्होंने कला प्रशिक्षण लिया, पर वे उसी वर्ष भारत लौट भी आए। 1929 में जब अमृता सोलह वर्ष की हुईं उनका परिवार फिर से यूरोप लौटा। अमृता पेरिस स्थित अकादेमी दे ला ग्रान्डे शॉमेर में कला का अध्ययन करने लगीं। तत्पश्चात् उन्होंने इकलो नाश्योनाले देस बो आर्ट्स, में प्रवेश लिया, जहाँ वे इस विख्यात कला शाला की पहली एशियाई छात्र बनीं। बीस वर्ष की आयु में उन्हें पेरिस की ग्रान्ड सलोन में एसोसिएट पद पर चुना गया। यहाँ भी

वे एशिया की प्रथम व्यक्ति रहीं जिसे यह सम्मान दिया गया था।

1934 में अमृता भारत लौटीं और कला जगत में सक्रिय हुईं और उनकी अनेक समूहिक और एकल प्रदर्शनियाँ लगीं। 1936 में उन्होंने अखिल भारतीय कला व शिल्प प्रदर्शनी में स्वर्ण पदक जीता। इसी वर्ष उन्होंने अजन्ता, एलोरा तथा दक्षिण भारत की यात्रा की। अजन्ता की गुफाओं के चित्रों की मानवीयता ने उन्हें उद्वेलित किया। वे ग्रामीण पंजाब तथा शिमला की पहाड़ियों में बसे लोगों के जीवन में डूब गईं।

उन्होंने इन छवियों तथा वहाँ बसने वाले लोगों के जीवन को बेहद ख़ूबसूरती से रचित चित्रों की श्रृंखला में उतारा, जिनमें एक ऐंद्रियगत अवसाद का बोध होता है। उस समय की उनकी शैली में लघुचित्र (मिनिएचर) कला के कई तत्त्वों का समावेश था। अजन्ता और दक्षिण भारत की यात्राओं ने उनके चित्रों में अधिक तरलता का संचार किया। वे अपने चित्र मुख्यतः तैल रंगों और यदा-कदा पेस्टल रंगों से बनाती रहीं। बंगाल की चित्र शैली के प्रति उनकी नापसन्दगी भी सर्वविदित है। 1938 में उन्होंने अपने रिश्ते में भाई डॉ. विक्टर ईगन से विवाह किया और उनके साथ उत्तर प्रदेश स्थित गोरखपुर में रहने चली गईं। 1941 में वे लाहौर चले गए। कुछ माह बाद वे बीमार पड़ीं और उनकी मृत्यु हो गई। हालाँकि उनकी मृत्यु का कारण कभी तय नहीं हो सका, यह कहा गया कि असफल गर्भपात से उन्हें घातक पेरिटॉनाटिस हुआ होगा। उनकी आयु मात्र 28 वर्ष की थी। कुछ समय बाद उनके पति को पुलिस अभिरक्षा में रखा गया क्योंकि ब्रिटेन ने हंगरी के विरुद्ध युद्ध की घोषणा कर दी थी, अतः उन्हें एक शत्रु देश का नागरिक माना गया। बाद में उन्हें छोड़ दिया गया।

अमृता की प्रसिद्ध कृतियों में 'सिएस्टा' (दोपहरी का विश्राम) 'स्टोरी टेलर', (कहानीकार), 'गणेश पूजा', 'हिलसाइड' तथा 'हिल सीन' (दोनों पहाड़ों के दृश्य थे), 'एलिफेन्ट्स बेदिंग इन अ ग्रीन पूल' (हरे ताल में नहाते हाथी) हैं। उनके कुछ श्रेष्ठतम चित्र दक्षिण भारत की यात्रा के बाद आंके गए थे। 'ब्रह्मचारी', 'बाज़ार जाते हुए ग्रामीण दक्षिण भारतीय', 'केला विक्रेता' तथा 'वधू का श्रृंगार', आदि भारतीय चित्रकारों के मन पर अमिट छाप छोड़ते हैं। इन चित्रों ने एक नई विधा, रंगों के उपयोग की एक नई शैली स्थापित की जो छायावादी चित्रकारों के हल्के रंगों व भारतीय लोक कलाकारों के शुद्ध रंगों से नितान्त भिन्न थी। वे रंगों की विलक्षण चितेरी थीं।

अरुणा आसफ अली

(1909-1996)

अरुणा आसफ अली प्रख्यात स्वतंत्रता सेनानी व सामाजिक सक्रियकर्मी थीं। 1942 में भारत छोड़ो आन्दोलन के दौरान मुम्बई के गोवालिया टैंक मैदान में कांग्रेस का झंडा

फहराने के बाद वे विख्यात हो गईं। अरुणा गांगुली के रूप में उनका जन्म एक बंगाली ब्राह्मण परिवार में हुआ था। नैनीताल में पली-बढ़ीं अरुणा की शिक्षा लाहौर में हुई। माता-पिता द्वारा विवाह करवाए जाने की योजना अनसुनी कर उन्होंने कलकत्ता स्थित गोखले मेमोरियल गर्ल्स स्कूल में शिक्षिका की नौकरी स्वीकारी। वहीं कुछ समय बाद उनकी मुलाक़ात आसफ अली से हुई, जो दिल्ली के एक मुस्लिम बैरिस्टर और उनसे 20 वर्ष बड़े थे। अपने माता-पिता के विरोध के बावजूद अरुणा ने 1927 में उनसे विवाह किया। क्योंकि उनके पति राजनीति में सक्रिय थे, अरुणा भी स्वतंत्रता आन्दोलन से जुड़ीं और जय प्रकाश नारायण, अच्युत पटवर्धन तथा राम मनोहर लोहिया जैसे व्यक्तित्वों के प्रभाव में आईं।

हालाँकि अरुणा के पास किसी विश्वविद्यालय की डिग्री नहीं थी उन पर पढ़ने की धुन सवार थी, उन्होंने राजनीति, अर्थशास्त्र व मार्क्सवादी साहित्य का अध्ययन किया। वे उग्र राष्ट्रवादी बनीं और ब्रिटिश राज के विरुद्ध बिना किसी समझौते के संघर्ष की पैरवी करने लगीं। उन्होंने 1930 के दशक में हुए सविनय अवज्ञा आन्दोलन में भागीदारी की और जेल गईं। 9 अगस्त, 1942 को उन्होंने मुम्बई के गोवालिया टैंक मैदान में भारतीय झंडा फहराया। घटना के बाद 1943 में वे अपने समाजवादी मित्रों के साथ इस उम्मीद से भूमिगत हो गईं कि वे क्रोधित जनता को ब्रिटिश राज के विरुद्ध अनुशासित विद्रोहियों में बदल सकेंगी और ब्रिटिश सरकार के युद्ध प्रयासों को खंडित कर सकेंगी। अपनी पुस्तक *रिसर्जन्स* (जो गैरिबॉल्डी की रचना 'रिसोर्जिमेंटो' की प्रतिध्वनि है।) में कहती हैं–'टेलिग्राफ के तार काटे गए, रेलवे लाइनें हटाई गईं, पुल उडाए गए, औद्योगिक कारख़ाने खराब कर दिए गए, पेट्रोल के टैंकों में आग लगाई गई, पुलिस थाने जलाए गए, सरकारी रिकॉर्ड नष्ट किए गए–ये सभी काम विस्थापन के थे। परन्तु बाज़ार या स्कूल, या किसी धर्मशाला में फेंका गया बम विस्थापन नहीं है। वह या तो किसी दुरुत्साही इनसान या पथभ्रष्ट ऊर्जा का काम है।' गांधी जी, अरुणा की रणनीति से अहसमत थे, हालाँकि वे उसकी बहादुरी के कायल थे। 1947 में वे पुनः सार्वजनिक हुईं और उन्हें दिल्ली प्रदेश कांग्रेस समिति का अध्यक्ष चुना गया।

आज़ादी के बाद उनके विचार कांग्रेस की राजनीति से टकराव में आए। 1948 में वे सोशलिस्ट पार्टी से जुड़ीं, पर दो ही वर्षों में उससे अलग हो उन्होंने वाम सोशलिस्ट समूह का गठन किया, तथा ट्रेड यूनियन आन्दोलन में सक्रिय हुईं। कुछ लोगों के मतानुसार यह सोवियत यूनियन के उद्देश्यों और आदर्शों के प्रति आस्था प्रकट करने वाला कृत्य था। 1958 में वे अखिल भारतीय ट्रेड यूनियन कांग्रेस (एआईटीयूसी) की उपाध्यक्ष बनीं। पर कुछ समय में उनका मोह इस हद तक टूटा कि उन्होंने फिर कभी कोई भी सार्वजनिक पद पाने की चेष्टा ही नहीं की। नेहरू परिवार से मोह के दौरान और बाद में अपनी समाजवादी दौर में उनकी राजनीति दिमाग की नहीं बल्कि दिल की राजनीति रही।

1958 में उन्हें दिल्ली का मेयर चुना गया। उन्हें अनेक अन्तर्राष्ट्रीय तथा राष्ट्रीय सम्मान दिए गए जिसमें लेनिन पुरस्कार, राष्ट्रीय एकता के लिए इन्दिरा गांधी पुरस्कार भी शामिल हैं। उन्हें मरणोपरान्त भारतरत्न की उपाधि दी गई। **–पियासी रॉयचौधरी**

अल्पना बैनर्जी

(1934-2009)

अल्पना बैनर्जी बंगाली गायिका थीं। वे बचपन से गाती थीं और उनकी प्रतिभा को किशोरवय में गौरी प्रसन्न मजूमदार तथा रबीन चैटर्जी ने पहचाना, जो बंगाली फ़िल्म संगीत की प्रमुख हस्तियाँ थीं और अल्पना के पिता के मित्र भी। उन्होंने उत्पल सेन, संध्या मुखोपाध्याय, जो उनकी करीबी मित्र थीं, श्यामल मित्र, जिनके साथ उन्होंने कई युगल गीत गाए, मानवेन्द्र मुखोपाध्याय तथा हेमंतकुमार मुखोपाध्याय जैसे गायकों के साथ काम किया। उन्होंने लता मंगेशकर के साथ भी गाया और *नागिनी कोन्यार काहिनी* में पंडित रवि शंकर का निर्देशन पाया। उन्होंने जिन अन्य कलाकारों के साथ कार्य किया वे थे रबीन चैटर्जी, नचिकेता घोष, सुशील मजूमदार तथा अली अकबर ख़ान। उन्होंने लगभग पचास बंगाली फ़िल्मों के लिए गीत गाए। बाद में अपने बच्चों की देखरेख करने के लिए उन्होंने फ़िल्मों के लिए गाना छोड़ दिया, हालाँकि यदा-कदा प्रदर्शनों के कारण वे सार्वजनिक नज़र से ओझल नहीं हुईं। बंगाली संगीत सभाओं, टी.वी. तथा रेडियो शो में उन्हें अक्सर मुख्य अतिथि के रूप में आमंत्रित किया जाता था। वे रेडियो पर बेहद लोकप्रिय रहीं। 1959 में उन्होंने श्रीधर मुखर्जी से विवाह किया। उन्होंने बच्चों के लिए कई लोकप्रिय गीत रिकॉर्ड किए जिसमें 'हाट्टि मा टिम टिम', 'अगड़म बगड़म घोड़ारदुम शाजे', 'छोट्टो पारखी चन्दोना' तथा 'आमी अल्पोना एँके जाई' भी शामिल थे।

अल्फोन्सा, सिस्टर

(1910-1946)

सिस्टर एल्फोन्सा एक ईसाई सन्त व सामाजिक कार्यकर्ता थीं। उनका जन्म केरल के कुंडमालूर में हुआ था व उनका नाम अन्ना मुट्टाथुपदाथू रखा गया। जब उनके परिवार ने उनका विवाह करना चाहा तो उन्होंने ख़ुद को इस बुरी तरह जलाया कि वे विकृत हो गईं। उन्होंने 1927 में फ्रांसिस्कन कलेरिस्ट कॉन्वेंट में प्रवेश किया और सिस्टर एल्फोन्सा का नाम धारण किया। कुछ ही समय बाद वे रोगियों और ज़रूरतमन्दों की

सेवा करने लगीं। परन्तु वे अस्वस्थ थीं और 36 वर्ष की अल्पायु में आज़ादी की पूर्व संध्या को अपनी मृत्यु तक बीमार रहीं। उन्हें कोट्टायम में पालाई में दफनाया गया और उनकी समाधि शीघ्र ही एक तीर्थ बन गया। पोप जॉन पॉल द्वितीय ने 1986 में उन्हें 'बीटीफाय' किया अर्थात् धन्य घोषणा द्वारा स्वीकारा कि वे स्वर्ग गई हैं। यह घोषणा किसी व्यक्ति को सन्त घोषित करने का पहला चरण होती है। 1999 में एक विकलांग बालक सिस्टर एल्फोन्सा के स्मारक की यात्रा के बाद चलने लगा। इसे कैथोलिक चर्च ने चमत्कार के रूप में स्वीकारा, जिससे उन्हें सन्त घोषित करने अर्थात् कैननाइज़ेशन की माँग को बल मिला। पोप बेनडिक्ट (सोलहवाँ) ने 2007 में उन्हें सन्त घोषित किया।

अवन्ती बाई
(1831-1857)

अवन्ती बाई को इसलिए याद किया जाता है क्योंकि उन्होंने अपने पति की जागीर रामगढ़ को 'डॉक्ट्रीन ऑव लैप्स' के बहाने ज़ब्त करने की ब्रिटिश चेष्टाओं का विरोध किया था। उनका जन्म राव जुझार सिंह के घर हुआ, जो मध्य प्रदेश के सिवनी ज़िले स्थित मानखेड़ी के ज़मींदार थे। उनका विवाह रामगढ़ (अब झारखंड में) के गोंड राजा विक्रमादित्य सिंह से हुआ जो राजा गजराज सिंह के पोते थे। अवन्ती बाई के दो पुत्र थे अमनसिंह तथा शेरसिंह, जब उनके पिता की मृत्यु हुई, उस समय दोनों ही नाबालिग थे। फलतः अवन्ती बाई ने राज्य की बागडोर सँभाली, पर 1851 में राज्य पर नज़र रखने के मकसद से ब्रिटिश सरकार ने अंग्रेज़ रेज़िडेंट नियुक्त कर दिया। 1857 में जब ब्रिटिर्स के विरुद्ध युद्ध छिड़ा अपमानित अवन्ती बाई ने उसमें शिरकत की। ब्रिटिश सरकार ने राजकुमारों के नाबालिग होने के बहाने 'समाप्ति का सिद्धान्त' (डॉक्ट्रीन ऑव लैप्स) लागू कर रामगढ़ पर हमले के दो प्रयास किए। परन्तु अवन्ती बाई ने 4000 सैनिकों को जुटा स्वयं सेना का नेतृत्व किया। इन मुठभेड़ों में उनके पुत्रों की मृत्यु हुई।

अवन्ती बाई ने संकल्प किया कि वे ब्रिटिश सरकार से अपना राज वापस जीतेंगी। उन्होंने सेना जुटा ब्रिटिश फ़ौज पर 1857 में हमला किया। घनघोर युद्ध हुआ अवन्ती बाई बहादुरी से लड़ीं पर बेहतर ब्रिटिश सैन्य शक्ति के समक्ष वे अधिक देर तक टिक नहीं सकीं। जब हार निश्चित नज़र आने लगी वे देवहरिगढ़ के जंगलों में भागीं और स्वयं अपनी हत्या की ताकि शत्रु के हाथों पकड़ी न जा सकें, यों वे शहीद हुईं।

अवन्तिका बाई गोखले

(1882-1949)

चितपावन ब्राह्मण माता-पिता के घर तसगाँव में जन्मी अवन्तिका बाई, इन्दौर में रहती थीं। नौ वर्ष की आयु में उनका विवाह बबन गोखले से हुआ। उनके पति ने लन्दन व चीन जाने के पहले ही उनकी शिक्षा प्रारम्भ कर दी थी। 1901 में उन्होंने 'प्रसूति सहायिका' (मिडवाइफरी) की डिग्री प्रथम श्रेणी में हासिल की, तथा स्वयं ही अन्य विषयों का भी ज्ञान प्राप्त किया। 1889 तथा 1903 में मशीन चलाते समय घटी दो दुर्घटनाओं के कारण उनके पति की उँगलियाँ कट गईं और वे पत्नी के पास घर लौट आए। उस समय अवन्तिका बाई प्रसूति सेवाएँ दे कमाई करती थीं, अतः उन्होंने तय किया कि वे बच्चे पैदा नहीं करेंगे। क्रमशः उनका काम फैला और 1912 में वे समाज सेवा लीग से जुड़ीं।1913 में वे इछलकरणजी के राजा के साथ लन्दन गईं और वहाँ उनकी मुलाक़ात गोपाल कृष्ण गोखले, सरोजिनी नायडू व कई प्रख्यात अंग्रेज़ों से हुई। उन्होंने लन्दन के कई अस्पताल देखे और उपयोगी चिकित्सकीय सुझाव पाए।

भारत लौटने के बाद वे गांधी जी से मिलीं और 1916 में साबरमती आश्रम में उनसे मिलने गईं। उन्होंने चम्पारण सत्याग्रह में भागीदारी की तथा मराठी में गांधी जी की जीवनी लिखी। यह पुस्तक 1918 में प्रकाशित हुई और बाल गंगाधर तिलक ने इसका प्राक्कथन लिखा। 1918 में उन्होंने हिन्दू महिला समाज की स्थापना की, जिसमें मुख्यतः स्त्रियों का कढ़ाई व सिलाई का प्रशिक्षण दिया जाता था, वे आजीवन इसकी अध्यक्ष रहीं। 1926 से कुछ वर्षों तक उन्होंने बम्बई नगर निगम के लिए काम किया तथा बम्बई की कच्ची बस्तियों व चालों की स्थितियाँ सुधारने में निगम की सहायता की। उन्होंने एक सारस्वत बालिका इन्दु को गोद लिया, उसे नर्सिंग की प्रशिक्षण दिलवाया तथा उसका विवाह करवाया। अवन्तिका बाई ने सादा जीवन जिया, हमेशा खादी के वस्त्र पहने। वे प्रतिवर्ष गांधी जी के जन्मदिवस पर हस्तनिर्मित धोतियों का जोड़ा उन्हें भेंट करती रहीं।

अवन्तिसुन्दरी

(नवीं-दसवीं शताब्दी)

अवन्तिसुन्दरी एक प्रतिभावान चहमाण या चौहान राजकन्या थीं। वे साहित्यशास्त्री, कवि तथा लेखिका थीं। उन्होंने अपने पति राजशेखर को प्रेरणा दी, जो गुर्जर प्रतिहार राजा महेन्द्रवर्मन तथा कालान्तर में कालचूरी राजा युवराज प्रथम के दरबार में कवि थे। अवन्तिसुन्दरी संस्कृत तथा प्राकृत दोनों में लिखती थीं और सौन्दर्यबोध के विषय

में उनके विचारों का सम्मान किया जाता था। उनके पति ने अपने प्रसिद्ध ग्रन्थ *काव्य-मीमांसा* में काव्य पर अवन्तिसुन्दरी के विचारों को उद्धृत किया है। उनका मानना था कि जो काव्य रचना ज्ञानी रसिकों को आनन्दित करे उसे श्रेष्ठ मानना चाहिए। हालाँकि उनके पति तथा अवन्तिसुन्दरी के विचारों में अन्तर था। वे साथ-साथ काम कर सके, लिख सके। राजशेखर, अवन्तिसुन्दरी के विचार प्रस्तुत करते हैं कि किसी विषय को उसकी चारित्रिक विशेषताएँ या गुण ही कविता के योग्य बनाते हैं, इनमें से किसी एक या अधिक विशेषताओं की अभिव्यक्ति कवि की शैली तथा उसकी वाक्पटुता का संकेत देती है। हेमचन्द्र की रचना *देसी-नाममाला* में अवन्तिसुन्दरी के तीन छन्द उद्धृत किए गए हैं, जिनसे कुछ प्राकृत अभिव्यक्तियों के अर्थ स्पष्ट होते हैं। दुर्भाग्य से उनकी अन्य रचनाएँ अब तक खोजी नहीं जा सकी हैं।

अव्वैयार

(प्रथम शताब्दी)

अव्वै या अव्वैयार (जो एक आदरसूचक पर–प्रत्यय भी है) सम्भवतः एकाधिक तमिल रहस्यवादी कवियों का नाम था क्योंकि उनकी जो तिथियाँ बताई जाती हैं उनमें भारी अन्तर है। यह सम्भव है कि प्रथम अव्वैयार संगम युग (प्रथम या द्वितीय ईसवी शताब्दी) में हुई थीं, जो पारी तथा अथिकामन नामक तमिल नायकों का युग था। उन्होंने उनसठ कविताएँ लिखीं जो *पुराननूरु* में संकलित हैं। द्वितीय अव्वैयार तेरहवीं शताब्दी में चोल काल में हुईं। उन्होंने सम्भवतः कई छोटी, उपदेशात्मक सूत्र कविताओं की रचना की होगी जो अव्वैयार के नाम से जोड़ी जाती हैं। किंवदंती के अनुसार उनके या उनमें से किसी एक के विषय में कहा जाता है कि वे बाल्यावस्था में तिरुचिरापल्ली के पास एक सराय में मिली थीं। हालाँकि उनकी शिक्षा-दीक्षा नहीं हुई थी, वे बेहद सुन्दर गाती थीं और एक ऐसी मनीषी व रहस्यवादी के रूप में प्रसिद्ध थीं 'जो एक कटोरी दलिया' के लिए गाती हो। सम्भव है इन दो के अलावा कोई तीसरी अव्वैयार भी रही हों।

अशोका गुप्ता

(1912-2008)

अशोका गुप्ता स्वतंत्रता सेनानी व समर्पित समाज सेविका थीं। उन्होंने महात्मा गांधी के साथ करीब से जुड़कर काम किया। अपने जीवन के दौरान उन्होंने भारतीय राजनीति

व महिलाओं के जीवन में भारी परिवर्तन आते देखे। अशोका, किरण चन्द्र सेन तथा ज्योतिर्मोयी देवी की दूसरी पुत्री थीं और उनका जन्म नवम्बर 1912 में हुआ था। उनके पिता की मृत्यु तब हुई जब वे छह वर्ष की थीं। परिवार जयपुर, दिल्ली तथा कलकत्ते में घुमन्तू जीवन जीने पर बाध्य हुआ और माँ स्वयं को लेखिका के रूप में स्थापित करने का संघर्ष करती रहीं। अशोका कोलकाता के सेंट मार्गरेट्स स्कूल में पढ़ीं। वे प्रखर थीं और मैट्रिक्युलेशन परीक्षा में कन्याओं में प्रथम रहीं। उन्होंने बेथ्यून कॉलेज में प्रवेश लिया और गणित में ऑनर्स करना चुना।

कॉलेज में पढ़ते समय ही उनका विवाह शैबालकुमार गुप्ता से हुआ जो भारतीय प्रशासनिक सेवा (आईसीएस) के सदस्य व जिला न्यायाधीश थे। चूँकि पति का तबादला देश भर में होता रहा अशोका को भारत यात्रा का अवसर मिला। 1938 में उनके पति का तबादला ढाका में हुआ। ढाका में 1936 (तिथी?) में वे अखिल भारतीय महिला कॉन्फ्रेंस की सदस्य बनीं। इस संस्था से उनका जुड़ाव जीवन भर रहा। वे 1986 में इसकी अध्यक्ष बनीं और अपनी मृत्यु के समय तक इसकी संरक्षक थीं। जब उनके पति का तबादला बाँकुड़ा हुआ तो उन्होंने वहाँ 1942-43 में अकाल की स्थिति में लोगों की मदद का काम किया। वे 1945 में नोआखली में महात्मा गांधी से उनकी ऐतिहासिक यात्रा के समय मिलीं और उनसे विस्थापितों के पुनर्वास के लिए काम करने की प्रेरणा पाई। उन्होंने विभाजन के दौरान मानवाधिकारों के उल्लंघन का और साथ ही इसका महिलाओं और बच्चों पर क्या प्रभाव पड़ा, इसका भी विस्तृत दस्तावेज़ीकरण किया। देश के विभाजन के बाद भी वे समाज उत्थान के काम में जुटी रहीं। बांग्लादेश युद्ध के दौरान अशोका और उनके पति ने बांग्लादेश अनुसंधान समिति का गठन किया ताकि नृशंसता की छानबीन हो सके और पीड़ितों को राहत दी जा सके। उन्होंने अपने संस्मरण में अपने जीवन के विषय में लिखा, 'ये दशक राजनीतिक उथल-पुथल और उद्वेलन के वर्ष थे, जिस समय कोई भी विचारशील भारतीय मूकदर्शक बना नहीं रह सकता था, वह चाहे-अनचाहे गतिविधियों के तूफान में खिंचा चला आता था।'

वे केन्द्रीय समाज कल्याण बोर्ड की सदस्य थीं और उन्हें उड़ीसा, त्रिपुरा तथा राजस्थान की ज़िम्मेदारी सौंपी गई थी। वे बंगाल बोर्ड की सलाहकार समिति तथा एलआईसी बोर्ड, विश्व भारती की कर्म समिति, तथा कस्तूरबा न्यास की सदस्य थीं। वे पाँच वर्षों तक अखिल भारतीय महिला कॉन्फ्रेंस की अध्यक्ष रहीं तथा तीन वर्षों तक भारतीय स्काउट व गाइड संघों की प्रमुख राज्य आयुक्त भी, वे एसओएस बाल ग्रामों तथा बुनियादी विद्यापीठ की अध्यक्ष, तथा कस्तूरबा गांधी राष्ट्रीय स्मृति न्यास की एवं इंडियन सोसायटी फॉर स्पॉन्सरशिप एंड एडॉप्शन की संरक्षक रहीं। वे महिला सेवा समिति की संस्थापक सदस्य भी थीं।

उन्हें महिलाओं व बालकों के साथ उनके काम के लिए आजीवन उपलब्धियों का

जमनालाल बजाज पुरस्कार दिया गया। उनके संस्मरण का शिप्रा भट्टाचार्य एवं रंजना दास गुप्ता ने अंग्रेज़ी में अनुवाद किया, जिसका शीर्षक है *इन द पाथ ऑफ सर्विस : मेमुआर ऑफ ए चेंजिंग सेंचुरी*—इसका प्रकाशन *स्त्री* ने 2008 में किया।

असीमा चैटर्जी

(1917-2006)

असीमा चैटर्जी पहली स्त्री थीं जिन्हें 1944 में डीएससी (रसायनशास्त्र में) की उपाधि प्रदान की गई। उन्होंने अपना जीवन कोलकाता विश्वविद्यालय में रसायनशास्त्र पढ़ाते गुज़ारा व छात्र-छात्राओं की कई पीढ़ियों को इस क्षेत्र में काम करने को प्रेरित किया। वे विन्का एल्कोलाइडस पर अपने काम के लिए जिसका उपयोग अब कैन्सर की औषधियों में होता है; तथा वनस्पतियों से ऐंठन रोधक व मलेरिया रोधक औषधियों को विकसित करने के लिए विख्यात हैं।

असीमा का जन्म एक मध्यवर्गीय परिवार में हुआ और उन्हें बचपन से ही अध्ययन करने को प्रेरित किया गया। उन्होंने स्कॉटिश चर्च कॉलेज से रसायनशास्त्र में बीएससी किया तथा प्रथम श्रेणी व द्वितीय स्थान पाया। तत्पश्चात् उन्होंने कोलकाता विश्वविद्यालय से रसायनशास्त्र में स्नातकोत्तर डिग्री ली। दो वर्ष बाद वे लेडी ब्रेबॉन कॉलेज के रसायनशास्त्र की संस्थापक विभागाध्यक्ष बनीं, और 1944 में कोलकाता विश्वविद्यालय से डॉक्टर ऑफ साइंस (डीएससी) की डिग्री पा वहाँ मानद व्याख्याता नियुक्त की गईं।

1947 में वे विस्कॉन्सिन के एल एम पार्क्स विश्वविद्यालय गईं जहाँ उन्होंने एल. त्ज़ेकमाइस्टर के साथ प्राकृतिक रूप से पाए जाने वाले ग्लाइकोसाइड्स का अध्ययन किया। इसके बाद वे पासादेना स्थित कैलिफोर्निया इंस्टिट्यूट ऑव टेक्नोलॉजी में कैरोटेनॉइड्स तथा प्रोविटामिनों का अध्ययन करने गईं। 1949 से 1950 तक वे ज्यूरिख के एनएल विश्वविद्यालय में रहीं व पॉल कारेर के साथ जैविक रूप से सक्रिय एल्कोलाइड्स (क्षारों) का अध्ययन किया, जो शीघ्र ही आजीवन रुचि में बदल गया। वे 1950 में भारत लौटीं और वनस्पति से निकाले गए एल्कोलाइड्स तथा कौमारिन्स पर शोध प्रारम्भ की। चार वर्ष बाद उन्हें कोलकाता विश्वविद्यालय, जो शेष जीवन तक उनका वैचारिक आवास भी रहा, के विशुद्ध रसायनशास्त्र विभाग में रीडर नियुक्त किया गया। शोध के प्रारम्भिक वर्ष बेहद कठिन थे क्योंकि विश्वविद्यालय प्रोफेसरों को गम्भीर शोध के लिए अपर्याप्त छात्रवृत्तियों और शोध अनुदान दिए जाते थे। शोध सहायकों के लिए छात्रवृत्तियाँ नहीं थीं, और उन्हें अन्य अल्पकालिक नौकरियाँ करनी पड़ती थीं।

1972 में असीमा विश्वविद्यालय अनुदान आयोग (यूजीसी) के सहयोग से अपने

विभाग में रसायनशास्त्र के अध्ययन के लिए विशेष सहायता कार्यक्रम प्रारम्भ कर पाईं तथा उन्हें शोध के लिए अनुदान मिलना शुरू हो गया। 1985 में उनके विभाग को क्रमोन्नत कर प्राकृतिक उत्पादों का प्रोन्नत अध्ययन केन्द्र (सेंटर फॉर एडवांस्ड स्टडीज़ ऑन नेचुरल प्रोडक्ट्स) का दर्जा दिया गया। उन्होंने सॉल्ट लेक, कोलकाता में सम्भागीय शोध प्रयोगशाला स्थापित की जिसमें वानस्पतिक उपचार तथा आयुर्वेद का अध्ययन प्रारम्भ हुआ। असीमा मार्सीलिया मिनूटा नामक पौधे से मिरगी रोधक औषधि आयुष-56, एल्स्टोनिया स्कॉलैरिस (छातिम) स्वेर्टिक, चिराता (चिरायता), पिकर्रोहिज़ा कुर्रोआ (कुटकी) तथा सीसाल्पिनिया क्रिस्टा से मलेरिया रोधक औषधि बनाई। उन्होंने प्रतिष्ठित विज्ञान पत्रिकाओं के लिए तकरीबन 400 शोध पत्र लिखे, जिन्हें कई विद्वान् उद्धृत करते हैं।

उन्हें बनारस हिन्दू विश्वविद्यालय, बर्दवान, कल्याणी तथा विद्यासागर विश्वविद्यालयों ने मानद डीएससी की उपाधि दी। उन्हें 1948 में अमेरिका की वैटुमल विश्वविद्यालय ने तथा 1960 में अन्तर्राष्ट्रीय विज्ञान अकादमी ने छात्रवृत्तियाँ दीं। 1960 में उन्हें भारतीय राष्ट्रीय विज्ञान अकादमी ने फेलो चुना तथा 1961 में शान्ति स्वरूप भटनागर पुरस्कार से नवाज़ा गया। 1962 में विश्वविद्यालय अनुदान आयोग ने उन्हें सी.वी. रमण पुरस्कार दिया। उसी वर्ष उन्हें कोलकाता विश्वविद्यालय की सबसे प्रसिद्ध खैरा प्रोफेसरशिप दी, वे इस पद पर 1982 तक बनी रहीं। 1974 में उन्हें प्रफुल्ल चन्द्र रॉय पुरस्कार प्रदान किया गया। 1975 में उन्हें पद्म भूषण सम्मान दिया गया। इसी वर्ष वे प्रथम महिला बनीं जिसे भारतीय विज्ञान कांग्रेस का अध्यक्ष बनाया गया। वे 1982 से 1990 तक राज्य सभा की सदस्य रहीं।

अहिल्याबाई होल्कर

(1725-1795)

अहिल्याबाई एक राजकुमारी थीं जिनका विवाह इन्दौर के शासकों–होल्कर राजवंश में हुआ। उन्हें अपने पति की मृत्यु के बाद प्रतिशासक के रूप में काम करने तथा उनकी वीरता के लिए याद किया जाता है।

मनकोजी शिंडे की पुत्री अहिल्याबाई का जन्म औरंगाबाद में हुआ था। आठ वर्ष की आयु में उन्होंने मराठा राष्ट्र के नाममात्र के शासक, पेशवा को अपने सौम्य आचरण व सौन्दर्य से प्रभावित किया, जिन्होंने उन्हें अपनी छत्रच्छाया में ले अपने विश्वसनीय सहायक मल्हारराव के पुत्र खांडुजी से अहिल्या का विवाह करवाया। पर खांडुजी ने उसकी उपेक्षा की और भोग-विलास में डूबे रहे। पेशवा की मृत्यु के बाद मल्हारराव ने मराठों के राजपाट को सँभाला और राजकाज की ज़िम्मेदारी अपनी पुत्रवधू को सौंपी। उन्होंने अहिल्याबाई को कर एकत्रण, सन्देश लेखन, सेना प्रबन्धन की बारीकियाँ

सिखाईं और अहिल्याबाई कई बार अपने ससुर के साथ सामरिक अभियानों में भी गईं। ऐसे ही एक अभियान में उनके पति की मृत्यु हुई और वे उसकी चिता पर सती होने की तैयारी करने लगीं। ससुर मल्हारराव ने अहिल्याबाई को उनके पुत्र मालेराव के लिए, जो सूबेदार, और इन्दौर के नामित शासक भी, थे जीवित रह, इन्दौर के प्रतिशासक के रूप में काम करने को मना लिया। अहिल्याबाई के शासन काल में इन्दौर चारों ओर फैली हिंसा के समुद्र में शान्ति और सम्पन्नता का द्वीप बना तथा न्याय व सूझबूझ के लिए विख्यात हुआ।

उनके शासनकाल के प्रारम्भ में एक राजपूत कुल ने विद्रोह किया जिसे अहिल्याबाई स्वयं कुचला। इसी प्रकार जब भील कबीले ने उत्पात प्रारम्भ किया तो उन्होंने उसके नेता को बन्दी बना लिया। अहिल्याबाई ने आवश्यकता के अनुसार शक्ति और करुणा का उपयोग किया। पेशवा के चाचा राघोबा ने एक बार इन्दौर पर हमला करने की योजना बनाई, परन्तु अहिल्याबाई ने स्त्रियों की सैन्य टुकड़ी गठित कर उन्हें सन्देश भेजा : 'लगता है आप युद्ध भूमि में मुझसे मिलना चाहते हैं। मैं भी तैयार हूँ, मैं एक स्त्री मात्र हूँ और अगर आप मुझे परास्त भी कर देते हैं तो आपकी कीर्ति में इज़ाफ़ा नहीं होगा। परन्तु सोचिए कि इससे उलटा होने का नतीजा क्या होगा।' यह घटना दर्शाती है कि अहिल्याबाई में राजनीतिक वास्तविकता की गहरी समझ थी। अन्ततः राघोबा उनके पास आए और उनसे माफी माँगी।

अपने यश के बावजदू अपने जमाई की मृत्यु और एकमात्र पुत्री का सती होने की घटना ने अहिल्याबाई को गहरा सदमा पहुँचाया। वे राजपाट से निवृत्त हो अपने महल में 13 अगस्त, 1795 में अपनी मृत्यु तक सादगी भरा जीवन जीती रहीं। सर जॉन मैल्कम ने उनका वर्णन इन शब्दों में किया है, 'अपने राज्य के आन्तरिक प्रशासन में अहिल्याबाई की सफलता अद्भुत थी...लगता यह है कि अपने सीमित दायरे में, वे ऐसी पवित्र तथा आदर्श शासक थीं, जो कभी भी अस्तित्व रहा हो।'

अहिल्याबाई द्वारा करवाए गए सार्वजनिक निर्माण, राजमार्गों, कुओं, घाटों, विश्राम घरों और मन्दिरों के रूप में उनके स्मारक हैं। कलकत्ता से वाराणासी का मार्ग, सौराष्ट्र में सोमनाथ का मन्दिर, गया में विष्णु का और वाराणसी में विश्वेश्वर मन्दिर आज तक उनके निर्माण कार्यों के रूप में मौजूद हैं। **–पियाशी राय चौधुरी**

अहिल्या रंगनेकर

(1922-2009)

अहिल्या रंगनेकर एक स्वतंत्रता सेनानी और राजनेत्री थीं। उनका जन्म पुणे में हुआ था। वे आठ सन्तानों में सबसे छोटी थीं। जब वे छोटी सी थीं तब उन्होंने आगा ख़ान

पैलेस में महात्मा गांधी के सचिव महादेव देसाई की ब्रिटिश हिरासत में मृत्यु होने पर एक प्रदर्शन आयोजित किया था। उन्हें इस घटना पर तीन माह के लिए यरवदा जेल में क़ैद रखा गया, जहाँ उन्होंने कारागार परिसर में तिरंगा फहराया। कम्युनिस्ट नेता बी.टी. राणादिवे उनके बड़े भाई थे। 1943 में कॉलेज स्नातक बनने के बाद वे भारतीय कम्युनिस्ट पार्टी से जुड़ीं और संयुक्त महाराष्ट्र आन्दोलन में तथा गिरनी कामगार यूनियन में सक्रिय रहीं। 1943 में ही अन्य लोगों के साथ मिल उन्होंने पारेल महिला संघ की स्थापना की। बाद में यह संघ 'जनवादी महिला संघ' बना जो अखिल भारतीय लोकतांत्रिक महिला संघ (एडवा) का हिस्सा था। कालान्तर में एडवा की राष्ट्रीय कार्यकारी अध्यक्ष बनीं, तथा 2001 में उसकी संरक्षक। 1945 में उन्होंने पी.बी. रंगनेकर से विवाह किया। 1946 में वे नौसेना रेटिंग्स बग़ावत से जुड़ीं। 1948 में रेल हड़ताल के दौरान उन्होंने इक्कीस दिन का उपवास किया। 1961 से 1980 तक वे बम्बई नगर निगम की सदस्य रहीं।

1972 में बढ़ती महँगाई के विरुद्ध 'बेलन मार्च', आदिवासियों के अधिकारों, आँगनबाड़ी कार्यकर्ताओं और मज़दूरों के हक़ में आयोजित अभियानों में भागीदारी के बाद वे 'रणरागिनी' (तेज़-तर्रार) के रूप में प्रसिद्ध हुईं। उन्होंने आपातकाल का विरोध किया और उन्हें दुर्गाबाई भागवत तथा जयन्तीबेन मेहता के साथ आर्थर रोड स्थित जेल में बन्दी रखा गया। 1977 में हुए चुनावों में वे लोकसभा की सदस्य चुनी गईं, तथा 1977 से 1980 तक मुम्बई उत्तरमध्य चुनाव क्षेत्र का प्रतिनिधित्व करती रहीं। 1975 में उन्हें भारतीय ट्रेड यूनियन केन्द्र की सामान्य सभा में चुना गया, जिसकी वे 1979 में उपाध्यक्ष बनीं। 1983 से 1986 तक वे भारतीय कम्युनिस्ट पार्टी (मार्क्सवादी) की महाराष्ट्र इकाई की सचिव रहीं व 1978 से 2005 तक उसकी केन्द्रीय समिति की।

आनन्दमयी माँ

(1896-1982)

आनन्दमयी माँ एक आध्यात्मिक गुरु थीं जो बीसवीं शताब्दी के छठे व सातवें दशक में अनेक महत्त्वपूर्ण व्यक्तियों के निकट थीं। मूलतः बांग्लादेश में जन्मीं आनन्दमयी माँ ने देहरादून की पहाड़ियों को अपना निवास स्थान बनाया। अनेक सुप्रसिद्ध व्यक्ति, जिनमें कमला नेहरू व इन्दिरा गांधी भी शामिल थीं, उनकी भक्त थीं।

निर्मलासुन्दरी देवी के रूप में उनका जन्म 30 अप्रैल, 1896 में खेओरा ग्राम में हुआ, जो अब बांग्लादेश में है। उनके माता-पिता—मोक्षदा देवी व बिपिन बिहारी भट्टाचार्य अधिक सम्पन्न नहीं थे, परन्तु सन्तुष्ट थे व समाज में सम्मानित थे।

निर्मला की पढ़ाई-लिखाई प्रारम्भिक स्तर तक ही हुई पर उनका स्कूली प्रदर्शन हमेशा अच्छा रहा। उन्होंने बाद में स्पष्ट किया कि उन्हें हमेशा अच्छा पूर्वाभास होता था कि कौन से प्रश्न पूछे जाएँगे जिससे वे तैयारी कर लेती थीं। इसी प्रकार उनकी धार्मिक शिक्षा भी सतही ही थी, वे मात्र इतना जानती थीं कि ब्रह्मांड का स्वामी बेहद बड़ा होता है और उसकी कृपा पाने के लिए उसकी पूजा-अर्चना करनी होती है और इस ईश्वर का नाम हरि है। कालान्तर में उन्होंने अपनी आध्यात्मिक प्रेरणा को 'खेयाल' या दैवी इच्छा के स्वतः स्फूर्त संचार का नाम दिया। पर उनकी आध्यात्मिक शक्ति प्रारम्भ में प्रकट नहीं हुई।

1909 में 12 वर्ष की आयु में उनका विवाह रमणी मोहन चक्रवर्ती से हुआ जो बाद में भोलानाथ नाम से प्रसिद्ध हुए। भोलानाथ ने ही उन्हें उस समय अपना गुरु घोषित किया जब वे मात्र 18 वर्ष की थीं। उन्होंने अपने घर के द्वार सबके लिए खोल दिए ताकि लोग आकर उनसे आशीर्वाद ले सकें। जब भोलानाथ का स्थानान्तरण बिजातपुर में हुआ आनन्दमयी माँ के अनुयायियों की संख्या बढ़ी।

आनन्दमयी भाव-समाधि में चली जातीं जिस दौरान उनका एक या एक से अधिक अंग लकवाग्रस्त हो मुड़-तुड़ जाते; उनका तापमान बदलता रहता और वे लम्बे समय तक किसी मृत व्यक्ति-सी पड़ी रहतीं। इन परिवर्तनों के साथ उनके मन में मंत्र व श्लोक उपजते, हालाँकि वे संस्कृत जानती नहीं थीं। वे अन्य धर्मों के प्रति खुले विचार रखती थीं। उनके सर्वाधिक ज्ञात भक्त ज्योतिष राय थे, जो बाद में भाईजी नाम से जाने गए। उन्होंने ही उन्हें आनन्दमयी, अर्थात् आनन्द से भरपूर, नाम दिया।

1942 में भोलानाथ को ढाका की नवाबज़ादी प्यारी बानो के शाहबाग गार्डन्स व अन्य सम्पत्तियों का न्यासी नियुक्त किया गया और वे ढाका शहर में दो वर्षों तक रहे। आनन्दमयी के भक्तों की संख्या बढ़ी और उनके चमत्कारों की कहानियाँ फैलने लगीं। वे ढाका स्थित सिद्धेश्वरी मन्दिर जाने लगीं और उनके अनुयायियों ने वहाँ उनके लिए एक आश्रम बनवा दिया। एक दूसरा आश्रम रमना में भी निर्मित किया गया जहाँ उन्होंने काली पूजा की और काली की मूर्ति की स्थापना की थी। यह आश्रम बांग्लादेश युद्ध के दौरान नष्ट हो गया। 1927 में आनन्दमयी ने उत्तर भारत की यात्राएँ प्रारम्भ कीं हालाँकि वे अक्सर ढाका लौटती रहीं। इन यात्राओं से उनकी ख्याति उत्तर में फैली और अन्ततः 1932 में वे देहरादून के पास रायपुर में बस गईं, जहाँ एक खंडित शिव मन्दिर को अपना निवास स्थान बनाया। शीघ्र ही उनके भक्त हरि रामजी के प्रयासों से उनका आश्रम फूलने-फलने लगा। इन्हीं शिष्य की सहायता से अल्मोड़ा में लड़कों के लिए एक विद्यापीठ की स्थापना की गई। कुछ ही समय बाद वाराणसी में श्री आनन्दमयी कन्यापीठ की स्थापना हुई जो सम्पूर्णानन्द संस्कृत विश्वविद्यालय से सम्बद्ध था। कई महत्त्वपूर्ण हस्तियाँ उनसे आशीर्वाद पाने को लालायित रहती थीं, कमला नेहरू नियमित रूप से उनके दर्शन को जाती थीं।

उनके शब्दों में–'मेरी चेतना ने स्वयं को कभी इस भंगुर देह से नहीं जोड़ा। इस संसार में आने से पूर्व भी मैं वही थी...बाद में भी, हालाँकि शाश्वतता के इस सभागार में मेरे इर्द-गिर्द निरन्तर रचना व परिवर्तन का नृत्य चलता रहेगा, मैं वही बनी रहूँगी।'

आनन्दीबाई जोशी
(1865-1887)

आनन्दीबाई जोशी, कादम्बिनी गांगुली के साथ, भारत की उन पहली महिलाओं में से एक थीं जिन्होंने चिकित्सक की योग्यता अर्जित की। इस डिग्री के लिए उन्हें भारी बाधाओं से जूझना पड़ा, हालाँकि वे स्वयं को इस पेशे में स्थापित कर पातीं इसके पूर्व युवावस्था में ही उनकी मृत्यु हो गई।

नौ वर्ष की आयु में आनन्दीबाई का विवाह उनसे 20 वर्ष बड़े गोपाल विनायक जोशी से हुआ। उनका जन्म नाम यमुना था, परन्तु पति ने उन्हें आनन्दी नाम दिया। गोपाल जो डाक विभाग में बाबू (क्लर्क) थे पर अपनी पत्नी को शिक्षित करने को कृत संकल्प थे। जब उनकी पहली सन्तान की मृत्यु हुई आनन्दीबाई मात्र 14 वर्ष की थीं, उन्हें लगा कि यह त्रासदी नहीं घटती अगर बालक को उचित चिकित्सकीय देखभाल मिलती। अतः उन्होंने तय किया कि उन्हें डॉक्टर बनना है। गोपाल ने बम्बई (जो अब मुम्बई कहलाता है), फिर अलीबाग और अन्ततः कलकत्ता में नौकरी की। उन्होंने विरोध और भेदभाव के बावजूद हमेशा आनन्दी को प्रोत्साहित किया। परन्तु यह विरोध इतना बढ़ा कि उन दोनों को विश्वास हो गया कि आनन्दी केवल विदेश में ही अध्ययन कर सकती हैं। परन्तु गोपाल का सहयोग अनियमित था और वे कभी भी आनन्दी के विरुद्ध हो जाते थे और बिना किसी चेतावनी उन्हें प्रताड़ित करते थे। उनकी बदमिज़ाजी से जूझना आनन्दी की समूची ऊर्जा सोख लेता और सम्भवतः यही अन्ततः उनकी अकाल मृत्यु का कारण भी रहा।

गोपाल ने रॉयल विल्डर नामक एक मिशनरी को पत्र लिखा और यह सहायता चाही कि दम्पती अमरीका जा सके ताकि आनन्दीबाई वहाँ अध्ययन कर सकें। विल्डर ने इस शर्त पर सहमति दी कि वे ईसाई बनें। उन्होंने ऐसा करने से इनकार किया, परन्तु विल्डर ने इस पत्राचार पर एक स्थानीय अख़बार में लेख लिखा। न्यू जर्सी की एक धनवान स्त्री थियोडीसिया कार्पेन्टर ने यह लेख पढ़ा और आनन्दीबाई को अमरीका में अध्ययन करने के लिए मदद करने को सामने आईं।

आनन्दीबाई तपेदिक के पहले लक्षणों के कारण अस्वस्थ थीं, इसी रोग से अन्ततः उनकी मृत्यु भी हुई। थियोडीसिया कार्पेन्टर ने उन्हें अमरीका से दवाएँ भेजीं, जिनका कोई लाभ न हुआ। गिरते स्वास्थ्य के बावजूद गोपाल ने 1883 में उन्हें अकेले ही

अमरीका भेजने का निर्णय लिया। क्योंकि साथ-साथ जा पाने लायक पैसे उनके पास नहीं थे। पेन्सिल्वेनिया के महिला चिकित्सा महाविद्यालय में छात्रा के रूप में आनन्दीबाई खुश थीं, परन्तु पैसे की तंगी ने उन्हें क्षमता से अधिक काम करने और स्वास्थ्य की अनदेखी करने पर मजबूर किया और उनका स्वास्थ्य और बिगड़ा। साथ ही उत्तरी अमरीका की ठिठुराने वाली सर्दियों में भी पश्चिमी वस्त्र पहनने से उन्होंने इनकार किया। इस सबके बावजूद उन्होंने प्राचीन हिन्दुओं की प्रसूति पद्धतियों पर अपनी शोध पूरी की। गोपाल राव 1885 में उनके पास पहुँचे, पर स्नातक अध्ययन पूर्ण कर 1886 में भारत लौटने पर पता लगा कि वे तपेदिक के आख़िरी चरण में हैं। भारत लौटने के कुछ ही समय बाद उनकी मृत्यु हो गई, उनकी अस्थियाँ न्यूयॉर्क में कार्पेन्टर परिवार की कब्रगाह में रखी गईं। अमरीका की शुरुआती नारीवादी कैरोलाइन हैली डाल्व ने 1888 में आनन्दीबाई की संक्षिप्त जीवनी लिखी। 1912 में काशीबाई कांतिकर ने मराठी में उनकी जीवनी लिखी। एसजी जोशी ने उनके जीवन की काल्पनिक कथा अपने मराठी उपन्यास *आनन्दी गोपाल* में लिखी। इसका अंग्रेज़ी अनुवाद आशा डामले ने किया जो 1992 में स्त्री द्वारा प्रकाशित हुआ।

आम्रपाली

(छठी शताब्दी ईसाई युग के पूर्व)

आम्रपाली (पाली भाषा में अम्बपाली) प्राचीन भारत में वैशाली राज्य की विख्यात, सुसंस्कृत, धनवान तथा प्रवीण गणिका थीं जो बाद में संसार त्याग कर बुद्ध की शिष्या बनीं।

वैशाली के शाक्य सामन्त महानाम को अपने आम बागान में एक बालिका मिली। इसी से उसे आम्रपाली अर्थात् आम की कली या पुष्प का नाम दिया गया। सन्तानहीन सामन्त ने उसे गोद ले लिया। वे बेहद सुन्दर कन्या थीं और कई धनवान तथा कुलीन व्यक्ति उनसे विवाह करना चाहते थे। वे किसे चुनें यह प्रश्न सामाजिक तथा राजनीतिक कठिनाइयाँ उत्पन्न कर सकता था, अतः महानाम ने यह मसला लिच्छवीगण की सभा के सम्मुख रखा। सभासद भी आम्रपाली के अद्भुत सौन्दर्य से प्रभावित हुए और उन्होंने घोषणा की कि वह स्त्री रत्न है, अतः किसी एक व्यक्ति की नहीं हो सकती और उसे सबकी भोग्या–गण भोग्या बनना चाहिए। यह प्रथा सम्भवतः लिच्छवियों की प्राचीन समूह विवाह का अवशेष थी।

इस निर्णय ने आम्रपाली के पिता को हतप्रभ कर दिया, पर सभा की आज्ञा न पालने की हिम्मत उनमें नहीं थी। आम्रपाली ने निर्णय स्वीकार कर अपने पिता की स्थिति सँभाली पर कहा कि सभा को उसकी पाँच शर्तें माननी होंगी–उसे श्रेष्ठतम

मुहल्ले में आवास दिया जाए, एक बार में केवल एक ही व्यक्ति उसके परिसर में आ सकेगा, उसका शुल्क 500 *कार्षापण* होगा, अगर किसी शत्रु या अपराधी के लिए घर-घर तलाशी ली जाएगी तो उसके घर को केवल सातवें दिन ही तलाशा जाएगा, और उसके आवास में प्रवेश करते या निकलते लोगों पर नज़र नहीं रखी जाएगी। सभा ने उसकी सभी शर्तें स्वीकारीं और यों आम्रपाली गणिका बनी। उस युग की गणिकाएँ 64 कलाओं में दक्ष होती थीं और आम्रपाली सभी में प्रवीण थी। उसने कई राजाओं, सामन्तों और धनवान व्यापारियों का मनोरंजन किया और अपार धन एकत्रित किया। मगध के राजा बिम्बिसार का उससे विमल कोन्डन्न नामक एक पुत्र हुआ जिसे बिम्बिसार ने अपने पुत्र के रूप में स्वीकारा, उसे मगध के दरबार में उच्च पद प्राप्त था। बाद में विमल ने संसारिक माया-मोह त्यागा और बौद्ध भिक्षु बन गया।

अपनी यात्राओं के दौरान एक बार बुद्ध आम्रपाली के कोटग्राम स्थित आम बागान की शीतल छाया से आकृष्ट हुए। उन्होंने तय किया कि वे कुछ समय वहीं बिताएँगे। जब आम्रपाली ने यह सुना तो वे उनके प्रति श्रद्धा जताने पहुँचीं। बुद्ध के प्रवचनों से वे प्रभावित हुईं और बाद में उन्होंने बुद्ध तथा उनके शिष्यों को आम बागान में भोजन करवाया तथा मय उसके भवनों के वह बाग भिक्खु संघ को भेंट कर दिया ताकि उसे एक आराम या विहार बनाया जा सके। इसके कुछ ही समय बाद उसने अपने पुत्र विमल का प्रवचन सुना और भिक्खुनी बनने का निर्णय लिया। इहलौकिक जीवन की अनित्यता उन्हें तब समझ आई और सत्य की झलक तब मिली, जब उन्होंने अपने एक समय सुन्दर शरीर में आए परिवर्तनों को देखा। उन्होंने अर्हन्त पद पाया, अथवा आध्यात्मिक श्रेष्ठता प्राप्त की। उन्होंने अपने आध्यात्मिक परिवर्तन पर कई कविताएँ रचीं और बुद्ध की प्रसिद्ध शिष्याओं में एक मानी गईं। उनकी कुछ कविताओं को सूज़ी थरू तथा के. लालिथा की 'विमेन्स राइटिंग इन इंडिया : 600बीसी टू द प्रेजेंट', खंड-1, (नई दिल्ली, ऑक्सफोर्ड यूनिवर्सिटी प्रेस 1993) में संकलित हैं।

—रीता डालमिया

आरती गुप्ता शाह

(1940-1994)

आरती एशिया की पहली स्त्री थीं जिन्होंने तैरकर इंगलिश चैनल पार किया था। आरती का जन्म पश्चिम बंगाल के कलकत्ता में हुआ था। वे चार वर्ष की आयु से तैरने लगी थीं और उनकी प्रतिभा को सचिन नाग ने पहचाना था। 1945 से 1951

के दौरान उन्होंने 22 राज्य स्तरीय स्पर्धाएँ जीतीं और 1949 में भारतीय रिकॉर्ड बनाया। 1952 में जब हैलसिंकी में ओलम्पिक खेल आयोजित हुए तो भारत एशिया का पहला देश बना जिसने महिला एथलीटों को भी भेजा। मुम्बई की डॉली नज़ीर के साथ आरती भारत के तैराकी दल में थीं, और उन्होंने 200 मीटर की ब्रेस्ट स्ट्रोक प्रतियोगिता में भागीदारी की।

मिहिर सेन से प्रभावित हो, जो एशिया तथा भारत के पहले पुरुष थे जिन्होंने 27 सितम्बर, 1958 को डोवर से कैलाइस तक तैरकर इंगलिश चैनल पार की थी, आरती ने भी ठीक यही करने की ठानी। 29 सितम्बर, 1959 को अपनी उन्नीसवीं वर्षगांठ से पाँच दिन पूर्व, आरती पहली एशियाई व भारतीय स्त्री बनीं जिसने इंगलिश चैनल पार की हो। फ्रांस के केप ग्रिस नेज़ से इंग्लैंड के सैंडगेट तक की 42 मील की दूरी उन्होंने 16 घंटे और 20 मिनट में तय की। सैंडगेट पहुँच उन्होंने भातर का झंडा फहराया। अगले वर्ष उन्हें पद्मश्री से नवाज़ा गया। उनकी मृत्यु 23 अगस्त, 1994 को पीलिया से हुई। 1998 में उनकी स्मृति में डाक टिकटों की शृंखला छापी गई।

आशापूर्णा देवी
(1909-1995)

आशापूर्णा देवी बंगाली उपन्यासकार थीं जिन्होंने बीसवीं शताब्दी के मध्य में पितृसत्तात्मक व्यवस्था में स्त्रियों की लाचारी और घुटन का चित्रण किया था। उनकी विशिष्ट ख्याति उनकी उपन्यास *त्रयी* के कारण है– *प्रथम प्रतिश्रुति, सुबर्णोलता* तथा *बकुल* कथा।

उनका जन्म 8 फरवरी, 1909 में हुआ। वे कलकत्ता में पली-बढ़ीं जहाँ उनके पिता कलाकार के रूप में काम करते थे। उनकी माँ साहित्य प्रेमी गृहिणी थीं। छोटी उम्र में एक परम्परागत परिवार में उनका विवाह कर दिया अतः उनकी शिक्षा पूरी न हो सकी, बहरहाल उन्हें घर में बंगाली पत्रिकाएँ और पुस्तकें पढ़ने की छूट थी। 1930 के दशक में उन्होंने किशोरों के लिए अपनी पहली कहानी लिखी। अपनी पहली वयस्क कथा *पति की प्रेमिका* में उन्होंने स्त्रियों से पुरुषों की बदलती व विरोधाभासी अपेक्षाओं पर प्रकाश डाला। एक ओर स्त्रियों से परम्परावादी, आज्ञाकारी पत्नी होने की उम्मीद की जाती है वहीं दूसरों के सामने प्रदर्शित करने के लिए उसे उत्तेजक व सम्मोहक प्रेमिका का भेस भी धरना पड़ता है।

उनके विद्रोही उपन्यास *प्रथम प्रतिश्रुति* (इन्दिरा चौधुरी द्वारा *द फर्स्ट प्रोमिस* शीर्षक से अनूदित, ओरिएंट लॉगमैन, 2004) ने बंगाली *भद्रलोक* समाज की आत्मसन्तुष्टि की नींव को झिंझोड़ा। 1964 में प्रकाशित यह उपन्यास उस उपन्यास *त्रयी* का प्रथम

खंड था जिसने मध्यवर्गीय समाज द्वारा नारी को उपलब्ध करवाए गए स्थान को, तथा उस स्थान पर काबिज़ हो पाने की सम्भावनाओं को तलाशा गया है। *प्रथम प्रतिश्रुति* की नायिका सत्यवती एक छोकरानुमा खिलन्दड़ी बालिका है जो उसके लिए निर्धारित बाल्यावस्था को स्वीकारने से इनकार करती है। उसका विवाहित जीवन यातना और ऊब का सामान्य मिश्रण होता है, पर वह किसी तरह अपनी आत्मा को बचाए रखती है और बालिकाओं के लिए स्कूल भी खोलती है। उसकी सारी उम्मीदें अपनी बेटी सुबर्णा पर केन्द्रित होती हैं जिसे वह तमाम ऐसे अवसर देना चाहती है जो उसे नहीं मिल पाए थे। परन्तु उसके पति का परिवार सुबर्णा को चुपचाप गाँव ले जाकर उसका विवाह करवा देता है। सत्यवती जब तक पहुँचती है विवाह सम्पन्न हो चुका होता है। कथा के स्मरणीय दृश्य में सत्यवती फिर से बैलगाड़ी में बैठती है और कभी वापस न लौटने के लिए चल पड़ती है। दूसरे खंड *सुबर्णलता* का प्रकाशन 1967 में हुआ। इसमें सुबर्णा के विवाहित जीवन का वर्णन है। सुबर्ण अपनी माँ का कमज़ोर और भीरु रूप है। वह चुपचाप स्वयं पर आरोपित सारे अपमान बर्दाश्त करती रहती है। उनके नये घर के निर्माण के पहले जब वह पति से अनुरोध करती है कि उसमें एक झरोखा (बालकनी) बनवाई जाए, लगता है मानो घर के बाहर की दुनिया में एक खिड़की तो खुलेगी। पर जब सुबर्णा नये घर को घूम-फिर कर देखती है, कहीं भी झरोखा नज़र नहीं आता। उसके पति भूल जाते हैं। अन्तिम खंड *बकुल कथा* पहले दो खंडों के समान दमदार नहीं है।

आशापूर्णा देवी ने 150 से अधिक उपन्यास व असंख्य कहानियाँ लिखीं। 1966 में उन्हें रबीन्द्र स्मृति पुरस्कार, 1976 में भारतीय ज्ञानपीठ पुरस्कार तथा पद्मश्री से सम्मानित किया गया। उन्हें जबलपुर, रबीन्द्र भारती, बर्दवान तथा जादवपुर विश्वविद्यालय से मानद डी.लिट्. की उपाधि दी गई। 1988 में बंगीय साहित्य परिषद ने उन्हें हरनाथ घोष पदक दिया व आगामी वर्ष विश्व भारती विश्वविद्यालय ने उन्हें देशिकोत्तमा की उपाधि से सम्मानित किया। 1993 में कलकत्ता विश्वविद्यालय ने उन्हें जगत्तारिणी स्वर्ण पदक दिया व 1994 में उन्हें साहित्य अकादमी की फेलोशिप दी गई।

इन्दिरा गांधी

(1917-1984)

इन्दिरा गांधी तकरीबन दो दशकों तक भारत की प्रधानमंत्री रही थीं। तमाम विवादों के बावजूद विश्व के कूटनीतिक समुदाय में भारत को एक शक्ति बनाने में उनके योगदान को नकारा नहीं जा सकता, न ही राष्ट्र के प्रति उनकी पूर्ण प्रतिबद्धता पर प्रश्न उठाए जा सकते हैं।

भारत के प्रथम प्रधानमंत्री पंडित जवाहरलाल नेहरू की पुत्री, इन्दिरा गांधी का जन्म 19 नवम्बर, 1917 को इलाहाबाद में अपने दादा मोतीलाल नेहरू के निवास में हुआ। 1930 में 13 वर्ष की आयु में इन्दिरा ने बाल चरखा संघ व वानर सेना की स्थापना की, जिससे जुड़े बच्चों ने असहयोग आन्दोलन के दौरान कांग्रेस पार्टी की मदद की। 1936 में उनकी माता कमला नेहरू की मृत्यु हो गई, उस समय वे मात्र 19 वर्ष की थीं। उनकी किशोरावस्था स्विट्ज़रलैंड व भारत के छात्रावासों में बीता। इस दौरान उनके जीवन पर सर्वाधिक प्रभाव उनके पिता के लम्बे पत्रों का रहा, जो बाद में *लेटर्स ऑव ए फादर टू हिज़ डॉटर* (पिता के पत्र, पुत्री के नाम) शीर्षक से छपे। वे पश्चिमी बंगाल में स्थित शान्तिनिकेतन के विश्व भारती विश्वविद्यालय में तथा ऑक्सफोर्ड के सॉमरविल कॉलेज में पढ़ीं।

1942 में भारत छोड़ो आन्दोलन के चरम पर उनकी मुलाक़ात फिरोज़ गांधी, अथवा मेहता से हुई, जो एक पारसी पत्रकार थे, और जिन्हें स्वयं गांधी ने गांधी का उपनाम दिया था। इन्दिरा ने उनसे विवाह किया। उनके दो पुत्र–राजीव 1943 में, तथा संजय 1946 में हुए। उनके विवाह में समस्याओं की अफवाहें फैलीं व वे अपने पिता के साथ समय बिताने लगीं। इन्दिरा ने पिता के सामाजिक व्यस्तताओं को सँभाला व आयोजनों पर मेहमाननवाज़ी करने लगीं। नेहरू, जो उस समय भारत के प्रधानमंत्री थे इन्दिरा को राजनेता पद के लिए प्रशिक्षित करने लगे। 1955 में वे राजनीतिक अखाड़े में उतरीं और कांग्रेस कार्यकारी समिति की साधारण सदस्य के रूप में सक्रिय हुईं व अगले वर्ष इन्दिरा अखिल भारतीय युवा कांग्रेस की अध्यक्ष बनीं। फिरोज़ गांधी की मृत्यु 8 सितम्बर, 1960 को हुई।

इन्दिरा को 1964 में राज्य सभा के लिए चुना गया और 1966 में वे सूचना व प्रसार की केन्द्रीय मंत्री बनीं। इन वर्षों में वे एक शर्मीली, अन्तर्मुखी व यदा-कदा असुरक्षा की भावना से घिरी स्त्री से वे एक आत्मविश्वासी व परिपक्व नेता के रूप में विकसित हुईं। उनमें आया यह बदलाव सार्वजनिक नहीं था। 1966 में 10 जनवरी को ताशकंद में लाल बहादुर शास्त्री की मृत्यु के दो सप्ताह बाद उन्हें भारत के प्रधानमंत्री पद की शपथ दिलाई गई। कई लोगों का मानना था कि वे केवल नाम मात्र की नेता सिद्ध होंगी, परन्तु तीन ही वर्षों में वे ग़लत सिद्ध हुए। यह पता चलने के बाद कि पार्टी के वरिष्ठ नेता उन्हें नियंत्रित करना चाहते हैं, इन्दिरा गांधी ने 1967 में पार्टी का विभाजन करवा दिया, और जो समूह उनका साथ दे रहा था उसे साथ बनाए रखा। 1969 में उन्होंने देश के बैंकों को राष्ट्रीयकृत कर दिया। उन्होंने भारत के अन्तरिक्ष कार्यक्रम को समर्थन दिया तथा शीत युद्ध के दौर में उनके पिता ने विश्व शक्तियों के प्रति निरपेक्ष रहने की जो नीति अपनाई थी, उसे आगे बढ़ाई। अन्तर्राष्ट्रीय दबावों के बावजूद उन्होंने भारत के आणविक कार्यक्रम को कभी नहीं छोड़ा। उनका नारा था कि किसी देश के नेता को भय के कारण वार्ता नहीं करनी चाहिए और

वार्ता करने से डरना भी नहीं चाहिए। इसी भावना से उन्होंने 1971 में भारत-पाक युद्ध के बाद पाकिस्तान से संवाद शुरू किया जो शिमला समझौते तथा बांग्लादेश के अस्तित्व की स्वीकृति में परिणीत हुआ। इसी समय उन्होंने भारत-सोवियत मैत्री सन्धि भी सम्भव की। यह दौर उनकी लोकप्रियता के चरम का था, जनता उनके साथ थी। भारत के शीर्षस्थ चित्रकार एम.एफ. हुसैन ने उन्हें सिंह पर सवार देवी दुर्गा के रूप में चित्रित किया।

इन्दिरा ने स्त्रियों के लिए समान अधिकारों व उनकी सामाजिक व आर्थिक आज़ादी की पैरवी की और उन्हें प्रोत्साहित किया। उन्होंने दलितों-शोषितों व विकलांगों के लिए कई कार्यक्रम प्रारम्भ करवाए। उन्होंने भारत के सांस्कृतिक पुनरुत्थान पर बल दिया, हस्तशिल्पों को प्रोत्साहित किया व गरीबी उन्मूलन की योजनाएँ प्रारम्भ कीं, हालाँकि कई लोगों का मानना था कि इस क्षेत्र में उनके काम में दूर दृष्टि का अभाव था। इन्दिरा कुशल वक्ता थीं और किसी भी मंच पर उनकी उपस्थिति प्रभावित करती थी। कई लोगों का आरोप था कि उन्होंने कांग्रेस व देश में अपने गिर्द एक व्यक्तित्व पन्थ बना लिया था। कहा जाता था कि वे 'संसद में एकमात्र मर्द थीं।' उनके समर्थकों ने घोषणा की 'इन्दिरा ही इंडिया है', हालाँकि जयप्रकाश नारायण ने उन्हें स्पष्ट शब्दों में कहा कि 'आप अमर नहीं हैं; भारत है।' इस सबकी परिणीति उनके द्वारा 1977 में अपने छोटे पुत्र संजय की सलाह पर कमज़ोर बहाने के आधार पर आपात्काल की घोषणा कर दी। यह बात खुला रहस्य थी कि इस फैसले का वास्तविक आधार था इलाहाबाद उच्च न्यायालय का निर्णय जिसने उन चुनाव परिणामों को खारिज कर दिया जो उन्हें सत्ता में लाया था। लोकतांत्रिक प्रक्रिया स्वीकारने के बजाय इन्दिरा देश को तानाशाही का स्वाद चखाया। भारत में अब भी ऐसे लोग हैं जो याद करते हैं कि आपात्काल के दौरान रेलगाड़ियाँ सही समय पर चलने लगी थीं, परन्तु अधिकतर टीकाकार भारत के नागरिक अधिकारों को पहुँचे नुकसान, उस दौरान चलाए गए जनसंख्या नियंत्रण कार्यक्रम, तथा लोकतांत्रिक विश्वसनीयता की कटु आलोचना करते हैं। जिसने भी उनके विरुद्ध आवाज़ उठाई उसे इस दौर में बिना मुक़दमा चलाए बन्दी बना दिया गया। इस विश्वास के साथ कि उन्होंने देश को इस बात का भरोसा दिला दिया है कि वे ही शासन करने योग्य हैं, इन्दिरा ने अगले चुनावों की घोषणा की और उन्हें बेइज़्ज़ती भरी हार का सामना करना पड़ा। मोरारजी देसाई की सरकार ने आपात्काल के दौरान हुए अत्याचारों के नाम पर उनके विरुद्ध एक अटपटा-सा मुक़दमा चलाने की कोशिश की। कांग्रेस फिर से विभाजित हुई, इस बार इन्दिरा गांधी ने अपने गुट को कांग्रेस (आई) का नाम दिया, जिसमें आई इन्दिरा के लिए था।

लोकतंत्र का औचित्य सिद्ध करने के बाद भारत की जनता ने यह भी स्वीकारा कि इन्दिरा का स्थान कोई नहीं ले सकता और 1980 में इन्दिरा को फिर से सत्ता में

लाए। पुत्र संजय की मृत्यु के शोक से वे उबरीं पर पुत्रवधू मेनका और उनके बीच वैमनस्य पैदा हो गया। इस स्थिति में उन्होंने अपने राजनीतिक जीवन का अन्तिम चरण प्रारम्भ किया जिसमें भारत की पश्चिमी सीमा में अलगाववादी शक्तियाँ भारत को तोड़ने की पुरज़ोर चेष्टा कर रही थीं।

भारतीय इतिहास में खालिस्तान प्रकरण तथा 1984 में स्वर्ण मन्दिर परिसर में पुलिस कार्रवाई के औचित्य-अनौचित्य पर काफ़ी कुछ लिखा जा चुका है। परन्तु इसमें शंका नहीं थी कि इन्दिरा गांधी को पक्का विश्वास था कि यह हस्तक्षेप आवश्यक है; यह क़दम सिख समुदाय के विरुद्ध नहीं था बल्कि आतंकवादियों के विरुद्ध था। अतः उन्होंने अपने विश्वसनीय सिख अंगरक्षकों को बहाल रखा और 31 अक्टूबर, 1984 को इन अंगरक्षकों में से ही एक के हाथों इन्दिरा मारी गई। आठवीं लोकसभा ने उनकी मृत्यु पर सर्वसम्मति से घोषणा की–'यह सदन बीसवीं शताब्दी के महानतम भारतीयों में से एक की क्षति से शोक सन्तप्त है। इस दौर की उथल-पुथल थमने पर, भावी पीढ़ियाँ इन्दिरा गांधी की उपलब्धियों को विस्तार और वैभव को, प्रेम व कृतज्ञता के साथ देखेगी।'

उनकी धरोहर आगे भी बरकरार रही है। कांग्रेस पार्टी में नेता की तलाश के लिए नेहरू परिवार का मुँह ताकने में और राजनीतिक हत्या का लक्ष्य बनने के उनके दुर्भाग्यपूर्ण उदाहरण को दोहराए जाने की परिपाटी उसमें जारी है। उनका बड़ा पुत्र राजीव, अनिच्छा से उनके पदचिह्नों पर चला व प्रतिशोध के भूखे आतंककारियों का शिकार बना। इसके बाद कांग्रेस ने राजीव की विधवा पत्नी, सोनिया गांधी को देश की राजनीति में जोड़ने का भारी प्रयास किया और यों इन्दिरा की मृत्यु के बाद भी उनके प्रभाव के बने रहने के दावे को सिद्ध किया। उनका पोता राहुल गांधी भी अब राजनीति में सक्रिय है। **–रीता डालमिया**

इन्दिरा राजे

(1892-1968)

इन्दिरा राजे बड़ौदा की राजकुमारी थीं, जिन्होंने अपने माता-पिता की इच्छा के विरुद्ध ग्वालियर के सिन्धिया शासक से सगाई तोड़ी और कूच बिहार के राजा से विवाह किया। बाद में वे अपने बेटे के लिए कूच बिहार की प्रतिशासक भी रहीं। वे बड़ौदा के महाराजा सायाजीराव गायकवाड़, तृतीय व उनकी पत्नी चिमनी बाई, द्वितीय की पुत्री थीं व बचपन में ही ग्वालियर के युवा माधोराव सिन्धिया से उनकी सगाई हो गई थी। 18 वर्ष की उम्र में इन्दिरा 1911 में दिल्ली दरबार में उपस्थित हुईं, जहाँ उनकी मुलाक़ात तेजतर्रार जितेन्द्र से हुई जो कूच बिहार के महाराजा के छोटे भाई थे।

ग्वालियर की तुलना में कूच बिहार एक छोटा व नगण्य राज्य था, परन्तु इन्दिरा और जितेन्द्र इससे चिन्तित न थे। लोकनिन्दा व कूटनीतिक कठिनाइयों के बावजूद उन्होंने विवाह करने का निर्णय लिया।

इन्दिरा ने माधोराव को पत्र लिख सगाई तोड़ी। माधोराव सिन्धिया ने बड़ौदा में इन्दिरा के पिता को एक रूखा-सा तार भेजा 'पत्र से राजकुमारी का क्या मतलब है?' इन्दिरा ने अपने माता-पिता को जो घटा था वह बताया, हालाँकि ग्वालियर के राजा शिष्टता से पीछे हटे, इन्दिरा को अपने माता-पिता को जितेन्द्र से विवाह के लिए तैयार करने में संघर्ष करना पड़ा। वे उसे जानते नहीं थे और जितेन्द्र को आशिक़ मिज़ाज और उद्दंड युवक मानते थे। जितेन्द्र को बुलाया गया और कहा गया कि वह इन्दिरा से दूर रहे, परन्तु स्वयं इन्दिरा ने ही उससे रिश्ता तोड़ने की बात अस्वीकार दी। अन्ततः उसके माता-पिता को समझ आ गया कि उसका विवाह करवा देने की सम्भावना नहीं थी। उन्होंने जोड़े को विवाह की अनुमति दी बशर्ते वह लन्दन में लोगों की आँखों से दूर सम्पन्न हो। दोनों का लन्दन के एक होटल में शान्ति से ब्राह्मो विवाह हुआ क्योंकि जितेन्द्र की माँ सुनीति देवी, ब्रह्म समाज के सुधारक केशव चन्द्र सेन की बेटी थीं।

विवाह के चन्द ही दिनों में जितेन्द्र के बड़े भाई की मृत्यु शराब की लत से जुड़ी स्वास्थ्य समस्याओं के कारण 1913 में राजा बनने के दो ही साल बाद हो गई। इन्दिरा अब शासक की पत्नी थीं, जिससे उनका खोया हुआ रुतबा कुछ हद तक लौटा, इन्दिरा के पाँच बच्चे हुए, जिनमें गायत्री देवी भी थीं। परन्तु जितेन्द्र स्वयं भी शराबी था और चन्द ही सालों में शराब से उसकी भी मृत्यु हो गई। इन्दिरा ने तब अपने नाबालिग पुत्र जगत्दीपेंद्र नारायण की संरक्षिका बन शासन चलाया। उनकी ज़िम्मेदारियों के बावजूद वे पार्टी आदि में जाती रहीं, और उनका नाम कई जानी-मानी हस्तियों, मय केन्ट के ड्यूक के साथ जोड़ा गया। उनकी दूसरी बेटी गायत्री अल्पायु में ही, जयपुर के महाराजा की तीसरी पत्नी बनीं और बाद में राजनीति में उतरीं। इन्दिरा का सबसे बड़ा बेटा 1936 में शासक बना, जिसके बाद इन्दिरा ने अपना अधिकतर समय यूरोप में बिताया। वे मुम्बई लौटीं जहाँ 1968 में उनकी मृत्यु हुई।

इन्दिरा सन्त

(1914-2000)

इन्दिरा सन्त मराठी की कवयित्री थीं। उनका जन्म नाम इन्दिरा दीक्षित था और वह दक्षिण महाराष्ट्र में पली-बढ़ी थीं। उन्होंने राजाराम कॉलेज, कोल्हापुर तथा पुणे के फर्ग्युसन कॉलेज में अध्ययन किया, जहाँ उनकी भेंट नारायण सन्त से हुई व उनसे

इन्दिरा ने विवाह किया। एक दशक बाद नारायण सन्त की मृत्यु हो गई और वे तीन बच्चों को पीछे छोड़ गए। इन्दिरा बेलगाम में एक शिक्षक प्रशिक्षण कॉलेज में पढ़ाना व बाल साहित्य लिखना प्रारम्भ किया। 1950 के दशक में उन्होंने नारीवादी कविताओं की रचना की जिसमें पत्नियों, माताओं व बेटियों की कठिनाइयों का वर्णन था। इसकी शुरुआत इन्दिरा *शेला* (दुपट्टा, 1950), तत्पश्चात् *मेहँदी* (1955) से की। उनकी शैली आधुनिक व रूमाना भाव प्रधान परम्परा के बीच की थी। उनके पुत्र प्रकाश भी मराठी लेखक हैं। इन्दिरा की छोटी बहन कमला भी लेखिका थीं। 1984 में उन्हें उनकी कृति *गर्भरेशान्ति* के लिए साहित्य अकादमी पुरस्कार से सम्मानित किया गया। उनके स्मृति संकलन का शीर्षक है *मृदुगंधा*।

इला मित्रा
(1925-2002)

इला मित्रा आदिवासियों के अधिकारों की पैरोकार, शौकिया खिलाड़ी व राजनेता थीं। इला सरकार के रूप में उनका जन्म 18 अक्टूबर, 1925 को पूर्वी बंगाल के झेनाइदाह ज़िले के एक जाने-माने परिवार में हुआ था। उनके पिता नगेन्द्रनाथ सरकार बंगाल मुख्य अंकेक्षक (एकाउन्टेन्ट जनरल) थे। इला को 1940 में आयोजित ओलम्पिक खेलों में भारत का प्रतिनिधित्व करना था, जो युद्ध छिड़ने के कारण रद्द हो गया। इला अपना अध्ययन जारी रखने कोलकाता आईं, यहाँ उनकी मुलाक़ात उन नौजवानों व नवयुवतियों से हुई जो स्वाधीनता संग्राम में सक्रिय थे। उन्होंने 1942 में कला में इंटरमीडिएट परीक्षा पास की तथा 1944 में स्नातक डिग्री पाई। वे महिला आत्मरक्षा समिति तथा कम्युनिस्ट पार्टी से जुड़ीं।

स्नातक बनने के साल भर बाद उन्होंने रमेन्द्र मित्रा से विवाह किया जो स्वयं भी कम्युनिस्ट पार्टी के सदस्य थे और छापाई नवाबगंज के एक सम्पन्न ज़मींदार परिवार के बेटे थे। 1946 में इला गाँववासियों को, जो अधिकतर आदिवासी थे, तेभागा आन्दोलन में भाग लेने के लिए संगठित करने लगीं। तेभागा आन्दोलन बँटाई की खेती करने वाले किसानों के लिए न्याय माँगने का आन्दोलन था। यह आन्दोलन कालान्तर में उत्तरी बंगाल में शोषण के विरुद्ध अधिक व्यापक आन्दोलन में बदला। उनके काम की चर्चा गाँववासियों के बीच फैलने लगी और वे उनसे बेहद स्नेह करने लगे और उन्हें प्यार से 'रानी माँ' कहने लगे। इला मित्रा दंगाग्रस्त नोआखली भी गईं जहाँ गांधी ने साम्प्रदायिक हिंसा की भर्त्सना की थी।

संथाल आन्दोलन 1950 तक चला। जनवरी 1950 में हिंसा अपने चरम पर पहुँची, इला को भागते समय गिरफ़्तार कर लिया गया और राजशाही केन्द्रीय जेल में

रखा गया, जहाँ उन्हें यातना दे, बलात्कार कर पुलिस ने उनसे अन्य आन्दोलनकर्ताओं के नाम उगलवाने चाहे, पर वे झुकीं नहीं। उन पर देशद्रोह का मुक़दमा चला और उन्होंने पुलिस अत्याचार का बयान किया। उन्हें आजीवन कारावास की सज़ा सुनाई गई। परन्तु 1954 तक उनका स्वास्थ्य पुलिस यातनाओं व कठोर परिस्थितियों के कारण टूट चुका था, अतः उन्हें उपचार के लिए कोलकाता भेजा गया। वे वापस नहीं लौटीं और कोलकाता विश्वविद्यालय में बंगाली में एम.ए. पाठ्यक्रम में प्रवेश लिया। वे फिर से भारतीय कम्युनिस्ट पार्टी से जुड़ीं और 1962 से 1972 के बीच चार बार विधानसभा सदस्य चुनी गईं। 1971 में उन्होंने बांग्लादेश के स्वाधीनता संग्राम के समर्थन में व्यापक अभियान चलाया।

इला मित्रा लेखिका व अनुवादक भी थीं। उनके अनुवादों के लिए उन्हें सोवियत लैंड नेहरू पुरस्कार दिया गया। स्वतंत्रता संग्राम में उनकी भूमिका के लिए केन्द्र सरकार ने उन्हें ताम्र पत्र प्रदान किया।

इरावती कर्वे
(1905-1970)

इरावती कर्वे एक नृशास्त्रवेत्ता थीं, जिन्होंने भारतीय सामाजिक प्रणालियों का अध्ययन किया था। उनका जन्म बर्मा में म्यिन्जिन में हुआ था, जहाँ उनके पिता हरि गणेश कर्वे एक इंजीनियर के रूप में काम कर रहे थे। उनका नाम इरावदी नदी पर रखा गया था। सात वर्ष की उम्र में उन्हें पढ़ने के लिए पुणे के हुज़ूर पेज में भेजा गया जो महाराष्ट्र में बालिकाओं के लिए प्रथम स्कूलों में एक था। वहाँ उनकी दोस्ती शकुंतला परांजपे से हुई जो इरावती को रहने के लिए अपने घर ले गईं। यहाँ उनका परिचय विविध प्रकार के लोगों व विचारों से हुआ। इन विचारों में नृशास्त्र का विचार शामिल था, और लोगों में दिनकर कर्वे शामिल थे जो फर्ग्युसन कॉलेज में रसायनशास्त्र के प्रोफेसर थे और महर्षि धोंधो केशव कर्वे के पुत्र थे। महर्षि कर्वे महिला शिक्षा के क्षेत्र में अग्रणी भूमिका निभाई थी। दिनकर बाद में इरावती के पति बने।

फर्ग्युसन कॉलेज से स्नातक करने के बाद इरावती ने प्रख्यात विद्वान् जी.एस. धुरे के तहत समाजशास्त्र में एम.ए. किया। घुर्ये सर पैट्रिक गेड्डेस के बाद 1924 में बम्बई विश्वविद्यालय के समाजशास्त्र विभाग के प्रमुख बने थे। तत्पश्चात् इरावती बर्लिन गईं और वहाँ काइज़र विलहैल्म इंस्टिट्यूट फॉर एंथ्रोपॉलोजी में सुजनन विज्ञान तथा मानवीय आनुवंशिकता में, 1930 में, प्रोफेसर यूजीन फिशर के मार्गदर्शन में पी-एच.डी. की। भारत लौटने पर वे कुछ समय तक एस.एन.डी.टी. कॉलेज पुणे की रजिस्ट्रार रहीं तब डैकन कॉलेज स्नातकोत्तर शोध संस्थान में पढ़ाने लगीं, जहाँ वे

आजीवन रहीं। उन्होंने जाति प्रथा के उद्‌भव की जाँच-पड़ताल केवल पारम्परिक नृशास्त्रीय सूचना स्रोतों से नहीं, बल्कि साथ ही महाकाव्यों, लोक साहित्य तथा मानव इतिहास के अध्ययन से की। उनका विश्वास स्थानीय आबादी के गहन अध्ययन में था तथा उनका कहना था कि विभिन्न जातियों का स्तर एक से दूसरे स्थान पर बदलता है। उन्होंने महाकाव्यों तथा वेदों में रिश्तेदारियों की शर्तें व सम्बन्धों व पारिवारिक ढाँचों का भी अध्ययन किया। 1957 में जब भारतीय विज्ञान कांग्रेस आयोजित हुई, उन्हें नृशास्त्र विभाग का अध्यक्ष चुना गया। उन्हें लन्दन स्थित स्कूल ऑव ओरियंटल एंड एफ्रिकन स्टडीज़ ने व्याख्याता का पद प्रस्तावित किया। उन्होंने कई पुस्तकों की रचना की जिसमें *किनशिप ऑर्गेनाइज़ेशंस इन इंडिया* (1953), *हिन्दू सोसायटी : एन इन्टरप्रेटेशन* (1961), *महाराष्ट्र : लैंड एंड पीपल* (1968) तथा *युगान्त,* जो मराठी व अंग्रेज़ी में महाभारत पर लिखी गई टीका थी, शामिल थे। इस पुस्तक में उन्होंने महाभारत के मानवीय पक्ष का विश्लेषण किया। यह अन्तिम पुस्तक बेहद लोकप्रिय हुई, व उनकी मृत्यु के तीस वर्षों के बाद भी बिक रही है। इस पुस्तक ने 1968 में साहित्य अकादमी पुरस्कार जीता। उन्होंने मराठी में *परिपूर्ति, भोवारा, आमची संस्कृति, संस्कृति* तथा *गंगाजल* की भी रचना की। उनकी पुत्री गौरी देशपांडे भी लेखिका बनीं।

इस्मत चुग़ताई
(1915-1991)

इस्मत चुग़ताई उर्दू की लेखिका थीं, जिन्होंने नारी के यौनिक जीवन की अस्पष्टताएँ तथा फन्दों पर, पुरुषों तथा स्त्रियों, दोनों दृष्टि से ध्यान दिया। कई लोगों ने उनके लेखन को अश्लील घोषित किया, जैसा कि अक्सर तब किया जाता है जब स्त्रियाँ यौन पर लिखने के पुरुष के एकाधिकार को लाँघने का साहस करती हैं।

जब इस्मत अलीगढ़ मुस्लिम विश्वविद्यालय में पढ़ती थीं, तब उन्हें तथा उनकी सहेलियों को कक्षा के पिछले हिस्से में पर्दे के पीछे बैठाया जाता था, पर वे इसकी परवाह न करती थीं क्योंकि शिक्षा तक कम-से-कम उनकी पहुँच तो बनी थी। उन्होंने पर्दे की आड़ से निकलने और शिक्षा का दावा करने की एक अधिक बुनियादी स्तर की लम्बी लड़ाई भी लड़ी। अपनी विवाहित सखियों से सुनी प्रथम रात्रि की डरावनी कहानियों ने इस्मत को यौन के विषय में अधिक छानबीन की और बढ़ाया। इससे प्रेरित हो उन्होंने उन त्रासदियों की बात की जो इस पर अज्ञान से उभरती हैं, तथा उसकी कीमत कौन चुकाता है। इस्मत उर्दू कहानियों की उस्ताद हैं और उनकी श्रेष्ठ मानी जाने वाली कहानी है *लिहाफ़* (1941)। उन्होंने उपन्यासों की भी रचना की

जिसमें *ज़िद्दी* (1941) तथा *टेढ़ी लकीर* (1943) शामिल हैं। उनके तीन लोकप्रिय कथा संग्रह हैं–*चोटें* (1943), *कलियाँ* (1945) तथा *छुई मुई* (1952)।

1944 में उनकी कथा *लिहाफ़* के विरुद्ध अश्लीलता का मुक़दमा ठोका गया। इस कहानी में वे दो औरतों का वर्णन करती हैं जो *लिहाफ़* के नीचे एक-दूसरे से यौन सन्तुष्टि पाती हैं। यहाँ *लिहाफ़* स्त्री की शारीरिक आवश्यकताओं के प्रति समाज के अन्धेपन का प्रतीक है। उन्होंने इन आरोपों का साहसपूर्वक सामना किया। उन्हें दोषी सिद्ध करने को आतुर एक व्यक्ति ने दावा किया कि 'वह आशिक़ इकट्ठा कर रही थी' अश्लील है, तो न्यायाधीश ने पूछा, 'कौन सा शब्द अश्लील है। 'इकट्ठा' करना या 'आशिक़'? इस्मत को जीतने का पूरा भरोसा था और छानबीन के दौरान उनके विरुद्ध मुक़दमा लड़खड़ाया। वे बाइज़्ज़त बरी की गईं और इस मुक़दमे के फलस्वरूप और विख्यात हुईं।

उन्हें 1974 में उनकी रचना *टेढ़ी लकीर* के लिए, उर्दू नाटक का ग़ालिब पुरस्कार, 1975 में रचना *गरम हवा* को (कैफी आज़मी के साथ) फ़िल्म फेयर श्रेष्ठ कहानी पुरस्कार दिया गया। इस्मत को उपमहाद्वीप में महिला लेखिकाओं का पथ प्रदर्शक माना जाता है।

उमयम्मा रानी

(प्रतिशासक 1677-1684)

अश्वथी थिरुनाल उमयम्मा अत्तिंगल कुल, जिसका त्रैवणकोर के राज परिवार से सम्बन्ध था, की रानी थीं। वे 1677 से 1684 तक अपने भतीजे राजा रवि वर्मा की संरक्षिका व वेनाड़ की प्रतिशासक थीं। राजा रवि वर्मा ने 1684 से 1718 तक शासन किया था। उमयम्मा के पति आदित्य वर्मा पुरोहितों को नियंत्रित नहीं कर पाए थे और वे बेहद शक्तिशाली बन चुके थे। कहा जाता है कि श्री पद्मनाभ मन्दिर के पुरोहितों के 'एत्तारा योगम्' नामक दल ने आदित्य वर्मा की हत्या की, महल में आग लगा दी और उमयम्मा के पाँच पुत्रों को डुबाकर मार डाला। उमयम्मा ने गद्दी के प्रतिस्पर्धी दावेदार, नेदुमंगट्टु केरला वर्मा को तिरुवत्तार में पराजित किया और उसे मार डाला, तत्पश्चात् उन्होंने शेष सामन्तों और शक्तिशाली पुरोहितों का दमन किया। उन्होंने प्रसिद्ध कोट्टायम केरला वर्मा को राज परिवार में गोद लिया। परन्तु इसके कुछ ही समय बाद केरला वर्मा की मृत्यु हो गई, सम्भवतः उसकी हत्या की गई थी। उमयम्मा ने अपने पुत्र रवि वर्मा को सिंहासन पर स्थापित किया। उन्होंने पड़ौसी राजकुलों से दो राजकुमारियों तथा दो राजकुमारों को गोद लिया। कहा जाता है कि 1684 में उमयम्मा ने त्रैवणकोर में अंग्रेज़ों के व्यापार केन्द्र

की स्थापना में भी सहायता की थी। श्री लंका के डच राज्यपाल वैन रीड ने उनके शासन काल का वर्णन किया था।

उर्मिला देवी

(1883-1956)

उर्मिला देवी स्वतंत्रता सेनानी थीं। वे देशबन्धु चित्तरंजन दास की बहन थीं। उर्मिला का जन्म ढाका के पास स्थित तेलीरबाग में एक उच्च मध्यवर्गीय हिन्दू वैद्य परिवार में हुआ था। उनकी प्रारम्भिक शिक्षा कोलकाता के लोरेटो कॉन्वेंट में हुई थी। किशोरावस्था में उनका विवाह अनंत नारायण सेन से कर दिया गया, परन्तु उन्होंने विवाह के बाद भी अध्ययन जारी रखा। 1920 के दशक में उर्मिला के भाई का घर राजनीतिक गतिविधियों का केन्द्र था और उर्मिला भी उस संघर्ष के प्रति आकर्षित हुईं। 1920 में उर्मिला विधवा हो गईं और अपने शोक से ध्यान हटाने के लिए उन्होंने स्वयं को असहयोग आन्दोलन में झोंक दिया।

खादी की बिक्री पर लगे प्रतिबन्ध की उपेक्षा करने पर उर्मिला को 1921 में अपनी भाभी बसन्ती देवी के साथ गिरफ़्तार कर लिया गया। इसके बावजूद उन्होंने स्त्रियों में खादी की कताई और बुनाई को लोकप्रिय बनाने के मकसद से नारी कर्म मन्दिर की स्थापना की। चित्तरंजन दास की स्वराज पार्टी के पाँच संस्थापकों में से एक हेमप्रभा मज़ुमदार ने कर्म मन्दिर के संचालन में उर्मिला की सहायता की, और जब उर्मिला रोगग्रस्त हुईं और उन्हें हटना पड़ा, तो हेमप्रभा ने उसकी ज़िम्मेदारी ले ली। उर्मिला देवी ने खद्दर तथा स्वदेश को प्रोत्साहित करने में महिलाओं द्वारा किए गए प्रयासों पर कई आलेख लिखे। 1920 में साप्ताहिक *बांगलार कथा* में छपे अपने एक लेख में उर्मिला ने बताया कि बंगाली युवतियों, खादी की साड़ियों में देश भर में घूम-घूम कर स्वराज का सन्देश फैला रही हैं।

उषा देवी मित्रा

(1897-1966)

उषा देवी मित्रा एक लेखिका थीं, जिन्होंने पहले बंगाली में और बाद में हिन्दी में भी लेखन कार्य किया। उनका जन्म 1897 में जबलपुर में हुआ था। उनकी दादी (नानी?) बिनोदिनी देवी ने बंगाली लेखिका के रूप में यश अर्जित किया था। उषा देवी ने बंगाली में लिखने से शुरुआत की, परन्तु विवाहोपरान्त वे नागपुर चली गईं, जहाँ

हिन्दी में लिखना शुरू किया। वे प्रेमचन्द की समकालीन थीं और उन्होंने सात कथा संग्रह तथा पाँच उपन्यासों की रचना की। उनकी कहानियाँ संवेदनशील, ऐतिहासिक तथा भावनात्मक हैं। कथा लेखन की उनकी सशक्त शैली ने एक नई लहर को जन्म दिया और उन्हें *सांध्य पुरबी* के लिए सेक्सरिया पुरस्कार दिया गया। उनके समय में प्रकाशन का विकास नहीं हुआ था और महिला लेखिकाओं को पुरुष लेखकों के समान अवसर भी नहीं मिलते थे। समाज द्वारा अपनी प्रतिभा न स्वीकारी जाने से उषा देवी निराश हुईं और उन्होंने टिप्पणी की 'मेरे लेखन को भी मेरी चिता पर जला दिया जाए।' परन्तु हिन्दी साहित्यिक जगत उनके योगदान को भुला नहीं सकता। उषा देवी एक सक्रिय सामाजिक कार्यकर्ता भी थीं। युवावस्था में पति को खो चुकने के कारण वे स्त्रियों के सम्मुख आने वाली समस्याओं को भलीभाँति समझती थीं। स्त्रियों के विभिन्न मुद्दों पर संघर्ष करने के मकसद से उन्होंने नारी मंडल समिति की स्थापना की थीं।

एडिथ एम.पेची फिप्सन
(1845-1908)

एंग्लिकन गिरजे के एक पादरी की बेटी एडिथ इंग्लैंड में महिलाओं की चिकित्सा शिक्षा में अग्रणी थीं; 1869 में सोफिया जेक्स-ब्लेक व अन्य स्त्रियों के साथ उन्हें एडिनबरा विश्वविद्यालय में प्रवेश मिला, जहाँ पहले साल उन्होंने रसायनशास्त्र में पुरस्कार जीता। परन्तु बाद में जैसा कोर्नेलिया सोराबजी के साथ हुआ एडिथ को यह पुरस्कार तथा होप छात्रवृत्ति नहीं दी गई। एडिनबरा विश्वविद्यालय ने एडिथ को चिकित्साशास्त्र में योग्यता पाने से रोका, अतः उन्होंने बर्न विश्वविद्यालय में अपना तबादला करा लिया। उन्हें व सोफिया को उनका लाइसेंस आयरलैंड के रॉयल कॉलेज ऑफ फिज़ीशियन्स से 1877 में मिला।

1883 में भारत में चिकित्सकीय महिला कोष के माध्यम एडिथ भारत आईं और कामा हॉस्पिटल की निदेशक बनीं। उन्होंने भारतीय महिलाओं को बेहतर चिकित्सा सुविधाएँ मुहैया करवाने का अभियान छेड़ा और बाल विवाह से होने वाले स्वास्थ्य ख़तरों के प्रति चेतना जगाने की चेष्टा। उन्होंने इस कोष के सचिव हर्बर्ट फिप्सन से विवाह किया, हिन्दी सीखी, और मुम्बई में नर्सिंग शिक्षा का स्कूल खोला। वे पहली महिला थीं जिन्हें मुम्बई विश्वविद्यालय की सीनेट का सदस्य चुना गया। 1899 में जब प्लेग फैला तो उन्होंने उससे जूझने में मदद की। 1905 में एडिथ भारत से लौटीं, पर कुछ समय बाद नासिक के पास महिलाओं और बच्चों के लिए पेची-फिप्सन सैनेटोरियम की स्थापना की।

एनी बेसेंट
(1847-1933)

एनी बेसेंट फेबियन समाजवादी, थियोसोफिस्ट महिला अधिकारों की पुरज़ोर पैरवी करने वाली स्त्री थीं व भारतीय राष्ट्रीय कांग्रेस की संस्थापिका व उसकी प्रथम अध्यक्ष थीं। उन्हें यदा-कदा जिद्दू कृष्णमूर्ति के मार्गदर्शक के रूप में भी याद किया जाता है। कृष्णमूर्ति एक किसान के युवा पुत्र थे जिन्हें एनी बेसेंट नई शताब्दी का पैगम्बर मानती थीं, हालाँकि वयस्क होने पर कृष्णमूर्ति ने स्वयं पैगम्बर होने के दावे को नकारा।

एनी बेसेंट का जन्म लन्दन में 1 अक्टूबर, 1847 को हुआ था। उनके पिता विलियम पेज वुड, आधे आइरिश व आधे इंगलिश मूल के थे, जबकि माता शुद्ध आइरिश थीं। वे एक सम्पन्न मध्यवर्गीय परिवार थे, जो श्री वुड की आकस्मिक मृत्यु के कारण आर्थिक कठिनाइयों से घिर गया था। बाद में एनी मिस मैरिएट से मिलीं जिन्होंने उनकी शिक्षा-दीक्षा की ज़िम्मेदारी उठाई। 1866 में एनी का परिचय रेवरेन्ड फ्रेंक बेसेंट से हुआ जिनसे उन्होंने विवाह किया। यह विवाह बहुत अनुकूल नहीं था और दोनों अन्ततः 1873 में अलग हो गए। चार्ल्स ब्रैडलो के साथ वे *नेशनल रिफॉर्मर* की सम्पादक बनीं। उन्होंने स्वयं को नास्तिक घोषित किया और 1874 में राष्ट्रीय पन्थ निरपेक्ष समाज (नेशनल सेक्युलर सोसायटी) की उपाध्यक्ष चुनी गईं। अगले वर्ष उन्होंने गर्भ निरोध के पक्ष में 'द फ्रूट्स ऑफ फिलॉसफी' का प्रकाशन किया। उन पर तथा ब्रैडले पर मुक़दमा चला क्योंकि इसे अश्लील माना गया। अपील पर उनके विरुद्ध यह फैसला तो बदला पर एनी अपनी बेटी की अभिरक्षा खो बैठीं। 1877 में उन्होंने *द गॉस्पल ऑफ एथीज़्म* का प्रकाशन किया। समाजवादी नेता एडवर्ड एवलिंग से उनका घनिष्ठ व्यक्तिगत सम्बन्ध था जो 1885 में टूटा, और उसी वर्ष वे फेबियन पार्टी से जुड़ गईं। 1888 में उन्होंने माचिस बालाओं की हड़ताल संयोजित की। उन्होंने बन्दरगाह मज़दूरों की बेहतर कार्य स्थितियों के लिए भी पैरवी की।

1889 में उन्होंने हेलेना पी ब्लावैट्स्की की पुस्तक *सीक्रेट डॉक्टरीन* पढ़ी जिसने उनके विचारों में आमूल बदलाव किया। वे ब्लावैट्स्की से मिलीं, जो थियोसोफिकल सोसायटी की संस्थापिका थीं, जो पश्चिमी तंत्र दर्शन तथा बौद्ध व हिन्दू शिक्षाओं का मिला-जुला आन्दोलन था। एनी मदाम ब्लावैट्स्की के व्यक्तित्व व विचारों से प्रभावित हुईं व थियोसोफिकल सोसायटी की सदस्य बनीं। 1907 में उन्हें इसका अध्यक्ष चुना गया तथा वे मृत्यु तक इस पद पर बनी रहीं।

वे 1893 में चेन्नई के पास अड्यार में आयोजित थियोसोफिकल सोसायटी के वार्षिक सम्मेलन में भाग लेने भारत आईं। 1895 में वाराणसी में बस गईं और वहाँ उन्होंने भगवद् गीता का अनुवाद पूरा किया। 1898 में उन्होंने वाराणासी में सेंट्रल हिन्दू कॉलेज की स्थापना की। यह संस्थान ही वह केन्द्र था जिसके गिर्द बाद में वाराणसी हिन्दू

विश्वविद्यालय बना। बालिकाओं के कम उम्र में होने वाले विवाहों को रोकने की चेष्टा में उन्होंने विवाहित लड़कियों को संस्थान में प्रवेश देने से इनकार किया। उन्होंने संस्कृत सीखी और भारतीय धर्म ग्रन्थों का अध्ययन किया। अक्टूबर 1913 में उन्होंने चेन्नई की एक सार्वजनिक सभा में हाउस ऑव कॉमन्स में एक स्थायी समिति (स्टैंडिंग कमेटी) की सिफारिश की ताकि वहाँ भारत सम्बन्धी मसलों पर चर्चा हो सके। इस समिति को इस प्रश्न पर विचार करने की बात भी उन्होंने सुझाई कि भारत को आज़ादी कैसे मिले। अपने राजनीतिक अभियान को बढ़ावा देने के मकसद से उन्होंने 1914 में एक साप्ताहिक अखबार *कॉमनवेल्थ* प्रारम्भ किया। उसी वर्ष जून माह में उन्होंने *मद्रास स्टैंडर्ड* नामक समाचार-पत्र को ख़रीदा और उसका नया नामकरण *न्यू इंडिया* किया। भारत की स्वतंत्रता के अभियान का यह उनका मंच बना।

अपनी आइरिश जड़ों का सम्मान करते हुए उन्होंने इस स्वतंत्रता को भारत के लिए 'होम रूल' का नाम दिया। उनका मत था कि भारत को आज़ादी मिलनी चाहिए पर उसे ब्रिटिश कॉमनवेल्थ का हिस्सा भी बने रहना चाहिए। उन्होंने 1916 में बम्बई में आयोजित एक सभा में होम रूल लीग की स्थापना सम्बन्धी अपनी योजना प्रस्तुत की और बाल गंगाधर तिलक जैसे अन्य लोगों को इसे मानने के लिए तैयार करने की चेष्टा की, पर वे सफल नहीं हो सकीं। महात्मा गांधी और उनकी पहल से उभरे जन-आन्दोलन से एनी बेसेंट की लोकप्रियता घटी। आजीवन संवैधानिक तरीक़ों के माध्यम से संघर्ष करते रहने के कारण उनके मन में क़ानून भंग करने के प्रति गहरा अविश्वास था, फिर चाहे क़ानून को तोड़ने का काम अहिंसक ही क्यों न हो।

1916 में मद्रास के गवर्नर लॉर्ड पैंटलैंड ने उन्हें भारत छोड़ने का आदेश दिया, पर उन्होंने जाने से इनकार किया। कुछ महीनों बाद उन्हें उनके घर में नज़रबन्द कर दिया गया, पर बाद में फिर से मुक्त कर दिया गया। 1917 में उन्होंने भारतीय बॉय स्काउट एसोसिएशन की व दक्षिण भारत में नेशनल कॉलेज की स्थापना की तथा सोसाइटी फॉर प्रोमेशन ऑफ नेशनल एजुकेशन प्रारम्भ किया तथा अगले वर्ष नेशनल यूनिवर्सिटी स्थापित की। वे बहुसर्जक लेखिका थीं और उन्होंने लगभग 300 पुस्तकों की रचना की जिसमें एक संस्मरण व भारतीय दर्शन पर अनेकों व्याख्याएँ शामिल थीं। उनके राजनीतिक कार्यों ने भारत को अपनी स्वतंत्रता पाने में मदद की, जबकि उनकी आध्यात्मिक रुचि ने पश्चिम की दृष्टि में भारत के प्रति सम्मान जगाया।

एनी मैस्करेने

(1902-1963)

एनी मैस्करेने को त्रैवणकोर प्रदेश कांग्रेस की सदस्यता ग्रहण करने वाली पहली स्त्री, त्रैवणकोर प्रदेश कांग्रेस कार्य समिति का हिस्सा बनने वाली पहली महिला तथा

त्रैवणकोर राज्य की पहली मंत्री के रूप में याद किया जाता है।

एनी मैस्करेने का जन्म 26 मई, 1902 में त्रिवेन्द्रम में लैटिन क्रिश्चियन माता-पिता के घर हुआ। उनके पिता गैबरिएल मैस्करेने अल्प वेतन पाने वाले सरकारी कर्मचारी थे, जिन्होंने इसके बावजूद एनी की शिक्षा की उम्दा व्यवस्था की। 1925 में उन्होंने इतिहास व अर्थशास्त्र दोनों विषयों में डबल एम.ए. किया और तब सीलोन (श्रीलंका) के एक कॉलेज में व्याख्याता बनीं। तीन वर्ष बाद वहाँ से लौटने पर उन्होंने एलएलबी की डिग्री हासिल की।

अपने समुदाय की दुःखद स्थिति देख उन्होंने अपना पेशा त्यागा और निवर्थनम आन्दोलन से जुड़ सावर्जनिक सेवा व राज्य की विधान सभा में ईसाइयों, एज़वा व मुस्लिमों के प्रतिनिधित्व के लिए संघर्ष प्रारम्भ किया। उन्होंने गांधी जी से संवाद प्रेरणा ली। 1938 में वे त्रैवणकोर प्रदेश कांग्रेस से जुड़ीं व 1948 में वे राज्य विधान सभा की सदस्य बनीं। 1949 में उन्हें नवगठित त्रैवणकोर राज्य का स्वास्थ्य व बिजली मंत्री चुना गया। वहाँ मौजूद भ्रष्टाचार से दुखी हो उन्होंने कांग्रेस दल से त्यागपत्र दे दिया। वे संविधान सभा की सदस्य चुनी गईं और 1952 में प्रथम लोकसथा में स्वतंत्र उम्मीदवार के रूप में चुनी गईं। अगले चुनावों में वे पराजित हुईं और सक्रिय राजनीति से हट गईं। वे अविवाहित रहीं।

कनकलता बरुआ
(1924-1942)

कनकलता बरुआ स्वतंत्रता सेनानी तथा शहीद थीं। उनके पिता कृष्ण कांत बरुआ व माता कर्णेश्वरी बरुआ आसाम के बारंगाबारी से थे। कनकलता के दादा धनकांत बरुआ शिकार के लिए प्रसिद्ध थे तथा घन चिकारी अथवा शिकारी घन के नाम से जाने जाते थे। पाँच वर्ष की उम्र में कनकलता की माँ की मृत्यु हो गई और पिता ने पुनर्विवाह कर लिया। परन्तु 13 वर्ष की आयु में पिता की भी मृत्यु हो गई। वे तीसरी कक्षा तक स्कूल जा पाईं जिसके बाद उन्हें अपने छोटे भाई-बहनों की देखभाल के लिए स्कूल छोड़ना पड़ा। 1942 में जब असहयोग आन्दोलन अपने चरम पर था, कनकलता तेज़पुर में थीं। वहाँ क्रान्तिकारियों का विशाल शिविर लगा हुआ था। कनकलता इससे जुड़ीं और साथ ही मृत्यु वाहिनी की स्थापना की, जो क्रान्तिकारियों का गुप्त अंग था। 20 सितम्बर, 1942 को अपने अठारहवें जन्म दिन से चन्द माह पूर्व, कनकलता घर का कामकाज पूरा कर यों निकलीं मानो रोज़मर्रा की तरह किसी से मिलने जा रही हों। परन्तु दरअसल वे तिरंगा ले प्रदर्शनकारियों की कतारों में जा मिलीं। मृत्यु वाहिनी जत्थे के सदस्य के रूप में उन्होंने गोहपुर पुलिस थाने के

पास राष्ट्रीय ध्वज फहराने की कोशिश की और उनकी छाती में गोली लग गई। उनकी मृत्यु तत्काल हो गई। कनकलता भारत के स्वाधीनता सेनानियों के लिए एक प्रतीक बनीं।

कविता सिन्हा

(1931-1999)

कविता सिन्हा बंगाली उपन्यासकार व कवयित्री थीं। उनकी कविता नवाचारयुक्त व चौंकाने वाली, तथा उनके उपन्यास स्त्रियों की दुविधाओं को प्रत्यक्ष सम्बोधित करने वाले हैं। अपनी रचनाओं में वे भाषा के साथ प्रयोग करती हैं और शब्दों का आधुनिक अतियथार्थवादी रूप में उपयोग करती हैं। 1931 में कोलकाता में जन्मीं कबिता का विवाह अपने परिवार की इच्छा के विरुद्ध उस समय एक लेखक बिमल रॉय चौधुरी से हो गया, जब वे प्रेज़िडेंसी कॉलेज में वनस्पतिशास्त्र का अध्ययन कर रही थीं। 1950 के दशक में वे असहमति आन्दोलनों से जुड़ी थीं। उन्होंने *आजीबोन पाथोर प्रोतिमा* (आजीवन प्रस्तर प्रतिमा) या *ऑपोमानेर जोन्ये फिरे आशी* (अपमान के लिए लौटती हूँ) जैसी कविताओं में उन्होंने पुरुषों बनाम स्त्रियों की स्थिति के मुद्दों को सम्बोधित किया। कई वर्षों तक उन्होंने ऑल इंडिया रेडियो में काम किया तथा कई पत्रिकाओं का सम्पादन किया। वे सुल्ताना चौधुरी के छद्मनाम से भी लिखती रहीं।

उपन्यासकार के रूप में 1956 में *चारजोन रागी जुबोती* (चार क्रोधित युवतियाँ) की रचना के साथ प्रारम्भ किया। उनके सबसे विख्यात उपन्यास हैं : *एकटी खाराप मेयरे गॉल्पो* (एक खराब लड़की की कथा), 1958, *नायिका प्रोतिनायिका* (नायिका प्रतिनायिका), 1960, *पौरुष*, 1984 (जिसका अनुवाद *द थर्ड सेक्स* शीर्षक से हुआ।) उनके कविता संग्रहों में *सहज सुन्दरी,* 1965, कोबिता परमेश्वरी, 1976 शामिल हैं। उनकी बाद की रचनाओं में *मोमेर ताजमहल,* महत्त्वपूर्ण है जो उन्नीसवीं शताब्दी की शैली में उनकी दादी (नानी?) के जीवन का वर्णन है। उनकी कविता ईश्वर के ईव का उद्धरण है :

मैं थी प्रथम
विद्रोहिणी!
स्वर्ग से निकाली गई,
निर्वासित,
मैंने सीखा
कि मानव जीवन

महत्तर था
स्वर्ग से।
मैं पहली थी
जिसने यह जाना।

कमला दास गुप्ता
(1907-1963)

कमला दास गुप्ता क्रान्तिकारी स्वतंत्रता सेनानी थीं। उनका जन्म ढाका के बिक्रमपुर में रहने वाले सम्मानित वैद्य परिवार में हुआ था। बाद में यह परिवार कोलकाता चला आया। जहाँ कमला ने इतिहास में स्नातकोत्तर डिग्री हासिल की। विश्वविद्यालय के पहले कमला एक आदर्श छात्रा व पुत्री थीं, परन्तु जब देश के काम आने की ज्वाला उनके मन में धधक उठी, उन्होंने पढ़ाई छोड़ गांधी जी के साबरमती आश्रम से जुड़ने की चेष्टा भी की, परन्तु उनके माता-पिता नहीं माने। अध्ययन समाप्त करने के बाद उनकी मित्रता जुगान्तर पार्टी के कुछ सदस्यों से हुई, और वे पूर्व के गांधीवादी रुझान से हट सशस्त्र विरोध के सम्प्रदाय के साथ हो लीं।

1930 में उन्होंने अपना घर त्यागा और गरीब स्त्रियों के छात्रावास की व्यवस्थापिका बन गईं। यहाँ उन्होंने क्रान्तिकारियों के लिए बम व बम बनाने की सामग्रियाँ रखना शुरू किया। बम घटनाओं के बाद उन्हें कई बार बन्दी बनाया गया पर सबूतों के अभाव में रिहा भी कर दिया गया। जिस बन्दूक से बीना दास 1932 में गवर्नर जैकसन की हत्या करना चाहती थीं वह कमला ने ही उपलब्ध करवाई थी। इसके बाद भी उन्हें गिरफ़्तार किया गया था पर बाद में छोड़ दिया गया था। अन्ततः 1933 में ब्रिटिश सरकार उन्हें क़ैद कर सकी और वे 1936 तक जेल में रहीं, तत्पश्चात् उन्हें घर में नज़रबन्द रखा गया। 1938 में जुगान्तर पार्टी भारतीय राष्ट्रीय कांग्रेस से जुड़ गई और कमला भी इस बड़े संगठन से जुड़ीं। इसके बाद वे राहत कार्यों से जुड़ीं, खासकर 1942 व 1943 में बर्मा से आने वाले शरणार्थियों के साथ, तथा 1946-47 में सांप्रदायिक दंगों के पीड़ितों के साथ। वे नोआखली राहत शिविर की प्रभारी थीं जहाँ गांधी जी 1946 में आए। कांग्रेस महिला शिल्प केन्द्र तथा दक्षिणेश्वर नारी स्वावलम्बी सदन में उन्होंने स्त्रियों को व्यावसायिक प्रशिक्षण देने का काम किया। वे कई वर्षों तक एक पथ प्रदर्शक महिला पत्रिका, *मन्दिरा* की सम्पादक रहीं। उन्होंने बंगाली में दो संस्मरण लिखे–रक्तेर अक्षरे (ख़ून के अक्षरों में, 1954) तथा स्वाधीनता संग्रामे नारी (स्वाधीनता संग्राम में नारियाँ, 1963।)

कमला दास
(1934-2009)

कमलादास कवयित्री और पत्रकार थीं। उनका जन्म 1934 में केरला के थ्रिस्सूर ज़िले में हुआ था। पिता वी.एम. नायर विख्यात मलायम पत्रिका *माथृभूमि* के सम्पादक थे। कमला के जन्म के समय से कलकत्ता के वॉलफोर्ड ट्रांसपोर्ट कम्पनी के अधिकारी थे और अपने अमीर ग्राहकों को अच्छी आयातित गाड़ियाँ बेचा करते थे। उनकी माँ नालपट्टा बालमणि अम्मा जानी-मानी कवयित्री थीं और कमला के पर-मामा नालपट्टा नारायण मेनन भी ख्यातिप्राप्त कवि।

कमला का बचपन कलकत्ता तथा केरला में बीता। उनको घर पर ही शिक्षित किया गया तथा 15 वर्ष की आयु में के. माधव दास से उनका विवाह कर दिया गया व अगले वर्ष उनकी पहली सन्तान भी हो गई। कमला का सबसे बड़ा पुत्र त्रैवणकोर की राजकन्या से विवाहित है। कमला के पति ने उन्हें लिखने को प्रोत्साहित किया। शोभा वारियर को दिए गए साक्षात्कार में कमला ने अपने पति को इस बात का श्रेय दिया कि वे उसके लेखन पर गर्व का अनुभव करते थे। परन्तु कमला के लिए लिखना कठिन था, क्योंकि उन्हें सारे घरेलू काम करने पड़ते और बच्चों के सो जाने के बाद वे देर रात को ही लिख पाती थीं। उनके कविता संकलनों में *समर इन कैलकटा* (1965), *द डिसेंडेट्स* (1970), *द ओल्ड प्लेहाउस एंड अर पोयम्स* (1973) शामिल है। उनकी कविताओं की स्पष्टवादिता को लेकर जो तीखी प्रतिक्रिया हुई उसके चलते, और कमाई करने की ज़रूरत के चलते कमला को गद्य व पत्रकारिता की ओर मुड़ना पड़ा। उन्होंने मलयालम में *माधवीकुट्टी* के नाम से कहानियाँ और उपन्यास लिखे। उनके उपन्यास *पालायम* तथा *नीरमथालम पूथा कालाम* का स्वागत हुआ। वे इलस्ट्रेटेड वीकली की कविता सम्पादक रहीं। उनकी बचपन की स्मृतियाँ मूलतः मलयालम में छपी थीं और बाद में दो खंडों में पेंगुइन द्वारा *ए चाइल्डहुड इन मलाबार* शीर्षक से प्रकाशित की गईं।

उनकी आत्मकथा *'माय स्टोरी'* 1976 में प्रकाशित हुई। अपने यौनिक व भावनात्मक अनुभवों को लेकर उनके खुलेपन ने कई पाठकों को सदमा पहुँचाया, हालाँकि अन्य लोगों ने उसकी आलोचना इसलिए भी की कि जिस स्व को उन्होंने आत्मकथा में प्रस्तुत किया वह हद से ज़्यादा भावुक व रोंदू-रोंदू था। 1984 में उन्होंने धर्म परिवर्तन कर इस्लाम और सुरैया नाम अपना लिया, सम्भवतः इसलिए कि उस समय एक मुस्लिम व्यक्ति से उनका रिश्ता था। यह सम्बन्ध टूटा और इस्लाम के साथ उनका मोहभंग भी हुआ। उनकी आज़ादख़याली और मौलिकता उन्हें एक असाधारण, बेशक आसानी से समझ न आने वाला व्यक्ति बनाते हैं।

कमला देवी
(लगभग 1297)

कमला देवी गुजरात के राय करण बघेला की रानी थीं। जब दिल्ली के सुल्तान अलाउद्दीन खिलजी ने गुजरात पर हमला किया तब वह उन्हें अगवा कर दिल्ली ले गया और उनकी छह माह की बेटी देवला देवी को पीछे छोड़ गया। कुछ समय बाद 1297 में कमला देवी ने अलाउद्दीन खिलजी से विवाह किया जो एक हिन्दू रानी व मुसलमान शासक का पहला ऐसा विवाह सम्बन्ध है जिसका दस्तावेज़ मिलता है। इस बीच बघेला गुजरात से अपने बच्चों के साथ भाग निकला था। देवला देवी की बड़ी बहन इस यात्रा में मारी गई, पर देवला बच गई।

गुजरात की परायज तथा पाटन के संगमरमर नगर के तहस-नहस कर दिए जाने के बाद बघेला को पड़ौस के यादव राजा की शरण लेनी पड़ी, जिसने उन्हें छोटा सा इलाक़ा राज करने को दिया। देवला देवी यहीं बड़ी हुई। यादव राजा का बेटा उस पर मुग्ध हो गया और उसने देवला से विवाह करने को कहा। पर बघेला स्वयं को यादवों से श्रेष्ठ मानते थे सो इस सम्बन्ध की अनुमति नहीं देना चाहते थे। इस दुविधा के बीच 1308 में अलाउद्दीन खिलजी ने अपनी सेना यादव राज्य में भेजी क्योंकि उन्होंने ख़िराज नहीं चुकाया था। कहते हैं कमला देवी अपनी बेटी देवला की याद में बेहाल थीं और उन्होंने सुल्तान से कहा था कि वे देवला को उठवाकर उनके पास दिल्ली ले आएँ। खिलजी के सेनापति मलिक काफूर को देवला को उठा लाने की आज्ञा दी गई थी। देवला के पिता सुल्तान की सेना को बमुश्किल रोक पाए। बघेला ने यादवों से मदद माँगी, वे इस शर्त पर मदद को राज़ी हुए कि देवला का विवाह उनके बेटे से किया जाएगा। पिता ने शर्त स्वीकारी और यादव राजकुमार देवला को लेकर एक छोटी सैन्य टुकड़ी के साथ देवगिरि के लिए निकल पड़ा। संयोग से मलिक काफूर का इनसे सामना हुआ और देवला को एलोरा की गुफाओं के पास 1303 में बन्दी लिया गया। काफूर देवला को दिल्ली ले गए जहाँ उसकी शादी अलाउद्दीन के बेटे खिज्रख़ान से कर दी गई।

कमला देवी चट्टोपाध्याय
(1903-1988)

कमलादेवी चट्टोपाध्याय रंगमंच व फ़िल्म अभिनेत्री होने के साथ हस्तशिल्पियों की स्थिति सुधारने के लिए पैरवी भी करती थीं। उनका जन्म मंगलौर के एक सम्पन्न सारस्वत परिवार में 3 अप्रैल, 1903 को हुआ था। उनके पिता ज़िलाधीश थे और

उनकी माता गिरजाबाई, जिनसे उन्होंने आज़ादमिज़ाजी विरासत में पाई थी, कर्नाटक के सबसे सम्पन्न परिवारों में से एक की सन्तान थीं। कमला देवी का परिवार प्रगतिशील था और उनके माता-पिता के मित्रों में कई महत्त्वपूर्ण स्वतंत्रता सेनानी जैसे एम.जी.रानाडे, गोपालकृष्ण गोखले तथा एनी बेसेंट शामिल थे। स्वदेशी के विचार से उनका परिचय बचपन में हुआ व यह उनके नारीवादी एजेंडा से घुलमिल गया और उन्हें यह चिंता सताने लगी कि पाश्चात्य तरीक़ों से कारख़ानों में होने वाला उत्पादन परम्परागत दस्तकारों, खासकर महिला दस्तकारों को प्रभावित कर रहे हैं। सोलह वर्ष की आयु में विधवा होने के बावजूद, स्कूल में पढ़ते समय ही कमला मंच पर आईं, जो सम्मानित परिवारों की स्त्रियों के लिए अनुपयुक्त माना जाता था। तब उन्होंने कवि तथा नाट्यकार हरिन्द्रनाथ चट्टोपाध्याय से 1920 में विवाह किया जो सरोजिनी नायडू के भाई थे। कमला देवी ने दो मूक फ़िल्मों में भी काम किया। कुछ महीनों बाद वे और हरिन्द्रनाथ लन्दन गए जहाँ उन्होंने बेडफोर्ड कॉलेज में समाजशास्त्र पढ़ने के लिए दाख़िला लिया। परन्तु 1923 में महात्मा गांधी के असहयोग आन्दोलन का ख़बर सुन दोनों भारत लौट आए, और कमला सेवा दल से जुड़ीं और देशभर की स्त्रियों को सेविका प्रशिक्षण देने में जुट गईं। 1926 में उनकी भेंट मार्गरेट कज़िन्स से हुई और उन्होंने कमला को मद्रास प्रोविंशियल लेजिस्लेटिव एसेम्बली का चुनाव लड़ने के लिए प्रेरित किया! वे मात्र 200 मतों से हारीं। 1930 के दशक में उन्हें बॉम्बे स्टॉक एक्सचेंज में घुस ग़ैर क़ानूनी नमक बेचने के जुर्म में गिरफ़्तार किया गया और लगभग एक साल उन्होंने जेल में बिताया। 1936 में उन्हें कांग्रेस समाजवादी पार्टी का अध्यक्ष बनाया गया और वे जयप्रकाश नारायण, राम मनोहर लोहिया तथा मीनू मसानी के साथ काम करने लगीं। कमला के लिए नारीवाद समाजवाद से पृथक् नहीं था और उन्होंने ज़रूरत पड़ने पर तब-तब अपने साथियों का विरोध किया, जब-जब उन्हें लगा कि स्त्रियों के अधिकारों की उपेक्षा की जा रही है या उनका उल्लंघन हो रहा है। उदाहरण के लिए जब महात्मा गांधी ने दांडी मार्च में स्त्रियों को शामिल करने का विरोध किया (यह दावा करते हुए कि अंग्रेज़ स्त्रियों को नुकसान नहीं पहुँचाएँगे, ठीक वैसे ही जैसे हिन्दू गायों को नहीं पहुँचा सकते) कमला देवी ने इस विचार का विरोध किया। 1920 के दशक में कमला तथा हरिन्द्रनाथ अलग हो गए।

जब द्वितीय विश्वयुद्ध प्रारम्भ हुआ कमला इंग्लैंड में थीं, उन्होंने तत्काल दुनिया भर की यात्रा शुरू कर दी ताकि अन्य देशों के समक्ष भारत की स्थिति रख सकें और युद्ध समाप्ति पर भारत की आज़ादी के लिए समर्थन जुटा सकें। परन्तु आज़ादी के साथ विभाजन भी आया अतः कमला शरणार्थियों के साथ काम में जुट गईं। उनका पहला काम था भारतीय सहकारी संघ की स्थापना ताकि पुनर्वास के काम में मदद की जा सके। उन्होंने सहकारी आधार पर नगर स्थापना का आग्रह किया,

इसके लिए महात्मा गांधी ने अनिच्छा से इस शर्त पर सहमति दी कि सरकारी सहायता नहीं ली जाएगी। काफ़ी संघर्ष के बाद दिल्ली के पास फरीदाबाद नगर की स्थापना हो सकी, जहाँ उत्तर- पश्चिमी सीमान्त प्रदेश के 30,000 पठानों को साथ बसाया गया।

उनकी दृष्टि में रंगमंच, एक जीवन्त कला थी जिसे लोगों से ऊर्जा मिलती है। प्रदर्शन कलाओं की लोक परम्परा के संरक्षण हेतु उन्होंने दिल्ली में रंगमंच शिल्पों का संग्रहालय स्थापित किया। उन्होंने राष्ट्रीय रंगमंच शाला (एनएसडी) की स्थापना की और बाद में संगीत नाटक अकादमी की प्रमुख भी बनीं। वे कला व शिल्प में कोई अन्तर नहीं मानती थीं और उन्होंने दक्ष शिल्पियों के लिए कई पुरस्कारों की स्थापना की। यह गतिविधि अखिल भारतीय हस्तशिल्प बोर्ड की स्थापना के साथ अपने चरम पर पहुँची। उन्हें अपने कार्य के लिए रैमोन मैगसेसे पुरस्कार, विश्व हस्तशिल्प काउंसिल पुरस्कार, यूनेस्को सम्मान तथा पद्म भूषण से सम्मानित किया गया। शकुंतला नरसिंहन ने उन पर एक पुस्तक लिखी जिसका शीर्षक था *कमलादेवी चट्टोपाध्याय : द रोमांटिक रिबेल* (कमला देवी चट्टोपाध्याय : एक रूमानी विद्रोहिणी)।

कमला मार्कण्डेय
(1924-2004)

कमला मार्कण्डेय वह छद्म नाम था जिसका उपयोग कमला पूर्णैया टेलर ने किया था। वे ख्यातनाम उपन्यासकार व पत्रकार थीं। कमला पूर्णैया के रूप में उनका जन्म मैसूर रियासत के एक छोटे क़स्बे में हिन्दू ब्राह्मण परिवार में हुआ था। उन्होंने मद्रास विश्वविद्यालय से 1940 में इतिहास में स्नातक डिग्री प्राप्त की। द्वितीय विश्व युद्ध के दौरान कुछ समय के लिए कमला ने सेना में काम किया। 1947 तक वे पत्रकार के रूप में काम करती रहीं तथा उनकी कुछ कहानियाँ भी अखबारों में छपीं। जब भारत स्वतंत्र घोषित कर दिया गया मार्कण्डेय ने एक साथी पत्रकार बर्टरैंड टेलर से विवाह किया जो इंग्लैंड से था और ब्रिटेन चली गईं, वे स्वयं को प्रवासी भारतीय कहती रहीं। उनकी एक पुत्री हुई।

कमला का पहला उपन्यास *नैक्टर इन ए सीव* (छलनी में शहद), बेस्टसेलर सिद्ध हुआ तथा अमरीकी पुस्तकालय संघ ने 1955 में उसे उल्लेखनीय पुस्तक घोषित किया। उनके कुल दस उपन्यास छपे : *नैक्टर इन ए सीव (1954), सम इनर फ्यूरी (1955), ए साइलेन्स ऑव डिज़ायर (1960), पोज़ेशन (1963), ए हैंड-फुल ऑव राइस (1966), द कॉफर डैम्स् (1969), द नोव्हेयर मैन (1972), टू वर्जिन्स (1973), द गोल्डन हनीकोम्ब (1977),* तथा *प्लेज़र सिटी (1982)*। *नैक्टर इन ए सीव* एक

दर्जन से अधिक भाषाओं में अनूदित हो चुकी है तथा उनकी सबसे विख्यात पुस्तक है। *सम इनर फ्यूरी* अर्ध-आत्मकथात्मक पुस्तक है जो एक नवयुवती की कहानी है जो स्वतंत्रता संग्राम के दौरान एक अंग्रेज़ से प्रेम करती है। *द नोव्हेयर मैन* उन प्रथम उपन्यासों में है जो प्रवासी भारतीयों के विषय पर लिखी गई है। 1968 में स्थित यह उपन्यास ब्रिटेन जाने वाले प्रवासियों के साथ होने वाले भेदभाव का निर्मम सटीकता से वर्णन करता है।

कमला रणदिवे
(1917-2001)

कमला रणदिवे जीव चिकित्साशास्त्र की शोधकर्ता थीं, जिन्होंने कैन्सरों तथा वाइरसों के जुड़ावों का अध्ययन किया था। कमल समर्थ के रूप में उनका जन्म एक सुशिक्षित परिवार में हुआ था। उनके पिता फर्ग्युसन कॉलेज में जीवविज्ञान के प्रोफेसर थे। पुणे के विख्यात हुजूर पेज स्कूल में अध्ययन कर उन्होंने फर्ग्युसन कॉलेज में वनस्पतिशास्त्र का अध्ययन किया। तत्पश्चात् कृषि महाविद्यालय से स्नातकोत्तर डिग्री ली। उन्होंने जी.टी. रणदिवे से विवाह किया और बम्बई चली गईं। टाटा मेमोरियल हॉस्पिटल में उनकी मुलाक़ात वी.आर. खानोलकर से हुई जो रोग विज्ञान के विशेषज्ञ थे और जिन्होंने भारतीय कैंसर शोध केन्द्र की स्थापना की थी। उन्हें कमल का पी-एच.डी. मार्गदर्शक बनना था। कमल जॉन हॉपकिन्स विश्वविद्यालय में पोस्ट डॉक्टरल अध्ययन किया और तब भारत लौटकर भारतीय कैंसर शोध केन्द्र में काम करने लगीं, जहाँ उन्होंने कोशिका कल्चर का अध्ययन प्रारम्भ किया। उन्होंने एक सशक्त टोली बनाई और उन्हें स्वयं के साथ काम करने के अलावा स्वतंत्र रूप से काम करने को भी प्रोत्साहित किया। उन्होंने चूहों की एक ऐसी क़िस्म तैयार की जो कैंसर प्रतिरोधी थी ताकि विभिन्न प्रकार के कैंसरों के कोशिका विज्ञान सम्बन्धी प्रयोग किए जा सकें। उन्होंने कुष्ठ रोग के कीटाणुओं का भी अध्ययन किया तथा इस भयावह रोग का टीका विकसित किया।

उन्होंने भारतीय महिला वैज्ञानिक संघ की स्थापना की ताकि महिलाओं और बालिकाओं में वैज्ञानिक चेतना प्रसारित की जा सके। उन्होंने आदिवासी महिलाओं के स्वास्थ्य व कल्याण के लिए प्रसार कार्य किया। कुष्ठ रोग निवारण के क्षेत्र में उनके काम के लिए उन्हें पद्म विभूषण से सम्मानित किया गया। उन्हें वाटुमल फाउंडेशन पुरस्कार भी दिया गया।

कमला सोहोनी
(1912-1998)

कमला सोहोनी जैव-रसायनशास्त्री थीं। कमला भागवत के रूप में उनका जन्म हुआ और उन्होंने 1933 में बम्बई विश्वविद्यालय से रसायनशास्त्र में स्नातक डिग्री ली व योग्यता सूची में सर्वोच्च स्थान प्राप्त किया। इसके बावजूद प्रख्यात भौतिक विज्ञानी सी.वी. रमन ने उन्हें भारतीय विज्ञान संस्थान में रसायनशास्त्र में स्नातकोत्तर अध्ययन करने की अनुमति इसलिए नहीं दी क्योंकि वे स्त्री थीं। जब सोहोनी ने उनका सामना किया तो उन्होंने काफ़ी शंकाओं के साथ परख अवधि के लिए रखा क्योंकि रमन को यह भरोसा न था कि वे शोध कर सकेंगी और यह भी लगता था कि उनकी उपस्थिति पुरुष वैज्ञानिकों की शान्ति भंग करेगी। 82 वर्ष की आयु में, 1977 में, उन्होंने इस घटना का भारतीय महिला वैज्ञानिक संघ के उन सदस्यों के सामने बयान किया जो भाभा आणविक शोध केन्द्र में उन्हें सम्मानित करने एकत्रित हुई थीं। हालाँकि रमन महान वैज्ञानिक थे, उनका दृष्टिकोण बेहद संकीर्ण था। अन्य महिलाओं जैसे एना मणि तथा के. सुनन्दा बाई ने भी उनका विरोध सहा था।

कमला ने आई.डब्ल्यू.एस.ए. की सदस्याओं से कहा–'मैं कभी यह नहीं भूल सकती कि उन्होंने (रमण) मेरे साथ ऐसा बर्ताव सिर्फ़ इसलिए किया क्योंकि मैं एक स्त्री थी।' बहरहाल उन्होंने अपना अध्ययन विशिष्टता के साथ पूरा किया और उन्हें कैम्ब्रिज विश्वविद्यालय में डॉक्टरल अध्ययन के लिए प्रवेश मिला, जहाँ कमला ने नोबेल पुरस्कार विजेता फ्रेडरिक हॉपकिन्स के तहत काम किया और आगे चलकर वनस्पति जैव-रसायनशास्त्र में यह बुनियादी आविष्कार किया कि सभी वनस्पतियों में प्रोटीन बाँधने की एक समान पद्धति होती है। इस शोध के बाद वे प्रथम भारतीय स्त्री बनीं जिन्हें विज्ञान में डॉक्टरेट की डिग्री मिली। वे भारत लौटीं और लेडी हार्डिंग मेडिकल कॉलेज दिल्ली में उन्होंने जैव-रसायनशास्त्र विभाग की स्थापना की। बाद में वे कुन्नूर स्थित पोषण शोध प्रयोगशाला की सह-निदेशक बनीं। उनको जो अन्तिम काम सौंपा गया वह था मुम्बई के विज्ञान संस्थान में जैव रसायनशास्त्र विभाग की स्थापना करने का, जिसके बाद वे इसी संस्थान की निदेशक भी बनीं। आगामी दो दशकों तक वे संस्थान की प्रमुख रहीं। परन्तु प्रारम्भ में जो भेदभाव उनसे बरता गया वह उन्हें खटकता रहा, तथा उन्हें जो सम्मान मिलना चाहिए था वह उन्हें काफ़ी देर से ही मिल पाया।

कर्णवती, चित्तौड़गढ़ की रानी

(सोलहवीं सदी ईसवी)

कर्णवती चित्तौड़गढ़ की रानी तथा अस्थायी शासक थीं। वे बूँदी से थीं और उनका विवाह चित्तौड़गढ़ के सिसोदिया वंश के राणा संग्राम सिंह, जो राणा सांगा के नाम से भी जाने जाते थे, हुआ था। चित्तौड़गढ़ मेवाड़ की राजधानी थी। वे दो भावी राणाओं विक्रमजीत तथा उदयसिंह की माता थीं, तथा राणा प्रताप की दादी।

1526 में जब मुग़ल बादशाह बाबर ने दिल्ली की गद्दी पर कब्ज़ा कर लिया, मेवाड़ के राणा सांगा ने राजपूत शासकों के संघ का उसके विरुद्ध नेतृत्व किया। परन्तु 1527 में खातुआ के युद्ध में वे हार गए। घायल राणा सांगा की मृत्यु हो गई तथा कर्णवती विधवा होने के साथ अपने बड़े बेटे विक्रमजीत के नाम पर, प्रतिशासक बनीं। विक्रमजीत वयस्क हुआ, पर वह कमज़ोर शासक था व गुजरात के बहादुर शाह के हाथों हारा। बहादुर शाह ने आगे बढ़ चित्तौड़गढ़ पर हमला किया।

कर्णवती ने अन्य राजपूत शासकों से सहायता चाही ताकि चित्तौड़गढ़ के सम्मान की रक्षा की जा सके। शासकों ने बात तो मान ली पर कहा कि राजकुमार को युद्ध के दौरान बूँदी भेज दिया जाए ताकि वे सुरक्षित रहें। कर्णवती ने मुग़ल शासक हुमायूँ को राखी भेजी और भाई का दर्जा दे उससे मदद माँगी। हुमायूँ उस समय बंगाल दमन की प्रक्रिया में जुटा था, उसने अभियान त्यागा और कर्णवती की मदद को आया। अतः प्रत्येक रक्षाबन्धन को कर्णावती को याद किया जाता है।

कर्णवती ने बहादुर शाह का सामना करने की तैयारी की। पहले उन्होंने कूटनीति का सहारा लिया और मालवा की पराजय के प्रतीक स्वरूप चित्तौड़गढ़ का ख़ज़ाना प्रेषित किया। शुरुआत में यह चाल काम कर गई पर बहादुर शाह 1534 में चित्तौड़गढ़ पर कब्ज़ा करने वापस लौटा। हार सुनिश्चित लगने पर कर्णावती और अन्य कुलीन स्त्रियों ने चिता में कूदकर आत्महत्या की और पुरुष केसरिया पहन लड़ते-लड़ते मृत्यु को गले लगाने निकल पड़े। राजकुमार के अलावा शेष सन्तानों को मार डाला गया। राजकुमार को कर्णावती की सेविका पन्नाधाय को सौंपा गया, जो उन्हें साथ ले सुरक्षित स्थान के लिए भाग निकली। हुमायूँ जब पहुँचा तो कर्णावती को बचाने का समय निकल चुका था, हालाँकि उसने बहादुर शाह को हरा दिया।

कर्णावती, गढ़वाल की रानी

(1600-1650)

गढ़वाल की कर्णावती महीपत शाह की पत्नी थीं, जो 1622 में गद्दी पर चढ़े परन्तु 1631 में, अल्पायु में ही उनकी मृत्यु हो गई। पति की मृत्यु के बाद कर्णावती ने अपने

पुत्र पृथ्वीपत सिंह की ओर से शासन किया। 1638 में कुमाऊँ के शासक ने गढ़वाल पर हमला किया और 1640 में मुग़ल बादशाह शाहजहाँ के साथ सन्धि कर इस छोटे हिमालय राज्य को हड़पने की कोशिश की। पर रानी कर्णावती को यह सह्य न था। वे स्वयं सशक्त योद्धा थीं और अपनी बेहतर रणनीति का उपयोग कर उन्होंने मुग़ल सेना को पछाड़ा और उनके कई सैनिकों को बन्दी बना लिया। उन्हें 'नकटी रानी' का ख़िताब दिया गया क्योंकि उन्होंने हमलावारों की नाक कटवा दी, जो सामान्यतः अपराधियों की सज़ा होती है। उनके द्वारा बनवाए गए भवन देहरादून में देखे जा सकते हैं। कहते हैं कि उन्होंने राजपुर नहर का निर्माण करवाया था जो रिसपाना नदी का पानी देहरादून पहुँचाती है। कुछ वर्षों बाद पृथ्वीपत सिंह गद्दी पर बैठे और अपनी माँ के दिशादर्शन में बुद्धिमान शासक सिद्ध हुए।

करिकाल अम्मै यार

(छठी सदी ईसवी)

करिकाल अम्मै यार अथवा 'करिक्कल की महामाता' एक कवि व अध्यात्मवादी थीं। उनका वास्तविक नाम पुनीतावती था। वे भक्ति परम्परा के प्रारम्भिक कवि सन्तों में एक थीं।

उनके जीवन के विषय में अधिक जानकारी नहीं है, परन्तु इतना अवश्य पता है कि वे एक धनवान वैश्य परिवार से थीं तथा करिक्कल में उनका ससुराल था। उन्होंने कैसे संसार त्यागा और कवि बनीं यह कथा किंवदंतियों में छुप गई है। कहा जाता है कि उनके पति उन्हें दो आम सौंपकर गए, जिनमें से एक उन्होंने किसी भिक्षु को दे दिया। लौटने पर पति ने दोनों आम परोसने को कहा। पर उनके पास एक ही बचा हुआ आम था, सो उन्होंने भगवान शिव से प्रार्थना की और चमत्कार से उनकी अलमारी में एक और आम आ गया। इस आम का स्वाद इतना मीठा था कि पति को पता चल गया कि वह उसके द्वारा लाया गया आम नहीं हो सकता। अतः पति ने जानना चाहा कि उसे वह कहाँ से मिला। जब घटना का पता चला तो पति स्तंभित रह गए। यह जान कि उसकी पत्नी कोई साधारण स्त्री नहीं है, वे घर से भागे और पांडवों के प्रदेश में जा बसे। वहाँ उसने दूसरा विवाह किया और इस स्त्री से जन्मी बेटी का नाम अपनी पहली पत्नी की स्मृति में पुनीतावती रखा। अम्मै यार पति के पीछे वहाँ आ पहुँचीं और उनसे विनती की कि उसे भी पति व उसके नये परिवार के साथ रहने दिया जाए, पर वे अम्मै यार के सामने नतमस्तक हुए और एक देवी की तरह उनकी पूजा-अर्चना कीं। यों अस्वीकारी गई अम्मैयार ने घर त्यागा और शिव की आराधना

में स्वयं को समर्पित कर दिया। वे जंगल के एकान्त में साधना करने लगीं और अन्ततः कृपा पाई। परम्परा के अनुसार शिव ने उन्हें दो वरदान दिए—पहला यह कि उनका सौन्दर्य नष्ट हो जाएगा और वे बीभत्स लगने लगेंगी, ताकि कोई भी पुरुष उन्हें नहीं सताएगा और दूसरा यह कि वे स्वयं शिव का दैवी नृत्य देख सकेंगी। मूर्ति व चित्रकला में उन्हें अम्मैयार की पिशाचिनी के रूप में दर्शाया जाता है तथा उनके लम्बे उलझे बाल देवी चामुंडा की तरह दर्शाए जाते हैं।

हालाँकि अम्मै यार की मात्र चार रचनाएँ हम तक पहुँच सकी हैं अन्य शिवभक्त कवियों ने उनकी सम्मान सहित प्रशंसा की है। इन चार रचनाओं में से दो में वे शिव तथा काली की नृत्य स्पर्धा का वर्णन करती हैं, तथा बताती हैं कि पिशाचिनी रूप में वे काली की मंडली में उपस्थित थीं। अम्मै यार की कविताओं में शिव के प्रति उनकी भक्ति पुत्रवत् थी जो बाद के सन्त-कवियों के विपरीत है जिनकी भक्ति में कामुकता का पुट था। वे शिव के सभी रूपों, रौद्र तथा सौम्य, की लीला का वर्णन करती हैं। शैव समुदाय ने उन्हें काली के दैवी दल के सदस्य के रूप में स्वीकारा जिसे अम्मैयार स्वाभाविक रूप से स्वयं भी स्वीकारती थीं। अम्मैयार ने दृढ़पूर्वक शैव साधुओं में भी कापालिक का जीवन जीना चुना जो करिक्कल के सम्पन्न व्यापारियों के सौम्यजीवन के विपरीत था। उनकी गणना शैव सम्प्रदाय के 63 सन्तों में की जाती है, तथा उनके पद तमिल शैवधर्म की ग्यारहवीं पुस्तक तिरुमुराई में संकलित हैं।

—रीता डालमिया

कल्पना चावला

(1961-2003)

कल्पना चावला प्रथम भारतीय महिला अन्तरिक्ष यात्री थीं। उनका जन्म करनाल, हरियाणा में 1961 में हुआ था, जहाँ उनके पिता उड्डयन क्लब के सदस्य थे। अतः उड़ान से बचपन में ही उनका परिचय हो गया था। उन्होंने चंडीगढ़ में एयरोनॉटिकल (हवाई जहाजों से सम्बन्धित) इंजीनियरिंग का अध्ययन किया और 1982 में बीएससी की डिग्री हासिल की। उसी वर्ष वे उच्च अध्ययन के लिए अमरीका गईं, जहाँ आर्लिंग्टन स्थित टैक्सास विश्वविद्यालय से एयरोनॉटिक्स में स्नातकोत्तर डिग्री तथा उसी विषय में बोल्डर स्थित कोलोराडो विश्वविद्यालय से एक एम.एससी. डिग्री भी प्राप्त की। अपने दूसरे एमएससी के लिए अध्ययन करने के दौरान उनकी मुलाक़ात ज्याँ पिएर हैरिसन से हुई, जिनसे उन्होंने विवाह किया। 1988 में बोल्डर में उन्होंने अपनी पीएचडी पूरी की तथा 1990 में अमरीकी नागरिकता ग्रहण कर कुछ समय के लिए नासा एमेस शोध केन्द्र से जुड़ीं।

1994 में उन्हें नासा ने शटल अन्तरिक्ष यात्रियों के पन्द्रहवें दल के सदस्य के रूप में चुना। मार्च, 1995 से उन्होंने जॉनसन स्पेस सेंटर में सघन प्रशिक्षण तथा रोबॉटिक्स में विशेषज्ञता हासिल की। उनका पहला अन्तरिक्ष मिशन, एसटीएस 87, 1997 में था जिसमें वे स्पेस शटल कोलम्बिया के समूह की हिस्सा बनीं। इस मिशन के दौरान उन्होंने 252 बार धरती की परिक्रमा की व यान में किए जाने वाले कई कामों के लिए रोबोटिक हाथों का उपयोग किया। उन्होंने अन्तरिक्ष में आवास सम्बन्धी और वहाँ क्रिस्टल तथा प्रोटीन की वृद्धि सम्बन्धी प्रयोग किए। इस यात्रा का मुख्य उद्देश्य था सूक्ष्म-गुरुत्वाकर्षण की परिस्थितियों, उपकरणों की जाँच करना, ताकि बाद में अन्तर्राष्ट्रीय अन्तरिक्ष स्टेशन में सूर्य के वायुमंडल के अध्ययन में उन्हें काम में लिया जा सके।

उनका दूसरा मिशन दुर्भाग्यपूर्ण अन्तरिक्ष शटल कोलम्बिया एसटीएस 107 में था, जो अन्ततः शटल में उपजी कई खामियों के कारण हुए विलम्बों के बाद 16 जनवरी, 2003 को उड़ान भर पाया। यह एक छोटी पर सघन यात्रा थी। यान में मौजूद दल ने दिन-रात की पारियों में काम कर 80 से अधिक प्रयोग पूरे किए।

शटल यान ने 1 फरवरी, 2003 को धरती पर लौटने की चेष्टा की परन्तु यान के निचले हिस्से की सिरेमिक टाइलों में छेद हो गया जिससे नीचे की एल्युमिनियम की परतें गरमा और धरती पर उतरने के सोलह मिनट पहले यान हवा में ही क्षत-विक्षत हो गया और उत्तरी अमरीकी महाद्वीप के बड़े भाग में उसके टुकड़े बिखर गए, तथा दल के सातों सदस्यों की मौत हो गई। एक भी शव बरामद न हो सका।

कल्पना एफएए द्वारा प्रमाणित उड़ान निर्देशक व दक्ष यान चालक थीं। वे उत्साही हैम रेडियो ऑपरेटर भी थीं। मृत्योपरान्त उन्हें नासा विशिष्ट सेवा पदक तथा रक्षा विशिष्ट सेवा पदक प्रदान किया गया। वे युवा वर्ग के लिए एक आदर्श हैं, खासकर भारत के युवा वर्ग के लिए। एस्टेरॉइड संख्या 51826 का नाम उनकी स्मृति में कल्पना चावला रखा गया। भारत ने भी मौसम का अध्ययन करने वाले सैटेलाइटों की एक शृंखला का नाम उनके सम्मान में कल्पना रखा है। अमरीका के राष्ट्रपति जॉर्ज डब्ल्यू बुश ने कहा–'हमारे किसी भी अन्तरिक्ष यात्री ने अन्तरिक्ष में पहुँचने के लिए उतना लम्बा रास्ता नहीं तय किया जितना कल्पना चावला ने। वे छात्रा के रूप में भारत छोड़ आईं पर वे अपनी जन्मभूमि को, पूरे देश को, सैकड़ों मील ऊपर से देखेंगी।'

कल्पना जोशी विवाहपूर्व दत्ता

(1913-1995)

कल्पना युयुत्सु स्वतंत्रता सेनानी थीं। उनका जन्म चित्तगोंग के मध्यवर्गीय कायस्थ परिवार में हुआ था। उनके चाचा (?) चित्तगोंग के एक चिकित्सक व प्रभावशाली

व्यक्ति थे। राजनीति तथा आज़ादी के व्यापक मुद्दों के बारे में कल्पना को उनसे ही जानकारी मिली थी। 1929 में मैट्रिक्युलेशन के बाद कल्पना कोलकाता आईं और बेथ्यून कॉलेज में प्रवेश लिया। यहाँ उनका सम्पर्क क्रान्तिकारी सूर्य सेन के साथियों से हुआ। उन्हें कलकत्ता से विस्फोटक ले जाने-लाने की, तथा गन-कॉटन बनाने की ज़िम्मेदारी सौंपी गई, जो वे अपने घर से, ठीक अधिकारियों के नाक के नीचे, करने लगीं।

अदालत में जिस समय विशेष ट्राइब्यूनल का सत्र चल रहा था उसे उड़ाने की साज़िश की मुख्य नियोजक कल्पना ही थीं, पर यह योजना विफल रही। सबूतों के अभाव में कल्पना को रिहा कर दिया गया। निगरानी के बावजूद वे बीच रात सूर्य सेन व उनके दल से मिलती रहीं। वे तथा प्रीतिलता वाड्डेदर साथ-साथ रिवॉल्वर चलाने का अभ्यास करतीं। इन दोनों को यूरोपियन क्लब पर हमला करना था परन्तु नियत तिथि के सप्ताह भर पहले कल्पना को गिरफ़्तार कर लिया गया। जेल में उन्होंने प्रीतिलता के साहसिक त्याग की कथा सुनी। बाद में वे पुलिस से कई बार बचीं परन्तु अन्ततः 1933 में बन्दी बना ली गईं और उन्हें आजीवन निर्वासन का दंड दिया गया। 1939 में रिहाई के एक वर्ष बाद उन्होंने कोलकाता विश्वविद्यालय से स्नातक अध्ययन पूरा किया। कालान्तर में भारतीय कम्युनिस्ट पार्टी की सदस्य बनीं।

कस्तूरबा गांधी
(1869-1944)

कस्तूरबा गांधी मोहनदास कर्मचन्द गांधी जो महात्मा गांधी के नाम से जाने थे, की पत्नी थीं। महात्मा गांधी का अहिंसा का दर्शन मानवता को उनका सबसे बड़ा योगदान था, और वे अपनी पत्नी के उदाहरण को इसका श्रेय दिया करते थे। उन्होंने जॉन एस. हॉयलैंड से टिप्पणी की थी 'मैंने अहिंसा का पाठ अपनी पत्नी से तब सीखा जब मैंने उसे अपनी इच्छानुसार मोड़ना चाहा। उन्होंने जहाँ एक ओर दृढ़ता से मेरी इच्छा का विरोध किया, वहीं दूसरी ओर उस पीड़ा को चुपचाप झेला जो मेरी बेवकूफी दूसरों पर लादती थी, और अन्ततः मुझे शर्मिंदा कर इस ख़ामख़याली का इलाज भी कर डाला कि मैं उस पर राज करने को पैदा हुआ हूँ। और यों आख़िरकार वह अहिंसा की मेरी शिक्षिका बन गई।' गांधी की माता पुतलीबाई धार्मिक वृत्ति की स्त्री थीं जिन्होंने अपने संयमित आचरण से किशोर गांधी को प्रभावित किया था। पति-पत्नी में भारी बौद्धिक अन्तर के बावजूद गांधी को कस्तूरबा के मत का सम्मान करना सीखना पड़ा।

1869 में पोरबन्दर में जन्मी कस्तूरबा (कस्तूरी) अपने माता-पिता की चार सन्तानों

में एक थीं। उनके पिता गोकुलदास माखन जी सम्पन्न व्यापारी थे। 13 वर्ष की आयु में जब उनका विवाह मोहनदास कर्मचन्द गांधी से हुआ, वे निरक्षर थीं। गांधी ने उन्हें पढ़ना और लिखना सिखाया, और वे अच्छी छात्रा सिद्ध हुईं। 1896 में वे गांधी के साथ दक्षिण अफ्रीका स्थित नाटाल गईं। 1901 में उनकी सहमति से गांधी ने ब्रह्मचर्य का व्रत लिया। भारत तथा दक्षिण अफ्रीका में गांधी ने जितने भी प्रयोग किए उन सब में कस्तूरबा गांधी ने उनका साथ दिया। उनके लिए गांधी के सभी शिष्य उनके ही बच्चों, हरिलाल, मणिलाल, रामदास तथा देवदास के समान थे। साबरमती आश्रम में वे अनेकों मेहमानों की देखभाल करतीं और नियमित रूप से खादी भी काततीं। एक बार तो गांधी ने उन्हें या तो छुआछूत त्यागने या फिर आश्रम छोड़ जाने तक को कहा। वे इतनी प्रबुद्ध तो थीं ही कि उन्होंने छुआछूत त्याग दी। बाद में उन्होंने सभी जाति सूचक अन्तर त्याग दिए और एक हरिजन बालिका को गोद ले अपनी बेटी बनाया। चम्पारण में ग्रामोत्थान के गांधी के प्रयोगों के दौरान स्वयं कस्तूरबा भी पूरी तरह इस आन्दोलन से जुड़ी थीं।

वे कई बार जेल गईं, पहले दक्षिण अफ्रीका में और बाद में भारत के अहिंसक स्वाधीनता संग्राम के दौरान जब भी गांधी को गिरफ़्तार कर लिया जाता, कस्तूरबा संग्राम में कूद पड़तीं, बैठकें सम्बोधित करतीं, चन्दा इकट्ठा करतीं और कार्यकर्ताओं का हौसला बढ़ातीं। 1930 और 1932 में उन्होंने शराब और विदेशी वस्त्र की दुकानों के सामने धरना और गिरफ़्तारी दी। 1939 में उन्होंने राजकोट के राजनीतिक सुधार सत्याग्रह में भाग लिया और उन्हें त्रम्बा में हिरासत में रखा गया। 1942 में उन्हें एक सभा को सम्बोधित करते समय गिरफ़्तार किया गया और पुणे में आगा ख़ान महल के बन्दी शिविर में रखा गया। उनका स्वास्थ्य बिगड़ा और उन्हें ब्रोंकाइटिस का असाध्य रोग हो गया साथ ही घातक निमोनिया भी। विरोध स्वरूप उन्होंने गंगाजल के अलावा सभी प्रकार का खान-पान त्याग दिया। 22 फरवरी, 1944 को पति की गोद में यह कहते हुए उनकी मृत्यु हुई–'मैं अब जा रही हूँ, हमने अनेक ख़ुशियाँ और दुःख झेले हैं।' उनकी अन्तिम इच्छा के अनुसार उनका दाहकर्म पति द्वारा काती खादी की साड़ी में किया गया।

कस्तूरबा अपने सबसे बड़े विद्रोही पुत्र हरिलाल को लेकर हतोत्साहित थीं। गांधी ने हरिलाल का परित्याग कर दिया था पर कस्तूरबा नहीं कर सकी थीं। उनकी मृत्यु के पहले वह नशे में धुत्त उनसे मिलने आया था, और यह समझ कि उसे सुधारा नहीं जा सकता वे शोक में डूब गई थीं। कस्तूरबा ने पारसी स्त्रियों की तरह कपड़े पहनना और छुरी-काँटे से खाना सीखा था क्योंकि उनके पति उन्हें अंग्रेज़ी तहज़ीब सिखाना चाहते थे। बाद में जब गांधी ने चाहा कि वे आश्रम में संयमित-सादा जीवन जिएँ, तो उन्होंने यह भी बिना प्रतिवाद किया। छोटी पर सुरुचिपूर्ण कस्तूरबा स्पष्टवादी व व्यवस्थित थीं। गांधी तथा राष्ट्र ने कस्तूरबा गांधी राष्ट्रीय स्मृति न्यास की स्थापना की जिसमें

ग्रामीण महिलाओं के लाभार्थ 125 लाख रुपए एकत्रित किए गए। गांधी और कस्तूरबा की जोड़ी असाधारण थी। गांधी के ही शब्दों में 'हम एक ऐसे दम्पती थे जो साधारण से परे थे।' **—रीता डालमिया**

कादम्बिनी गांगुली

(1861-1923)

कादम्बिनी पहली भारतीय महिला थीं जिन्होंने कला में स्नातक डिग्री प्राप्त की साथ ही बंगॉल मेडिकल कॉलेज से चिकित्सा के क्षेत्र में स्नातक डिग्री ली। (देखें आनन्दीबाई जोशी)। स्नातक अध्ययन के बाद वे इंग्लैंड में स्नातकोत्तर अध्ययन करने गईं तथा एलआरसीपी (एडिनबरा), एलआरसीएस (ग्लैसगो) तथा डीएफपीएस (डबलिन) की योग्यताएँ प्राप्त कीं। उन्नीसवीं शताब्दी के अन्तिम हिस्से में वे कोलकाता के लेडी डफरिन विक्टोरिया हॉस्पिटल में कार्यरत थीं।

पूर्वी बंगाल में जन्मीं कादम्बिनी को उनके पिता ने उच्च शिक्षा पाने को प्रोत्साहित किया था। कलकत्ता विश्वविद्यालय की बी.ए. परीक्षा में प्रथम महिला के रूप में सफलता पा उन्होंने अपने पिता का सपना पूरा किया। इसके बाद एमबीबीएस परीक्षा उत्तीर्ण कर वे चिकित्सक बनीं तथा इंग्लैंड जाने के पहले पाँच वर्षों तक ईडन हॉस्पिटल में कार्यरत रहीं। ब्रिटेन में अध्ययन पूरा कर वे मई 1883 में भारत लौटीं और द्वारकानाथ गांगुली से विवाह किया जो साधारण ब्राह्मो समाज के नेता थे। द्वारकानाथ तथा कादम्बिनी दोनों ने महिला मुक्ति एवं विधवा पुनर्विवाह के लिए काम किया। कादम्बिनी ने बालिका विद्यालयों में कुटीर उद्योगों के लिए व्यावसायिक प्रशिक्षण को प्रोत्साहित किया था और बंगाल की युवतियों को आत्मनिर्भर बनाने की चेष्टा की।

कादम्बिनी बंगाल महिला संघ की सचिव बनीं। कांग्रेस के मंच से 1889 तथा 1906 में भाषण दे चुकी कादम्बिनी, कोलकाता में आयोजित उस महिला सम्मेलन की आयोजकों में एक थीं, जो भारतीय राष्ट्रीय कांग्रेस के अधिवेशन के साथ-साथ हुआ था। 1908 में उन्होंने दक्षिण अफ्रीका में गांधी के सत्याग्रह कार्यकर्ताओं के साथ सहानुभूति अभिव्यक्ति करने के लिए एक बैठक आयोजित की तथा उसका सभापतित्व भी किया। ट्रांसवाल के कार्यकर्ताओं के लिए धन एकत्रित करने के लिए उन्होंने एक संगठन प्रारम्भ किया। कादम्बिनी ने कोयला खदानों व चाय बागानों में मज़दूरों के शोषण की भर्त्सना की और 1922 में वे बिहार तथा उड़ीसा के विभिन्न भागों में सरकार द्वारा गठित जाँच आयोग की ओर से महिला कामगारों की स्थिति की जाँच-पड़ताल करने गई थीं।

कानन देवी

(1916-1992)

कानन देवी प्रारम्भिक मूक फ़िल्मों की अभिनेत्री तथा प्रथम पार्श्व गायिकाओं में थीं। उनका जन्म हावड़ा में कमला दासी के रूप में हुआ था। लगता है कि वे नाजायज़ सन्तान थीं, और बेहद गरीब थीं। मात्र दस वर्ष की आयु में उन्होंने ज्योति स्टूडियो की फ़िल्म *जॉयदेब* (1926) में पहला अभिनय किया। उनका नाम कानन बाला में बदल दिया गया। उन्होंने राधा फ़िल्म्स में ज्योतिष बैनर्जी के तहत काम किया तथा उनकी फ़िल्मों *ख़ूनी कौन* व *माँ* (1934) को थोड़ी-बहुत सफलता भी मिली। तत्पश्चात् वे न्यू थियेटर स्टूडियो में आ गईं जहाँ उन्हें अभिनय के सभी पहलुओं पर रायचन्द बोरल तथा पी.सी. बरुआ ने प्रशिक्षित किया। उन्होंने उस्ताद अल्ला रक्खा तथा भीष्मदेव चैटर्जी से संगीत भी सीखा, तथा उनका नाम फिर से बदलकर कानन देवी कर दिया गया। बाद में उन्होंने अनादि दस्तिदार से रवीन्द्रसंगीत सीखा। पी.सी.बरुआ द्वारा निर्देशित *मुक्ति* (1937),में तथा *सापूरे* में प्रख्यात अभिनेता पहाड़ी सान्याल के साथ उम्दा प्रदर्शन किया। 1941 में न्यू थियेटर से हटने के बाद उन्होंने अपनी फ़िल्म निर्माण इकाई बनाई तथा शरत् चन्द्र की कहानियों पर आधारित कर एक के बाद एक सफल फ़िल्में पेश कीं, जिसमें *हॉस्पिटल* (1943), *बनफूल* (1945), तथा *राजलक्ष्मी* (1946) शामिल थीं।

1948 में वे बम्बई आ गईं जो उनके द्वारा अभिनीत अन्तिम फ़िल्म *चन्द्रशेखर* का वर्ष भी था। तत्पश्चात् उन्होंने मुख्यतः फ़िल्म निर्माण ही किया। उन्होंने महिला अभिनेत्रियों के संघ, महिला शिल्प मंडल की भी स्थापना की। जो सम्भवतः भारत में इस प्रकार का पहला संघ था। रवीन्द्र भारती विश्वविद्यालय द्वारा डी.लिट्. की उपाधि द्वारा सम्मानित किए जाने के साथ उन्हें भारत सरकार द्वारा पद्मश्री तथा दादा साहेब फाल्के पुरस्कार भी दिया गया। उनके पहले पति अशोक मित्रा थे, पर यह विवाह तलाक़ में शेष हुआ। उनके दूसरे पति हरिदास भट्टाचार्य थे जिनके साथ उनकी एकमात्र सन्तान, सिद्धार्थ भट्टाचार्य जन्मे। उन्हें 1976 में दादा साहेब फाल्के पुरस्कार दिया गया।

कामिनी रॉय

(1864-1933)

कामिनी रॉय एक कवयित्री, शिक्षिका व लेखिका थीं। वे कवि चंडी चरण सेन की पुत्री थीं, जिन्होंने कामिनी को स्वयं घर में ही पढ़ाया-लिखाया था। पिता अपने पुस्तक

संग्रह से कामिनी के लिए पाठ तैयार करते, जब तक वे इतनी बड़ी न हो गईं कि स्वयं उनके पुस्तकालय का उपयोग कर सकें। वे गणित में विलक्षण थीं पर उन्होंने संस्कृत पढ़ने के लिए गणित छोड़ दिया, और यों वे 1886 में बेथ्यून कॉलेज से ऑनर्स स्नातक बनने वाली पहली स्त्री बनीं। यहाँ उनके साथ लेडी अबला बोस भी छात्रा थीं। उसी वर्ष वे शिक्षिका भी बनीं और 1889 में अपना पहला काव्य संकलन *आलो ओ छाया* प्रकाशित किया। वे आगामी पाँच वर्षों तक लिखती रहीं, जब तक कि 30 वर्ष की आयु में उनका विवाह न हो गया। इस दौरान दो अन्य संकलन प्रकाशित हुए। विवाह के बाद उन्होंने अपनी लेखनी को विश्राम दिया। जब यह पूछा गया कि वे अब क्यों नहीं लिखतीं, उन्होंने अपने बच्चों की ओर संकेत करते हुए कहा, 'क्यों, क्या ये मेरी जीती-जागती कविताएँ नहीं हैं?' परन्तु 1909 में वे विधवा हो गईं और कुछ वर्षों बाद उनके सबसे बड़े बेटे की भी मृत्यु हो गई। वे तब फिर से लेखन की ओर मुड़ीं उनका अन्तिम प्रमुख संकलन *मलय ओ निर्मलय* का प्रकाशन 1913 में हुआ। 1922-23 में वे महिला श्रम जाँच आयोग की सदस्य भी रहीं।

उनका लेखन सरल था जो उन दिनों की रवीन्द्रनाथ की सर्वव्यापी प्रतिभा के चलते प्रचलित रसीली शैली के विपरीत थी। सम्भवतः यही कारण रहा हो कि उन्हें उनके जीवनकाल में अधिक सम्मान नहीं मिल पाया। वे 1930 में बंगाली साहित्य सम्मेलन की अध्यक्ष तथा 1932-33 में बंगीय साहित्य परिषद की उपाध्यक्ष रहीं। उनके अन्तिम वर्ष हज़ारीबाग में बीते।

ए.वी. कुट्टीमालू अम्मा

(1905-1986)

कुट्टीमालू स्वतंत्रता सेनानी, स्वदेशी की प्रचारक, भारतीय राष्ट्रीय कांग्रेस की सक्रिय सदस्य, आज़ादी के पूर्व मद्रास विधान सभा की दो बार सदस्य तथा अथक सामाजिक कार्यकर्ता थीं। वे कूट्टनाड के अनक्कार वदक्काथ परिवार से थीं जिसकी कई स्त्रियाँ प्रसिद्ध स्वतंत्रता सेनानी व सामाजिक कार्यकर्ता थीं, इनमें अम्मू स्वामीनाथन, आईएनए की कैप्टन लक्ष्मी, मृणालिनी साराभाई तथा भूतपूर्व लोकसभा सदस्य सुहासिनी अली शामिल थीं। कुट्टीमालू के पति कोझीपुराथु माधव मेनन केरल प्रदेश कांग्रेस समिति के अध्यक्ष तथा मद्रास स्टेट में मंत्री थे।

कुट्टीमालू ने 1930 में विदेशी आयातित वस्त्र के विरुद्ध खादी के प्रचार आन्दोलन में स्वेच्छा से भाग लेना प्रारम्भ किया। कैलिकट शहर में विदेशी वस्त्र बेचने वाली दुकानों के सामने अगले वर्ष धरना दिया। 1932 में सविनय अवज्ञा आन्दोलन के दौरान वे स्त्रियों की कतार के आगे अपनी दो माह की बच्ची को लेकर चलीं। उन्हें

ग़ैर-क़ानूनी रूप से सार्वजनिक सभा करने के आरोप में बन्दी बना जेल भेज दिया गया। जब उन्हें ब्रिटिश न्यायाधीश के सामने पेश किया गया तो अदालत ने आज्ञा दी कि वह अपनी बच्ची को छोड़ें। कुट्टीमालू ने क़ानून का हवाला देते हुए तर्क किया कि वे बच्ची को पास ही रखेंगी। अन्ततः अदालत को उन्हें बच्ची पास में रखने की अनुमति देनी पड़ी, हालाँकि उन्हें 1934 तक जेल की सज़ा सुनाई गई थी।

1936 में कुट्टीमालू को मद्रास विधानसभा के लिए चुना गया पर 1940 में सत्याग्रह के दौरान उन्होंने फिर से गिरफ़्तारी दी और साल भर के लिए जेल गईं। जेल से छूटने के कुछ ही महीनों बाद वे पुनः 1942 के भारत छोड़ो आन्दोलन में सक्रिय हुईं और दो साल के लिए तमिलनाडु की अमरावती जेल में भेज दी गईं। मुक्त होने के बाद 1944 में वे केरला प्रदेश कांग्रेस समिति तथा कांग्रेस कार्यकारी समिति की सदस्य भी रहीं। कुट्टीमालू ने कोझीकोडे नगर निगम में भी सेवाएँ दीं। 1946 में उन्हें पुनः मद्रास विधानसभा के लिए चुना गया। उन्हें परित्यक्त व गरीब बच्चों के पुनर्वास के लिए अनाथालय की स्थापना के प्रयासों के लिए भी याद किया जाता है। महात्मा गांधी, जवाहरलाल नेहरू तथा सी. राजगोपालाचारी ने भी उनके काम की प्रशंसा की थी। मार्च 2007 में कूट्टनाड में उनके सम्मान में वर्ष भर उत्सव मनाया गया, तथा 2008 में केरल सरकार ने उनके जीवन पर एक फ़िल्म बनवाई जिसे मेलिला राजशेखर ने निर्देशित किया।

राजराजा कुंडवाई अलवर
(दसवीं सदी ईसवी)

चोल राजवंश की कई सदस्यों का नाम कुंडवाई था, पर उनमें सबसे प्रसिद्ध कुंडवाई राजराजा चोल प्रथम की बड़ी बहन थीं। उन्हें मुख्यतः उन मन्दिरों के लिए याद किया जाता है जिनका उन्होंने निर्माण करवाया व जिन्हें अनुदान दिया था। उनके पिता भी एक प्रसिद्ध व न्यायपूर्ण शासक थे। कुंडवाई का विवाह पड़ोसी राज्य के शासक वंद्र्यदेव से हुआ। वे सभी सम्प्रदायों के प्रति समभाव रखती थीं, और उन्होंने अपने पति के राज्य में स्थित राजराजपुरम में एक विष्णु, एक शिव तथा एक जैन मन्दिर को अनुदान दिया था। साथ ही थंजौर में एक धर्मार्थ चिकित्सालय की स्थापना की और उसे व्यापक भूमि भी दान दी ताकि उसको सुचारु रूप से चलाया जा सके। उनके जीवन के अन्तिम वर्ष उन्होंने अपने पितृगृह में बिताए। अपने भान्जे राजेन्द्र प्रथम के शासन काल के सातवें वर्ष में उनकी मृत्यु हुई।

कुर्रतुल ऐन हैदर

(1927-2007)

कुर्रतुल ऐन हैदर रूढ़ियाँ तोड़ने वाली शख़्सियत थीं। हैदर शेरो-शायरी से प्रभावित उर्दू साहित्य की दुनिया में जबरन घुसीं और अपने लेखन से उर्दू गद्य को उसकी उचित पहचान दिलाई, जिससे उन्हें प्रशंसा भी मिली।

हैदर उर्दू उपन्यास, लेख और कहानियों की रचयिता थीं। परम्परागत उर्दू समाज में पर्दे के पीछे रहने वाली स्त्रियों के जीवन के विषय में अपनी अन्तर्दृष्टि के कारण वे जानी जाती थीं। उनका जन्म उत्तर प्रदेश के अलीगढ़ शहर में साहित्यिक माता-पिता के घर हुआ था। उनके पिता सज्जाद हैदर यिलदेरिम प्रख्यात उर्दू लेखक थे, और उनकी माँ नज़र ज़हरा, बिन्त-ई-नज़रूल बकर और नज़र सज्जाद के उपनामों से लिखती थीं। उनके माता-पिता ने उनका ईरानी कवयित्री कुर्रात-उल-ऐन ताहिरा के नाम पर रखा था, परन्तु बाद के वर्षों में लोग उन्हें प्यार से 'ऐनी आपा' कह सम्बोधित करते थे। हैदर ने छह वर्ष की उम्र में लिखना शुरू कर दिया था और उनके माता-पिता तथा माता की संरक्षिका मुहम्मदी बेगम ने उन्हें प्रोत्साहित भी किया। कुर्रतुल ऐन हैदर की प्रारम्भिक बाल्यावस्था पोर्ट ब्लेयर में बीती, उनकी बाद की शिक्षा लखनऊ के इज़ाबेला थोबर्न कॉलेज में हुई। उनकी कहानी *'बी-चूहिया'* बाल पत्रिका *फूल* में प्रकाशित हुई। 1947 में वे पाकिस्तान स्थित कराची चली गईं और वहाँ अपना पहला उपन्यास *मेरे भी सनम खाने* (1949) में प्रकाशित किया। इसके बाद उन्होंने *सफीना-ए-ग़मे दिल* (1952) लिखा और पाकिस्तान लेखक संघ की सदस्य बनीं। 1959 में उन्होंने *आग़ का दरिया* प्रकाशित की (जिसका अनुवाद रिवर ऑव फायर शीर्षक से लेखिका ने 1998 में किया।) इस उपन्यास में दक्षिण एशिया के बौद्धयुग से आज तक के इतिहास के महत्त्वपूर्ण पल समाहित हैं। पुस्तक प्रशंसित हुई, पर इससे पाकिस्तान में, जो उस समय जनरल अयूब ख़ान के तहत था, विवाद भी उठे। अपनी पुस्तक पर इस प्रतिक्रिया से क्षुब्ध हो वे कुछ समय बाद लन्दन चली गईं।

1961 में अपने मित्र फ़िल्म निर्देशक अब्बास अहमद की शह परकुर्रतुल ऐन हैदर लन्दन छोड़ बम्बई चली आईं। 1964 में वे *इम्प्रिंट* पत्रिका की प्रबन्ध सम्पादक बनीं जहाँ वे 1968 तक काम करती रहीं। तब वे *इलेस्ट्रेटेड वीकली ऑव इडिया* के सम्पादन दल की सदस्य बनीं और 1975 तक वहाँ कार्यरत रहीं। उनकी अन्य किताबें हैं *पतझर की आवाज़* (1965), एक लघु उपन्यास *चाय के बाग़* (1965) *रौशनी की रफ़्तार* (1982), व पारिवारिक दस्तावेज़ *कर ए जहाँ दर्ज़* हैं। उनके बाद के उपन्यासों में *आख़िरी शब के हमसफ़र, गर्दिश-ए-रंग-ए चमन* तथा *चाँदनी बेगम* शामिल हैं। उनकी किताबें अंग्रेज़ी तथा अन्य भाषाओं में अनूदित हो चुकी हैं। उनके कुल 12 उपन्यास व नवलिकाएँ, 4 कथा संकलन हैं। उनकी अन्तिम कृति *बड़े गुलाम अली*

खाँ की जीवनी थी जो उन्होंने मालती गिलानी के साथ लिखी और जो 2004 में प्रकाशित हुई।

पत्रकारिता के अलावा एक अकादमिक व्यक्ति के रूप में कुर्रतुल ऐन हैदर का योगदान रहा, वे कैलिफोर्निया, शिकागो, विसकोंसिन तथा एरिज़ोना विश्वविद्यालय में मेहमान व्याख्याता के रूप में जानी जाती रहीं। वे अलीगढ़ मुस्लिम विश्वविद्यालय, जहाँ उनके पिता पहले रजिस्ट्रार रह चुके थे, के उर्दू विभाग में मेहमान प्रोफेसर रहीं। वे जामिया मिलिया इस्लामिया विश्वविद्यालय, नई दिल्ली में ख़ान अब्दुल गफ़्फ़ार ख़ान चेयर पर प्रोफेसर एमेरिटस भी थीं। वे अविवाहित रहीं।

1967 में उन्हें पतझड़ की आवाज़ के लिए साहित्य अकादमी पुरस्कार, 1969 में सोवियत लैंड नेहरू पुरस्कार, 1984 में पद्मश्री तथा 1985 में ग़ालिब पुरस्कार से सम्मानित किया गया। 1989 में *आख़िरी शब के हमसफ़र* उपन्यास के लिए उन्हें ज्ञानपीठ पुरस्कार और 2000 में उर्दू अकादमी द्वारा बहादुर शाह ज़फर पुरस्कार दिया गया। 2005 में उन्हें पद्म भूषण से नवाज़ा गया। उनकी मृत्यु दमे के रोग की पेचीदगियों के कारण हुई और उन्हें दिल्ली स्थित जामिया मिलिया कब्रगाह में दफ़नाया गया।

केसरबाई केरकर
(1892-1977)

केसरबाई केरकर हिन्दुस्तानी शास्त्रीय संगीत की गायिका थीं। गोवा के केरी गाँव में पुर्तगाली शासन के तहत जन्मीं केसरबाई को आधुनिक शास्त्रीय गायन शैली के संस्थापक कलाकारों में गिना जाता है। आठ वर्ष की उम्र में उन्होंने लाम गाँव के रामकृष्णबुवा वाज़े से संगीत सीखना प्रारम्भ किया। 16 वर्ष की आयु में वे मुम्बई आईं और कई परेशानियों से जूझने के बाद उन्हें अहसास हुआ कि सिर्फ़ उस्ताद अल्लादिया ख़ान (1855-1946) जो जयपुर अतरौली घराने के संस्थापक थे, उन्हें तालीम दे सकते हैं। यह असाधारण था कि उन्होंने 1921 में उस्ताद के साथ एक विस्तृत अनुबन्ध पर हस्ताक्षर किया जिसमें शर्तों का बारीक वर्णन था; उन्हें केसरबाई को दस वर्षों तक संगीत सिखाना था; इसके लिए उन्हें वेतन दिया जाना था, तथा वे जिस भी क़स्बे या शहर में रहने लगे, केसरबाई को वहीं पहुँचना था। केसरबाई ने भास्करबुवा बखाले से भी संगीत शिक्षा ली।

केसरबाई को उनके स्वर की व्यापकता, गहराई, गमक, आवाज़ की स्पष्टता तथा गायकी में व्यापक स्वर विस्तार के लिए जाना जाता है। 1920 के दशक तक वे जानी-मानी गायिका बन चुकी थीं। रवीन्द्रनाथ ठाकुर ने, जो उनके प्रशंसक थे, 1930 के दशक में उन्हें 'सुरश्री' की उपाधि दी थी। उनकी शैली की शुद्धता और शास्त्रीयता

को बेहद पसन्द किया जाता था और उन्होंने भारत के कई शासक परिवारों के लिए संगीत प्रदर्शन किया जिसमें जयपुर, जोधपुर, कश्मीर तथा बड़ौदा के राजपरिवार शामिल थे।

हालाँकि उनके गायन के अनेक मुरीद थे, उन्होंने 1950 के दशक में एचएमवी के लिए कुछ ही रिकॉर्ड तथा ब्राडकॉस्ट लेबल बनाए थे। कुछ समय बाद किसी मतभेद के चलते उन्होंने एचएमवी से संगीत अधिकार वापस ले लिए और आकाशवाणी को भी उनका संगीत बजाने से मना कर दिया। क्योंकि गोवा 1961 तक पुर्तगाली इलाक़ा था, गोवा रेडियो ही वह अकेला माध्यम था जिसे उन्होंने अपने गीत बजाने की अनुमति दी थी। उनकी गायन शैली अनूठी थी अतः वे इस बात का ध्यान रखती थीं कि उनके काम का प्रतिनिधित्व कैसे किया जाता है। उन्हें लगता था कि रिकॉर्ड किए गए संगीत की बढ़ती लोकप्रियता शास्त्रीय भारतीय विधाओं को नष्ट कर देगा। मानक शास्त्रीय गायन बेहद लम्बा होता है जिसे समसामयिक तकनीकों के सहारे पूरी तरह प्रस्तुत नहीं किया जा सकता, साथ ही वह गायक और श्रोताओं की आपसी अन्तर्क्रिया पर निर्भर करता है। यह सब मशीनी प्रस्तुति से सम्भव नहीं। अतः केसरबाई ने रिकॉर्ड बनाने और संगीत के व्यवसायीकरण की आधुनिक विधियों को कभी नहीं स्वीकारा। उनकी कला कुछ लोगों का विशेषाधिकार बनी रही।

उन्हें संगीत नाटक अकादमी ने प्रमुख आचार्य घोषित किया तथा 1953 में उन्हें हिन्दुस्तानी शास्त्रीय संगीत के राष्ट्रपति पदक से सम्मानित किया गया। 1969 में उन्हें केन्द्र सरकार ने पद्म भूषण से नवाज़ा और महाराष्ट्र सरकार ने राज्य गायिका पुरस्कार दिया। सुरश्री केसरबाई केरकर हाईस्कूल अब उस स्थान पर बना है जहाँ केरी में उनका दूसरा आवास था और जो उस घर के पास ही था जहाँ केसरबाई जन्मीं थीं। गोवा में प्रतिवर्ष नवम्बर माह में उनके सम्मान में सुरश्री केसरबाई केरकर स्मृति संगीत समारोह आयोजित किया जाता है। मुम्बई विश्वविद्यालय में उनके नाम से संगीत में वार्षिक छात्रवृत्ति भी दी जाती है। केसरबाई द्वारा राग भैरवी में गाया 'जात कहाँ हो' सोने से मढ़े कांस्य डिस्क का हिस्सा है, जिसे 1977 में समूची दुनिया का श्रेष्ठ संगीत रिकॉर्ड कर 1977 में वॉयजर 1 व 2 अन्तरिक्ष यानों में रखा गया था। नृ-संगीतशास्त्री रॉबर्ट ई ब्राउन ने नासा को इसका सुझाव दिया था।

कोलावती
(11वीं शताब्दी)

कोलावती उड़ीसा की रानी और मन्दिरों की निर्माता थीं। वे स्वयं जन्म से सूर्यवंशी थीं परन्तु उनका विवाह सोमवंश के शक्तिशाली राजा चन्द्रहार से हुआ था। चन्द्रहार

ने कोशल तथा उत्कल को चोल शासकों से मुक्त किया था। चन्द्रहार की मृत्यु 1054 में हुई और वे कोलवती व उनके पुत्र उद्योतकेसरी को छोड़ गए जो महाशिवगुप्त, चतुर्थ के रूप में चन्द्रहार का उत्तराधिकारी बना। उड़ीसा में प्रचलित प्रथा के अनुसार कोलावती राज्य के काफ़ी हिस्सों का प्रबन्ध करती रहीं, जिसमें विशाल निर्माण परियोजनाएँ भी शामिल थीं, जैसे एकम्रा के सिद्धतीर्थ क्षेत्र में ब्रह्मेश्वर मन्दिर। यह मन्दिर आधुनिक भुवनेश्वर में स्थित है। इसका निर्माण कार्य कोलावती के पुत्र के शासन काल के अठारहवें वर्ष में प्रारम्भ हुआ तथा 1055 से 1065 के बीच पूर्ण हुआ। यह मन्दिर चारों कोनों पर बने चार छोटे मन्दिर से घिरा है तथा परिसर के इर्द-गिर्द पत्थरों से बनी दीवार है। एक शिलालेख, जो अब खो गया माना जाता है, में कहा गया था कि कोलावती ने मन्दिर को कई सुन्दर स्त्रियाँ भी भेंट दी थीं। यह देवदासी परम्परा के अस्तित्व का प्रारम्भिक प्रमाण माना जाता है, जिसके तहत महिला ग़ुलामों को मन्दिर की सेवा में समर्पित कर दिया जाता था। ये देवदासियाँ नर्तन और संगीत में प्रशिक्षित होती थीं और पवित्र वेश्याएँ मानी जाती थीं।

कॉर्नेलिया सोराबजी

(1866-1954)

1866 में नासिक में जन्मी कॉर्नेलिया, एक ऐसे पारसी परिवार से थीं जिसने ईसाई धर्म अपना लिया था, और परिवार के सातों बच्चों की परवरिश अंग्रेज़ी तौर-तरीक़े से की गई थी। 1884 में उन्होंने पुणे स्थित डैकन कॉलेज से स्नातक परीक्षा, प्रथम श्रेणी में पास की। वे 1911 तक स्नातक परीक्षा उत्तीर्ण करने वाली प्रथम व अकेली महिला रहीं। इस उपलब्धि के बावजूद इंग्लैंड जाने के लिए जो छात्रवृत्ति स्वतः दी जाती थी वह उन्हें महिला होने के कारण नहीं दी गई। उन्होंने अहमदाबाद के लड़कों के एक कॉलेज में अंग्रेज़ी पढ़ाने की नौकरी की। अन्ततः 1889 में उनके मित्रों ने उनके लिए एक छात्रवृत्ति की व्यवस्था की ताकि वे ऑक्सफार्ड के सॉमरविल कॉलेज में क़ानून का अध्ययन कर सकें। वे बैरिस्टर नहीं बन सकीं क्योंकि ब्रिटिश क़ानून किसी महिला को बैरिस्टर बनने की अनुमति नहीं देता था। सो बेंजामिन जोवेट, जो बैलिओल के मास्टर तथा ऑक्सफोर्ड के उपकुलपति थे, ने 1893 में उन्हें एक विशेष डिग्री दी और वे पहली महिला बनीं जिन्हें उच्चतर विधि डिग्री की परीक्षा में बैठने की अनुमति मिली। तब वे वकीलों की एक फर्म के साथ प्रशिक्षु के रूप में जुड़ीं और 1894 में भारत लौटीं। लौटकर उन्होंने महिलाओं, खासकर विधवाओं, को क़ानूनी सहायता देने के लिए अथक परिश्रम किया। आख़िरकार 1919 में स्त्रियों को बैरिस्टर बनने की अनुमति मिल पाई और 1923 में कॉर्नेलिया ने, 57 वर्ष की आयु में फिर से अध्ययन कर इसकी योग्यता

पा ली। 1934 में उन्होंने *इंडिया कॉलिंग* शीर्षक से अपने संस्मरण लिखे जिसमें उन्होंने बंगाल की पर्दानशीन महिलाओं को दी गई सहायता का वर्णन किया।

वे एकाकी महिला प्रतीत होती हैं जो करीबी दोस्तियाँ नहीं बना पाईं, अपने कँटीले स्वभाव के बावजूद वे परेशानी में फँसी स्त्रियों की मदद करती थीं। जिनके राजनीतिक विचार या विश्वास उन्हें ग़लत लगते थे, उन्हें वे झिड़क भी देती थीं। लम्बी मानसिक बीमारी के बाद 1954 में 88 वर्ष की आयु में उनकी मृत्यु हुई।

कृपी
(लगभग 327 ईसवी)

कृपी सम्भवतः एलेक्ज़ैंडर महान के काल में हिन्दुकुश के किसी छोटे राज्य की शासक थीं। एलेक्ज़ैंडर के आक्रमण का भारतीय संस्कृति तथा राजनीति पर गहरा प्रभाव पड़ा था हालाँकि वह अपनी जीत को सुदृढ़ नहीं बना सका था। एलेक्ज़ैंडर के अभियान का सबसे स्थायी प्रभाव यह था कि प्राचीन यूनान के विद्वान् तथा इतिहासकार जिन स्थानों के विषय में टिप्पणी करते थे उनमें भारत भी शामिल हो गया। इस प्रकार हमें उस युग के भारत के कई तथ्यों तथा प्रचलित किंवदंतियों की स्वतंत्र पुष्टि भी मिलती है। कहा जाता है कि 327 ईसा पूर्व में एलेक्ज़ैंडर ने स्वात-बुनेर के क्षेत्र जो अफगानिस्तान तथा पाकिस्तान की सीमा पर स्थित था, के शासक की हत्या कर दी। इस शासक का नाम यूरोपीय इतिवृत्तों में ऐसेकेनॉस बताया जाता है जो सम्भवतः अश्वाक या अश्माक प्रजाति का था। शासक का दुर्ग मालाकंद दर्रे के उत्तर में मस्सागा नाम से था। यूनानी इतिहासकार बताते हैं कि उसकी मृत्यु के बाद क्लेआफिस या कृपी जो मृत राजा की पत्नी या माता थीं, ने साहस के साथ यूनानी सैनिकों का विरोध किया, पर अन्ततः हारीं। समसायिक इतिहासकारों ने उनकी वीरता की प्रशंसा की।

कृपाबाई सत्थिआन्धान
(1862-1894)

कृपाबाई दूसरी पीढ़ी की ईसाई थीं, उनके माता-पिता हरिपन्त तथा राधा बाई बम्बई प्रेसिडेंसी के धर्म परिवर्तन कर ईसाई बनने वाले पहले लोगों में शामिल थे। कृपा अपने माता-पिता के 14 बच्चों में बारहवीं सन्तान थीं। अपने भाइयों में भास्कर के साथ उनका रिश्ता महत्त्वपूर्ण था क्योंकि उसने कृपा को अपना मस्तिष्क विकसित करने और ख़ुद को कुछ बनाने के लिए प्रोत्साहित किया था। उसकी अकाल मृत्यु से कृपा

को गहरा सदमा पहुँचा। 1878 में मद्रास मेडिकल कॉलेज में प्रवेश लेने वाली कृपा पहली औरत थीं। जब वे कक्षा में घुसीं तो सभी छात्रों ने खड़े होकर उनका स्वागत किया। उन्होंने ख़ूब मेहनत की परन्तु, आनन्दीबाई जोशी, जो चिकित्सक बन पाई थीं, की ही तरह उनका स्वास्थ्य बिगड़ने लगा। वे अच्छे अंकों से स्नातक बनीं पर उनका स्वास्थ्य तब तक काफ़ी गड़बड़ा चुका था।

उन्होंने सैम्युएल सत्थिआंधान से विवाह किया जो मद्रास में कृपा के अभिभावक के पुत्र थे। सैम्युएल ने उन्हें लेखन में और उनकी रचना को प्रकाशित करने में मदद की। उनका पहला उपन्यास *सगुना : ए स्टोरी ऑव नेटिव क्रिश्चियन लाइफ* अंग्रेज़ी में था। यह एक बढ़ती ईसाई बालिका के गोरे ईसाइयों तथा भारतीय हिन्दुओं से रिश्तों की संवेदनशील व बारीकी से लिखी गई कथा है। उनका दूसरा उपन्यास *कमला : ए स्टोरी ऑव हिन्दू लाइफ,* पहले से अधिक सधा है तथा संकेत देता है कि अगर कृपा जीवित रहतीं तो क्या हासिल कर सकती थीं। जब वे इसे लिख रही थीं तो वे क्षय रोग के कारण अपनी मृत्युशय्या पर थीं। उपन्यास के अन्तिम अध्याय उन्होंने अपने पति को बोल कर लिखवाए थे।

कृष्णभाबिनी दास

(1864-1919)

कृष्णभाबिनी दास बोऊबाज़ार के वकील देवेन्द्रनाथ दास की पत्नी थीं। वे अपने काम से इंग्लैंड की यात्रा पर जाते थे, और उनकी दूसरी यात्रा में कृष्णभाबिनी पति के साथ गईं। इससे उनके ससुराल तथा सामान्य समाज में उनका ख़ूब विरोध हुआ क्योंकि उन्हें अपनी छोटी बेटी को छोड़कर जाना पड़ा। देवेन्द्र नाथ ने इंग्लैंड में पढ़ाना शुरू किया और अपनी पत्नी की शिक्षा पर भी खासा ध्यान दिया। वे आठ वर्षों तक इंग्लैंड रहे। कृष्णभाबिनी की पुस्तक *इंग्लैंडेबंग महिला* (इंग्लैंड में एक बंगाली स्त्री) जो 1885 में उन्होंने 'बंगमहिला' के छद्‌म नाम से लिखी, अंग्रेज़ी स्त्रियों की आज़ादी का इस कदर बेबाक वर्णन करती है कि उसे भारत में प्रतिबन्धित कर दिया गया।

स्वयं की प्रबुद्ध समझ के बावजूद कृष्णभाबिनी को अपने आसपास की स्त्रियों को अपना नज़रिया समझाने में परेशानी हुई। वे दस वर्ष की उम्र में अपनी बेटी का विवाह भी नहीं रोक सकीं। कुछ समय बाद उनके पति तथा पुत्री की कुछ ही दिनों के अन्तराल में मृत्यु हो गई। 'भारती' नामक पत्रिका के 1922 के अंक में वर्णन है कि कैसे उन्होंने पति की मृत्यु के बाद पाश्चात्य वस्त्र त्याग दिए और थान, विधवाओं द्वारा पहनी जाने वाली सादी सूती साड़ी पहनना तथा हर तरह की मर्यादाओं का पालन प्रारम्भ कर दिया, जैसा सामान्य हिन्दू विधवाएँ करती थीं। उन्होंने भारत स्त्री महामंडल

को भी प्रोत्साहित किया जो सरला देवी चौधुरानी ने स्थापित किया था। उनके प्रयासों से उक्त संस्था की तीन शाखाएँ खुलीं। उन्होंने पद्य में अपनी आत्मकथा लिखी जिसका शीर्षक था *जीबोनेर दृश्यमाला*। हालाँकि उन्हें किसी प्रकार की औपचारिक शिक्षा नहीं मिली थी, कलकत्ता विश्वविद्यालय ने उन्हें परीक्षक नियुक्त किया था।

ख़ानम जान

(लगभग-1790)

ख़ानम जान 1970 में कानपुर के हसन शाह द्वारा लिखे गए आत्मकथात्मक उपन्यास *नश्तर* की नायिका हैं। शाह उस समय बीस वर्ष के थे। पुस्तक का मूल पाठ जो भारतीय फ़ारसी में लिखा गया था, अब अस्तित्व में नहीं है, पर इसका उर्दू अनुवाद पटना पुस्तकालय में कुर्रतुल ऐन हैदर को प्राप्त हुआ था। हैदर ने 2003 में उसका अंग्रेज़ी में अनुवाद किया और वे उसे पहला आधुनिक उर्दू उपन्यास मानती हैं। ख़ानम जान एक तवायफ़, एक गाने वाली थीं। हसन शाह उनके प्रेम में पड़ा और गुपचुप उससे शादी कर ली। पर वे अपना प्रेम जगज़ाहिर न कर सके, और ख़ानम जान की कोठे से न निकल पाने के कारण दुख से मौत हो गई। लगता यह है कि पाकीज़ा फ़िल्म की साहिबा जान का चरित्र, ख़ानम जान से प्रभावित था। उपन्यास से प्रतीत यह होता है कि ख़ानम जान एक वास्तविक स्त्री थीं जो तवायफ़ों की टोली की सदस्य थीं जिसमें कश्मीर के सूफी गीत गाने वाली स्त्रियाँ भी शामिल थीं। वे डेरेदार तवायफ़ें कहलाती थीं क्योंकि वे घुमन्तू थीं और जहाँ कहीं सम्पन्न पुरुष उनको पसन्द कर लेते वहीं 'डेरा' डाल देतीं, और विभिन्न इलाक़ों के कुलीनों का मनोरंजन करती थीं। मुख्यतः सेना में काम करनेवाले, जिसमें यूरोप के सैनिक भी शामिल थे, नई शाही सेनाओं के लोग और धनवान व्यवसायी-व्यापारी उनके संरक्षक हुआ करते थे। पुस्तक में ख़ानम जान गंगा घाटी की यात्रा करती हैं, जो आज उत्तर प्रदेश में है। ये लड़कियाँ फ़ारसी और कश्मीरी बोल सकती थीं और शिक्षित व प्रशिक्षित अभिनेत्रियाँ, नर्तकियाँ व गायिकाएँ थीं।

खोना

(छठी शताब्दी)

खोना, अथवा वह स्त्री जो खोना की दंतकथा में गुम हो गई हैं, ज्योतिष और खगोलशास्त्री थीं। बंगाल में एक खोना अथवा क्षणावती नामक महिला गणितज्ञ-खगोलशास्त्री की

कथा प्रचलित है जिनके नाम से खगोलशास्त्र, कृषि, समय का आकलन तथा मौसम आदि से सम्बन्धित कई कहावतें हैं (खोनार बॉचोन या खोना के वचन) पुरानी बंगाली में प्रचलित हैं। परम्परा के अनुसार वे मिहिर नामक खगोलशास्त्री की पत्नी थीं, जिसके पिता बराह थे। लगता यह है कि छठी शताब्दी के उज्जैन के विख्यात खगोलशास्त्री वराहमिहिर का नाम इस कथा में जोड़ लिया गया होगा। एक किंवदंती यह भी है कि वे उज्जैन गईं और अपने ज्ञान तथा कुशग्रता से वराहमिहिर को हतप्रभ कर दिया। सम्भव है कि खोना की कथा एक वास्तविक व्यक्ति पर आधारित हो, पर अब तक इस कथा की पुष्टि के लिए कोई ठोस ऐतिहासिक साक्ष्य नहीं मिल सका है। खोना अथवा क्षणा नाम का अर्थ क्षण अथवा 'एक पल' होता है।

गंगूबाई हंगल
(1913-2009)

गंगूबाई हंगल किराना घराने की शास्त्री संगीत गायिका थीं। उनका जन्म कर्नाटक स्थित धारवाड़ में, अम्बाबाई की कोख से हुआ जो कर्नाटक शैली की गायिका तथा देवदासी थीं। उन्हें गांधारी का नाम दिया गया जो बाद में गंगूबाई में छोटा कर दिया गया। ऐसा सम्भवतः इसलिए हुआ क्योंकि वह गंगामत जाति से थीं जो मूलतः मल्लाह हुआ करते थे। उनके पिता चिक्कार नादगिर, उनकी माता के ब्राह्मण संरक्षक थे। उनकी नानी कमलाबाई भी जानी-मानी गायिका थीं। नीची जाति की होने के कारण बचपन में उनके नगर के इज़्ज़तदार लोग उनसे बचते और 'गानेवाली' कहकर उनका अपमान करते थे। यह सम्बोधन तवायफ़ के समान था। पर जब गंगूबाई विख्यात हो गईं तो इन्हीं लोगों ने अपने घर में भी उनका स्वागत किया। बाद के वर्षों में उन्होंने अपने इन अनुभवों पर स्पष्ट चर्चा की।

1928 में वे हुबली चली गईं क्योंकि उन्हें आयु में उनसे काफ़ी बड़े ब्राह्मण वकील गुरुराव कौलगी का संरक्षण प्राप्त हुआ। वे गंगूबाई से विवाह करना चाहते थे, पर गंगूबाई नहीं चाहती थीं कि वे जातिच्युत किए जाएँ। उन्होंने आग्रह किया कि गुरुराव अपनी ममेरी बहन से विवाह करें। बाद में गंगूबाई की उनकी पत्नी और बच्चों से अच्छी दोस्ती हो गई। उन्होंने गुरुराव तथा उनकी क़ानूनी परिवार की आर्थिक सहायता भी की। गुरुराव से उन्हें दो बेटे नारायण राव व बाबू राव तथा एक बेटी कृष्णा हुई जो शास्त्रीय गायिका बनी, पर उसकी कैंसर से मृत्यु हो गई। गंगूबाई कभी अपने 'पति' के साथ नहीं रहीं। उन्होंने अपना नाम व अपने अधिकार वैसे ही सुरक्षित रखे, जैसे उनकी माँ ने किया था। उनकी माँ अम्बाबाई ने उन्हें प्रारम्भिक संगीत प्रशिक्षण दिया तथा उनके संगीतकार मित्रों ने भी इसमें अम्बाबाई की मदद की। तब गंगूबाई

ने उत्तर भारतीय शास्त्रीय संगीत सीखने का निर्णय लिया और 1973 में रामभाउ कुंडगोलकर की शिष्या बनीं, जो सवाई गंधर्व के नाम से भी अधिक विख्यात थे, और प्रसिद्ध उस्ताद अब्दुल करीम ख़ान के शागिर्द थे। वे प्रतिदिन ट्रेन से तीस किलोमीटर की यात्रा कर उनसे संगीत सीखने जाती थीं। लोग जब उन्हें सड़क पर चलते देखते तो ताने मारते थे। उनका प्रथम मंच प्रदर्शन बॉम्बे म्यूज़िक सर्कल में हुआ। जद्दनबाई ने उन्हें कलकत्ता जाकर वहाँ एक आयोजन में गाने को मनाया। आयोजक पहले इस नवयुवती की क़ाबलियत पर भरोसा नहीं कर पाए, परन्तु नाज़ुक-नन्हे शरीर से उनकी दमदार आवाज़ सुन उन्हें विश्वास हो गया। उनकी ख़याल गायकी ने शीघ्र ही उन्हें ख्याति दी और वे रातोंरात प्रसिद्ध हो गईं। दक्षिण भारतीय से लेकर उत्तर भारतीय शैली तक में गाने में माहिर होने व गहरी, दमदार आवाज़ के कारण वे किसी भी पुरुष को गायन में पछाड़ सकती थीं। उनकी गायन शैली जाति, लिंग व भौगोलिक सीमाओं के परे थी।

उन्हें कई पुरस्कार दिए गए, जिसमें कर्नाटक संगीत नृत्य अकादमी पुरस्कार (1962), पद्मभूषण (1972), संगीत नाटक अकादमी पुरस्कार (1973), संगीत नाटक अकादमी फेलोशिप (1996) तथा 2002 में पद्म विभूषण भी शामिल थे। 2003 में पता चला कि उन्हें हड्डियों का कैंसर है, परन्तु वे उपचार से स्वस्थ हो गईं। परन्तु उन्हें हृदय सम्बन्धी समस्याएँ हुईं, जिनके कारण अन्ततः उनकी मृत्यु हुई। उनकी आत्मकथा की शीर्षक *नन्ना बादुकिना हादू* (मेरे जीवन का गीत) है, जो उन्होंने एन. के. कुलकर्णी को लिखवाई। इसका अंग्रेज़ी अनुवाद जी.एन.हंगल ने किया व साहित्य प्रकाशन हुबली ने इसे प्रकाशित किया। उनकी थाती को हंगल संगीत फाउंडेशन आगे बढ़ा रहा है।

गंगूताई पटवर्धन

(1900-1998)

गंगा (गंगूताई) पटवर्धन शिक्षाविद् थीं। उनका जन्म महाराष्ट्र के रायगढ़ ज़िले स्थित महाड़ में हुआ था। उनके पिता उनका विवाह बारह वर्ष की उम्र में करवाना चाहते थे पर गंगा ने साफ़ इनकार किया और यह आग्रह किया कि उनका दाख़िला पुणे के विख्यात हुज़ूर पागा स्कूल में करवाया जाए। उन्हें अपनी इस माँग में अपने जीजा, बापू साहेब चिपलूणकर का समर्थन भी मिला जो स्वर्गीय ढोंडा केशव कर्वे द्वारा स्थापित हिंगे स्त्री शिक्षण संस्थान में पढ़ाते थे। अन्ततः गंगूताई का इसी संस्था में दाख़िला किया गया। स्कूली शिक्षा पूरी करने के बाद उन्होंने स्वयं ही बड़ौदा स्थित भारतीवर्षीय महिला विद्यापीठ में प्रवेश लिया, जो आजकल एस.एन.डी.टी. महिला विश्वविद्यालय

नाम से जाना जाता है। इसके बाद वे मॉन्टेसरी प्रशिक्षण लेने इंग्लैंड गईं। लौटने पर उन्होंने एक विधुर, नारायण महादेव पटवर्धन से इस शर्त पर विवाह किया कि वे गांधीवादी ब्रह्मचर्य का पालन करेंगे। नारायणराव के रिश्तेदार इस विवाह के विरुद्ध थे क्योंकि दोनों का गोत्र एक था, फिर भी दोनों ने विवाह किया। अपने जीजा की मृत्यु के बाद गंगूताई बड़ौदा स्थित महिला प्रशिक्षण महाविद्यालय की उप-प्राचार्य बनीं और बाद में एसएनडीटी विश्वविद्यालय की दस वर्ष तक उप-कुलपति रहीं।

गंगूताई, कर्वे स्त्री शिक्षण संस्था, नूतन बाल शिक्षण संस्था, कन्याशाला तथ गर्ल गाइड्स से सम्बन्धित रहीं। कर्वे स्त्री शिक्षण संस्था ने जब बाया कर्वे पुरस्कार प्रारम्भ किया तो गंगूताई इसे पाने वाली पहली व्यक्ति थीं। उन्हें एफआई फाउंडेशन पुरस्कार तथा दीनानाथ मंगेशकर पुरस्कार से भी सम्मानित किया गया। उनकी मृत्यु के उपरान्त उनकी इच्छानुसार उनकी आँखें दान कर दी गईं। उनकी आत्मकथा मराठी में *चकोरीबाहेर : एक आत्मकथन, या आँगन से बाहर,* (साधना प्रेस, पुणे, 1974) शीर्षक से छपी।

गाइदिन लिउ

(1915-1993)

गाइदिन लिउ स्वतंत्रता सेनानी और सक्रियकर्मी थीं जिन्होंने स्वतत्रंता पूर्व व उसके बाद भी नागा मुद्दे के लिए संघर्ष किया।

उनका जन्म नागालैंड के नानग्काओ गाँव में हुआ था। अल्पायु में ही वे ब्रिटिश सरकार का विरोध करने वाले नागा नेता जदोनान्ग से प्रभावित हुईं। ब्रिटिश सरकार ने 1931 में जदोनान्ग को मृत्युदंड दिया और गाइदिन लिउ ने उनका स्थान लिया। उन्होंने नागाओं से कहा कि वे अपने-अपने गाँवों में ब्रिटिश सरकार का विरोध करें और सैनिकों का विरोध करने के लिए हथियारबद्ध हों। उन्होंने घोषणा की कि नागा राष्ट्र सरकार को कर न दें, न ही कुलियों के रूप में बँधुआ मज़दूरी कर उसकी मदद करें। उन्होंने 'हाराका' नामक नया धर्म प्रारम्भ किया जिसका अर्थ है जो 'अपवित्र' न हो। ब्रिटिश प्रक्रिया पाशविक रही और सरकार ने उसे बन्दी बनाने के लिए भारी अभियान छेड़ा। गाइदिन लिउ नाम पर बड़े भारी पुरस्कार घोषित किए गए पर गाँव वाले उन्हें अधिकारियों से बचाते रहे। मार्च 1932 में बड़ी संख्या में गाँववासियों ने ब्रिटिश चौकियों पर हमला किया, हालाँकि उन्हें पीछे धकेल दिया गया। इस पर सरकार ने हर तरह के विद्रोह को कुचलने का निर्णय लिया। अक्टूबर में गाइदिन लिउ ने पोलोमी गाँव के पास एक बड़े लकड़ी के दुर्ग का निर्माण करवाना प्रारम्भ किया और स्वयं उसका निरीक्षण करने लगीं। सरकार तक इसकी ख़बर पहुँची, उन्होंने आकस्मिक

हमला कर गाइदिन लिउ को बन्दी बना लिया। उन पर मुक़दमा चलाया गया और आजीवन कारावास का दंड दिया।

1937 में कांग्रेस ने उन्हें रिहा करवाने की कोशिश की। जवाहरलाल नेहरू इस नवयुवती की दुर्दशा से विचलित हुए और उसकी सज़ा कम करवाने का मुखर अभियान छेड़ा, और उन्हें 'रानी' का उपनाम दिया। पर उन्हें 1947 में आज़ादी तक रिहा नहीं किया गया।

गाइदिन लिउ की परेशानियाँ आज़ादी के साथ समाप्त नहीं हुईं। उन्हें रिहाई के बाद भी नागालैंड लौटने नहीं दिया गया। अगले 14 वर्ष उन्हें निर्वासन में बिताने पड़े। 1957 में नागा आन्दोलन प्रारम्भ हो गया। गाइदिन लिउ ने सुना कि उनके धर्म हाराका पर हमला हो रहा है। उन्होंने उसकी रक्षा करने तथा ज़ैलिआनग्रोंग प्रशासकीय क्षेत्र, जिसमें मणिपुर, नागालैंड व आसाम के जेमी लिआंगमेई तथा रोंगमेई इलाक़े भी शामिल थे, की माँग करने के लिए सेना का गठन किया। छह साल तक भूमिगत रहने के बाद सरकार उन्हें सामने लाने में सफल रही।

उन्होंने आन्दोलन की व्यवस्था तो त्याग दी पर उत्तरपूर्व में शान्ति व समझ के लिए पैरवी करती रहीं। उन्हें 1993 में पद्म भूषण से सम्मानित किया गया। भारत सरकार ने उनकी स्मृति में एक डाक टिकट पारित किया।

गार्गी वाचकिन्वी

(वैदिक काल)

गार्गी, ऋषि वाचक्नू की पुत्री थीं और विदेह के राजा जनक द्वारा आयोजित ब्रह्मयज्ञ, दार्शनिक सम्मेलन, की एक सम्माननीय सम्भागी थीं। इसका वर्णन बृहदारण्यक उपनिषद में मिलता है। जब याज्ञवल्क्य आत्मा पर प्रवचन दे रहे थे गार्गी ने एक के बाद एक कई प्रश्न पूछ उस महान ऋषि को विचलित कर दिया, जो कई विद्वानों को चुप करा चुके थे। उन्होंने याज्ञवल्क्य से पूछा, 'आकाश से ऊपर और धरती के नीचे जो परत है, जिसे धरती तथा आकाश के बीच स्थित कह परिभाषित किया जाता है, तथा जिसे अतीत, वर्तमान तथा भविष्य का चिह्न कह संकेत किया जाता है, वह कहाँ स्थित है?' याज्ञवल्क्य ने उत्तर दिया 'वायनीय में हवा की परत स्थित है।'

गार्गी ने आगे पूछा, 'याज्ञवल्क्य आपको प्रणाम। आपने मेरे प्रश्नों का अच्छा उत्तर दिया है। अब अन्य प्रश्नों के लिए तैयार हो। वह वायनीय तत्त्व कहाँ फैला है?'

ऋषि ने कहा, 'गार्गी वह गन्धर्वों के क्षेत्र में स्थित है।'

गार्गी ने आगे पूछा, 'और वह क्षेत्र कहाँ स्थित है?'

ऋषि ने कहा, 'वह सूर्य के क्षेत्र में स्थित है।'

'और वह कहाँ स्थित है?'

'गार्गी वह चन्द्र के क्षेत्र में स्थित है।'

'और वहाँ कहाँ स्थित है।'

'वह तारों के क्षेत्र में स्थित है।'

'और वह क्षेत्र कहाँ स्थित है?' गार्गी ने पूछा।

'गार्गी वह देवों के क्षेत्र में स्थित है...ओह, गार्गी अब कोई प्रश्न मत पूछ; तू वह पूछ रही है जो पूछा नहीं जाना चाहिए। अपने प्रश्न बन्द कर कहीं तेरा मस्तिष्क ही फटकर न गिर जाए।' याज्ञवल्क्य ने जोड़ा 'हे गार्गी, जो तू पूछ रही है उसे ब्रह्म ने अक्षर निर्दिष्ट किया है...इसी अक्षर ब्रह्म की व्यवस्था से सूर्य व चन्द्र निर्देशित होते हैं; वही धरती तथा आकाश को सहबद्ध करता है; इसी अक्षर की परत से पल व क्षण, दिन तथा रात, पखवाड़े व माह, मौसम तथा वर्ष नियामित होते हैं...इस अक्षर के सिवाय कोई नहीं जो देखता हो, कोई नहीं जो सुनता हो, कोई नहीं जो सोचता हो, कोई नहीं जो जानता हो। अविनाशी ब्रह्म ही इस दिगन्त में व्याप्त है।

ऋग्वेद की कई ऋचाओं की रचना का श्रेय भी गार्गी को दिया जाता है।

गायत्री देवी
(1919-2009)

गायत्री देवी 1939 से 1970 के दौरान जयपुर रियासत की तीसरी रानी थीं। उनका विवाह महाराजा सवाई मानसिंह द्वितीय से हुआ था। कालान्तर में वे राजमाता जयपुर, के रूप में जानी गईं। *वोग* नामक पत्रिका ने लीला नायडू के साथ उन्हें भी विश्व की सबसे रूपवती स्त्रियों में शामिल किया था। वे स्वतंत्र पार्टी की संस्थापक थीं व तीन बार लोकसभा में चुनी गईं।

उनका जन्म उत्तरी बंगाल स्थित कूच बिहार के राज-परिवार में हुआ था। उनके पिता राजा जितेन्द्र नारायण वास्तविक उत्तराधिकारी के छोटे भाई थे, पर उनके बाद उस समय राजा बने जब गायत्री देवी छोटी थीं। उनकी माता बड़ौदा की इन्दिरा राजा 'महाराजा सायजीराव गायकवाड़' तृतीय, व चिमनाबाई द्वितीय की पुत्री थीं। गायत्री देवी ने शान्तिनिकेतन स्थित विश्व भारती विश्वविद्यालय में, तथा उसके बाद स्विट्ज़रलैंड स्थित लूसेन में अध्ययन किया, जहाँ अपनी माता व भाई-बहनों के साथ उन्होंने यात्राएँ भी कीं। उन्होंने लन्दन स्थित स्कूल ऑव सेक्रेटरीज़ ब्रिलियेंमॉन्ट तथा मंकी क्लब, लन्दन में सेक्रेटेरियल कौशलों का अध्ययन किया। अपने मित्रों के बीच व परिवार में वे आयशा नाम से जानी जाती थीं। 9 मई, 1940 को उनका विवाह महाराज सवाई मानसिंह, द्वितीय से हुआ। महारानी गायत्री देवी (जैसे वे विवाह के

बाद जानी जाने लगीं) अच्छी घुड़सवार थीं। महाराजा का मुक्त करने वाला प्रभाव व उनका अपना दृढ़ चरित्र उन्हें किसी महारानी के परम्परागत, सीमित क्रियाकलापों से परे ले गया। उन्होंने कई प्रगतिशील विद्यालयों तथा महाविद्यालय की स्थापना की तथा राजनीति के क्षेत्र में भी अभूतपूर्व सफलता पा सकीं। गायत्री देवी का एकमात्र पुत्र कुँवर जगतसिंह का जन्म 15 अक्टूबर, 1949 को हुआ। 1997 में लन्दन में उनकी मृत्यु हुई।

जयपुर में उन्होंने बालिकाओं के लिए तीन शालाएँ स्थापित कीं जिसमें महारानी गायत्री देवी गर्ल्स स्कूल भी था, उन्होंने ब्लू पॉटरी के शिल्प को पुनरुज्जीवित किया। आज़ादी के बाद वे राजनीति में आईं व 1962 में पहली बार चुनाव लड़ा। उन्होंने जयपुर की लोकसभा सीट को विश्व में सर्वाधिक मतों से, 246,516 में से 192, 909 मतों से जीता। इस उपलब्धि की गिनीज़ बुक ऑव रिकॉर्ड्स ने भी पुष्टि की। भारतीय संसद में चुनाव जीतने के बाद अमरीकी राष्ट्रपति जॉन एफ. कैनेडी ने उनका परिचय देते हुए कहा कि 'वे किसी भी चुनाव में सर्वाधिक मत हासिल करने वाली स्त्री हैं।' 1967 तथा 1971 में उन्हें भारत के द्वितीय गवर्नर जनरल सी. राजगोपालाचारी की स्वतंत्र पार्टी के उम्मीदवार के रूप में पुनः चुना गया।

1971 में जब सभी राजाओं के प्रिवी पर्स (राजभत्ता) समाप्त कर दिए गए, इन्दिरा गांधी की सरकार ने गायत्री देवी को पाँच महीने के लिए कर से बचने के झूठे बहाने पर बन्दी बना लिया। उनके पति की मृत्यु 1970 में हो गई थी, 1977 के आम चुनावों में जिसमें इन्दिरा गांधी हारी थीं, गायत्री देवी ने चुनाव नहीं लड़ा और राजनीति से संन्यास ले लिया। उनके संस्मरण *ए प्रिंसेस रिमेम्बर्स* (1976) में उनके जीवन का सम्पूर्ण व बेबाक बयान दर्ज है। उनका एक पौत्र व एक पौत्री हैं, लालित्य कुमारी व देवराज सिंह।

गीता दत्त
(1930-1972)

गीता दत्त हिन्दी व बंगाली फ़िल्मों की पार्श्वगायिका थीं। उनका जन्म गीता घोष राय चौधुरी नाम से फरीदपुर, जो अब बांग्लादेश में है, के एक सम्पन्न ज़मींदार परिवार में हुआ था। 1942 में जब गीता बारह वर्ष की थीं उनके माता-पिता दादर, मुम्बई आ गए। यहाँ उनका गायन एक संगीत निर्देशक/संगीतकार हनुमानप्रसाद ने सुना और उन्हें प्रशिक्षित करने का प्रस्ताव रखा। उनकी पहली फ़िल्म *भक्त प्रहलाद* (1946) थी, जिसमें उन्होंने मात्र दो पंक्तियाँ गाई थीं, परन्तु उनका गायन इतना प्रभावशाली था कि उन्हें *दो भाई* में पार्श्वगायन का अवसर मिला, और इस फ़िल्म ने उनका नाम जमा

दिया। हालाँकि गीता ने भक्ति संगीत और गम्भीर गीतों से गाना आरम्भ किया था, 1951 में *बाज़ी* में एस.डी.बर्मन का विश्वास था कि वे हल्के-फुल्के गीत भी गा सकती हैं, इससे उनके आवाज़ में बाँकपन आया। बाज़ी का निर्देशन गुरुदत्त ने किया था, जो शीघ्र ही गीता के जीवन में एक बड़ी भूमिका निभाने वाले थे। जल्दी ही पाश्चात्य शैली के गीतों, जैसे क्लब/कैबरे गीतों आदि के लिए भी उनकी माँग की जाने लगी। इसके बाद वे नियमित रूप से एस.डी.बर्मन के साथ काम करने लगीं, जिन्होंने उनके बंगालीपन का *देवदास* (शरत्चन्द्र चट्टोपाध्याय के प्रसिद्ध बांग्ला उपन्यास पर आधारित, 1955 में बनी फ़िल्म) तथा *प्यास* (1957) में ख़ूबसूरत उपयोग किया। उन्होंने ओ.पी.नय्यर के साथ भी काम किया, जिन्होंने गीता के भाव प्रदर्शन को और विस्तृत किया, तथा हेमन्त कुमार के साथ भी। अन्य विख्यात संगीतकार जिनके साथ गीता दत्त ने काम किया वे थे शंकर जयकिशन तथा मदन मोहन। उनकी निजी ज़िन्दगी परेशानियों से भरी थी। *बाज़ी* के लिए रिकॉर्डिंग करते समय वे गुरुदत्त से प्रेम में पड़ीं और दो वर्ष बाद उनसे शादी कर ली। शुरुआत में सब कुछ ठीक-ठाक चला और गीता ने उनकी फ़िल्मों में अपने कुछ सर्वश्रेष्ठ गीत गाए। तीन बच्चे होने के बावजूद वे बेहद व्यस्त रहती थीं। परन्तु 1957 में गुरुदत्त के अन्य स्त्रियों के साथ रिश्ते बने और गीता को शराब की लत लग गई। गुरुदत्त ने भारत की पहली सिनेमा-स्कोप फ़िल्म *गौरी* बनाने की योजना बनाई जिसमें गीता की मुख्य भूमिका थी, पर यह योजना अमल में नहीं लाई जा सकी।

इस सबका गीता के गायन पर प्रभाव पड़ा। 1958 में एस.डी. बर्मन व लता मंगेशकर में मनमुटाव हो गया, और उन्होंने चाहा कि गीता फिर से उनकी मुख्य सहयोगी बनें, पर गीता उनके स्तर तक नहीं पहुँच सकीं, अतः उन्होंने गीता को छोड़ा और नौजवान आशा भोंसले को लिया। 1964 में गुरुदत्त की मृत्यु शराब तथा नींद की गोलियाँ खाने से हो गई। इसके पूर्व भी उन्होंने दो बार आत्महत्या का प्रयास किया था। अब पैसे की तंगी के चलते गीता ने अपने गाने के पेशे में लौटने की ओर बंगाली फ़िल्मों में उतरने की चेष्टा की, पर उनकी फ़िल्में उतनी सफलता न पा सकीं, जितनी उन्हें उम्मीद थी। उन्होंने पूजा आयोजनों में मंच पर गीत गाए व बंगाली गीतों के उनके रिकॉर्ड भी बिके। उन्होंने बंगाली फ़िल्म *भादू भरन* (1967) में अभिनय किया तथा *अनुभव* (1971) के लिए गीत गाए। यह उनकी अन्तिम अदाकारी थी क्योंकि चन्द महीनों बाद उनकी मृत्यु जिगर के सिरोसिस से हो गई। अपने अभूतपूर्व कैरियर में उन्होंने एक हज़ार से अधिक गीत गाए जो सौ से अधिक संगीत निर्देशकों के लिए गाए गए थे। उनके गीत कई भारतीय भाषाओं में थे जिसमें मराठी, बंगाली, नेपाली, मैथिली, भोजपुरी व पंजाबी गीत शामिल थे।

गीता बाली

(1930-1965)

गीताबाली एक अभिनेत्री थीं। उनका जन्म हरकीर्तन कौर के रूप में विभाजन-पूर्व पंजाब में एक मोह्याल सिख परिवार में हुआ था। मोह्याल ब्राह्मण हुआ करते थे जो पुरोहिती का धन्धा त्याग सैनिक बन चुके थे। विभाजन के आसपास गीता का परिवार मुम्बई आ गया और वहाँ बेहद गरीबी में जी रहा था। परन्तु गीता के आकर्षण व योग्यता के चलते उसे फ़िल्मों में काम मिलने लगा। गीताबाली ने 1948 में *जलसा* तथा *सुहागरात* से श्रीगणेश किया। उन्होंने अपने भावी जेठ राजकपूर के साथ *बावरे नैन* (1950) में अभिनय किया व भावी ससुर पृथ्वीराज कपूर के साथ *आनन्द मठ* (1952) में। 1955 में उन्होंने शम्मी कपूर के साथ केदार शर्मा की *रंगीन रातें* में एक बहुत छोटी सी भूमिका अदा की। फ़िल्म कुमाऊँ क्षेत्र में रानीखेत में फ़िल्माई गई थी। इस रूमानी पृष्ठभूमि में दोनों कलाकार प्रेम के बन्धन में बँधे। उस वक़्त तक शम्मी कपूर नामी कलाकार न थे और उनसे साल भर छोटे भी थे। चार माह बाद दोनों भाग गए और बाणगंगा मन्दिर में 23 अगस्त की सुबह 4 बजे विवाह कर लिया। पास में सिन्दूर भी न था सो शम्मी ने गीता के लिपस्टिक से उसकी माँग भरी। अन्य अभिनेत्रियों के विपरीत, जिन्होंने कपूर ख़ानदान में शादी करने के बाद अभिनय करना बन्द कर दिया था, गीता बाली काम करती रहीं। दम्पती के दो सन्तानें हुईं। बाद में उनकी भतीजी योगिता बाली भी फ़िल्मों में आईं। उनके सचिव सुरिन्दर कपूर थे जो फ़िल्म निर्माता बोनी कपूर व अभिनेता अनिल कपूर के पिता थे। गीताबाली की मृत्यु 21 जनवरी, 1965 में चेचक से हुई। उनकी फ़िल्मों में *बाज़ी* (1951), *राग रंग* (जिसका निर्माण भी उन्होंने किया था, 1952), *कॉफ़ी हाउस* (1957) भी शामिल थीं। उनकी आख़िरी फ़िल्म *रानो* अधूरी रह गई। *वचन* (1955) में सर्वश्रेष्ठ अभिनेत्री के लिए उन्हें नामित किया गया था व 1954 में सर्वश्रेष्ठ सह-अभिनेत्री के रूप में *कवि* में।

गीता मुखर्जी

(1924-2000)

गीता मुखर्जी एक राजनेता व सक्रियकर्मी होने के साथ बच्चों के लिए लिखती भी थीं। गीता रॉय चौधुरी के रूप में एक बंगाली उच्च मध्यवर्गीय बंगाली परिवार में उनका जन्म हुआ था। उनके पिता को राय बहादुर का ख़िताब दिया गया था। जेस्सोर, जो अब बांग्लादेश में है, उन्होंने स्कूली शिक्षण पाया। छात्रावस्था में 1939 में वे बंगाल प्रादेशिक छात्र संघ (बीपीएसएफ) की सदस्य बनीं व अंडमान सैल्युलर कारागार से

स्वतंत्रता सेनानियों की रिहाई के अभियान में सक्रिय रहीं। उन्होंने कोलकाता के आशुतोष कॉलेज से बंगाली साहित्य में स्नातक स्तर का अध्ययन किया। 1942 में वे सी.पी.आई. (भारतीय कम्युनिस्ट पार्टी) से जुड़ीं व विश्वनाथ मुखर्जी से विवाह किया जो एक वामपन्थी नेता थे। 1945 में उन्होंने डाककर्मियों की हड़ताल के समर्थन में आयोजित सभा को सम्बोधित किया जहाँ वे एकमात्र महिला छात्र वक्ता थीं।

1948 में कम्युनिस्ट पार्टी को प्रतिबन्धित कर दिया गया और गीता व विश्वनाथ मुखर्जी को बिना मुक़दमा चलाए छह माह के लिए कोलकाता की प्रेसीडेंसी जेल में गिरफ़्तार रखा गया। अन्ततः उन्हें रिहा किया गया और गीता 1951 तक छात्र संघ की सचिव रहीं तथा उसके बाद भी कुछ वर्षों तक छात्र राजनीति में सक्रिय रहीं। 1964 में जब कम्युनिस्ट पार्टी विभाजित हुई वे सी.पी.आई. में ही बनी रहीं व मार्क्सवादियों के साथ नहीं जुड़ीं। 1967 व 1972 में गीता दो बार पश्चिम बंगाल विधानसभा में मिदनापुर के तामलुक क्षेत्र से चुनी गईं। 1978 में उन्हें पांसकुरा का सांसद चुना गया, तथा अपनी मृत्यु तक वे इस क्षेत्र का प्रतिनिधित्व करती रहीं। 1978 में उन्हें सी.पी.आई. के राष्ट्रीय परिषद के सदस्य के रूप में चुना गया, 1981 में उसकी राष्ट्रीय कार्यकारिणी का। 1998 में जब पार्टी का सत्रहवाँ अधिवेशन चेन्नई में आयोजित किया गया गीता को पार्टी के राष्ट्रीय सचिवों में एक सचिव चुना गया। इस प्रकार वे किसी भी भारतीय कम्युनिस्ट पार्टी की प्रथम महिला सचिवालय सदस्य बनीं। वे भारतीय महिलाओं के राष्ट्रीय संघ की कार्यकारी परिषद की 1965 से, तथा राष्ट्रीय महिला आयोग की 1988 से, व ग्रामीण मज़दूर राष्ट्रीय आयोग की 1986 से सदस्य रहीं। वे प्रेस काउंसिल की भी सदस्य थीं।

गीता मुखर्जी को महिलाओं के मुद्दे उठाने के लिए खासतौर से जाना जाता था। उन्होंने महिला बीड़ी मज़दूरों के हितों के समर्थन में अभियान चलाया तथा वे दहेज प्रथा के विरुद्ध भी। उनका आग्रह था कि सीपीआई के सदस्य सार्वजनिक रूप से उसकी भर्त्सना कर, गुपचुप दहेज लेने से बचें। 1988 में वे तब सुर्खियों में आईं जब उन्होंने वृन्दा कारथ के साथ यह दावा किया कि वामपन्थी दल भी अपनी पार्टी के पद सोपान में स्त्रियों को ऊपर आने देने में अनिच्छुक हैं। वे वरिष्ठ सीपीएम नेता हरकिशनसिंह सुरजीत से भी इस मुद्दे पर भिड़ीं, इस टकराव ने महिला आरक्षण बिल के अभियान को और भी बल दिया जिसे गीता ने 1996 से प्रारम्भ किया था। कहा यह भी जाता है कि आई.के. गुजराल के मंत्रिमंडल में उन्होंने मंत्री पद को भी इसलिए ठुकरा दिया था ताकि वे इस बिल पर ध्यान दे सकें। वे संसद में महिला मुद्दों पर प्रश्न उठाने से कभी न चूकती थीं और उन्हें उठाते समय पूरी तैयारी से जाती थीं। उनकी अध्यक्षता में महिला आरक्षण बिल के लिए बनी संयुक्त प्रवर समिति का प्रतिवेदन कम समय में ही प्रकाशित हो सका।

गीता मुखर्जी लेखिका भी थीं और उन्होंने बंगाली में बच्चों के लिए कई किताबें

लिखीं जिसमें *भारोतेर उपकथा* (भारत की लोक कहानियाँ) तथा *छोटेदेर रोबीन्द्रोनाथ* (बालकों के लिए रवीन्द्रनाथ) भी शामिल थीं। उन्होंने ब्रूनो एपित्ज़ की *नेकेड अमंग वुलव्स* का बांग्ला में अनुवाद किया। वे कविता से प्रेम करती थीं व काज़ी नजरूल इस्लाम तथा रवीन्द्रनाथ ठाकुर को पढ़ा करती थीं। 1990 में उनकी हृदय की शल्य चिकित्सा हुई, पर इससे उनका रोग नहीं मिटा और 6 मार्च को अन्तर्राष्ट्रीय महिला दिवस के दो दिन पहले कोलकाता में हृदयाघात से उनकी मृत्यु हो गई।

गुलबदन बेगम
(1523-1603)

गुलबदन बेगम विख्यात मुग़ल बादशाह हुमायूँ की बहन व बाबर की पुत्री थीं, जिन्होंने अपने भाई और पिता के कार्यकाल का वर्णन फ़ारसी में लिखी गई अपनी रचना *हुमायूँनामा* में किया था। मुग़लवंश की स्त्रियाँ फ़ारसी में प्रवीण हुआ करती थीं व तुर्की बोलती थीं जो तिमुरिद परिवारों की अन्तरंग घरेलू भाषा थी। *हुमायूँनामा* तकरीबन 1587 में समाप्त हुआ जब गुलबदन स्वयं काफ़ी उम्रदराज़ हो चुकी थीं। गुलबदन बेगम का दस्तावेज़ उस युग का सबसे महत्त्वपूर्ण समसामयिक दस्तावेज़ माना जाता है। यह एक अभूतपूर्व ऐतिहासिक दस्तावेज़ है जो गुलबदन बेगम को विश्व के प्रख्यात विद्वानों में स्थान देता है। इसमें हमें उपमहाद्वीप के सर्वाधिक सम्मोहक परिवारों में से एक की अन्तरंग झलक मिलती है, जो घुमन्तू होने के साथ कठोर जीवन की आदी था, पर साथ ही बेहद सुसंस्कृत भी; जिससे लोग थर्राते थे पर जिसके सदस्य स्वयं युद्ध में निर्भय थे, फिर भी भावुक तथा एक-दूसरे के प्रति करुणा रखने वाले थे। ये वे प्रारम्भिक मुगल थे जो एशिया के सबसे भयावह नेताओं चंगेज़ ख़ान तथा तैमूरलंग के वंशज थे।

गुलबदन, दिलदार बेगम की पुत्री थीं, जो मुग़ल साम्राज्य के प्रथम शासक बाबर की कनिष्ठ पत्नी थीं। गुलबदन को उसके भाई हिन्दल के साथ बाबर की रानी माहम बेगम ने गोद ले लिया था जो हुमायूँ की माता थीं। बाबर विशिष्ट राजनेता होने के साथ एक संवेदनशील कवि भी थे। उन्होंने 19 वर्षों तक भारत विजय का स्वप्न देखते हुए काबुल पर शासन किया। इसके बावजूद वह अपनी मातृभूमि से बेहद प्रेम करता था, इतना कि जब सिकरी के शिविर में उसने काबुल से आए तरबूज देखे तो वह रो पड़ा। बाबर ने अपनी आत्मकथा *बाबरनामा* तुर्की भाषा में लिखी। शायद उन्हें यह जान अचरज होता कि उनकी सन्तानों में सबसे छोटी बेटी उनके उदाहरण का अनुसरण करेगी। गुलबदन अपने वर्णन में पहले बाबर का स्नेहमय चित्रण करती हैं और तब उनके पुत्रों के साथ बाबर के सम्बन्धों का। वे हुमायूँ की तमाम गलतियों व ख़ामियों

का ईमानदार पर उदार वर्णन देती हैं। जिस समय बाबर भारत का सम्राट बना गुलबदन नन्ही बच्ची थीं, उनकी किशोरावस्था संघर्ष और कष्ट में बीती क्योंकि शेरशाह सूरी, हुमायूँ के नेतृत्व में मुग़लों को काबुल से निकालने की कोशिश में जुटा था। इन घटनाओं के प्रत्यक्ष अनुभव के कारण गुलबदन इस समय का इतिहासकार बनने के लिए बिलकुल उपयुक्त थीं। जहाँ तक उनके निजी जीवन का प्रश्न है, उन्होंने ख़्वाज़ा खिज़्र ख़ान से विवाह किया। उनकी बेटी रुक्या सुलतान का बड़े होने पर तीसरे मुग़ल सम्राट अकबर से विवाह हुआ। अकबर, गुलबदन बेगम की साहित्यिक प्रतिभा का प्रशंसक था और उसने हुमायूँ के शासन काल के विषय में लिखने के लिए गुलबदन को प्रोत्साहित किया।

एक आस्थावान मुसलमान होने के नाते गुलबदन 1575 में हज़ के लिए मक्का गईं और 1577 में लौटीं। उनकी हज़ यात्रा का विवरण भी *हुमायूँनामा* में मौजूद है। गुलबदन ने पूरा जीवन जिया और 80 वर्ष की उम्र में 1603 में उनकी मृत्यु हुई। अकबर उनसे स्नेह करते थे हालाँकि कट्टर मुसलमान होने के नाते वे अकबर के आज़ाद विचारों को नापसन्द करती थीं। अपने पिता बाबर के बाद हुमायूँ ही उनका पसन्दीदा मुग़ल शासक लगता है। हुमायूँ की पत्नी हमीदा, जिनका इस पुस्तक में काफ़ी ज़िक्र है गुलबदन के आख़िरी वक़्त में उनके साथ थीं। उनको दफनाते समय अकबर ने उनकी अर्थी को कुछ दूर तक कन्धा दिया।

हुमायूँनामा की केवल एक ही प्रति बची रह पाई है, और वह भी तीन सौ सालों तक गुम थी। 1899 में एनेट बेवरिज नामक एक फ़ारसी विद्वान् ने उसका अंग्रेज़ी में अनुवाद किया और रॉयल एशियाटिक सोसायटी ने लन्दन में 1902 में इसे प्रकाशित किया। *हुमायूँनामा* का मूल ग्रन्थ एशियाटिक सोसायटी के कोलकाता संग्रहालय में सुरक्षित है।

गौरा पंत, 'शिवानी'

(1923-2003)

गौरा पंत जिन्होंने हिन्दी में 'शिवानी' उपनाम से लिखा, 1960 व 1970 के दशक की लोकप्रिय व महिला केन्द्रित साहित्य की अग्रणी लेखिका थीं। गौरा पांडे के रूप में उनका जन्म 17 अक्टूबर को गुजरात के राजकोट ठिकाने में हुआ, जहाँ उनके पिता दरबार के शिक्षक थे। उनके माता-पिता कुमाऊँ-अल्मोड़ा के ब्राह्मण थे। उनकी माता लखनऊ के महिला विद्यालय की प्रथम छात्राओं में थीं, और बाद में संस्कृत की विद्वान् बनीं। कालान्तर में उनके पिता ने रामपुर में पद पाया; जिसके बाद यह परिवार ओरछा गया, जहाँ उनके पिता को महत्त्वपूर्ण पद दिया गया था।

1935 में बारह वर्ष की आयु में गौरा की पहली कहानी प्रकाशित हुई। उन्हें अपने भाई और बहन के साथ विश्व भारती में पढ़ने के लिए शान्तिनिकेतन भेजा गया। वहाँ उन्होंने संस्कृत, उर्दू, गुजराती, हिन्दी और अंग्रेज़ी के भाषा ज्ञान में बंगाली भी जोड़ी; अपने शान्तिनिकेतन के अनुभवों को उन्होंने बांग्ला में 'आमादेर शान्तिनिकेतन' शीर्षक की अपनी पुस्तक में दर्ज किया। रविन्द्रनाथ उनके अल्मोड़ा स्थित निवास में कई बार गए। शिवानी ने 1943 में विश्व भारती से स्नातक किया और लेखन को गम्भीरता से लेने का निर्णय लिया। 1951 में उनकी पहली वयस्क कथा धर्मयुग में 'शिवानी' उपनाम से छपी, यह उपनाम शीघ्र ही पाठकों के बीच जाना जाने लगा। जल्दी ही उन्होंने उपन्यास लिखने शुरू किए और लगभग चालीस कृतियों का संकलन तैयार हुआ जिनमें कई उनके मूल स्थान कुमाऊँ की पृष्ठभूमि में लिखे गए थे। उन्होंने कथा-उपन्यासों के अलावा भी लिखा, जिसमें दो यात्रा वृत्तान्त व एक पुस्तक *अपराधिनी* शामिल हैं, जिसमें आजीवन कारावास झेल रही स्त्रियों के साथ साक्षात्कार संकलित हैं। उन्होंने शुकदेव पन्त से विवाह किया जो एक शिक्षक व प्रशासनिक अधिकारी थे। उनकी दोनों पुत्रियाँ मृणाल पांडे व इरा पांडे भी लेखिकाएँ बनीं।

शिवानी के सबसे लोकप्रिय उपन्यास, जैसे *चौदह फेरे* व *कृष्णकली, धर्मयुग* तथा *साप्ताहिक हिन्दुस्तान* में धारावाहिक छपे। उनके उपन्यास *करिए छीमा* को फ़िल्माया गया जबकि *सुरंगमा, रतिविलाप, मेरा बेटा व तीसरा बेटा* को दूरदर्शन में धारावाहिक रूप में प्रस्तुत किया गया। जीवन के आख़िरी वर्षों में शिवानी आत्मकथात्मक लेखन की ओर मुड़ीं जो सर्वप्रथम उनकी रचना *शिवानी की श्रेष्ठ कहानियाँ* में नज़र आता है, तत्पश्चात् दो खंडों में उनका संस्मरण *स्मृति कलश* शीर्षक से प्रकाशित हुआ। 1982 में उन्हें हिन्दी साहित्य में योगदान के लिए पद्मश्री से सम्मानित किया गया। इरा पांडे ने अपनी माता के संस्मरण अंग्रेज़ी में *दिद्दिः माय मदर्स वॉएस* शीर्षक से लिखी।

गौरी देशपांडे
(1942-2003)

गौरी देशपांडे मराठी व अंग्रेज़ी की लेखिका थीं। उनका जन्म पुणे में इरावती कर्वे व दिनकर कर्वे के घर हुआ, जो धोंधो केशव कर्वे के पुत्रों में एक थे। गौरी पहले अहिल्यादेवी स्कूल तत्पश्चात् फर्ग्युसन कॉलेज पुणे में अध्ययन किया, जहाँ से उन्होंने अंग्रेज़ी साहित्य में एम.ए. किया। अंग्रेज़ी में उनकी प्रथम कविता *बिटवीन बर्थ्स (1968)* थी, जिसके बाद *लॉस्ट लव* (1970) व *बियॉन्ड द स्लॉटर हाउस* छपी। 1970 में अपनी माता की मृत्यु के बाद उन्होंने उनके संस्मरण एक मराठी दैनिक के लिए लिखे, इससे उन्हें मराठी लेखन के क्षेत्र में *'कहानी'* अथवा महिलाओं की कथाओं को दर्ज करने का

विचार सूझा। शुरुआत उन्होंने *एकेक पण गलावाया* (1980) से की और तब, *तेरुओ ते अणि कही दूर पर्यंत* (1985) *आहे हे असे आहे* (1986), *निरगगाथी अणी चंद्रिके गा सरीखेगा* (1987), *दुस्तर हा घाटै अणी अधंग* (1989), *मुक्कामी (1992), विनचुरानिचे धादे* (1996), *द लैकेडाइसिकल स्वीपर* (1997), अंग्रेज़ी में संक्षिप्त कहानियों का संकलन, तथा *उत्खनन* (2002) की रचना की। उन्होंने सुनीता देशपांडे की *अहे मनोहर तारी* का अंग्रेज़ी अनुवाद *एंड पाइन फॉर व्हॉट इज़ नॉट* शीर्षक से किया। उन्होंने रिचर्ड बर्टन की रचना अरेबियन नाइट्स के सोलह खंडों का मराठी में अनुवाद किया। उन्होंने अपने पहले पति अविनाश देशपांडे को तलाक़ दिया व बाद में सुरिन्दर सिंह से विवाह किया। दोनों ही पतियों से उनको सन्तान हुई।

गौहर जान
(1873-1930)

गौहर जान हिन्दुस्तानी शास्त्रीय संगीत की सबसे प्रभावशाली गायिका थीं। उनका जन्म नाम एन्जलीना योवार्द था। उनके पिता विलियम रॉबर्ट योवार्द, आर्मेनिया के यहूदी थे जिन्होंने 1870 में एक एंग्लो इंडियन गायिका व नर्तकी विक्टोरिया हेमिंग से विवाह किया। एन्जलीना का बपतिस्मा आजमगढ़ के मैथोडिस्ट गिरजे में हुआ। 1879 में विक्टोरिया ने अपने पति को तलाक़ दिया और अपनी नन्ही बिटिया को वाराणसी ले गईं, जहाँ 1881 में उन्होंने इस्लाम अपनाया और अपना नाम मलिका जान व बिटिया का नाम गौहर जान रख लिया। मलिका जान ने बनारस के हकीम बानो साहिब हिलाल के मार्गदर्शन में उर्दू में शेरो-शायरी लिखना शुरू किया और उनका, *दीवाना मखज़ान उल्फत-ए-मलिका* शीर्षक से प्रकाशित हुआ, जिसमें 106 ग़ज़लें व कुछ नग़्मे थे। बनारस में आठ सालों तक कालू उस्ताद व लखनऊ के अली बक्ष की शागिर्दगी में अपना संगीत माँज-सँवार कर मलिका जान कलकत्ता गईं जहाँ वे बड़ी मलिका जान नाम से गाने लगीं, क्योंकि वहाँ दो अन्य गायिकाओं का नाम भी मलिका था।

गौहर जान ने 1887 में दरभंगा के महाराजा के समक्ष गाया, जो स्वयं भी कुशल गायक थे। गौहर जान गाने के साथ चेहरे, भाव-भंगिमाओं, स्वरों के उतार-चढ़ाव आदि से 'भाव बताने' अर्थात् अभिव्यक्त करने में माहिर थीं। वे अपनी चार घोड़ों वाली खुली बग्घी में शान से आया-जाया करती थीं, और उसके बिना कहीं जाती न थीं। सो वे जहाँ भी जातीं यह बग्घी भी रेलगाड़ी से भेजी जाती। रवीन्द्रनाथ ठाकुर ने गौहर जान को यह अनुमति दी थी कि वे अपनी धुनें बनाकर उनके गीत गायें, यह रियायत किसी दूसरे व्यक्ति को नहीं थी।

14 नवम्बर, 1902 को कलकत्ता के एक होटल के दो कमरों में फ्रीडरिक विलियम गाइसबर्ग ने एक रिकॉर्डिंग स्टूडियो स्थापित किया। वे चार वर्ष पूर्व स्थापित एक ग्रामोफोन कम्पनी के लिए पहली बार पूर्व की यात्रा पर आए थे। उनके स्थानीय एजेन्टों ने पाश्चात्य शैली में गाने वाली कुछ कैबरे गायिकाओं को इकट्ठा किया था, परन्तु गाइसबर्ग कुछ अधिक चाहते थे। स्थानीय प्रतिभा की तलाश में वे पुलिस के पास गए, थियेटरों, महलों, महफ़िलों व घटिया जगहों की भी ख़ाक छानी। अन्ततः एक कलाकार उन्हें मिला, जिसे विख्यात 'नाचने वाली लड़की' बताया गया। यह लड़की समय पर संगतदारों के साथ स्टूडियों में आई, बड़े से भोंपू और मोटी मोम की पट्टी वाले अजीबोग़रीब यंत्र के सामने बैठी और गाना शुरू किया। उसे बताया गया था कि उसे अपनी ग़ज़ल ठीक तीन मिनट में गानी है। उसने गाइसबर्ग से यह तक नहीं कहा कि ग़ज़ल गाने में कई घंटे लगते हैं, और कभी-कभी तो पूरी रात ही। उसने ग़ज़ल ठीक तीन मिनट में एक अच्छे व्यावसायिक की तरह गा डाली। इस प्रक्रिया में उन्होंने भारतीय संगीत को मूलभूत रूप से बदल डाला। गौहर जान के प्रारम्भिक रिकॉर्डों का शीर्षक था 'कलकत्ता की पहली नर्तकी'। ग्रामोफोन कम्पनी ने इस यात्रा के दौरान जो 600 डिस्क बनाए, उनमें एक चौथाई गौहर जान के थे। कहा जाता था कि वे बीस भाषाओं में गा सकती थीं, जिनमें से सात भाषाओं में उन्होंने ये गीत गाए थे।

प्रारम्भ में गौहर जान दरभंगा और रामपुर के दरबार से जुड़ी थीं, पर बाद में मैसूर दरबार से जुड़ीं, जहाँ 1930 में उनका निधन हुआ। संगीत की उन्होंने जो सेवा की उसे न तो सरकार ने, न उनकी बाद की पीढ़ी ने स्वीकारा, हालाँकि अपने जीवनकाल में उनका रुतबा किसी रॉकस्टार से कम न था। हिन्दुस्तानी शास्त्रीय संगीत को उन्होंने विश्व के समक्ष अमर कर दिया।

गौरी पार्वतीबाई

(1801-1829)

रानी गौरी पार्वतीबाई त्रैवणकोर के राज्य की प्रतिशासक थीं जो 1814 से प्रतिशासक रही थीं। आज केरला में जो ऊँची साक्षरता दर है उसका कुछ श्रेय गौरी पार्वतीबाई को भी दिया जाता है।

उनके पहले उनकी बहन रानी गौरी लक्ष्मीबाई ने शासन किया था जो अपने नाबालिग पुत्र, पार्वतीबाई के भान्जे स्वाथि थिरुनाल की 1810 से 1814 तक संरक्षिका थीं। प्रशासन तथा सामाजिक कार्यों के क्षेत्र में उन्होंने कुछ अनिवार्य सुधार किए थे। रानी गौरी पार्वतीबाई की धारणा थी कि जन-शिक्षा के बिना कोई भी सुधार स्थायी

नहीं हो सकता। अतः उन्होंने उत्साह के साथ शिक्षा के क्षेत्र में सुधार किए। इन परियोजनाओं में चंगनसेरी के राजा राजा वर्मा, जो उनके जीजा थे, तथा उनके पति, जो किलमनूर के राज परिवार से थे, ने उन्हें परामर्श दी थी। उनकी माता अत्तिन्गल वंश की वरिष्ठ रानी थीं।

शासन की बागडोर थामते ही उन्होंने सर्वप्रथम एक नया दीवान नियुक्त किया और कालीमिर्च व तम्बाकू के व्यापार को राज्य का एकाधिकार घोषित किया ताकि उनकी सुधार की महत्त्वाकांक्षी योजना के लिए धनराशि जुटाई जा सके। उन्होंने अपनी बहन के कई सुधारों को अमली जामा पहनाया तथा ईसाइयों व नीची जातियों को अधिक आज़ादी दी। 1817 में उन्होंने ऐतिहासिक त्रैवणकोर शिक्षा क़ानून पारित किया जिसने केरल प्रदेश में शिक्षा व साक्षरता को प्रोत्साहित व प्रसारित किया। उन्होंने किसानों को कर-राहत दी और कर अधिकारियों के लिए आचार संहिता बनाई। उन्होंने ब्राह्मणों में दहेज की प्रथा को सीमित किया व सभी जातियों में समानता लाने की चेष्टा की। उन्होंने मिशनरियों व निजी उद्यमों के छापेख़ानों की स्थापना को सुगम बनाया। बालिकाओं व बालकों, दोनों के लिए स्कूल खोले व शिक्षा सम्बन्धी ईसाई विचारों के प्रति उदारता दर्शाई। 1829 में उनका भांजा स्वाथि थिरुनरल शासक बना। उसके शासन काल को त्रैवणकार का स्वर्ण युग माना जाता है और वह उसकी मौसी की दूरगामी नातियों की नींव पर टिका था।

घोषा
(वैदिक काल)

घोषा उन 27 महिलाओं में थीं जो ब्रह्मवादिनियों नाम से जानी जाती थीं, हालाँकि उनमें से कुछ अमूर्त अथवा काल्पनिक लगती हैं। परन्तु घोषा वास्तविक लगती हैं, वे ऋग्वेद की दो ऋचाओं की रचयिता थीं। उनके पितामह दीर्घतमस तथा पिता काकशिवट, दोनों ने अश्विनी पुत्रों की प्रशंसा में कई ऋचाओं की रचना की थीं। ऋग्वेद के दशम मंडल की दो सम्पूर्ण ऋचाएँ जिनमें प्रत्येक में 14 पद थे घोषा की कृति मानी जाती हैं। उनकी पहली ऋचा अश्विनी कुमारों की प्रशंसा में है। जो दैवीय जुड़वाँ भाई थे व चिकित्सक। यह उस किंवदंती के अनुरूप लगता है जिसके अनुसार घोषा एक विरूप करने वाले रोग से पीड़ित थीं, जो सम्भवतः कुष्ठ रोग था। फलस्वरूप वे अविवाहित पिता के घर रहीं। दूसरी ऋचा अधिक व्यक्तिगत है व घोषा की अन्तरंग भावनाओं व कामनाओं को अभिव्यक्त करती है। वे अश्विनी कुमारों से प्रार्थना करती हैं :

यह प्रशस्ति गीत हमने आपके लिए रचा है, हे अश्विनो,
उसी प्रकार जैसे भृगु एक अस्त्र निर्मित करते हैं,

उसका दुल्हन की तरह शृंगार किया है,
जैसे उसे दूल्हे के लिए सजाया जाता है,
हमारे अर्पण की तरह यह आपको निवेदित है।

कहा जाता है कि इन दो ऋचाओं से अश्विनी कुमारों का आह्वान करने पर घोषा के पूर्वजों द्वारा उपासित अश्विनी कुमार अवतरित हुए, घोषा को रोग मुक्त किया और वैवाहिक सुख भोगने के समर्थ बनाया। द्वितीय ऋचा उनकी कामनाओं व वैवाहिक जीवन की गहन इच्छा को स्पष्ट अभिव्यक्त करती है :

स्त्री का जन्म हो गया है; जो उस कुमारी की कामना रखता है
वह उसके निकट जाए;
वर्षा के साथ फैलने वाली लताओं को उसके लिए पसरने दो
उसके लिए नदी को ऐसे बहने दो मानो वह ढलान की ओर बह रही हो;
उसके लिए जो अपराजेय है, पति के अधिकार हों।

चन्द्रप्रभा साइकिआनी
(1901-1971)

चन्द्रप्रभा साइकिआनी एक सक्रियकर्मी तथा सुधारक थीं। उनका जन्म असम के एक गाँव दाइसिंगरी में चन्द्रप्रिया मजूमदार के रूप में हुआ। वे रतिराम तथा गंगाप्रिया मजूमदार की सातवीं सन्तान थीं, उनकी एक बहन रामेश्वरी (बाद में रजनीप्रभा) भी थीं। उन्होंने अपने लिए स्वयं 'चन्द्रप्रभा साइकिआनी' नाम चुना। दोनों बच्चियाँ हर दिन कमर तक के कीचड़-काँदे को पार कर कई मील दूर स्थित लड़कों के स्कूल में पढ़ने जाती थीं, क्योंकि उनके गाँव के आसपास कोई बालिका विद्यालय था ही नहीं। चन्द्रप्रभा ने प्राथमिक शाला की पढ़ाई पूरी करने पर पदक भी जीता, पर दोनों बहनें गाँव में अध्ययन जारी न रख सकीं। उनके उत्साह से उपनिरीक्षक नीलकंठ बरुआ बेहद प्रभावित हुए और उन्होंने नवगाँव मिशन स्कूल के छात्रावास में उनके रहने की व्यवस्था करवाई। यहाँ चन्द्रप्रभा का गर्म मिज़ाज उभरकर सामने आया, उन्होंने कई बार बालिकाओं के प्रति मिशनरियों के बर्ताव का विरोध किया; जो बच्चियाँ ईसाई बनने से इनकार करतीं उनको मिशनरी सज़ा दिया करते थे।

1919 में जब तेज़पुर में असम छात्र सम्मेलन आयोजित हुआ, चन्द्रप्रभा वहाँ एकमात्र महिला प्रतिनिधि थीं, परन्तु उन्होंने बेझिझक अफीम व्यापार पर रोक लगाने की ज़रूरत पर बात की। उन्होंने नवगाँव के पास लड़कियों के लिए एक छोटे स्कूल की स्थापना की। 1925 में नवगाँव में आयोजित अहोम साहित्य सभा में उन्होंने भाग लिया। वहाँ चलन यह था कि स्त्रियाँ अलग पर्दे के पीछे बैठकर चुपचाप पुरुषों की

चर्चा सुना करती थीं। चन्द्रप्रभा उठीं और उन्होंने इस प्रथा की कठोर आलोचना की, उन्होंने स्त्रियों को भी लताड़ा और कहा कि उन्हें इस बन्धन का विरोध करना चाहिए था, इसकी अनुमति नहीं देनी चाहिए थी। उनके वक्तव्य से उपस्थित महिलाएँ इस कदर प्रेरित हुईं कि उन्होंने वह पर्दा ही तोड़ डाला। अगले वर्ष चन्द्रप्रभा ने अहोम प्रादेशिक महिला समिति का गठन किया, तथा धुबरी में अहोम साहित्य सभा के सत्र के तत्काल बाद उसकी पहली बैठक की। यह संगठन महिलाओं तथा बालकों के अधिकारों, मय शिक्षा तथा उत्पीड़न से मुक्ति के अधिकार के प्रति समर्पित था। संगठन ने असम में बाल विवाह समाप्त किया तथा दहेज प्रथा का विरोध किया। चन्द्रप्रभा कांग्रेस से भी जुड़ीं और उन्होंने 1932 में सविनय अवज्ञा आन्दोलन में शिरकत की। 1942 से 43 तक असहयोग आन्दोलन के दौरान वे कई बार जेल गईं।

चन्द्रप्रभा लेखक दंडीनाथ कलिता से मिलीं और उनसे प्रेम हुआ और उनके एक पुत्र अतुल का जन्म हुआ। उन दोनों ने कभी विवाह नहीं किया। चन्द्रप्रभा को अविवाहित माता के रूप में सामाजिक लांछन भी सहना पड़ा। इसके बावजूद उन्होंने अपने बेटे का लालन-पालन बड़े धैर्य व साहस के साथ किया, दंडीनाथ ने इसमें यथासम्भव आर्थिक सहयोग दिया, हालाँकि उन्होंने एक अन्य स्त्री से विवाह किया था। असमिया उपन्यासकार निरुपमा बोरगोहाइन ने अपनी रचना *अभियात्री* (1999) में चन्द्रप्रभा के जीवन की काल्पनिक प्रस्तुति की, इस कृति की अंग्रेज़ी अनुवाद प्रोदीप्तो बोरगोहाइन ने किया। इस पुस्तक को साहित्य अकादमी का पुरस्कार दिया गया। 1972 में चन्द्रप्रभा को अपनी मृत्यु के कुछ समय पहले पद्मश्री से सम्मानित किया गया।

चन्द्रमुखी बासु
(1860-1944)

चन्द्रमुखी बासु का जन्म एक ईसाई परिवार में देहरादून में हुआ। वे भुबन मोहन बासु की पुत्री थीं। देहरादून नेटिव क्रिश्चियन स्कूल से उन्होंने 1880 में प्रथम कला परीक्षा उत्तीर्ण की। इसके बाद वे पहली ग़ैर-हिन्दू बालिका बनीं जिसे बैथ्यून कॉलेज में दाख़िला मिला। कादम्बिनी गांगुली के साथ उन्हें बैथ्यून कॉलेज एंड स्कूल से 1883 में कला में स्नातक डिग्री प्राप्त हुई। इस प्रकार वे भारत की उन प्रथम महिलाओं में शामिल हुईं जिन्होंने स्नातक स्तर तक अध्ययन किया था। 1884 में वे कलकत्ता विश्वविद्यालय से एम.ए. करने वाली प्रथम महिला बनीं।

1886 में वे बैथ्यून कॉलेज में व्याख्याता बनीं, इसके दो वर्ष बाद बैथ्यून स्कूल व कॉलेज को पृथक् कर दिया गया। कालान्तर में वे बैथ्यून कॉलेज की प्रिंसिपल बनीं भारत के किसी भी अन्डर ग्रेज्युएट कॉलेज की प्रथम महिला प्रमुख। अस्वस्थता के

चलते 1891 में वे सेवामुक्त हो देहरादून लौट गईं।

उनकी बहन बिधुमुखी बासु, वर्जिन मेरी मित्रा (नन्दी) के साथ 1890 में कोलकाता मेडिकल कॉलेज की प्रथम महिला स्नातकों में शामिल थीं। अगले वर्ष उनकी दूसरी बहन बिन्दुबासिनी बासु सीएमसी से चिकित्साशास्त्र में स्नातक बनीं।

चन्द्रलेखा

(1929-2006)

चन्द्रलेखा एक मौलिक तथा नवाचारी नृत्यांगना व नृत्य निर्देशिका थीं, जिन्होंने शास्त्रीय भरतनाट्यम से प्रारम्भ कर अपनी विशिष्ट नृत्य शैली की रचना की।

उनका जन्म चन्द्रलेखा प्रभुदास पटेल के रूप में हुआ व उनका बचपन सौराष्ट्र में बीता। वे बाद में पुणे (तब अदन) में रहीं। उनके पिता एक डॉक्टर और अज्ञेयतावादी थे। उन्होंने अपनी बेटी के मन में किताबों के प्रति प्रेम जगाया। उनकी माँ गहरी धार्मिक आस्थाओं वाली थीं और अक्सर अपनी बेटी को मन्दिरों में साथ ले जाती थीं। यहाँ चन्द्रलेखा का परिचय मूर्तिकला से हुआ, जिसकी छाप बाद में उनके नृत्यों पर भी नज़र आई। 13 वर्ष की आयु में चन्द्रलेखा का अपने परिवार के साथ पहला टकराव हुआ। परिवार के दबाव के चलते वे विधि का अध्ययन करने बम्बई गईं। परन्तु यह अधिक समय तक चल नहीं पाया, 17 वर्ष की आयु में वे मद्रास के लिए निकल पड़ीं ताकि वे उन गुरु से शास्त्रीय भरतनाट्यम सीख सकें जो टी.बालसरस्वती के भी गुरु रहे थे। इस निर्णय के पीछे जो मुख्य कारण था, वह यह था कि मुम्बई में उनकी मुलाक़ात अभिनेता व कवि हरिन्द्रनाथ चट्टोपाध्याय से हुई जो सरोजिनी नायडू के भाई थे, तथा कुछ समय तक कमला देवी चट्टोपाध्याय के पति रहे थे। वे आजीवन हरिन्द्रनाथ की करीबी रहीं। उनके नृत्य को दो महान हस्तियों–रुक्मिणी देवी अरुंडेल तथा टी.बालसरस्वती ने प्रभावित किया। ये दोनों भरतनाट्यम के दो ध्रुवों के समान थीं; एक परिष्कृत मध्यवर्गीय शैली का तो दूसरा *दासी अट्टम* का प्रतिनिधित्व करती थीं, जो देवदासियों की शैली थी। चन्द्रलेखा के उन्मुक्त मस्तिष्क ने उन्हें बालसरस्वती की नृत्य शैली के करीब खींचा।

1959 में उन्होंने *देवदासी* नाम से एक प्रस्तुति की परिकल्पना की जिसका मूल उद्देश्य *दासी अट्टम* की पुनर्स्थापना के लिए शास्त्रीय नृत्य को ऐतिहासिकता देने का प्रयास था। 1960 में उन्होंने लेखन प्रारम्भ किया तथा एक कविता संकलन *रेनबोस ऑन द रोडसाइड : मोंटाजेस ऑव मद्रास* प्रकाशित किया। 1972 में उन्होंने एक नितान्त मौलिक नृत्य नाटिका नवग्रह की परिकल्पना की, पर इस समय तक उनका मोहभंग हो चुका था और उन्होंने एक लम्बे अरसे तक नृत्य से दूरी बना ली।

वे एक सक्रियकर्मी बनीं और महिला अधिकारों तथा पर्यावरण के मुद्दों की पैरवी करने लगीं।

उन्होंने चन्द्रलेखा नृत्य समूह की स्थापना की व नृत्य-निर्देशन के प्रयोग करने लगीं। उन्होंने कई क्रान्तिकारी नृत्य संयोजन किए जैसे–*अंगिका* (1985), *लीलावती, प्राण, श्री* (1992), *यंत्र* (1995), *महाकाल राग* (1998), *श्लोक* तथा *शरीर* (2000)। उनकी पहली कृति *अंगिका* में शास्त्रीय नृत्य के साथ केरल की *कलारिपयट्टु शैली* को मिलाया गया था। कहा जाता है कि *यंत्र* की परिकल्पना शंकराचार्य की कृति *सौन्दर्यलहरी* से प्रभावित थी, जिसमें नर्तक देवी के प्राचीन प्रतीक *यंत्र* (त्रिकोण) में नाचते हैं। भारतीय नृत्य जगत ने ऐसा कुछ पहले कभी नहीं देखा था। उनकी कृति पर तत्काल वाद-विवाद का बवंडर उठा। *श्री* का प्रदर्शन 1992 में बर्लिन में विश्व संस्कृति केन्द्र में आयोजित भारत उत्सव में किया गया। चन्द्रलेखा ने 'मंडल' नाम से नृत्य केन्द्र एलियट्स बीच, मद्रास (चेन्नई) में स्थापित किया।

चन्द्रलेखा को उनके कार्य के लिए अनेक पुरस्कारों से सम्मानित किया गया जैसे ग्रेट ब्रिटेन का अन्तर्राष्ट्रीय डांस अम्ब्रेला, पर्यावरण के मुद्दों पर काम के लिए इटली का गाया (जीएआईए) पुरस्कार, 1992 में संगीत नाटक अकादमी पुरस्कार तथा कालिदास सम्मान। उन्हें तीन बार टोक्यो ग्रीष्म उत्सव, दो बार हैम्बुर्ग (जर्मनी) में आयोजित महिला उत्सव (फेस्टिवल दर फ्राउएन), में तथा अन्य प्रमुख अन्तर्राष्ट्रीय उत्सवों में आमंत्रित किया गया। वे अविवाहित रहीं, पर लेखक, समालोचक, छाया-चित्रकार मंच आलोकन व सज्जा शास्त्री सदानन्द मेनन के साथ उनका लम्बा रिश्ता रहा। 2006 में उनकी मृत्यु ग्रीवा के कैन्सर से हुई। उनका दाह-संस्कार एक पन्थनिरपेक्ष क्रिया द्वारा सदानन्द मेनन तथा चित्रकार दशरथ पटेल ने किया। रंगमंच की एक हस्ती रुस्तम भरूचा ने उनकी जीवनी *चन्द्रलेखा : स्त्री, नृत्य, विरोध* शीर्षक से लिखी।

चाँद बीबी

(1547-1599)

चाँद बीबी अहमदनगर के निज़ाम शाह की पुत्री तथा बीजापुर के अली आदिल शाह की पत्नी थीं। इन दो सम्बन्धों ने उनके जीवन को ही दो टुकड़ों में चीरकर रख दिया। उनकी शादी उस असामान्य काल में हुई जब ये दो शक्तिशाली राज्य, जो अरसे से एक-दूसरे के शत्रु थे, विजयनगर के विरुद्ध एकजुट हुए थे। आदिल शाह उनकी लियाकत समझते थे इसलिए जब वे अपनी सेना का निरीक्षण करते तो उन्हें घोड़े पर सवार हो अपने साथ ले जाते थे और राज के प्रबन्धन में उन्हें शिरकत करने देते थे।

अतः जब 1580 में आदिल शाह की हत्या हुई, और उनका नाबालिग बेटा गद्दी पर बैठा चाँद बीबी प्रतिशासक (रीजेंट) बनीं। कुछ सालों तक वे चैन से राजपाट सँभाल सकीं पर तब उनका मंत्री कामिल ख़ान सत्ता का भूखा होने लगा। उन्होंने एक अन्य अमीर किश्वर ख़ान की मदद से कामिल ख़ान को निष्प्रभावी बनाया, और उसकी जगह किश्वर ख़ान को मंत्री बनाया। पर किश्वर ख़ान भी बग़ावत की ओर बढ़ा और उसने अमीरों को चाँद बीबी के ख़िलाफ़ किया। चाँद बीबी को उनके आवास से घसीटकर सतारा के क़िले में क़ैद कर दिया। पर जल्दी ही सामन्त किश्वर ख़ान के विरुद्ध हो गए और चाँद बीबी को वापस सत्ता सौंप दी। अपने साथियों से शंकित हो उन्होंने एक हब्शी (एबिसीनियावासी) को अपना मंत्री बनाया। अपने दरबार के विभिन्न गुटों के बीच सन्तुलन बनाए रखने की कोशिश में चाँद बीबी को तमाम पेचदगियों का सामना करना पड़ा।

इधर अहमदनगर के हालात भी अधिक बेहतर नहीं थे। मियाँ मांझू ने निज़ाम शाह के ख़िलाफ़ बग़ावत की, तथा उनकी हत्या कर गद्दी छीन ली। चाँद बीबी की तरफ़ से ख़तरे की आशंका में मांझू ने राजकुमार मुराद (बाद में शाहजहाँ) से मदद माँगी। जब मुराद की सेना अहमदनगर के द्वार पहुँची मांझू को अपनी ग़लती का अहसास हुआ। उसने चाँद बीबी को सन्देशा भेजा कि वे अपनी जन्मभूमि को मुग़लों से बचाने आएँ। चाँद बीबी ने यही किया और अपनी सेना का नेतृत्व करते वे वीरता से लड़ीं। एक बार तो वे पर्दे में ही नंगी तलवार लिये नंगे पैरों बाहर निकल आईं ताकि परकोटे की मरम्मत की जा सके। आश्चर्यजनक था कि वे मुराद और उसके खूँखार सेनापति ख़ान-ए-खानन को रोक सकीं। परन्तु ख़ान-ए-खानन अकबर के बेटे दनियाल के साथ लौटा और उसने अहमदनगर को घेर लिया। चाँद बीबी को अहसास हो गया कि जीत असम्भव है, सो उन्होंने दनियाल से सम्मानजक शान्ति सन्धि करनी चाही। परन्तु अमीर चाँद बीबी के ख़िलाफ़ हो गए और संधि के पहले ही उनका कत्ल कर दिया गया। पर वे इस कृत्य से भी अहमदनगर को बचा नहीं सके और अहमदनगर मुग़ल साम्राज्य का हिस्सा बना। हालाँकि चाँद बीबी अपने राज की रक्षा नहीं कर सकीं पर जिस वक़्त उन्होंने तत्कालीन भारत की सबसे ताक़तवर फ़ौज को रोके रखा वे अपनी प्रजा के लिए प्रेरणा की मिसाल बनीं।

चिमनाबाई, प्रथम
(1864-1884)

तंजौर की लक्ष्मीबाई के रूप में जन्मीं चिमनाबाई बड़ौदा के महाराजा सायाजीराव तृतीय गोपालराव गायकवाड़ की पहली पत्नी थीं, जिनसे 1880 में उनका विवाह हुआ

था। सायाजीराव एक प्रबुद्ध शासक थे, जिन्होंने गद्दी पर बैठने के बाद पहला सार्वजनिक कृत्य बड़ौदा कॉलेज स्थापित कर किया। तंजौर के सुसंस्कृत राजदरबार की होने के कारण चिमनाबाई प्रथम शास्त्रीय नृत्य व कर्नाटक संगीत में प्रशिक्षित थीं, तथा अपने साथ एक नृत्य मंडली लेकर आई थीं। उनके बाद अन्य उस्ताद व कलाकार भी आए, जिनमें नट्टुवानार अप्पास्वामी व उनकी पत्नी कांतिमति भी थे, जो तंजौर चतुष्ट्य के दो सदस्य कन्नुसामी तथा वादीवेलय के शिष्य थे। अप्पास्वामी तथा कांतिमति के पुत्र ने तंजौरकर उपनाम ग्रहण किया तथा वे संगीत व नृत्य सिखाते रहे। वे बाद में लखनऊ चले गए परन्तु 1949 में बड़ौदा के राजा ने उन्हें वापस बुलाया ताकि वे कलावन महल के संगीत विभाग में फिर से संगीत शिक्षा दें। बाद में यही विभाग महाराज सायाजीराव विश्वविद्यालय में मिला लिया गया। कालान्तर में तंजौरकर ने बड़ौदा में तंजौर नृत्य-संगीत एवं कला शोध केन्द्र की स्थापना की। चिमनाबाई ने बड़ौदा को भारतीय शास्त्रीय नृत्य व संगीत का महत्त्वपूर्ण केन्द्र बनाया। चिमनाबाई की मृत्यु कम उम्र में क्षय रोग से हो गई, अतः वे अपने प्रयासों को पुख्ता नहीं कर सकीं। सायाजीराव ने 1885 में लक्ष्मीबाई मोहिते से विवाह किया, जो विवाह के बाद चिमनाबाई द्वितीय कहलाईं।

चिमनाबाई, द्वितीय

(1872-1958)

चिमनाबाई, बड़ौदा के महाराजा सायाजीराव गायकवाड़ (तृतीय) की दूसरी पत्नी थीं, जो तंजौर की विख्यात चिमनाबाई के पदचिह्नों पर चलीं। उनका जन्म नाम लक्ष्मीबाई मोहिते था, वे श्री बाजीराव अमृतराव घाटगे की पुत्री थीं। उनका विवाह बड़ौदा के महाराजा सायाजीराव गायकवाड़ तृतीय से 28 दिसम्बर, 1885 को हुआ। 1887 में वे अपने पति के साथ विस्तृत विदेश यात्रा पर गईं और उनके पति उन्हें बड़ौदा को प्रगति के पथ पर बढ़ाने के काम में मदद करने के लिए तैयार करने में जुटे। 1901 में *द नाइंटीन्थ सेंचुरी* नामक पत्रिका में अपने आलेख में सायाजीराव ने यह संकेत किया कि अपनी प्रजा को, बेटियों को पढ़ाने व उन्हें अधिक आज़ादी देने को प्रोत्साहित करने के पीछे चिमनाबाई (द्वितीय) का हाथ था।

1907 में बड़ौदा में बालिकाओं के लिए एंग्लो वर्नाक्युलर स्कूल स्थापित किया गया। 1911 में एस.एम. मित्रा के साथ लिखे अपने आलेख में महारानी ने यह दुःख प्रकट किया कि स्त्रियों को प्रबुद्ध बनाने की कई योजनाएँ इस कारण असफल रही हैं क्योंकि स्त्रियाँ स्वयं उन्हें नियंत्रित करने को आज़ाद नहीं थीं। महारानी ने यह दर्शाया कि वे स्वयं भी अपने सिद्धान्तों का पालन करने से नहीं हिचकतीं। 1992 में

उनकी पुत्री इन्दिरा राजा ने ग्वालियर के युवराज से विवाह करने से इनकार किया तथा कूच बिहार के ब्राह्मो युवराज से विवाह किया। महारानी ने इस वक़्त इन्दिरा का साथ दिया हालाँकि इन्दिरा के पिता विवाह में उपस्थित नहीं हुए। इन्दिरा राजा बाद में गायत्री देवी की माता बनीं। 1914 में न्याय मन्दिर में आयोजित एक पुरस्कार वितरण समारोह में महारानी, महाराजा के साथ सार्वजनिक रूप से बैठीं, यह पर्दे को त्यागने का संकेत था। 1926 में महारानी चिमनाबाई को अखिल भारतीय महिला कॉन्फ्रेन्स का प्रथम अध्यक्ष चुना गया।

चुनी कोटल
(1965-1992)

चुनी कोटल लोधा शबर जनजाति की पहली स्त्री थीं जिन्होंने स्नातक स्तर तक अध्ययन किया। पश्चिम बंगाल के मेदिनीपुर क्षेत्र के गोहालदोही ग्राम में 1965 में जन्मी चुनी कोटल का बचपन ग़रीबी में गुजरा। इसके बावजूद उन्होंने 1983 में हाईस्कूल पास किया। कुछ समय समेकित आदिवासी विकास कार्यक्रम झारग्राम कार्यालय में उन्होंने स्थानीय गाँवों के कल्याण का सर्वेक्षण किया। तत्पश्चात् उन्होंने विद्यासागर विश्वविद्यालय से नृशास्त्र में स्नातक डिग्री पाई। दो वर्ष बाद वे मेदिनीपुर के रानी शिरोमणी अनुसूचित जाति व जनजाति कन्या छात्रावास की निरीक्षक बनीं। यहाँ आदिवासी होने के कारण उन्होंने भेदभाव का अनुभव किया। पर इससे वे हतोत्साहित नहीं हुईं तथा एम.एस.सी. का अध्ययन करने विद्यासागर विश्वविद्यालय लौटीं। उन्हें ऊँची जाति के प्रोफेसरों व प्रशासकों का भेदभाव झेलना पड़ा। दो साल खराब होने के बाद, 1991 में उन्होंने शिक्षा मंत्रालय में शिकायत की जिस पर एक उच्च स्तरीय जाँच आयोग बनाया गया। दुर्भाग्य से आयोग तौर-तरीक़ों सम्बन्धी पेचीदगियों में उलझ गया। 14 अगस्त, 1992 को वे खड़गपुर के लिए निकलीं जहाँ उनके पति मन्मथ शबर, जो स्वयं भी हाईस्कूल के स्नातक थे, रेलवे कार्यशाला में काम करते थे। वे दोनों 1981 से साथ थे और 1990 में दोनों ने क़ानूनी विवाह किया था।

16 अगस्त को यहाँ चुनी ने आत्महत्या कर ली। उनकी मृत्यु से शबर समुदाय विरोध में एकजुट हो गया तथा बंगला दलित साहित्य संस्था के उस आन्दोलन का केन्द्र बना, जिसने बंगाली समाज के उदारवादी मुखौटे पर सवाल उठाए। भारतीय जाति प्रथा का अध्ययन करने वाले विद्वानों ने चुनी के जीवन पर ध्यान दिया। इन विद्वानों में कोलम्बिया विश्वविद्यालय के प्रोफेसर निकोलस बी.डिर्क्स तथा एमस्टर्डैम विश्वविद्यालय के प्रोफेसर जॉन ब्रेमन थे। महाश्वेता देवी ने उनके बारे में अपनी रचना *ब्याधखंड* (1994) में लिखा और *द बुक ऑव द हंटर* में भी।

1993 से बंगला दलित साहित्य संस्था प्रतिवर्ष चुनी कोटल स्मृति व्याख्यान आयोजित करती है।

चेन्नम्मा
(1778-1829)

चेन्नम्मा उन प्रथम भारतीय शासकों में से एक थीं जिन्होंने ब्रिटिशरों के विरोध में हथियार उठाए थे। झाँसी की लक्ष्मीबाई की तरह उन्होंने भी बचपन में अस्त्र-शस्त्र चलाने और घुड़सवारी का प्रशिक्षण पाया था। उनका जन्म बेलगाम के पास ककाती नामक एक छोटे से गाँव में हुआ था तथा विवाह आधुनिक कर्नाटक स्थित किट्टूर राज के स्वामी, मल्ल सरजा से हुआ। चेन्नम्मा का सौतेला बेटा शिवलिंग रुद्र सरजा राजगद्दी पर बैठा पर किसी उत्तराधिकारी के जन्मने के पहले 1824 में उसकी मृत्यु हो गई। ब्रिटिश हुकूमत ने डॉक्ट्रीन ऑव लैप्स के तहत शिवलिंग रुद्र सरजा के गोद लिए पुत्र को वारिस मानने से इनकार किया।

धारवार के मुख्य एजेन्ट थैकरे ने राज परिवार का अपमान करते हुए दो स्थानीय सरदारों को राजा नियुक्त कर दिया। चेन्नम्मा ने अपने सरदारों को एकजुट कर थैकरे के आचरण की शिकायत गवर्नर से की। थैकरे ने आक्रामक रुख अपनाया और किट्टूर के द्वार पर तोपें तैनात कर दीं और चेन्नम्मा को समर्पण करने या हमला झेलने का हुक्म दिया। चेन्नम्मा ने चुपचाप किट्टूर की रक्षा की तैयारी कर ली थी और अपने पड़ोसियों से सहायता सुनिश्चित कर ली थी। चेन्नम्मा की सेना ब्रिटिश तोपों पर टूट पड़ीं, वे सैनिकों को मार तोपें क़िले के अन्दर ले गए। उन्होंने सैन्य शिविर से कई अंग्रेज़ सैनिकों को भी बन्दी बना लिया। रानी ने बन्दियों से सम्माजनक आचरण किया और इस आश्वासन पर उन्हें मुक्त कर दिया कि किट्टूर पर फिर से हमला नहीं होगा। पर ऐसा हुआ नहीं, मुम्बई के गवर्नर एल्फिन्स्टोन ने किट्टूर पर धावा बोलने की आज्ञा दी। 30 नवम्बर को अंग्रेज़ फ़ौज ने 200 बन्दूकों के साथ किट्टूर पर धावा बोला। गढ़ की रक्षा को भेदने में चौबीस घंटे लगे, दोनों पक्षों को भारी नुकसान हुआ। अन्ततः 4 दिसम्बर को रानी को समर्पण करना पड़ा। चेन्नम्मा व अन्य वरिष्ठ रानियों को बाइहोंगल में क़ैद रखा गया, जहाँ चार वर्ष बाद उनकी मृत्यु हुई।

उनकी कथा आख्यानों का आधार बनी। 1962 में बी.रामकृष्णय्या पन्थूलू ने कन्नड़ भाषा में *किट्टूर चेन्नम्मा* शीर्षक से उन पर एक फ़िल्म बनाई। बैंगलोर में किट्टूर चेन्नम्मा की एक मूर्ति स्थापित है।

चेन्नम्मा जी
(1661-1697)

चेन्नम्मा जी नायक वंश के राजा सोमशेखर की रानी थीं। सोमशेखर अपने भाई के साथ 1661 में केलाड़ी (मौजूदा कर्नाटक में) के साझा शासक थे। चेन्नम्मा इस त्रिमूर्ति की अन्तिम कड़ी थीं। पुरालेखीय साक्ष्य सिद्ध करते हैं कि दोनों राजा व रानी, साझा शासन कर रहे थे। जब सोमशेखर अकेले राजा रह गए तब भी चेन्नमा जी ने बराबर की भागीदारी की। 1677 में जब सोमशेखर की भी मृत्यु हो गई, तब चेन्नम्मा अकेली शासक बनीं। उनके सामन्तों तथा सेनापति ने उनसे राजपाट छीनने की योजना बनाई और मैसूर के राजा को भी इसमें शामिल किया। पर चेन्नम्मा ने उसे युद्ध में हराया और शर्तें मानने पर बाध्य किया। इस दौरान कई स्थानीय रजवाड़ों सोढ़ी, सिरसी तथा वनवासी के राजाओं ने भी युद्ध की घोषणा कर दी, पर उनके पैर भी जल्दी ही उखड़ गए और उन्हें भागना पड़ा। चेन्नम्मा ने एक अन्य स्थानीय राजा दलवय तिम्माप्पा को भी पराजित किया और उसके बेटे को बन्दी बना लिया।

शिवाजी के बेटे राजाराम ने उस समय केलाड़ी में शरण ली जब वह औरंगज़ेब से बचकर भाग रहा था। मुग़ल साम्राज्य ने चेन्नम्मा जी के विरुद्ध युद्ध की घोषणा की, पर कुशल राणनीति के सहारे चेन्नम्मा जी जीतीं और उन्होंने औरंगज़ेब के कुछ सेनापतियों को बन्दी बनाया। अन्ततः सन्धि हुई। औरंगज़ेब उनके सेनापतित्व से इतना प्रभावित हुआ कि उसने चेन्नम्मा जी को उपहार भेजे और उसके राज्य को शान्ति से छोड़ दिया। उनके शासन काल का वर्णन कन्नड़ रचना *केलडीनृप विजय* में, तथा संस्कृत की कृति *शिवतत्व-रत्नाकार,* जो उनके दत्तक पुत्र आस्वप्पा नायाक्का की प्रथम की रचना है में मिलता है, जो चेनम्मा जी के बाद शासक बना। उन्होंने अपने पति की स्मृति में सोमशेखरपुरा नामक नगर की स्थापना की तथा उसे ब्राह्मणों व विद्वानों के उपयोग के लिए समर्पित किया। उन्होंने घुमन्तू साधुओं के लिए मठ बनवाए तथा अपने नाम से कई धर्मार्थ न्यास तथा कई मन्दिर नगरों की स्थापना की।

जानाबाई
(1298-1350)

जानाबाई कवियों और सन्तों के वरकरी सम्प्रदाय की सदस्य थीं। यह मध्य महाराष्ट्र के सबसे प्रभावशील सम्प्रदायों में एका व जात-पांत के भेदभाव व सामाजिक असमानता के ख़िलाफ़ था। सम्प्रदाय के अन्य प्रभावी नेताओं, जैसे सन्त तुकाराम व सन्त ज्ञानेश्वर की तरह जानाबाई भी नीची जाति की थीं। सात वर्ष की आयु में उन्हें दासी के रूप

में बन्धक बना प्रख्यात सन्त नामदेव के पिता के परिवार को सुपुर्द कर दिया गया था। नामदेव ने भी दलितों व शोषितों का पक्ष लिया और उच्च जातियों द्वारा नीची जातियों से किए जाने वाले अन्यायपूर्ण आचरण के विरुद्ध संघर्ष किया। इसके बावजूद नामदेव के पिता के परिवार में जानाबाई को देर तक कठोर घरेलू कामकाज करने पड़ते थे। उनकी कविताएँ उनके जीवन के बोझ होने के भाव को, तथा जिन सीमा बन्धनों के साथ वे रह रही थीं उनके प्रति आक्रोश को समेटती हैं। उनकी एक कविता में वे स्वयं की कल्पना खुले पथ पर बढ़ती, महिला गायिका के रूप में करती हैं, जो पितृसत्ता के बन्धनों पर हँस रही हो। अन्य कविताओं में वे कल्पना करती हैं कि भगवान विठोबा उनके अदृश्य सहायक हैं, रोज़मर्रा के हाड़तोड़ कामों के साथी। उनकी एक कविता की पंक्तियाँ हैं :

भक्ति से विजित
प्रभु हीन कामकाज करते हैं।
जानी विठोबा से पूछती है,
तुम्हारा ऋण भला कैसे चुकाऊँगी मैं?

जमुना बरुआ

(1919-2005)

जमुना बरुआ एक अभिनेत्री थीं। जमुना गुप्ता के रूप में आगरा के पास जन्मीं जमुना, पूरण गुप्ता की छह पुत्रियों में चौथी थीं। उनका परिवार बाद में कलकत्ता चला आया। यहाँ वे *मुहब्बत की कहानी* (1934) में एक छोटी भूमिका द्वारा फ़िल्मों से जुड़ीं। इस फ़िल्म के निर्देशक थे प्रेमथेश बरुआ, जो निहार बरुआ के भाई थे। उनकी जान-पहचान जल्दी ही प्रेम में बदली और उन्होंने विवाह कर लिया, हालाँकि बरुआ इसके पहले दो बार विवाह कर चुके थे। जमुना की पहली बड़ी भूमिका 1936 में अपने पति की फ़िल्म *देवदास* में *पार्वती* या *पारो* की थी। उन्होंने आसामी, बंगाली व हिन्दी में कुछ फ़िल्में कीं जिनमें मुख्य थीं *गृहदाह* (1936), *माया* (1936), *अधिकार* (1939), *उत्तरायण* (1941), *शेष उत्तर* (1942), *चांदेर कौलोंको* (1944)। ये सभी फ़िल्म बरुआ द्वारा निर्देशित थीं, परन्तु उन्होंने कई फ़िल्में उनके बिना भी कीं, जिनमें मुख्य थी *देबर* (1943) तथा *नीलांगुरिया* (1943)। 1950 में बरुआ की मृत्यु के बाद उन्होंने अभिनय करना बन्द किया। बरुआ से उनके तीन बेटे थे जो उस वक़्त नाबालिग थे, जब गौरीपुर ठिकाने ने उन्हें उनका हिस्सा देने से इनकार कर दिया था। इस पर जमुना ने अदालत का सहारा लिया और अन्ततः उन्हें एक मकान व उससे जुड़ी बड़ी भारी ज़मीन मिली।

जहाँ आरा

(1613-1683)

जहाँ आरा शाहजहाँ तथा मुमताज़ महल की बेटी थीं। वे कुशल लेखिका व विद्वान् थीं, किन्तु उनका जीवन उस त्रासदी से आच्छादित था जो शाहजहाँ के बेटों पर छाई थी। अपने भाई दारा शिकोह के साथ उनमें भी आध्यात्मिक अन्तर्दृष्टि थी और चिश्ती सन्तों के प्रति भक्ति की भावना। उन्होंने चिश्तियों के जीवन पर लेखों का एक संकलन रचा जिसका शीर्षक था *मुनीस अल-अरवाह* (आत्माओं का साथी) तथा अजमेर में चिश्ती दरगाह में एक सुन्दर कक्ष जोड़ा। उनके इकतीसवें जन्मदिन पर, जो बहुत ज़ोर-शोर से मनाया जा रहा था, अचानक उनके कपड़ों में आग लग गई और वे बुरी तरह से जल गईं। उन्होंने विवाह नहीं किया पर दारा शिकोह के बच्चों की देखभाल करती रहीं, यहाँ तक कि उसकी एक बेटी का विवाह भी ऐसे आयोजित किया मानो वह उनकी ही बेटी हो।

जब भाइयों में मतभेद हुआ तो उनकी हमदर्दी दारा शिकोह के साथ थी और उन्होंने औरंगज़ेब से उसे बख़्श ने की गुज़ारिश की जो नाकाम सिद्ध हुई। शाहजहाँ को आगरा के क़िले में क़ैद कर दिया गया और हालाँकि औरंगज़ेब ने जहाँ आरा के साथ अच्छा बर्ताव किया और उसे ज़मीन और अच्छा गुज़ारा-भत्ता दिया। पर जहाँ आरा दरबार से दूर रहीं और उन्होंने पिता के निर्वासन को भोगना उचित समझा। अपनी मृत्यु के बाद वे अपनी सम्पत्ति अजमेर दरगाह को देना चाहती थीं, पर औरंगज़ेब ने उसका एक- तिहाई हिस्सा ही देने दिया क्योंकि औरंगज़ेब का कहना था कि इस्लामी क़ानून सम्पत्ति के एक-तिहाई से अधिक दान की अनुमति नहीं देता। अपने पिता की ही तरह जहाँ आरा भी भवन व बाग़ानों की निर्माता थीं, उन्होंने आगरा में जामा मस्जिद तथा कश्मीर में मुल्ला नादक्शी की मस्जिद बनवाई। जहाँ आरा को उनकी इच्छानुसार दिल्ली में हज़रत निज़ामुद्दीन औलिया की दरगाह में दफ़नाया गया, जिसके नक्क़ाशीदार परिसर की परिकल्पना स्वयं उन्होंने की थी। उनकी सादी कब्र सिर्फ़ घास से ढ़की है।

ई.के. जानकी अम्माल

(1897-1984)

एदवालेथ कक्काट जानकी अम्माल नई दिशा देने वाली वनस्पतिशास्त्री तथा आनुवांशिकशास्त्री थीं, जिन्होंने हिमालय क्षेत्र के पेड़-पौधों के संकरण का अध्ययन

किया था। उन्होंने उस समय पेड़-पौधों के आनुवंशिक बनावट का अध्ययन किया जब यह अनुशासन हाल ही में ईजाद हुआ था। जंगली अवस्था में पौधों का संकरण कैसे होता है यह समझने में जानकी अम्माल ने नवीन दिशा दी। वानस्पतिक जीवशास्त्र (फाइटोबायोलॉजी), क्रम-विकास अध्ययन, नृ-वनस्पतिशास्त्र (एथनोबॉटनी) तथा वानस्पतिक भूगोल (फाइटोजियोग्राफी) में उनके काम के लिए जानकी खासतौर से प्रसिद्ध हैं।

उनका जन्म केरला के तेल्लिचेरी में हुआ था। उनके पिता उस वक़्त की मद्रास प्रेसिडेन्सी में उप-न्यायाधीश थे। जानकी तेल्लिचेरी में पली-बढ़ीं और तब मद्रास स्थित क्वीन मेरीस् कॉलेज में अध्ययन करने गईं। 1921 में उन्होंने प्रेसिडेंसी कॉलेज से वनस्पतिशास्त्र में ऑनर्स की डिग्री हासिल की और विमेन्स क्रिश्चियन कॉलेज में पढ़ाने लगीं। 1925 में बार्बोर स्कॉलर के रूप में वे अमरीका के मिशिगन विश्वविद्यालय गईं और वहाँ से स्नातकोत्तर डिग्री हासिल की। वे 1931 में डीएससी की डिग्री के लिए फिर से मिशिगन लौटीं। भारत लौटने के बाद 1932 से 1934 तक त्रिवेन्द्रम के महाराजा कॉलेज में वनस्पतिशास्त्र के प्रोफेसर के रूप में अध्यापन किया। इस काम को छोड़ वे कोयम्बटूर के गन्ना प्रजनन संस्थान से जुड़ीं जहाँ 1890 के दशक से सी.ए.बार्बर तथा टी.एस. वेंकटरमण जैसे वैज्ञानिक साझे मार्का के तहत ऐसा संकर गन्ना तैयार करने में जुटे थे जो सूखे व रोगों से लड़ सके। यहाँ उन्होंने कोशिका विज्ञान (साइटोलॉजी) में विशेषज्ञता प्राप्त की, जो कोशिका की बनावट तथा कार्यों का अध्ययन है, साथ ही उन्होंने गन्ने के संकरण के कई प्रयोग किए और उसके तथा जुआर जैसे अन्न के संकर प्रकार तैयार किए।

1939 में वे ब्रिटेन चली गईं और द्वितीय विश्वयुद्ध के वर्ष लन्दन स्थित जॉन इनिस हॉर्टीकल्चर संस्थान में यूरोपीय पौधों का अध्ययन करते बिताया। 1945 में उन्होंने सी.डी. डार्लिंगटन के साथ *द क्रोमोज़ोम एटलस ऑव कल्चर्ड प्लांटस्* का लेखन किया। इस पुस्तक में उन्होंने पौध पोलीप्लाइडी पर अपनी खोजों का तथा संकरण में उसके निहितार्थों का वर्णन किया। युद्ध के बाद 1951 तक वे वीज़ले स्थित रॉयल हॉर्टीकल्चर सोसायटी में कोशिका विज्ञानी के रूप में काम करती रहीं। परन्तु जवाहरलाल नेहरू नवीन भारत में संस्थान स्थापित करने के लिए योग्य व्यक्तियों की तलाश में थे। उन्होंने जानकी अम्माल से निवेदन किया कि वे भारतीय बॉटेनिकल सोसायटी का पुनर्गठन करें क्योंकि वहाँ कार्यरत ब्रिटिश विशेषज्ञ भारत छोड़ वापस लौट रहे थे। जानकी ने यह आग्रह स्वीकारा और बीएसआई का पुनर्गठन किया, इसके बाद वे इलाहाबाद स्थित केन्द्रीय वानस्पतिक प्रयोगशाला की प्रमुख भी बनीं। वे जम्मू स्थित सम्भागीय शोध प्रयोगशाला में विशेषज्ञ दायित्व अधिकारी (ऑफिसर ऑन स्पेशल ड्यूटी) रहीं जहाँ पहाड़ी वनस्पतियों में उनकी रुचि प्रारम्भ हुई। उन्होंने हिमालय के विभिन्न भागों का तुलनात्मक अध्ययन किया और दर्शाया कि वहाँ किस

प्रकार चीन, बर्मा तथा मलेशिया के वानस्पतिक प्रकार आपस में मिल गए थे। उन्होंने भाभा आणविक शोध केन्द्र में भी कुछ समय बिताया। वे 1970 तक सरकारी नौकरी में रहीं, जब उन्हें मद्रास विश्वविद्यालय के वनस्पति उच्च अध्ययन केन्द्र का प्रोफेसर एमेरिटस बनाया गया। यहाँ भी उनका शोध व प्रकाशन कार्य चलता रहा। उनकी पुस्तकें विविध विषयों में उनकी रुचि दर्शाती हैं, बागान के फूलों से लेकर आदिवासियों के खाद्य पौध प्रजातियों तक।

वे 1935 में इंडियन एकेडमी ऑव साइंसेस की संस्थापक फेलो थीं जब सी.वी. रामन ने इसका गठन किया था। 1956 में मिशिगन विश्वविद्यालय ने उन्हें एलएलडी की मानद डिग्री दी। 1957 में उन्हें पद्मश्री से सम्मानित किया गया तथा भारतीय राष्ट्रीय विज्ञान अकादमी का फेलो घोषित किया गया। 1999 में उनके नाम से ई.के.जानकी अम्माल वर्गीकरण विज्ञान टैक्सोनॉमी पुरस्कार स्थापित किया गया तथा 2000 में पहला पुरस्कार दिया गया। जम्मू के जिस सम्भागीय शोध प्रयोगशाला में उन्होंने काम किया था वहाँ का वनस्पति संग्रहालय को अब उनके नाम से जाना जाता है।

जानकी बाई इलाहाबादी

(1870-1926)

इलाहाबाद की जानकी बाई हिन्दुस्तानी शास्त्रीय गायिका और प्रख्यात वेश्या थीं। अफवाहें उन्हें मुस्लिम माता-पिता की सन्तान बताती हैं जबकि जिस नाम से वे जानी जाती थीं वह हिन्दू था। वे छप्पन छुरी नाम से जानी जाती थीं क्योंकि जब वे नौसिखिया थीं, कुछ बदमाश जो अपने लिए गवाना चाहते थे, उन्हें छप्पन बार चाकू से गोदा था। यह घटना कब और कहाँ घटी यह सही-सही ज्ञात नहीं है, पर कुछ स्रोतों के अनुसार यह वारदात बनारस में घटी जब वे किसी प्रतिष्ठित व्यक्ति के घर गाने जा रही थीं। अन्य स्रोत इसे इलाहाबाद में ग्रैंड ट्रंक रोड के पास एक मकान की बताते हैं। उनके गुरु मोइनुद्दीन ख़ान थे। उनके प्रशंसक उन्हें स्नेह से बुलबुल कहते थे। वे ठुमरी गायन में पारंगत थीं और कई गायिकाओं को उन्होंने इस शैली में प्रशिक्षित किया था। हर दशहरे पर वे बेतिया के महाराजा की महफ़िल में भाग लेने जाती थीं। पटियाला नवाब के समक्ष भी वे नियमित रूप से प्रदर्शन करती थीं। जौनपुर की रानी हर वर्ष जनवरी माह में उनका गायन सुनने इलाहाबाद आया करती थीं।

जाह्नवी

(1892-1968)

जाह्नवी स्वयं एक वैष्णव आध्यात्मिक पथ-प्रदर्शक व नित्यानन्द की पत्नी थीं। पूर्वी भारत में पाल वंश के शासन काल में महिला शिक्षिकाओं व बौद्ध भिक्षुणियों की परम्परा रही थीं, परन्तु मुस्लिम आक्रमणों व प्रभाव से यह प्रचलन रुक गया था। वैष्णव सम्प्रदाय के पुनरुत्थान से एक बार फिर स्त्रियाँ धर्म पथ पर बढ़ने लगीं। चैतन्य महाप्रभु ने वैष्णव देवी-देवताओं में राधा को कृष्ण से ऊँचा स्थान दिया, जिससे स्त्रियों के लिए धार्मिक आयोजनों में भाग लेने की राह खुल गई। ऐसी ही एक स्त्री थीं जाह्नवी जो नित्यानन्द की कनिष्ठ पत्नी थीं। नित्यानन्द चैतन्य के आध्यात्मिक उत्तराधिकारी थे। जाह्नवी भागवत पुराण तथा अन्य वैष्णव शास्त्रों की ज्ञाता थीं। साथ ही उनका व्यक्तित्व ऐसा था जो स्वाभाविक रूप से अराजक इस सम्प्रदाय पर अपनी इच्छा का अंकुश लगा सके। उन्होंने वृन्दावन के गोस्वामियों (जो वैष्णव आध्यात्मिक नेता थे) से सम्पर्क साधा और यों बंगाल को वैष्णव धर्म के शीर्ष से जोड़ दिया। इससे जो स्थानीय विशेषताएँ, जो केवल बंगाल में विकसित हो रही थीं दबने तो लगीं, परन्तु साथ ही वैष्णवों में अधिक एकता आई और एक साझे लक्ष्य की भावना जागृत हुई।

जिन्द कौर

(1817-1863)

जिन्द कौर पंजाब की राजकुमारी थीं और 1857 में अंग्रेज़ों के विरुद्ध युद्ध में उनकी भूमिका रही थी। वे सरदार मन्नासिंह की पुत्री थीं जो अविभाजित पंजाब के गुजराँवाला ज़िले के छछर गाँव के जाट थे। उनके पिता की तीव्र इच्छा थी कि उनकी बेटी का विवाह पंजाब के महाराजा से हो अतः वे लगातार उनके पीछे पड़े रहते थे। आख़िरकार बुज़ुर्गवार महाराजा अनिच्छा से माने और सहमति के प्रतीक के रूप में अपनी 'तीर और तलवार' गाँव भेज दी। यह सांकेतिक विवाह की प्रथा मूलतः सतीप्रथा के विरुद्ध उपाय के रूप में जन्मी थी। जिन्द कौर रणजीत सिंह की अकेली जीवित विधवा तथा उनके नाबालिग पुत्र दिलीप सिंह की संरक्षिका भी थीं। रणजीत सिंह की मृत्यु के बाद पंजाब उत्तराधिकार की खूनी जंग में घिर गया। रणजीत सिंह का नाजायज़ पुत्र खड़क सिंह पहले गद्दी पर बैठा पर चन्द ही महीनों में सम्भवतः ज़हर से उसकी मौत हो गई। इसके बाद जो शासक बना उसकी मृत्यु दीवार गिरने से दबकर हो गई। तब 1843 में जिन्द कौर ने स्वयं को अपने बेटे का प्रतिशासक

घोषित किया और अपने क़रीबी लोगों को ऊँचे ओहदों पर बैठा दिया। पर यह क़दम भी इन पदाधिकारियों को विरोधी पक्ष द्वारा उनकी हत्या से बचा न सका। 1845-46 में इस उठा-पटक के बीच ब्रिटिश सरकार ने पंजाब पर हमला बोल दिया। जिन्द कौर हारीं, ब्रिटिशरों ने उन्हें अपदस्थ किया और लाहौर के पास एक क़िले में बन्दी बनाया। वहाँ से उन्हें कई स्थानों पर हटाया गया और आख़िरकार 1849 में वे उत्तर प्रदेश स्थित चुनार के क़िले से भागने में सफल रहीं। वे पीछे एक दुस्साहस भरा पत्र छोड़ आईं, जिसमें दावा किया कि वे जादू से बच निकली हैं। ब्रिटिश सरकार ने उनके आभूषण ज़ब्त कर लिए और उनका भत्ता रोक दिया; पर इससे अधिक वे कुछ नहीं कर सके क्योंकि नेपाल के राजा ने जिन्द कौर को आश्रय तथा काठमांडू में रहने के लिए एक महल और भत्ता दे दिया था। 1860 में अन्ततः उन्हें अपने बेटे दिलीपसिंह से कलकत्ता में मिलने की अनुमति दी। वे उसके साथ लन्दन गईं, जहाँ उनका निधन हुआ।

जीजाबाई
(1594-1674)

जीजाबाई एक उच्च कुल की स्त्री व शिवाजी की माता थीं। वे एक ताक़तवर जागीरदार परिवार की बेटी थीं। उनके पिता अहमदनगर के निज़ाम शाह के दरबार के सामन्त थे। उनका विवाह शाहाजी से हुआ जो निज़ाम शाह के सामन्त थे तथा पुणे तथा सूपा के जागीरदार। विवाह के कुछ सालों बाद उनके पिता लाखजी जाधवराव, मुग़ल खेमे में चले गए जबकि पति शाहाजी निज़ाम शाह के स्वामीभक्त अनुयायी बने रहे। जब युद्ध हुआ तो शाहाजी को कई पराजयों का सामना करना पड़ा तथा अन्ततः जाधवराव की सेना से बचकर भागना पड़ा। उस समय जीजाबाई गर्भवती थीं, उनका पुत्र था भावी शिवाजी। शाहाजी उन्हें यह मान पीछे छोड़ गए कि जीजाबाई के पिता उनसे दया बरतेंगे।

जीजाबाई के पिता ने उन्हें अपने क़िले में आमंत्रित किया परन्तु जीजाबाई ने शिवनेरी के क़िले में रहना पसन्द किया। यहाँ उन्होंने मराठा प्रदेश की स्थिति पर चिन्तन-मनन किया, जो लगातार मुग़लों के हमलों तथा उनका विरोध करने वालों के पलटवार झेल रहा था। वे क़िले की संरक्षिका देवी शिवाई से यह प्रार्थना करती रहीं कि उनका बेटा युद्ध समाप्त करने के लिए कुछ करे। समय आने पर शिवाजी का जन्म हुआ और उनका नामकरण क़िले की देवी पर किया गया।

इस दौरान शाहाजी बीजापुर के अली आदिलशाह के मुख्य मंत्री बन चुके थे। शिवाजी अपनी माँ के साथ रहते रहे जो अकेले ही पूणा की जागीर का प्रबन्धन चला

रही थीं। प्रशासन का बुनियादी ज्ञान उन्होंने अपनी माँ से ही सीखा और शिवाजी के मन में अपनी भूमि को मुग़लों से छुड़ाने की धुन जगी। जीजाबाई के प्रभाव से शिवाजी ने अपने सैनिकों को निर्देश दिए थे कि वे स्त्रियों से हमेशा सम्मानजनक बर्ताव करेंगे, चाहे वे कोई भी हों। जीजाबाई अपने युग के अन्य लोगों के विपरीत जात-पाँत के विचार से भी मुक्त थीं, उन्होंने अपनी पौत्री सखुबाई का विवाह बाजाजी निम्भालकर से किया, जो पहले मुसलमान रह चुका था।

जैनिफर कैन्डल कपूर

(1933-1984)

जैनिफर कैन्डल का जन्म यू.के. के साउथ पोर्ट में अभिनेताओं के एक परिवार में हुआ था। उनके पिता जैफरी कैन्डल तथा माँ लॉरा लिडल ने कई साल शेक्सपियर नामक नाट्य मंडली के साथ भारत का दौरा किया। वे मुख्यतः शेक्सपियर के नाटकों का मंचन करते थे। उनकी छोटी बहन फैलिसिटी भी अभिनेत्री बनीं। कैन्डल परिवार की कथा शेक्सपियर वाला नामक पुस्तक व फ़िल्म (1965) में वर्णित है, जिसमें जैनिफर उनके पति शशि कपूर व कैन्डल व कपूर परिवारों के अन्य सदस्यों ने अभिनय किया था। शशि कपूर जो पृथ्वीराज कपूर के पुत्र और राज व शम्मी कपूर के भाई थे, से जैनिफर की मुलाक़ात उस समय हुई जब वे पृथ्वी थियेटर के साथ काम करते थे और जैनिफर शेक्सपियरेना के साथ भारत के दौरे पर आई थीं। वे कलकत्ता में 1956 में मिले। उस वक़्त शशि कपूर 18 वर्ष के थे व जैनिफर 22 वर्ष की थीं। *द टेम्पेस्ट* में जैनिफर को मिरांडा की भूमिका में देख शशि मुग्ध हो गए। शशि ने अपने माता-पिता को जैनिफर को स्वीकारने पर राज़ी कर लिया, परन्तु जैफरी के लिए इसका मतलब था अपनी मुख्य अभिनेत्री और प्रबन्धक को खोना। प्रेमी युगल को दो वर्षों तक इंतज़ार करना पड़ा, जिस दौरान शशि भी शेक्सपियरेना के साथ दौरे पर रहे। 1958 में जब उन्होंने फिर से प्रस्ताव रखा उन्हें इनकार ही सुनना पड़ा, पर जैनिफर ने इसके बावजूद विवाह किया। वे तथा उनके पति मुम्बई में पृथ्वी थियेटर के लिए काम करने लगे और कई फ़िल्मों में भी साथ-साथ आए। जैनिफर ने *बॉम्बे टॉकीज़, 36 चौरंगी लेन, घौरे बाइरे, द फार पैविलियन* तथा *हीट एंड डस्ट* में अभिनय किया। उनके तीन बच्चों में से संजना कपूर तथा कुणाल कपूर फ़िल्मों से जुड़े जबकि एक बेटा करण टेलीविज़न पर कुछ समय काम करने के बाद अब छाया चित्रकार है। जैनिफर की 1984 में कैंसर से मृत्यु हुई।

जोधाबाई
(1542-1622)

मरियम-उज़-ज़मानी बेगम साहिबा के नाम से जो मुग़ल रानी जानी जाती थीं, उन्हें आधुनिक युग में 'जोधाबाई' नाम से जाना जाता है। उनका जन्म राजकुमारी हीरा कुँवरी साहिबा, उर्फ हरखा बाई या खरखा बाई नाम से हुआ था, तथा वे आमेर के कच्छावा राजपूत राजा भारमल की सबसे बड़ी बेटी थीं। यही रियासत बाद में जयपुर कहलाई। वे भगवानदास की बहन तथा आमेर के मानसिंह प्रथम की बुआ थीं। मानसिंह कालान्तर में जोधा बाई के पति अकबर के दरबार के नव रत्नों में एक बने। जोधा बाई का विवाह मुग़ल बादशाह जलालुद्दीन मुहम्मद अकबर से 1562 में हुआ और वे नूरुद्दीन सलीम जहाँगीर की माता थीं, जो अकबर का उत्तराधिकारी बना। वे अकबर की तीसरी पत्नी थीं और मुख्य रानियों रुकय्या बेगम तथा सलीमा सुल्तान के बाद सबसे कनिष्ठ थीं। वे अपने पति से 22 दिन बड़ी थीं। विवाह के बाद उन्हें मरियम-उज़-ज़मानी (उस युग की मरियम) की पदवी दी गई। मुख्य रानी के रूप में वे अपने नाम से शाही फरमान दे सकती थीं। उन्होंने राज्य के इर्द-गिर्द कई बाग, कुएँ और मस्जिद बनवाए। लाहौर में उनकी स्मृति में बनी मरियम ज़मानी बेगम मस्जिद आज भी है, जबकि उनकी कब्र आगरा में अकबर के पास है। जो जहाज़ हज यात्रियों को ले जाते थे वे जोधा बाई के थे जो उनका प्रबन्धन भी करती थीं। 1613 में उनके जहाज़ 'रहीमी' को पुर्तगालियों ने मय सवारियों व माल, क़ब्ज़े में ले लिया था। इसके प्रतिरोध में अकबर ने जहाँगीर को हुक्म दिया कि वह गोवा के पास पुर्तगाली नगर दमन कर कब्ज़ा कर ले।

कोई भी समसामयिक दस्तावेज़ जोधा बाई नाम से उनका ज़िक्र नहीं करता और इस नाम का मूल स्रोत उन्नीसवीं शताब्दी में जेम्स टॉड द्वारा रचित पुस्तक द *एनल्स एंड एंटिक्विटीज़ ऑव राजस्थान* है। पुस्तक की रचना करते समय जेम्स ने अनुश्रुति तथा भाट-चारणों के गीतों का उपयोग किया, और यदा-कदा ग़लत सूचनाएँ भी दर्ज कीं। सम्भव है कि उनका नाम उनकी पुत्रवधू के साथ भ्रमवश जोड़ दिया गया हो। 1586 में उन्होंने अपने बेटे सलीम (भावी जहाँगीर) का विवाह अपनी भान्जी मानमती (मनभावती, जो जगत गोसाईं भी कहलाती थीं) से करवाया, जो खुसरो मिर्ज़ा (शाहजहाँ) की माता थीं। यह रानी जोधा बाई नाम से भी जानी जाती थीं। यह विवाद उस समय उछला जब आशुतोष गोवारीकर की फ़िल्म *जोधाबाई* पर कुछ राजपूत संगठनों ने आरोप लगाया था कि वे इतिहास को तोड़-मरोड़ रहे हैं। हालाँकि 1960 में बनी *मुग़ले आज़म* में भी मरियम-उज-ज़मानी के पात्र को **जोधाबाई** कहा गया था और उस वक़्त किसी ने आपत्ति नहीं की थी।

जॉयमोती

जॉयमोती, गॉदाघोर अथवा गॉदापाणि सिंघा की पत्नी थीं जो आसाम के शासक बने। एक अन्य असमिया शासक शुलिकफा (लोरा रोजास) ने उन्हें यातना दे उनकी हत्या इसलिए कर दी क्योंकि जॉयमोती ने यह बताने से इनकार कर दिया कि उनके पति कहाँ छिपे हुए हैं। जॉयमोती के पुत्र रुद्र सिंह ने उस स्थान पर जॉयसागोर नामक तालाब खुदवाया जहाँ उन्हें यातना दी गई थी। 1670 में चक्रध्वज सिंघा की मृत्यु तथा 1681 में गॉदाधर सिंघा के गद्दी पर बैठने के बीच का काल आसाम में राजनीतिक उथल-पुथल का रहा था। तत्पश्चात् 1679 में एक चौदह वर्षीय किशोर-राजा को सिंहासन पर बैठाकर उसे शुलिकफा की पदवी दी गई, जबकि वास्तविक सत्ता लालुक सोला, उसके परामर्शदाता के हाथों थी। इसे पूर्व के वर्षों में जो ख़ूनख़राबा हुआ था, तब गॉदापाणि भाग निकले थे और छिपे हुए थे। सभी सम्भावित विरोधियों को कुचलने की मंशा से लालुक सोला ने जॉयमोती को बन्दी बनाया और यह जानने के लिए यातनाएँ दीं कि गॉदापाणि कहाँ छिपे हुए हैं। उन्हें सात दिनों तक लगातार भयंकर यातनाएँ दी गईं, और सातवें दिन उनकी मृत्यु हो गई। कुछ सप्ताह बाद लालुक की हत्या कर दी गई और गॉदापाणि लौट आए। उनका अभिषेक किया गया और उन्होंने सुफथफा की पदवी धारण की। उनके बाद 1696 में उनका पुत्र उत्तराधिकारी बना, जिसने अपनी माँ की स्मृति में जॉयसागर झील तथा समाधि का निर्माण किया। 27 मार्च का दिन आसाम में सती जॉयमोती दिवस के रूप में मनाया जाता है। पहली आसामी फ़िल्म जॉयमति का निर्माण 1935 में ज्योति प्रसाद अग्रवाल ने किया था जो लक्ष्मीनाथ बेज़बरुआ के नाटक पर आधारित थी।

ज्योतिर्मयी देवी

(1896-1988)

ज्योतिर्मयी देवी का जन्म 1894 में जयपुर रिसायत में हुआ था। उनके पिता ओबिनाश चन्द्र सेन एक बंगाली परिवार के सबसे वरिष्ठ बेटे थे जो 1857 से जयपुर में बसा हुआ था। ओबिनाश के पिता संसारचन्द्र सेन ने एक स्कूल मास्टर के रूप में काम करना शुरू किया था और महाराजा के दीवान के पद तक तरक़्क़ी की थी। ज्योतिर्मयी राजस्थान में पली-बढ़ीं, उन्हें खास औपचारिक शिक्षा तो नहीं मिली, पर अपने आसपास जो कुछ भी नज़र आता उसे वे बड़े ध्यान से देखती थीं। साथ ही अपने दादा के समृद्ध पुस्तकालय में उपलब्ध पुस्तकें भी ख़ूब पढ़तीं। 10 वर्ष की आयु में उनका

विवाह किरण चन्द्र सेन नामक वकील से हुआ और वे उनके साथ रहने पटना चली गईं। उन्होंने ज्योतिर्मयी को अंग्रेज़ी पढ़ने को प्रोत्साहित किया और किताब पाने में मदद की। यह साहित्यिक परिवार था जिनका बंगाली साहित्य की कई प्रमुख हस्तियों से मेलजोल था।

इस प्रोत्साहन के बावजूद सम्भवतः ज्योतिर्मयी कभी न लिखतीं, अगर उनके पति का आकस्मिक निधन प्रथम विश्वयुद्ध के बाद न हो गया होता। मात्र 25 वर्ष की आयु में छह छोटे बच्चों के साथ वे अपने पीहर लौटीं, और एक बच्चा अपने पति के परिवार के पास छोड़ आईं। यहाँ वे हिन्दू विधवाओं के लिए बने कठोर नियमों के तहत जीने लगीं। शान्ति की तलाश में उन्होंने साहित्य का सहारा लिया। उन्होंने जॉन स्टुअर्ट मिल की रचना *द सब्जेक्शन ऑव विमेन* पढ़ी, जिसने उन्हें महिलाओं के अधिकारों पर गहराई से सोचने पर उकसाया। स्वयं अपने आचरण में रूढ़िवादी होने के बावजूद उन्होंने हमेशा ध्यान रखा कि वे अपने बेटों और बेटियों से समान बर्ताव करें। उन्होंने कटु, पर प्रांजल बंगाली कथाएँ लिखना प्रारम्भ किया जिसके लिए वे याद की जाती हैं। राजस्थान, दिल्ली तथा बंगाल की पृष्ठभूमि में रची ये कहानियाँ भावुकता भरी न होते हुए भी गहन सहानुभूति से भरी हैं। उन्होंने कथा साहित्य से इतर भी लेखन किया जिसमें खासतौर से महिलाओं तथा दलितों के अधिकारों पर लिखा। उनके लघु कथा संकलन शोना रूपा नॉय (सोना-चाँदी नहीं) ने 1973 में रोबींद्र पुरस्कार जीता। उनका उपन्यास *आलोडित नदी*, उनकी लेखन क्षमता को दर्शाता है। वैधव्य के एकाकीपन में जीते हुए भी ज्योतिर्मयी देवी ने अपनी रचनाओं में बख़ूबी जटिल, बहुस्तरीय वर्णन प्रस्तुत किया।

ज्योत्सना भोले
(1914-2001)

ज्योत्सना भोले शुरुआती मराठी मंच की अभिनेत्री व गायिका तथा संगीत निर्देशक केशवराव वामन भोले की पत्नी थीं। दुर्गा केलेकर नाम के साथ उनका जन्म गोवा में 1914 में हुआ और उन्हें हिन्दुस्तानी शास्त्रीय गायन का प्रशिक्षण दिया गया। मात्र 13 वर्ष की आयु में उन्होंने मंच पर शास्त्रीय संगीत गायन का पहला प्रदर्शन दिया। 1933 में जब उनके पति ने नाट्यमनवन्तर नामक नाटक कम्पनी की सह-स्थापना की, ज्योत्सना कम्पनी के कई नाटकों में अभिनय किया और मध्य वर्ग की उन प्रथम स्त्रियों में एक बनीं जो रंगमंच पर उतरीं। नाट्यमनवन्तर एक बुद्धिजीवी समूह था जिसने यूरोप के आधुनिक रंगमंच का अध्ययन किया और जो मराठी रंगमंच पर इन तत्वों को उतारना चाहती थी। इस समूह पर हैनरिक इब्सन, जॉर्ज बर्नार्ड शॉ, तथा

कोंस्टान्टिन स्टानिस्लावस्की का गहरा प्रभाव था। बाद में लीला चिटनिस ने भी इस कम्पनी के साथ काम किया।

कम्पनी के प्रथम नाटक *अंधाल्यांचीशाला* (अन्धों की शाला) में ज्योत्सना ने 1933 में हीरोइन की भूमिका अदा की। प्रदीप्त पर संक्षिप्त प्रदर्शन के बाद 1935 में नाट्यमनवन्तर बन्द हो गया। तब ज्योत्सना 1941 में एम.जी.रंगनेकर के नाट्य निकेतन से जुड़ीं और 1942 में उनके नाटक *कुलवधू* में मुख्य पात्र की भूमिका की। यह नाटक *अ डॉल्स हाउस* से प्रभावित था। ज्योत्सना मराठी मंच की सबसे सम्मानित गायिका-अभिनेत्री बनीं व 1960 में मंच से संन्यास ले लिया। उन्होंने कुछ नाटक तथा एक आत्मकथा भी लिखी।

1977 में ज्योत्सना को संगीत नाटक अकादमी की फेलोशिप, तथा 1980 में विष्णुदास भावे ट्राफी, 1995 में महाराष्ट्र ने लता मंगेशकर पुरस्कार से सम्मानित तथा 1999 में गोवा में किया। 1984 में आयोजित अखिल भारतीय नाट्य सम्मेलन की वे अध्यक्ष रहीं।

ज़ुबैदा
(1911-1990)

ज़ुबैदा बेगम धनराजगीर अभिनेत्री और भारत की पहली महिला फ़िल्म निर्देशक थीं। उनका जन्म सूरत में हुआ और वे फातमा बेगम तथा साचिन रियासत के नवाब की पुत्री थीं। उनकी बहनें शहज़ादी तथा सुल्ताना थीं। तीनों ही बहनें फ़िल्मों में आईं परन्तु ज़ुबैदा ही सबसे प्रसिद्ध हुईं और लम्बे समय तक काम कर सकीं। वे बेहद ख़ूबसूरत थीं और जब वे फ़िल्म *कोहिनूर* में पहली बार आईं उस समय मात्र बारह वर्ष की थीं। 1920 के दशक में वे बहन सुल्ताना के साथ कभी-कभार फ़िल्मों में काम करती रहीं, जो उस समय अधिक विख्यात थीं। 1922 में दोनों बहनें अपनी माँ के साथ *वीर अभिमन्यु* में आईं और 1924 में *कल्याण खजीना* में। 1925 में ज़ुबैदा की नौ फ़िल्में प्रदर्शित हुईं जिसमें *काला चोर, देवदासी* और *देश का दुश्मन* शामिल थे। 1926 में ज़ुबैदा की माँ ने बतौर निर्देशक जो पहली फ़िल्म *बुलबुल-ए-परिस्तान* बनाई, उसमें ज़ुबैदा ने अभिनय किया। अगले वर्ष *लैला-मजनू, ननद-भौजाई* तथा नवल गांधी की *सैक्रिफाइस* में ज़ुबैदा ने सुलोचना, मास्टर विट्ठल तथा जाल खम्बाटा के साथ अभिनय किया। यह फ़िल्म रविन्द्रनाथ ठाकुर की लघु कथा *बलिदान* पर आधारित थी। भारतीय सिनेमेटोग्राफ कमेटी ने इसे विदेश में प्रदर्शित करने का सुझाव दिया। 14 मार्च, 1931 को इम्पीरियल मूवीटोन के अर्देशिर ईरानी ने *आलम आरा* प्रदर्शित की जो भारत की पहली लम्बी बोलती फ़िल्म थी। इसे मैजिस्टिक थिएटर में दिखाया

गया। ज़ुबैदा बड़ी आसानी से बोलती फ़िल्मों में काम कर सकीं और कई पौराणिक फ़िल्मों में आईं। एज़्रा मिर की *ज़रीना* में भी उन्होंने अभिनय किया। 1934 में उन्होंने नानूभाई वकील के साथ महालक्ष्मी मूवीटोन की स्थापना की और *गुल-ए-सोनोबर* तथा *रसिक-ए-लैला* जैसी हिट फ़िल्में बनाईं। 1949 में ज़ुबैदा ने अपनी आख़िरी फ़िल्म *निर्दोष अबला* में अभिनय किया। तब उन्होंने हिन्दू धर्म में परिवर्तन कर हैदराबाद रियासत के महाराज नरसिंगिर धनराजगिर ज्ञान बहादुर से विवाह किया, और अपने अन्तिम वर्ष बम्बई स्थित धनराज महल में अपने बच्चों और नाती-पोतों के साथ बिताए। उनके पुत्र हुमायूँ धनराजगिर विख्यात उद्योगपति हैं।

ज़ोहराबाई आगरे वाली

(1868-1913)

ज़ोहराबाई शास्त्रीय हिन्दुस्तानी संगीत की गायिका थीं। गौहर जान की ही तरह उनकी पृष्ठभूमि भी तवायफ़ों की थी और वे अन्तिम विख्यात तवायफ़ों में से एक थीं। उनकी गायन शैली भड़कीली और मर्दानी थी। आगरा घराने की होने के कारण वे आगरे वाली कहलाती थीं। ग्वालियर से ख़याल गायकी लाने वाले घघ्घे ख़ुदा बख्श के भतीजे उस्ताद शेर ख़ान ने उन्हें संगीत शिक्षा दी थी। उन्होंने उस्ताद कल्लन ख़ान तथा महबूब ख़ान (*दरस पिया*) से भी प्रशिक्षण लिया था। वे ख़याल और ठुमरी गाती थीं और साथ ही कुछ दिलखुश ग़ज़लें भी, जो उन्होंने ढाका के अहमद ख़ान से सीखी थीं। कहते हैं कि उन्होंने उस्ताद फैयाज़ ख़ान को प्रभावित किया था और पटियाला के उस्ताद बड़े ग़ुलाम अली ख़ान भी उनका सम्मान करते थे। कहते यह भी हैं कि गंगूबाई हंगल ने अपनी गायन शैली ज़ोहराबाई की तर्ज पर ढ़ाली थी। उनके गाए कुछ अंश 78 आरपीएम वाले रिकॉडों से मिल सके हैं जो बीसवीं शताब्दी के पहले दो दशकों में गाए गए थे, इसमें राग जौनपुरी में निबद्ध *मटकी मोरे रे गोरस* तथा राग सोहिनी में निबद्ध *देखने को मन ललचाय* भी शामिल हैं जो 1909 में रिकॉर्ड किए गए थे। ये दुर्लभ रिकॉर्डिंग हैं।

झलकारी बाई

(1830-1890)

झलकारी बाई झाँसी की रानी लक्ष्मीबाई की सहायक सेनाधिकारी थीं, जिन्होंने ब्रिटिश आक्रमण के दौरान लक्ष्मीबाई की मदद की थी। वे झाँसी के पास के एक गाँव की

दलित बालिका थीं। अनुश्रुति के अनुसार जब झलकारी बाई जंगल में जलावन इकट्ठा करने गईं तो उनका सामना एक शेर से हुआ और उन्होंने कुल्हाड़ी से उसे मार गिराया। उनका विवाह पूरण कोरी नामक एक व्यक्ति से हुआ जो झाँसी की सेना में सैनिक था और इस सम्बन्ध से झलकारी बाई का परिचय राजमहल से हुआ। उनकी वीरता व निर्भीकता पर रानी लक्ष्मीबाई ने ग़ौर किया और उन्हें दुर्गा दल के लिए प्रशिक्षित किया, जो युद्ध अभियान में लक्ष्मीबाई की मदद करता था। दुर्गा दल की कई सदस्याएँ, जैसे मन्दर, सुन्दरी बाई, मुन्दरी बाई व मोती बाई भी अपनी क़ाबिलियत के बूते प्रसिद्ध हुईं और स्थानीय लोकगीतों व रासों में उनका बखान किया गया। इनमें से अधिकांश स्त्रियाँ आसपास के गाँवों की थीं और तलवारबाज़ी, घुड़सवारी तथा अस्त्र-शस्त्रों के उपयोग में प्रशिक्षित थीं। झलकारी बाई की क़द-काठी लक्ष्मीबाई से मिलती-जुलती थी। जब झाँसी की हार सुनिश्चित लगी तो लक्ष्मीबाई को एक विचार सूझा। लक्ष्मीबाई क़िले से चुपचाप कालपी के लिए भाग निकलीं, झलकारी बाई ने लक्ष्मीबाई के कपड़े पहन अन्तिम धावे का नेतृत्व किया। उनके पति की इस अन्तिम अभियान में मृत्यु हुई और झलकारी बाई बन्दी बना ली गईं तथा मई, 1858 में उन्हें समर्पण करने पर मजबूर होना पड़ा। जनरल ह्यूरोज़ के सामने वे रानी की तरह पेश आईं, और जनरल प्रसन्न हुए कि उन्होंने कुख्यात लक्ष्मीबाई को क़ैद कर लिया है। जब जनरल रोज़ ने सवाल किया कि उनके साथ कैसा आचरण किया जाए, कहा जाता है कि वे चिल्लाईं 'मुझे फाँसी पर चढ़ा दो।' ह्यूरोज़ उनकी वीरता से प्रभावित हुए, पर आगे पूछताछ पर उन्हें उनके लक्ष्मीबाई होने पर शक होने लगा। आख़िरकार वे समझ गए कि वे बेवकूफ बनाए गए हैं, पर वे उनसे इस क़दर प्रभावित हो चुके थे कि उन्होंने झलकारी बाई को जाने दिया।

झलकारी बाई की कथा ने कई कविताओं व पुस्तकों की रचना को प्रेरित किया। वृन्दावन लाल वर्मा का 1975 का उपन्यास *झाँसी की रानी* वह मुख्य स्रोत है जिस पर बाद की रचनाएँ आधारित की गईं। इनमें एक गीत नाट्य *वीरांगना झलकारी* (1995) जो बिहारीलाल हरित की रचना है, तथा एक नाटक *झलकारी बाई* (1990) जो एक दलित विद्वान् माता प्रसाद की रचना है, शामिल हैं।

मदर टेरेसा

(1910-1997)

कलकत्ता की मदर टेरेसा एक शान्तिदूत, पथ-प्रदर्शक तथा एक जीवन्त अनुश्रुति थीं। उनके जीवन का सार-संक्षेप उन्हीं के शब्दों में प्रस्तुत करना श्रेष्ठतम होगा, 'मैं ईश्वर के हाथों में एक नन्ही पेंसिल हूँ। वही सोचता-विचारता है। वही लिखता है। वही सब

कुछ करता है और कभी यह सब बड़ा कठिन भी होता है क्योंकि पेंसिल टूट जाती है और उसे तराश कर पैना बनाना पड़ता है। ईश्वर के हाथों का नन्हा उपकरण बनो ताकि वह तुम्हारा उपयोग जब भी, कहीं भी, कर सके। हमें ईश्वर से सिर्फ़ 'हाँ' ही तो कहना है।

26 अगस्त, 1910 में पूर्व के युगोस्लाविया के स्कोपजे, मैसिडोनिया में एग्नस गॉन्क्झा बोजाक्सिहिउ नाम से जन्मीं मदर टेरेसा अपने माता-पिता की तीन सन्तानों में सबसे छोटी थीं। किशोरावस्था में एग्नस अपनी स्थानीय पल्ली के युवा दल सोडैलिटी की सदस्य बनीं। समूह की गतिविधियों, जिनका मार्गदर्शन एक जैस्यइस्ट पादरी करते थे, से जुड़ने के कारण, एग्नेस मिशनरियों में रुचि लेने लगीं। सत्रह वर्ष की आयु में कैथोलिक मिशनरी नन बनने की दिशा में उन्होंने पहला क़दम उठाया। वे सिस्टर्स ऑव लॉरिटो नामक एक आयरिश मिशनरी समुदाय से जुड़ीं, जो भारत में अपने मिशनरी कार्यों के लिए प्रख्यात था। जब उन्होंने सिस्टर ऑव लॉरिटो के रूप में प्रतिज्ञा ली तो उन्होंने लिसियू की सन्त थेरेस का नाम चुना और सिस्टर टेरेसा के रूप में जानी जाने लगीं।

सिस्टर टेरेसा भारत आईं और कलकत्ता में सेंट मेरीस् हाईस्कूल में भूगोल तथा धर्म ज्ञान पढ़ाने लगीं। 1944 में वे सेंट मेरीस् की प्रधानाध्यापिका बनीं। कुछ ही समय बाद सिस्टर टेरेसा को क्षयरोग हुआ और पढ़ाना सम्भव न होने के कारण उन्हें आराम और रोगमुक्त होने के लिए दार्जिलिंग भेजा गया। रेलगाड़ी से दार्जिलिंग की यात्रा के समय सिस्टर टेरेसा को दूसरा दैवी आदेश मिला–'आदेश के तहत आदेश,' मदर टेरेसा ने बाद में याद करते हुए बताया, 'मुझे कॉन्वेंट छोड़ने और गरीबों के साथ काम करने, उनके बीच रहने को कहा गया। यह हुक्म था। मुझे यह तो पता चल गया कि मेरी सही जगह कहाँ है, पर यह पता न था कि वहाँ पहुँचूँ कैसे?'

अगस्त 1948 में टेरेसा ने पोप पायस, बारहवें की अनुमति से लॉरिटा संघ को त्यागा और नीले पाड़ की श्वेत साड़ी को अपनाया, जो अब प्रसिद्ध हो चुका है। वे पहले पटना गईं जहाँ उन्होंने नर्सिंग व औषधालय के काम का एक छोटा पाठ्यक्रम किया, और तब *लिटिल सिस्टर्स ऑव द पुअर* के कॉन्वेंट से जुड़ीं। दिसम्बर 1948 में उन्होंने मोती झील में पहला कच्ची बस्ती का स्कूल खोला जो किराए के दो कमरों में चलाया जाता था। उसी वर्ष उन्होंने भारतीय नागरिकता अपना ली। 7 अक्टूबर, 1950 को 'होली सी' से अपने संघ 'द मिशनरीज़ ऑव चैरिटी' को स्थापित करने की अनुमति मिली, जिनका मुख्य काम उन लोगों को प्रेम देना और देखभाल करना था जिनकी कोई दूसरा देखभाल करने को तैयार न हो। 1965 में पोप पॉल सप्तम के आदेश से यह समिति एक अन्तर्राष्ट्रीय धार्मिक परिवार घोषित कर दी गई।

ढलते स्वास्थ्य के बावजूद मदर टेरेसा अन्त तक स्वयं को सेवा कार्य में झोंकती रहीं। द मिशनरीज़ ऑव चैरिटी 125 देशों में कार्यरत है, उसके 602 गृह हैं और

3,914 सिस्टर्स, वे लाखों ज़रूरतमन्द लोगों की सेवा करती हैं। मदर टेरेसा का देहावसान 5 सितम्बर, 1997 में हुआ। उनकी अंत्येष्टि पर पोप के प्रतिनिधि के रूप में कार्डिनल सदानो, हिलरी क्लिंटन, सोनिया गांधी जैसे जानी-मानी हस्तियाँ सम्मिलित हुईं। मदर हाउस में उनकी समाधि एक तीर्थ स्थल बन चुका है।

मदर टेरेसा को कई सम्मानों व पुरस्कारों से नवाज़ा गया, जिसमें पद्मश्री (1962), रेमॉन मैगसेसे पुरस्कार (1962), पोप पॉल षष्ठम द्वारा डिक्री ऑव प्रेज़ (1965), पोप जॉन तेईसवाँ शान्ति पुरस्कार (1971), नोबेल शान्ति पुरस्कार (1979), भारतरत्न (1980), मेरिटोरियस सिटिज़न ऑव स्कोपजे प्रमाण पत्र तथा कई अन्य सम्मान शामिल हैं। मृत्योपरान्त 20 अक्टूबर, 2003 को पोप जॉन पॉल, द्वितीय ने उन्हें पुण्यात्मा घोषित किया (बीटीफाय किया) तथा उन्हें ब्लैसेड टेरेसा ऑव कैलकटा की उपाधि दी।

उनके शब्दों को उद्धृत करें, तो उनका कहना था कि 'बोलने के पहले सुनना आवश्यक है क्योंकि ईश्वर हृदय के मौन से बोलते हैं...मौन का फल प्रार्थना है, प्रार्थना का फल आस्था है, आस्था का फल है प्रेम, प्रेम का फल सेवा है और सेवा का फल है शान्ति।'

तारा अली बेग
(1916-1989)

तारा अली बेग लेखिका तथा समाज सुधारक थीं। वे अन्तर्राष्ट्रीय बाल कल्याण संघ, जिनेवा, की प्रथम एशियाई महिला अध्यक्ष थीं। उनका जन्म 8 अगस्त को मसूरी में हुआ था। उनकी स्कूली पढ़ाई दार्जिलिंग, स्विट्ज़रलैंड तथा ढाका में हुई। कूटनीतिज्ञ मिर्ज़ा रशीद अली बेग से तारा ने विवाह किया तथा वे प्रसिद्ध चित्रकार अंजली एला मेनोन की मौसी (?) थीं। 1937 में उन्हें प्रथम योजना कमेटी से जोड़ा गया तथा स्त्रियों की सामाजिक एवं आर्थिक अशक्तताओं को जाँचने के लिए गठित समूह का संयोजक बनाया गया। आज़ादी के कुछ समय बाद उनके पति की नियुक्ति विदेश में हुई। अपनी यात्राओं के दौरान तारा ने इंडोनेशिया में महिला अन्तर्राष्ट्रीय क्लब का गठन किया और बाद में ईरान में भी ठीक ऐसे ही क्लब की नींव रखी। जब तारा के पति दिल्ली में मुख्य प्रोटोकॉल (नयाचार) अधिकारी बने, तारा ने भारतीय बाल कल्याण परिषद का निर्माण किया और बाद में उसकी अध्यक्ष भी बनीं। उन्होंने राष्ट्रपति भवन में आयोजित होने वाले राजकीय भोजों को भारतीय पुट देने में इन्दिरा गांधी की सहायता की। 1977 में उन्हें जिनेवा स्थित अन्तर्राष्ट्रीय बाल कल्याण संघ का अध्यक्ष चुना गया। वे पहली एशियाई स्त्री थीं जो इस पद पर चुनी गईं। वे तिब्बती गृह

फाउंडेशन की सदस्य थीं तथा भारत के एसओएस बाल ग्राम की 22 वर्षों तक अध्यक्ष रहीं (1967 से 1989 तक)।

1968 के बाद वे ऑस्ट्रिया स्थित एसओएस किंडरहॉफ (बालग्राम) की उपाध्यक्ष रहीं। पंच वर्षीय योजनाओं में बाल कल्याण नीतियों की वे निर्माता थीं और 1975 से राष्ट्रीय बाल बोर्ड की सदस्य भी। उनकी पुस्तकों में सरोजिनी नायडू की जीवनी *द मून इन राहू, विमेन इन इंडिया, इंडियास् विमेन पावर* तथा *इंद्राणी, द एन्चान्टेड जंगल* तथा *द फॉरबिडन सी* जैसी बाल पुस्तकें भी शामिल हैं। आकाशवाणी में उन्होंने जो वार्ताएँ दीं वे आज ऐतिहासिक मानी जाती हैं तथा टी.वी. पर उनके सांस्कृतिक कार्यक्रम बेहद लोकप्रिय थे।

उन्हें तेहरान स्कूल ऑव सोशल वर्क ने 1965 में मानद डिग्री प्रदान की, अन्तर्राष्ट्रीय बाल कल्याण संघ ने 1984 में स्वर्ण पदक तथा विशेष पुरस्कार से सम्मानित किया, कैनडा के अल्बर्टा विश्वविद्यालय ने 1988 में तारा को डॉक्टर ऑव लॉ की मानद डिग्री से नवाज़ा।

ताराबाई

(1675-1761)

ताराबाई मराठा प्रतिशासक रानी थीं। वे हम्बीराव मोहिते की पुत्री थीं जो चालुक्य राजाओं के वंशज थे तथा शिवाजी के सेनापति थे। ताराबाई का विवाह शिवजी के द्वितीय पुत्र राजाराम से हुआ। 1700 में सतारा की मराठा राजधानी पर मुग़ल आक्रमण के कारण ख़तरा मँडराया, मराठा सामन्त मध्य भारत को भागने पर बाध्य हुए। इसी समय राजाराम की मृत्यु हुई और ताराबाई अपने नाबालिग पुत्र सम्भाजी द्वितीय की संरक्षिका व अभिभावक बनीं। उन्होंने टौंक थोड़ा पर मोर्चाबन्दी की पर बन्देनौर तक हटने पर बाध्य हुए। बेदनोर के राजा जयमल ने ताराबाई से विवाह की पेशकश की। ताराबाई का जवाब था कि अगर जयमल मुसलमानों को थोड़ा से, भगा देगा तो वह उसका हाथ पा सकता है। परन्तु जयमल की हत्या हम्बीराव ने कर दी क्योंकि उसने उसकी पुत्री से विवाह करने की इच्छा की थी। 1705 तक ताराबाई के नेतृत्व में मराठी सेना नर्मदा पार कर मालवा में प्रवेश कर चुकी थी, जो उस समय मुग़लों के कब्ज़े में था। वहाँ उन्होंने कई मुग़ल टुकड़ियों को हराया। कई प्रसिद्ध सेनापतियों, जिनमें ऊदाजी पवार तथा हयबतराव निम्बालकर भी शामिल थे, इन मुठभेड़ों में अपने युद्ध कौशल का प्रदर्शन किया। मराठों की आक्रामक रणनीति ने मुग़लों को पछाड़ा और वे पीछे हटने लगे। वापस हटने के दौरान मुग़ल बादशाह औरंगज़ेब की औरंगाबाद में मृत्यु हो गई। बाद में मराठों में फूट डालने के मकसद से मुग़लों ने ताराबाई के

भान्जे शाहू को रिहा कर उसे गद्दी का उत्तराधिकारी घोषित कर दिया, और यों ताराबाई को दरकिनार किया। 1773 में ताराबाई ने कोल्हापुर में प्रतिस्पर्धा दरबार स्थापित किया। ताराबाई को भद्रकाली भी कहा जाता था।

ताराबाई शिंदे
(1850-1910)

ताराबाई शिंदे एक सक्रियकर्मी थीं। वे सामाजिककर्मी ज्योतिबा तथा सावित्रीबाई फुले की सहयोगिनी थीं तथा उनके *सत्यशोधक समाज* की सदस्य थीं। वे विजयलक्ष्मी मामले के बाद सक्रिय होने पर उद्वेलित हुई थीं। 1881 में सूरत की एक युवा ब्राह्मणी विजयलक्ष्मी को अपनी अवैध सन्तान की हत्या का दोषी पाया गया। अपील पर उसके मृत्युदंड को आजीवन निर्वासन की सज़ा सुनाई गई। इस फ़ैसले से ताराबाई इतना क्रोधित हुईं कि उन्होंने मराठी में *स्त्री-पुरुष तुलना* नामक लेख लिखा। यह वह प्रारम्भिक दस्तावेज़ है जो स्त्रियों तथा पुरुषों के आचरण पर अपनाए जाने वाले दोहरे मानदंडों से रू-ब-रू होता है। इस आलेख ने पुरुषों के ढोंग की व्यापकता पर प्रकाश डाला और स्पष्ट किया कि वे किस प्रकार अपनी कमज़ोरियों को पीड़ितों पर थोपते हैं तथा विधवाओं के प्रति उनके आचरण की भर्त्सना की। परन्तु ताराबाई का यह लेख समय से बहुत पहले लिखा गया और समाज ने उसके सन्देश की कमोबेश उपेक्षा ही की।

बेगम तैयब्बा
(1873-1921)

बेगम तैयब्बा एक सुधारक व शिक्षाविद् थीं। उन्हें पहली मुस्लिम महिला स्नातक होने का श्रेय दिया जाता है। उनका जन्म 1873 में हैदराबाद में हुआ था और वे सुप्रसिद्ध कवयित्री सरोजिनी नायडू के साथ स्कूल में पढ़ी थीं। सरोजिनी नायडू अखिल भारतीय स्तर पर काम कर सकीं, जबकि तैयब्बा हैदराबाद तक सीमित रहीं। पर उन्होंने अपनी निजी शैली में ख़ूब काम किया जिसके लिए उन्हें आज तक याद किया जाता है। 1901 में उन्होंने लेडी हैदरी क्लब की तथा बाद में 1916 में रौकिया व अन्य के साथ अंजुमन-ए-खवातीन-ए-इस्लाम की स्थापना की। उन्होंने बालिका शिक्षा, खासतौर से मुस्लिम समुदाय की बालिकाओं की शिक्षा के लिए काम किया। उन्होंने अनवरी बेगम नामक उपन्यास की रचना की तथा भारतीय लोकगीतों पर एक पुस्तक लिखी। 1908

में आई बाढ़ के दौरान उन्होंने राहत कार्य किए। अपनी मृत्यु तक बेगम तैयब्बा महिला शिक्षा से जुड़ी रहीं जिसे वे सबसे महत्त्वपूर्ण मुद्दा मानती थीं।

तोरु दत्त

(1856-1877)

तोरु दत्त लेखिका तथा कवयित्री थीं। उनका जन्म 4 मार्च, 1856 में गोविन्द चन्दर दत्त तथा छेत्रंमणि की सबसे छोटी सन्तान के रूप में कोलकाता स्थित रामबागान के प्रसिद्ध दत्त परिवार में हुआ था। यह परिवार अपनी संस्कृति, उच्च नैतिकता के साथ ही अपने पाश्चात्य दृष्टिकोण तथा यीशु के प्रति भक्ति के लिए जाना जाता था। उनकी प्रारम्भिक शिक्षा-दीक्षा पूर्णतः अंग्रेज़ी में हुई। उनके पिता के सुसंस्कृत मित्र भी यूरोपीय कलाओं तथा सामाजिक रीति-रिवाज़ों के तोरु के ज्ञान से अचंभित होते थे। 14 वर्ष की आयु में वे इंग्लैंड गईं तथा चार वर्ष तोरु ने वहाँ तथा फ्रांस में बिताए। फ्रांसीसी उनकी प्रिय भाषा बनी और फ्रांस पसन्दीदा देश। कैम्ब्रिज आवास के दौरान उन्होंने फ्रांसीसी कविताओं का अंग्रेज़ी में अनुवाद करना प्रारम्भ किया, जिनमें से कुछ उनकी पुस्तक *ए शीफ ग्लीन्ड इन फ्रेंच फील्ड्स* (1876) में स्थान पाती हैं। उन्होंने कैम्ब्रिज की मेरी मार्टिन्स को पत्र लिखे। 1873 में दत्त परिवार कोलकाता लौटा। तोरु के जीवन के शेष चार वर्ष उन्होंने अंग्रेज़ी तथा फ्रांसीसी साहित्य के गहन अध्ययन में लगाए, जिसमें उन्होंने संस्कृत का अध्ययन भी जोड़ा। उनकी रचना *ए शीफ ग्लीन्ड इन फ्रेंच फील्डस* भारत तथा इंग्लैंड दोनों ही स्थानों पर प्रशंसित हुई। बाद में तोरु ने साठ नई कविताओं का भी इस पुस्तक के लिए अनुवाद किया जो उनकी मृत्यु के बाद तृतीय संस्करण में केगन पॉल एंड कम्पनी द्वारा प्रकाशित की गई तथा प्रशंसित हुई।

तोरु के दो उपन्यास व उनकी अन्य कविताएँ *एंशिएंट बैलेड्स एंड लेजेन्ड्स ऑव हिन्दुस्तान* शीर्षक से, 21 वर्ष की आयु में क्षयरोग से तोरु की अकाल मृत्यु के बाद, उनके पिता द्वारा प्रकाशित की गईं। ये रचनाएँ उनकी काव्य प्रतिभा की प्रकृति तथा गुणवत्ता को दर्शाती हैं, जो ठोस उपलब्धि के बजाय महज सम्भावना बनकर रह गईं। हरिहर दास ने तोरु की जीवनी *द लाइफ एंड लेटर्स ऑव तोरु दत्त* लिखी। तोरु ने लिखा था :

इस जैसे जगत में मैंने जाना
पा सकता नहीं कोई अपनी दिली तमन्ना
या परमानन्द में वर्ष गुज़ारना
सोने की ही तरह तपना पड़ता है हमें आग में।

–रीना जैन

त्रिभुवन महादेवी
(लगभग 846 ईसवी)

उड़ीसा के इतिहास में त्रिभुवन महादेवी नामक कम से कम तीन रानियाँ हुई हैं, पर इनमें सबसे विख्यात प्रथम त्रिभुवन महादेवी थीं जो भौमा-कारा रानी कहलाती थीं। उन्होंने गोस्वामिनी तथा सिन्दागौरी की उपाधियाँ भी धारण की थीं। वे मैसूर के पश्चिम गंगा वंश के राजमल्ल प्रथम की पुत्री थीं, जिनका विवाह भौमा-कारा वंश के शान्तिकरदेव, प्रथम से हुआ था। समसामयिक अरबी तथा फ़ारसी भूगोलविदों के अनुसार भौम की राजसी शक्ति एक स्त्री के हाथों में थी जिसकी सेना में 3,00,000 सैनिक थे। अरब भूगोलकार इब्न खुर्दाधिबिह 846 में रचित अपने भूगोल में उड़ीसा की प्रसिद्ध महिला शासक का उल्लेख करते हैं। वे प्रतिशासक नहीं थीं बल्कि स्वयं शासन करती थीं और अपने नाम से घोषणाएँ व ताम्रपत्र जारी करती थीं।

उड़ीसा के समसामयिक दस्तावेज़ों तथा ताम्रपत्रों के अनुसार उनके शासन काल में प्रदेश ने प्रशासन की तीन शाखाओं में प्रगति की थी; शत्रुओं का नाश किया गया था, विदेशों में यश फैला था, तथा लोगों में सौहार्द था। एक ताम्रपत्र उनकी तुलना देवी कात्यायनी तथा श्री से करते हुए उनके पौत्र लोनभुहारा को सत्ता सौंपने का उल्लेख यह कहते हुए करता है, 'मैंने अधिकारियों को नियंत्रण में रखा ताकि वे प्रजा का दमन न करें। मैंने दुखियारों की मदद दानगृह स्थापित कर ग़रीब ज़रूरतमन्दों को दान देकर की। मैंने अकाल, युद्ध तथा महामारी की विपत्तियों के समय संसाधन उपलब्ध करवाए। मैंने शिक्षा, कलाओं व स्थापत्य को प्रोत्साहित किया। मैंने जाति प्रथा की रक्षा की। मैंने बड़े हाथियों, कालीमिर्च, अगरु, रत्तन, कपास तथा तुमुल ध्वनि करने वाले सफ़ेद शंखों के व्यापार को बढ़ाया।'

त्रिभुवन महादेवी ने बंगाल के पालों तथा राष्ट्रकूटों के हमलों को निरस्त किया। वे ललित तथा स्थापत्य कलाओं की संरक्षिका थीं। उनके शासन काल में ही उड़ीसा में स्थापत्य की कलिंग शैली का विकास प्रारम्भ हुआ। बाद की भौमकार रानियों, जैसे पृथ्वी महादेवी महाराजा ललितहरदेव की पत्नी थीं, गौरी महादेवी, वकुल महादेवी तथा दंडी महादेवी जो 926 में सिंहासन पर बैठी थीं, ने भी अपनी छाप छोड़ी। इनमें से कुछ रानियाँ प्रतिशासक थीं, पर सभी ने मुद्राएँ जारी कीं और प्रशासन में सक्रिय रहीं।

दयावती मोदी
(1915-1994)

दयावती मोदी लोक-हितैषी व उद्योगपति गूजरमल मोदी की पत्नी थीं। उनका जन्म उत्तर प्रदेश के एक छोटे से गाँव कासगंज में हुआ था। उनकी माता की मृत्यु कम

आयु में हो गई और उन्होंने स्वयं ही वेदों व गीता का ज्ञान प्राप्त किया, उन्हें गीता से प्रेरणा व मार्गदर्शन मिलता था। 1932 में उनका विवाह गूजरमल से हुआ और वे पटियाला में अपने ससुराल के संयुक्त परिवार से जुड़ीं जिसके लगभग सौ सदस्य थे। परिवार के सभी सदस्यों की ज़रूरतों और सुविधाओं का दयावती ने समर्पित भाव से ख़याल रखा। उनके ही सुझाव पर गूजरमल बेगमाबाद आए, उसको मोदीनगर का नया नाम दिया और वहाँ अपना पहला चीनी कारख़ाना खोला। मोदी घराने के उद्योगों का भाग्योदय प्रारम्भ हुआ। व्यवसाय में अच्छी कमाई के कारण गूजरमल ने दयावती के सामने 1935 में दो विकल्प रखे—वे अतिरिक्त पैसे से या तो स्वयं के लिए गहने खरीद लें, या फिर वे उसका उपयोग मोदीनगर के विकास के लिए करें। दयावती ने दूसरा विकल्प चुना और पूरी ऊर्जा और संकल्प के साथ स्कूलों व कॉलेजों की स्थापना की। स्त्रियों की आत्म- निर्भरता, विधवा विवाह और शिक्षा में विश्वास रखनेवाली दयावती ने 1954 में समाज कल्याण परिषद की स्थापना की ताकि विधवाओं के पुनर्वास के लिए उन्हें व्यावसायिक प्रशिक्षण व प्रौढ़ शिक्षा देने की व्यवस्था हो सके। मोदीनगर के आसपास के ज़िले के लिए कई विकास योजनाएँ प्रारम्भ की गईं। वे गूजर मल मोदी विज्ञान अनुसन्धान परिषद् की संस्थापिका भी थीं।

कर्मयोगिनी दयावती ने अपनी गुरु आनन्दमयी माँ से मार्गदर्शन पाया। स्त्रियों के जीवन में रचनात्मक परामर्श का महत्त्व समझते हुए वे प्रत्येक सोमवार को मोदी नगर की महिलाओं से लक्ष्मीनारायण मन्दिर में मिला करती थीं। यह मन्दिर उनकी प्रेरणा से उनके परिवार ने बनवाया था जो 1963 में पूरा हुआ। 1976 में अपने पति की मृत्यु के बाद वे 18 वर्ष तक अकेली रहती रहीं, पर अपने बच्चों व शहर के लोगों का दिशादर्शन करती रहीं। उन्होंने अपने परिजनों को बहुमुखी भारत को विकसित करने में योगदान देने की प्रेरणा दी। उनका मूलमंत्र था 'काम ही पूजा है'।

उनका दृढ़ विश्वास था कि प्रत्येक महिला को एक व्यक्ति के रूप में सम्मान पाने का तथा आर्थिक स्वतंत्रता का न्यूनतम अधिकार होना चाहिए। उन्हें 1982 में सिख अध्ययन के लिए शिरोमणि पुरस्कार, 1983 में कला संगम पुरस्कार, 1986 में विश्व धर्म संसद की ओर से भारत सेवा रत्न पुरस्कार दिया गया। वे अखिल भारतीय महिला कॉन्फ्रेंस की योजना समिति की सदस्य रहीं। 1978 में कैम्ब्रिज विश्वविद्यालय ने प्रख्यात बुद्धिजीवियों की सूची बनाई उसमें दयावती का नाम शामिल था। दयावती के परिवार ने उनकी स्मृति में तीन पुरस्कार स्थापित किए जो उनकी विविध रुचियों का संकेत देते हैं। ये पुरस्कार हैं—दयावती मोदी कवि शेखर सम्मान, दयावती मोदी कला, संस्कृति एवं शिक्षा पुरस्कार तथा दयावती मोदी स्त्री शक्ति सम्मान।

दर्शन रंगनाथन

(1941-2001)

दर्शन रंगनाथन जैव-रसायनशास्त्र की शोधकर्ता थीं। उनका जन्म दिल्ली में शान्ति स्वरूप तथा विद्यावती मरकन के परिवार में हुआ, और उनका बचपन दिल्ली में ही बीता। रसायनशास्त्र में स्नातक करने के बाद वे मिरांडा हाउस में व्याख्याता बनीं और अन्ततः रसायनशास्त्र की विभागाध्यक्ष भी। 1967 में दिल्ली विश्वविद्यालय से, प्रोफेसर टी.आर शेषाद्रि के मार्गदर्शन के तहत उन्होंने पीएचडी की डिग्री पाई। रॉयल कमीशन फॉर द एक्ज़िबिशन, की वरिष्ठ शोध छात्रवृत्ति मिलने के बाद उन्होंने अपनी स्नातकोत्तर शोध अमरीका में प्रोफेसर डी.एच.आर. बार्टन के तहत की। वे 1969 (तिथि?) में भारत लौटीं व अगले वर्ष सुब्रमणिया रंगनाथन से विवाह किया, व कानपुर आईआईटी में स्वतंत्र शोध प्रारम्भ की, जहाँ उनके पति पढ़ाते थे। कई कारणों से उन्हें वहाँ फैकल्टी सदस्य बनने से रोका गया, परन्तु उन्होंने अपने शोध के लिए, विभिन्न स्रोतों से छात्रवृत्ति की व्यवस्था की। प्रोटीन फोल्डिंग के क्षेत्र में उन्होंने अग्रणी शोध की। अपने पति के साथ वे *करेंट हाईलाइट्स इन ऑर्गेनिक कैमिस्ट्री* नामक शोध-पत्रिका का सम्पादन भी करती रहीं। 1993 में उन्होंने त्रिवेंद्रम स्थित सम्भागीय शोध प्रयोगशाला में एक पद स्वीकारा तथा 1998 में हैदराबाद स्थित इंडियन इंस्टिट्यूट ऑव कैमिकल टैक्नोलॉजी की निदेशक बनीं। साठ वर्ष की उम्र में स्तन कैंसर से उनकी मृत्यु हुई।

दर्शन, राष्ट्रीय विज्ञान अकादमी की फेलो थीं। उन्होंने जैव रसायनशास्त्र में अपने काम के लिए ए.वी. रामा राव फाउंडेशन पुरस्कार, जवाहरलाल नेहरू जन्म शताब्दी विज़िटिंग फैलोशिप तथा 1999 में थर्ड वर्ल्ड एकेडमी ऑव साइंसेज पुरस्कार तथा सुखदेव अनुदान व्याख्याता पदक जीता था।

दिद्दा

(958-1003)

दिद्दा कश्मीर की रानी थीं जो 958 से 1003 ई. के दौरान स्थानीय इतिहास पर हावी रहीं। वे लोहारा के राजा सिमराजा की पुत्री तथा उदभदपुरा के शाही राजा भीम अथवा भीमपाल की दौहित्री थीं। उनका विवाह कश्मीर के राजा क्षेमगुप्त से 950 में हुआ। कल्हण रचित *राजतरंगिणी* जो बारहवीं शताब्दी के मध्य में रचित कश्मीर का इतिहास है, के अनुसार दिद्दा का अपने पति पर इतना प्रभाव था कि वे दिद्दा क्षेम की अपमानजनक उपाधि से जाने जाने लगे थे। कल्हण के कथन को क्षेमगुप्त के ताँबे के सिक्कों से बल मिलता है जिन पर 'दि-क्षेम' अंकित है। 958 में क्षेमगुप्त की मृत्यु

के बाद दिद्दा ने अपने पुत्र अभिमन्यु को मार्गदर्शन में ले उसे राजगद्दी के लिए तैयार किया।

साहस व कूटनीति के साथ दुराचार तथा अतिचार दिद्दा के शासन काल व अभिभावकत्व के दौरान अपने चरम पर थे। अभिमन्यु के शासन काल में दिद्दा को पता चला कि कई सामन्त कश्मीर की गद्दी छीनने की योजना बना रहे हैं, सो दिद्दा ने उनके भारी प्रभाव के बावजूद उन्हें महल से निकाल बाहर किया। जब ये सामन्त उनके विरोध पर उतरे तो दिद्दा ने उनके ब्राह्मण समर्थकों को खरीद लिया। इन ब्राह्मणों में एक यशोधर बन भी था और जब वह स्वयं ताक़तवर बन दिद्दा के विरोध में खड़ा हुआ तो दिद्दा अपने मंत्री नरवाहन तथा वीर कश्मीर सेना—एकंगों की मदद से उसे कुचल दिया। कल्हण दिद्दा के लिए लिखते हैं, 'वे विश्वासघाती मंत्री जो साठ वर्षों तक...राजा गोपाल से अभिमन्यु तक 16 राजाओं को उनके सम्मान, जीवन व सम्पदा को लूटते रहे थे, उनका खात्मा रानी दिद्दा की ऊर्जा से जल्दी ही कर दिया गया।' दिद्दा ने कई मठ, मन्दिर व नगरों का निर्माण भी किया।

एक ओर दिद्दा ने भाई-भतीजावाद को बढ़ावा दिया तो दूसरी ओर अपने उन अनुयायियों को भी निर्ममता से कुचला जो उन्हें निष्ठाहीन लगे। कई ऊँचे अधिकारी और दिद्दा, दलाली का काम करते थे तथा उनके शयनकक्ष में बिना रोक-टोक आते-जाते थे। दिद्दा को अपने मंत्री फाल्गुन, जिसने राजौरी को जीता था, व तुंग काशी नामक गड़रिये से, जिसने दामरस में विद्रोह को दबाया था, प्रेम सम्बन्ध रहा था। 972 ई. में राजा अभिमन्यु की मृत्यु हो गई। इसके बाद दिद्दा ने अभिमन्यु के पुत्र नन्दीगुप्त को गद्दी पर बिठाया। राजकाज की बागडोर उन्होंने अपने हाथों में रखी, पर सत्ता की भूख व अपनी कामुकता को नियंत्रित न कर पाने के कारण उन्होंने अपने पोते के विरुद्ध उग्र हत्याकांड चलाया। किंवदंती यह है कि उन्होंने इसके लिए जादू-टोने का भी उपयोग किया और 981 ई. में स्वयं गद्दी पर बैठ गईं। षड्यंत्रों, हत्याओं व राजनीतिक साज़िशों के बावजूद दिद्दा अपने राज्य को अखंड रखने में सफल रहीं। वे 1003 तक जीवित रहीं और अपनी मृत्यु के पहले उन्होंने अपने भाई के बेटे लोहारा के संग्रामरल को अपना उत्तराधिकारी घोषित किया ताकि बिना राजनीतिक समस्याओं के वंश परिवर्तन हो सके। **—पियासी रॉयचौधरी**

दीना पाठक

(1922-2002)

दीना पाठक अभिनेत्री थीं। उनका जन्म भावनगर के पास अमरेली नामक क़स्बे में दीना गांधी के रूप में एक कट्टर ब्राह्मण परिवार में हुआ। उनके पिता इंजीनियर थे।

उनकी बड़ी बहन शान्ता गांधी भी अभिनय और नृत्य करती थीं। सम्भव है कि शान्ता की बग़ावत ने दीना के लिए घर से बाहर निकलना आसान बना दिया हो। किशोरवय में भी दीना ने नाटकों में अभिनय किया और वाहवाही बटोरी। बम्बई में कॉलेज छात्रा के रूप में वे सक्रियतावादी रंगकर्म से जुड़ीं और ब्रिटिश शासन का विरोध किया। भारतीय राष्ट्रीय थियेटर तथा भारतीय लोक रंगमंच संघ (इप्टा) से जुड़ने के बाद उन्होंने शान्ता तथा छोटी बहन तरला मेहता के साथ रसिकलाल पारीख व शान्ति बर्धन से अभिनय तथा नृत्य का प्रशिक्षण लिया। दीना के फ़िल्मी जीवन की शुरुआत गुजराती फ़िल्म *करीयवर* (1948) से हुई पर वे साठ के दशक तक मुख्यतः रंगमंच अभिनेत्री ही रहीं। दीना ने नटमंडल, के नाटकों *मीना गुर्जरी* के अलावा शरत्चन्द्र चैटर्जी की *विजया* तथा *बिराजबहू* व इब्सन के *अ डॉल्स हाउस* में मुख्य भूमिका निभाई। रसिकलाल पारीख व जशवन्त ठाकेर के साथ उन्होंने नया नाटक पढ़ाया, और अपने प्रयोगों में बीजिंग ऑपेरा की तकनीकें काम में लीं। उन्होंने भवाई (गुजरात की नाट्य विधा) को प्रोत्साहित किया व मौलिक गुजराती नाटकों का प्रदर्शन किया।

मुम्बई वापस आने पर उन्होंने बासु भट्टाचार्य की *उसकी कहानी* (1966) से चरित्र अभिनेत्री के रूप में पुनः फ़िल्मों में प्रवेश किया। बासु चैटर्जी की *सारा आकाश* (1969) में उन्होंने माँ की भूमिका निभाई, जबकि सईद मिर्ज़ा की *मोहन जोशी हाज़िर हों* में पत्नी की। उन्होंने बाल रंगमंच में व लोकनाट्य तथा नवनाट्य जैसे सांस्कृतिक संगठनों में काम किया। 1969 में उनकी तीन फ़िल्में आईं : ऋषिकेश मुखर्जी की *सत्यकाम, सात हिन्दुस्तानी,* जो अमिताभ बच्चन की पहली फ़िल्म थी, तथा मर्चेन्ट आइवरी प्रोडक्शंस की *द गुरु*। वे गुलज़ार की *मासूम* (1975), बासु चैटर्जी की *चितचोर* (1976) तथा श्याम बेनेगल की *भूमिका* (1977) में स्मिता पाटिल के साथ आईं। 1979 में ऋषिकेश मुखर्जी की *गोलमाल* में अमोल पालेकर की माँ की भूमिका में, और 1985 में वे पालेकर की फ़िल्म *आँखें* में दिखाई दीं। 1980 में उन्हें ऋषिकेश मुखर्जी की *ख़ूबसूरत* में अपने अभिनय के लिए प्रशंसा मिली और उसी साल बाद में *भवनी भवाई* के लिए भी। 1980 में उन्हें संगीत नाटक अकादमी का पुरस्कार दिया गया। लोकप्रिय दूरदर्शन सीरियल *मालगुडी डेज़* में भी उन्होंने अभिनय किया जो अनन्त नाग ने आर.के. नारायण की प्रख्यात रचना पर आधारित की थी। 1984 में डेविड लीन की फ़िल्म *पैसेज टू इंडिया* में उन्होंने अभिनय किया और उसके अगले साल वे केतन मेहता की फ़िल्म *मिर्च मसाला* में भी दिखाई दीं। इसके बाद गोविन्द निहलानी की फ़िल्म *तमस* और तब गुलज़ार की फ़िल्म *इजाज़त* (1987) में उन्होंने काम किया। 2002 में वे दीपा मेहता की इंडो-कैनेडियन फ़िल्म *बॉलीवुड/हॉलीवुड* में आई, जिसमें अभिनय के लिए उन्हें तेईसवें सिने अवॉर्ड्स के दौरान श्रेष्ठतम सह-अभिनेत्री के पुरस्कार के लिए नामित किया गया। उनकी अन्तिम फ़िल्म *पिंजर* (2003) के आने के कुछ ही पहले उनकी मृत्यु हो गई।

उनकी दो पुत्रियाँ सुप्रिया पाठक व रत्ना पाठक हैं। सुप्रिया पाठक टेलीविज़न अभिनेत्री हैं और पंकज कपूर से विवाहित हैं, जबकि रत्ना पाठक नसीरुद्दीन शाह से विवाहित हैं।

दुर्गा खोटे

(1905-1991)

दुर्गा खोटे भारतीय सिनेमा के प्रारम्भिक चरण की अभिनेत्री व निर्माता फ़िल्म थीं। उस युग की अन्य अभिनेत्रियों से अलग, जो परम्परागत रूप से ऐसी जातियों व समुदायों से थीं जो पेशेवर नाचने-गाने वाले थे, दुर्गा खोटे मूलतः मध्यवर्ग की थीं।

एक रूढ़िवादी ब्राह्मण परिवार में उनका जन्म कोल्हापुर, महाराष्ट्र में हुआ था। कम आयु में उनका विवाह हुआ और छब्बीस वर्ष से पहले वे विधवा हो गईं। अपने बच्चों के पालन-पोषण से चिंतित दुर्गा ने वह काम अपनाया जो बिना योग्यता वाली किसी महिला को मिल सकता था। उस समय सिनेमा में अभिनेत्रियों की भारी कमी थी और महिला पात्र भी अक्सर पुरुष ही निभाया करते थे, या कुछ तवायफ़ और पेशेवर मनोरंजक, जो फ़िल्मी जगत में आ गए थे और उनसे राजाओं सा बर्ताव किया जाता था। एक कॉन्वेंट शिक्षित वकील की विधवा दुर्गा के लिए यह जोखिम भरा पर समझदारी का क़दम रहा। उन्होंने मराठी फ़िल्मों से काम शुरू किया और 1931 में *फरेबी जाल* में एक छोटी सी भूमिका निभाई। मोहन भवनानी ने उन्हें 1931 में *ट्रैंड* में भूमिका निभाने के लिए मनाया। उन दिनों चलन यह था कि स्टूडियो अनुबन्ध से कलाकारों को किसी एक ही स्टूडियो के लिए काम करने को मजबूर करते थे। दुर्गा ने इस तरह बन्धने से इनकार किया और अपने अनुबन्ध खुले रखे ताकि वे इच्छानुसार अन्य स्टूडियो के साथ भी काम कर सकें।

1937 में उन्होंने *साथी* नामक एक फ़िल्म का निर्माण और निर्देशन कर एक अन्य दिशा में भी अग्रणी काम किया। उन्होंने रंगमंच तथा विज्ञापन फ़िल्मों में भी काम किया। वे इप्टा व प्रगतिशील लेखक संघ से जुड़ी हुई थीं। 1977-78 में जब इन्दिरा गांधी ने आपातकाल की घोषणा की तो दुर्गा खोटे ने उसके विरुद्ध अभियान में शिरकत की। फ़िल्मों में दुर्गा के प्रवेश ने समाज के उच्च तबके की स्त्रियों, उदाहरण के लिए शोभना समर्थ के लिए रास्ता खोला। दुर्गा खोटे ने *मुग़लेआज़म* में अकबर की पत्नी जोधाबाई की भूमिका निभाई। 1958 में उन्हें संगीत नाटक अकादमी पुरस्कार दिया गया। 1983 में उन्हें दादा साहेब फाल्के सम्मान से नवाज़ा गया। उन्हें पद्मश्री से भी पुरस्कृत किया गया। उनकी आत्मकथा *आई, दुर्गा खोटे* (मैं दुर्गा खोटे) शीर्षक से प्रकाशित हुई है।

दुर्गा नारायण भागवत

(1910-2002)

दुर्गा भागवत लेखिका, संस्कृत की ज्ञाता व ग़ैर-व्यवसायी पुरातत्वविद् थीं। उनका जन्म इन्दौर में हुआ जहाँ उनके दादा दीवान थे। जिस समय दुर्गा का जन्म हुआ उनकी माँ सिर्फ़ सत्रह साल की थीं, अतः उन्हें उनकी दादी ने पाला। वे छोकरों-सी हरकतें करने वाली लड़की थीं। दुर्गा ने स्कूल जाने की माँग की (जो उस युग में लड़कियों के लिए अनसुनी बात थी) वे सर्कस से जुड़ साहसिक करतब करने के ख्वाब देखती थीं। अपने मरदाने स्वभाव के बावजूद उन्होंने बुनाई करना और खाना पकाना भी सीखा, जो उन्हें अच्छा भी लगता था। जिस समय स्नातक स्तर के अध्ययन के लिए विषय चुनने का वक़्त आया वे इतिहास या अर्थशास्त्र चुनना चाहती थीं, पर उनके पिता ने उनके लिए संस्कृत चुना। वे इस भाषा के प्रेम में उलझीं और उन पक्षों को स्वयं अध्ययन करने लगीं जो उनके प्रोफेसर सिखाना नहीं चाहते थे। संस्कृत का अध्ययन उन्हें पाली की ओर ले गया। दुर्गा अपनी पी-एच.डी. के लिए मध्य प्रदेश की आदिवासी संस्कृति पर शोध करना चाहती थीं। पर उनके मार्गदर्शक जी.एस. घुरे ने आगे शोध करने या लिखने की मनाही की। डॉ. अम्बेडकर ने उनके पक्ष में पैरवी कर घुरे को शोध पूरी करने की इजाज़त देने को कहा, पर वे नहीं माने। दुर्गा को नर्मदा नदी के तट पर कई पुरातात्विक वस्तुएँ मिलीं पर उन पर लेख प्रकाशित करने की अनुमति उन्हें नहीं मिली।

इसके बाद दुर्गा ने मराठी में लिखना शुरू किया और बाणभट्ट की रचना कादम्बरी का संस्कृत से मराठी में अनुवाद किया। उन्होंने अपनी जंगल यात्राएँ तब तक चालू रखीं जब तक कि 1940 में एक अचिह्नित ज़हरीले पौधे से सम्पर्क में आने के कारण वे गम्भीर रूप से बीमार पड़ गईं। उन्हें स्वस्थ होने में सालों लगे इस दौरान उन्होंने पढ़ने और लिखने में अधिक समय बिताया। वे धार्मिक विषयों पर आलोचनात्मक अध्ययन लिखने लगीं और उन्होंने मराठी में महाभारत पर एक अध्ययन प्रकाशित करवाया। 1976 में उन्हें कराड में आयोजित इक्यानवे मराठी साहित्य सम्मेलन का अध्यक्ष चुना गया। इस सम्मेलन में उन्होंने सरकारी नीतियों की कड़ी आलोचना की जिसके कारण उन्हें 1977 में आपात्काल के दौरान बन्दी बनाया गया। रिहा होने के बाद उन्होंने 1977 के सामान्य चुनावों में कांग्रेस के विरुद्ध प्रचार किया, और जीवन भर कांग्रेस की विरोधी रहीं। अतः उन्होंने सभी सरकारी सम्मानों का बहिष्कार किया और सभी पुरस्कार ठुकराए।

दुर्गाबाई देशमुख
(1909-1981)

दुर्गाबाई देशमुख योजना आयोग की पहली महिला सदस्य थीं। स्वतंत्रता सेनानी, राष्ट्रभक्त व सामाजिक कार्यकर्ता दुर्गाबाई संविधान सभा की तथा 1946-1952 तक अन्तरिम संसद की सदस्य थीं।

दुर्गाबाई का जन्म 15 जुलाई, 1909 में राजमुंदरी, आन्ध्र प्रदेश में एक हिन्दू ब्राह्मण मध्यवर्गीय परिवार में हुआ था। पिता की असामयिक मृत्यु के कारण बाल्यावस्था में उनके परिवार को कठिनाइयाँ झेलनी पड़ीं। उनकी माँ प्रदेश कांग्रेस कमेटी की सचिव थीं। जब कांग्रेस ने हिन्दी को राष्ट्र भाषा के रूप में अपनाने का अभियान छेड़ा तो उन्होंने पड़ोसी शिक्षक से भाषा सीखी। 1923 में उन्होंने दक्षिण भारत में कोकनाड में बालिका हिन्दी पाठशाला प्रारम्भ की, ताकि बालिकाएँ नई राष्ट्र भाषा सीख सकें। गांधीजी ने उन्हें उनके प्रयासों के लिए स्वर्ण पदक से पुरस्कृत किया। दुर्गाबाई खादी आन्दोलन से जुड़ीं व उन्होंने नमक सत्याग्रह में भाग लिया, जिसके लिए उन्हें 1930 में तीन वर्षों तक बन्दी रखा गया। जेल में उन्होंने अंग्रेज़ी सीखी और जेल से छूटने के बाद उन्होंने आन्ध्र विश्वविद्यालय में प्रवेश लिया और एम.ए. परीक्षा में उन्होंने पाँच पदक जीते। उन्होंने मद्रास विश्वविद्यालय से क़ानून की डिग्री हासिल की और कुछ वर्षों के लिए मद्रास में वकालत की। तत्पश्चात् उन्हें संविधान सभा तथा अन्तरिम संसद के लिए चुन लिया गया। 1953 में उन्होंने सी.डी. देशमुख से विवाह किया जो भारत के प्रथम वित्तमंत्री व बाद में भारतीय रिज़र्व बैंक के गवर्नर बने।

1958 में दुर्गाबाई महिला शिक्षा की राष्ट्रीय समिति की अध्यक्ष बनीं, उन्होंने आन्ध्र महिला संघ का गठन किया और कई अन्य समितियों को भी अपनी सेवाएँ दीं। उन्होंने आज़ादी के बाद देश के क़ानूनों को सरल, आधुनिक बनाने और उपनिवेशवादी प्रभावों से मुक्त करने के लिए अथक परिश्रम किया। वे सशक्त वक्ता थीं और इस प्रतिभा का उपयोग उन्होंने चुनिन्दा मुद्दों से जूझने के लिए किया। जीवन के अन्तिम वर्ष उन्होंने सामाजिक कार्य करने में बिताए। वे केन्द्रीय समाज कल्याण बोर्ड की संस्थापक अध्यक्ष थीं। उन्होंने भारत में सामाजिक कार्य का विश्वकोश संकलित किया। उन्होंने ग़ैर-सरकारी संगठनों का देशव्यापी नेटवर्क बनाया। दुर्गाबाई को पॉल जी हॉफमैन पुरस्कार, नेहरू साक्षरता पुरस्कार तथा साक्षरता के क्षेत्र में बेहतरीन काम के लिए यूनेस्को पुरस्कार दिया गया। 1975 में उन्हें उनके पति के साथ सार्वजनिक जीवन में योगदान तथा सामाजिक कार्यों के लिए पद्म विभूषण से सम्मानित किया गया। राष्ट्रीय महिला आयोग ने उनके नाम से एक वार्षिक पुरस्कार स्थापित किया जो महिला कल्याण व विकास में श्रेष्ठ कार्य के लिए ग़ैर-सरकारी संगठनों को दिया जाता है।

दुर्गावती
(1524-1564)

दुर्गावती गोंड राज्य की रानी थीं (जो आधुनिक मध्य प्रदेश में स्थित था)। दुर्गावती ने मालवा के शासक बाज़ बहादुर के आक्रमण से अपने राज्य की रक्षा की और साथ ही मुग़ल साम्राज्यवाद के विस्तार को भी रोका। अबुल फज़ल उनका वर्णन इन शब्दों में करते हैं 'साहस और प्रयासों के आवश्यक तत्त्वों का उनमें अभाव न था। अपनी दूरदर्शिता के कारण वे बड़े महान कार्य कर पाईं। मालवा के बाज़ बहादुर व मालवा स्थित सिरौंज के अफ़गान मीणों से उनकी कई मुठभेड़ें हुईं...जिनमें वे हमेशा विजयी रहीं। बन्दूक व तीरंदाज़ी में वे माहिर थीं और हमेशा शिकार पर जाती रहती थीं...।

महोबा के चन्देल राजपूत शासक की पुत्री रानी दुर्गावती सोलहवीं शताब्दी में गोंडवाना की प्रतिशासक बनीं क्योंकि उनका पुत्र वीर नारायण गद्दी पर बैठते समय नाबालिग था। 1564 में अकबर ने आसफ ख़ान को आदेश दिया कि गोंडवाना को दबाया जाए, परन्तु दुर्गावती ने मुग़ल आधिपत्य स्वीकारने से इनकार किया। उन्होंने हमले का नेतृत्व किया और सैनिकों को अपने उदाहरण से इस क़दर प्रभावित किया कि मुग़ल सेना को दो बार हार का सामना करना पड़ा। वे उन्हें पूरी तरह पछाड़ने के लिए रात को भी हमला करना चाहती थीं; जिसके लिए दुर्गावती की सेना तैयार नहीं हुई। अगले दिन जब लड़ाई फिर से शुरू हुई तो उनका बेटा गम्भीर रूप से घायल हो गया। इस पर दुर्गावती की सेना तितर-बितर हो गई, पर वे तब तक लड़ती रहीं, जब तक दो तीर उन्हें नहीं लग गए। मुग़ल सेना उन पर भारी पड़ी, परन्तु उन्होंने भागने से इनकार किया और शत्रु के हाथों बन्दी बनने से बचने के लिए ख़ुद को अपनी ही तलवार से मार डाला।

विलियम स्लीमैन ने अपनी रचना *रैम्बल्स एंड रिकलैक्शन ऑव एन इंडियन ऑफीशियल* में लिखते हैं, 'उनका स्मारक अब भी उसी स्थान पर नज़र आता है जहाँ वे गिरीं, पहाड़ों के बीच एक सँकरे गलियारे में, और दो बड़े गोलाकार पत्थर जो पास खड़े हैं, प्रचलित विश्वास के अनुसार ये उनके शाही ढोल हैं...जो यात्री इस एकाकी स्थान से गुज़रते हैं वे उनकी समाधि पर श्रद्धा के साथ उन स्फटिकों को अर्पित करते हैं जो उन्हें राह में मिलें।...दुर्गावती ने मुझे इतना प्रभावित किया कि जब मैं वहाँ गया तो मैंने भी उसमें एक स्फटिक जोड़ा।

—पियासी रॉयचौधरी

देविका रानी रोरिक

(1908-1994)

देविका रानी फ़िल्म अभिनेत्री व फ़िल्म उद्यमी थीं, जिन्होंने बॉम्बे टॉकीज़ की स्थापना की तथा कालान्तर में गुमनामी में खो गईं।

देविका रानी चौधुरी के रूप में उनका जन्म कर्नल एम.एन. चौधुरी जो मद्रास के प्रथम भारतीय सर्जन जनरल थे, लीला चौधुरी, जो रवीन्द्रनाथ ठाकुर की भान्जी थीं, के परिवार में हुआ। देविका रानी की शिक्षा-दीक्षा इंग्लैंड में हुई और उन्होंने रॉयल एकेडमी ऑव ड्रैमेटिक आर्ट्स में नाट्यशास्त्र का अध्ययन किया। उन्होंने स्थापत्य व डिज़ाइन का भी अध्ययन किया तथा लन्दन के एक प्रमुख कला स्टूडियो में वस्त्र डिज़ाइनर के रूप में काम करने लगीं। 1928 में उनकी मुलाक़ात हिमांशु राय से हुई जो *द लाइट ऑव एशिया, शिराज़* तथा *ए थ्रो ऑव डाइस* जैसी फ़िल्मों के निर्माता थे। राय ने देविका रानी को उनकी उत्पादन इकाई से जुड़ने के लिए मना लिया। वे उनकी टोली के साथ *ए थ्रो ऑव डाइस* की वेशभूषा व सेट डिज़ाइन करने के लिए भारत लौटीं, और कला निर्देशक प्रमोद रॉय के मार्गदर्शन में काम किया। 1929 में उन्होंने हिमांशु राय से विवाह किया और उनके साथ जर्मनी लौटीं। राय बर्लिन के यूएफए स्टूडियो के एकमात्र भारतीय निर्माता थे। वहाँ देविका रानी ने वेशभूषा, मेकअप, सेट डिज़ाइन तथा फ़िल्म निर्माण के अन्य पक्षों तथा अभिनय की बारीकियाँ एरिक पॉमर, पाब्स्ट मैक्स हाइनहार्ट व अन्य विख्यात निर्देशकों के तहत सीखीं। यह समय मूक से बोलती फ़िल्मों में परिवर्तन का था। उन्होंने हिमांशु राय के साथ इस नये माध्यम में प्रयोग किए। वे अपनी पहली अन्तर्राष्ट्रीय बोलती फ़िल्म *कर्म,* जो अंग्रेज़ी व हिन्दी में बनाई गई, के उत्पादन के लिए भारत लौटे। यह फ़िल्म विभिन्न नामों से बनाई गई–*फेट* (यू.के.), *नागिन की रागिनी* (भारत)।

1934 में हिमांशु राय तथा देविका रानी ने एफ ई दिनशॉ, सर फिरोज़ सेथना व अन्य व्यवसायियों के सहयोग से मलाड़, मुम्बई में बॉम्बे टॉकीज़ लिमिटेड की स्थापना की। इस स्टूडियो ने भारत में फ़िल्म निर्माण के स्तर बदल दिए। यूरोप से विशेषज्ञ बुलाए गए जिन्होंने नौजवान स्त्री-पुरुषों को फ़िल्म निर्माण की तकनीकों व कला का प्रशिक्षण दिया। इस पहल से तमाम नये फ़िल्म निर्माता, निर्देशक, अभिनेता-अभिनेत्री, संगीतकार लेखक व तकनीकी रूप से प्रशिक्षित व्यक्ति उभर सके।

देविका रानी की अन्तर्राष्ट्रीय अभिनय शैली व ताज़ा तौर-तरीक़ों ने नई परम्परा की शुरुआत की। उन्होंने भारत में बनी कई विख्यात फ़िल्मों में अभिनय किया जिसमें *जवानी की हवा* (1935), *जीवन नैया व अछूत कन्या* (1936), *सावित्री, जीवन प्रभात तथा इज़्ज़त* (सभी 1937) तथा *दुर्गा* (1939) शामिल थीं। फ़िल्म उद्योग व जनता द्वारा उन्हें कई सम्मान दिए गए। *अछूत कन्या* में उन्होंने कस्तूरी नामक अस्पृश्य

युवती की भूमिका निभाई जो एक ऊँची जाति के युवक (अशोक कुमार) से प्रेम करती है। परन्तु 1940 में हिमांशु राय की मृत्यु हुई और एक साझेदार के रूप में उनकी विरासत की देखभाल की ज़िम्मेदारी व एक निर्माता की ज़िम्मेदारी देविका रानी पर आ गई। हालाँकि उन्हें यह नियंत्रण शशधर मुखर्जी के साथ साझा करना पड़ा, देविका रानी इस चुनौती का सामना *पुनर्मिलन, कंगन, बन्धन, बसन्त, क़िस्मत, हमारी बात* (1943) जैसी फ़िल्मों के साथ कर सकीं और बॉम्बे टॉकीज़ की साख ख़ूब बढ़ा पाईं। इस दौरान जिन कलाकारों को प्रशिक्षित कर सामने लाया गया वे थे, लीला चिटनिस, दिलीपकुमार, मधुबाला, मुमताज़, शान्ति व कई अन्य कलाकार। परन्तु यह स्थिति अधिक देर तक नहीं चली क्योंकि उसी साल शशधर मुखर्जी व बॉम्बे टॉकीज़ के कुछ अन्य नियमित अभिनेता-अभिनेत्री बॉम्बे टॉकीज छोड़ गए और उन्होंने एक स्टूडियो फ़िल्मिस्तान बना लिया। फलतः 1945 में अपनी फ़िल्मी कैरियर के चरम पर देविका रानी ने बॉम्बे टॉकीज़ छोड़ एक रूसी चित्रकार स्वेतोस्लाव रोरिक से विवाह कर बैंगलोर के पास तातागुनी में स्थित अपनी विशाल सम्पत्ति में रहने का निर्णय लिया। परन्तु विविध कलाओं के साथ वे जुड़ी रहीं और उन्हें राष्ट्रीय नृत्य, नाटक, संगीत एवं फ़िल्म अकादमी तथा दिल्ली की संगीत नाटक अकादमी का सदस्य मनोनीत किया गया। वे राष्ट्रीय अकादमी, ललित कला अकादमी, राष्ट ्रीय हस्तशिल्प बोर्ड तथा भारतीय सांस्कृतिक सम्बन्ध परिषद की कार्यकारिणी सदस्य भी रहीं।

1958 में भारत के राष्ट्रपति ने देविका रानी को भारतीय फ़िल्मों में योगदान के लिए पद्मश्री से सम्मानित किया। 21 नवम्बर, 1970 में उन्हें फ़िल्म उद्योग की सेवा के लिए दादा साहेब फाल्के पुरस्कार दिया गया। 1989 में उन्हें सोवियत लैंड नेहरू पुरस्कार से नवाज़ा गया। उनकी मृत्यु के बाद उनका बेशक़ीमती कलाकृतियों का संकलन रूसी व भारतीय सरकार तथा उनके रिश्तेदारों व दूसरे दावेदारों के बीच क़ानूनी लड़ाई का केन्द्र रहा।

धनवन्ती रामा राव

(1893-1987)

धनवन्ती रामा राव महिलाओं के प्रजनन अधिकारों की पैरोकार थीं जिन्हें भारत का मार्गरेट सैंगर कहा जा सकता है।

धनवन्ती का जन्म हुबली में 10 मई, 1893 को कश्मीरी माता-पिता के घर हुआ व परवरिश इलाहाबाद में। उन्होंने मद्रास विश्वविद्यालय से एम.ए. किया जिसके बाद वे क्वीन्स मेरी कॉलेज में व्याख्याता के रूप में काम करने लगीं। 1917 में वे भारतीय महिला संघ की संस्थापक सदस्य बनीं और उन्होंने 1927-28 में शारदा क़ानून के

समर्थन में एक अभियान छेड़ा। 1929 से 1938 तक वे अपने पति बेनेगल रामा राव के साथ लन्दन में रहीं। इस दौरान वे अखिल भारतीय महिला कॉन्फ्रेंस का प्रतिनिधित्व करती रहीं। उनकी सेवाओं के लिए उन्हें 1938 में कैसर-ए-हिन्द सम्मान से नवाज़ा गया। 1939 में बेनेगल रामाराव को दक्षिण अफ्रीका का उच्चायुक्त बनाया गया और वे भी उनके साथ गईं। वहाँ उन्होंने डरबन में रहने वाली भारतीय महिलाओं को संगठित किया।

1943 में धनवन्ती ने बंगाल तथा बम्बई में अकाल राहत का कार्य किया। 1946 में उन्हें अखिल भारतीय महिला कॉन्फ्रेंस का अध्यक्ष चुना गया तथा 1949 में उन्होंने वह काम प्रारम्भ किया जिसके लिए वे जानी जाती हैं। मार्गरिट सैंगर के गर्भ निरोध सम्बन्धी विचारों पर छिड़ी बहस में धनवन्ती की गहरी रुचि थी, तथा 1922 से 27 में मार्गरिट स्वयं भी अखिल भारतीय महिला कॉन्फरेंस के आमंत्रण पर भारत आ चुकी थीं। धनवन्ती ने अखिल भारतीय परिवार नियोजन संघ की स्थापना की और परिवार नियोजन को प्रथम पंच-वर्षीय योजना का एक लक्ष्य बनाने के लिए पैरवी करती रहीं। इस काम में उन्हें जन सामान्य की अज्ञानता व अंध विश्वासों का सामना करना पड़ा जो महात्मा गांधी के कृत्रिम गर्भ-निरोध के प्रति असहमति से और मज़बूत हुआ था। वे अन्तर्राष्ट्रीय नियोजित पेरेंट हुड संघ की अध्यक्ष भी रहीं। उन्होंने महिलाओं के प्रजनन अधिकारों के लिए अथक परिश्रम किया व यह कोशिश करती रहीं कि जनसंख्या नियंत्रण के सरकारी कार्यक्रमों में माता व शिशु के स्वास्थ्य पर ध्यान केन्द्रित रखा जाए।

1959 में उन्हें समाज को योगदान के लिए पद्म भूषण सम्मान दिया गया। उनकी पुत्री शान्ता एक जानीमानी लेखिका हैं व उनकी नातिन आयशा वायले प्रथम भारतीय महिला थीं जो लन्दन में एक निवेश कम्पनी की मालिक थीं। उनके संस्मरण *एन इनहेरिटेन्स* (एक विरासत) शीर्षक से प्रकाशित हुए।

ध्रुव देवी
(चतुर्थ शताब्दी)

ध्रुव देवी गुप्त राजवंश की एक रानी थीं। वे चन्द्र गुप्त द्वितीय (380-415 ई.) की पत्नी तथा कुमार गुप्त (415-455 ई.) की माता थीं। चन्द्र गुप्त से विवाह के पूर्व वे उसके भाई राम गुप्त की पत्नी रह चुकी थीं। वे कवियों की संरक्षिका थीं व गुप्त दरबार में उन्होंने कई विद्वानों को आश्रय दिया था।

समसामयिक नाटककार विशाखदत्त ने उनकी कथा का *देवीचन्द्र गुप्तम, श्रीरंगप्रकाश व नाट्यदर्पण* नाटकों में वर्णन किया था। हिन्दी के लेखक जयशंकर प्रसाद ने 1932 में *ध्रुवस्वामिनी* नामक नाटक में ध्रुव देवी को एक सशक्त महिला के रूप में चित्रित

किया, जिसने विवाह के उद्गम व उसके धार्मिक महत्त्व पर बुनियादी प्रश्न उठाए थे।

अपनी सुन्दरता व प्रखर बुद्धि के लिए विख्यात ध्रुव देवी का विवाह पहले समुद्र गुप्त के कमज़ोर व कायर पुत्र राम गुप्त से हुआ था। कुछ समय बाद सबल शक राजा ने शान्ति की शर्त के रूप में ध्रुव देवी का हाथ माँगा। राम गुप्त युद्ध नहीं करना चाहता था अतः उसने धमकी मान ध्रुव देवी को शत्रु के पास भेजने का निर्णय लिया। राम गुप्त के छोटे भाई चन्द्र गुप्त ने उसे ऐसा करने से रोकने की चेष्टा की पर सफल न हो सका, अतः चन्द्र गुप्त स्वयं ध्रुव देवी का रूप धर गया व उसने शक शासक की हत्या कर दी। तब ध्रुव देवी ने राम गुप्त का सार्वजनिक रूप से परित्याग किया। संस्कृत की ज्ञाता होने के कारण उन्होंने शास्त्रों को उद्धृत कर दर्शाया कि शक शासक को उसे समर्पित करने के बाद उसका ध्रुव देवी पर कोई नैतिक अधिकार नहीं रह गया व उनके विवाह का कोई अर्थ नहीं रहा। कौटिल्य, चाणक्य ने *अर्थशास्त्र* नामक अपनी कृति में स्पष्ट लिखा है कि किन्हीं विशेष परिस्थितियों में स्त्री पुनः विवाह कर सकती है। 'एक स्त्री अपने पति की सार्वजनिक भर्त्सना कर सकती है अगर वह क्षुद्र हो, या अज्ञात स्थान के लिए चला गया हो, या जिसने राजा के विरुद्ध का कोई अपराध किया हो, या जो अपनी पत्नी के जीवन को ख़तरे में डाल रहा हो, या नपुंसक हो।' पौराणिक ऋषि पराशर के अनुसार एक स्त्री पाँच स्थितियों में पुनर्विवाह कर सकती है–'जब उसका पति खो गया हो, उसकी मृत्यु हो जाए, वह अज्ञात स्थान के लिए चला जाए, नपुंसक या भ्रष्ट हो।' ध्रुव देवी इन धार्मिक प्रावधानों के प्रति सजग थीं, अतः उन्होंने राम गुप्त को त्यागा, और उसके भाई चन्द्र गुप्त से विवाह किया।

चन्द्र गुप्त ने विक्रमादित्य की उपाधि ग्रहण की। उनका शासन काल प्रजा की सांस्कृतिक व बौद्धिक उपलब्धियों के लिए विख्यात हुआ। ऐतिहासिक साक्ष्य के रूप में ऐसे सिक्के प्राप्त हुए हैं जिन पर 'रूपकृत' शब्द छपा है जो सम्भवतः ध्रुव देवीचन्द्र गुप्त घटना का संकेत देता हो। वैशाली से प्राप्त एक मोहर मिली है जो उनकी स्मृति में बनवाई गई थी। उनका उदाहरण उनकी पुत्री प्रभावती के लिए प्रेरणादायक रहा होगा, जो शान्ति स्थापक थीं। ध्रुव देवी के दो पुत्र, कुमार गुप्त व गोविन्द गुप्त थे।

नरगिस दत्त

(1928-1981)

नरगिस फ़िल्म अभिनेत्री थीं। वे भारतीय सिनेमा के प्रारम्भिक दौर की अभिनेत्री जद्दन बाई की बेटी थीं, जो पहले तवायफ़ रह चुकी थीं और जिन्होंने उत्तमचन्द मोहनचन्द से विवाह किया था। नरगिस का जन्म नाम फातिमा अब्दुल रशीद था। 1935 में छह साल की उम्र में नरगिस पहली बार अपनी माँ की फ़िल्म *तलाश-ए-हक़* में 'बेबी रानी'

नाम से आईं। 14 वर्ष की आयु में कॉलेज की पढ़ाई कर वे डॉक्टर बनना चाहती थीं पर मशहूर निर्देशक महबूब ख़ान ने उन्हें अपनी फ़िल्म *तक़दीर* (1943) में अभिनय करने को मना लिया। महबूब ख़ान ने ही उन्हें नया नाम नरगिस भी दिया।

जिस समय जद्दन बाई और अख़्तर हुसैन फेमस स्टूडियों में शूटिंग कर रहे थे उनसे मिलने एक नौजवान आया। यह बाईस वर्षीय राजकपूर था जो स्वयं निर्देशक के रूप में काम शुरू करना चाहता था। उनको फेमस स्टूडियो सुझाया गया और वे जद्दन बाई से उनकी क्या राय है जानना चाहते थे। पर जब राजकपूर फेमस स्टूडियो पहुँचे तब जद्दन बाई कुछ ही मिनट पहले वहाँ से जा चुकी थीं। राजकपूर ने जद्दन बाई के घर का पता लिया और वहीं जा धमके। जिस समय घंटी बजी अठारह वर्षीय नरगिस रसोई में थीं। राज ने अपना परिचय पृथ्वीराज कपूर के बेटे के रूप में दिया वे नरगिस पर मुग्ध हो गए। उन्होंने अपने पटकथा लेखक से कहा कि उसे राज की पहली फ़िल्म *आग* (1948) में नरगिस के लिए भी भूमिका लिखनी है। इसके बाद 1949 में *अंदाज़* और *बरसात* भी आईं। नरगिस राजकपूर की पसन्दीदा सह-अभिनेत्री बनीं। परन्तु 1957 में आर.के. स्टूडियो से नरगिस का नाता टूटा। इसका नतीजा यह हुआ कि राजकपूर की प्रगति थम गई क्योंकि नरगिस राज के रचनात्मक प्रयोगों में जी-जान लगाती रही थीं, और वे आर.के. स्टूडियो के दो आकृतियों के मार्का की स्त्री आकृति थीं, जो वायलिन बजाते राज से लिपटी हुई नज़र आती हैं। 1957 में नरगिस ने अपनी सर्वश्रेष्ठ फ़िल्म *मदर इंडिया,* में अभिनय किया जिसके लिए उन्हें *कार्लोवी वारी* फ़िल्म उत्सव में पुरस्कार मिला। मदर इंडिया के सेट पर उनकी मुलाक़ात सुनील दत्त से हुई। यह जानते हुए कि राज कपूर कभी उनके नहीं हो सकते, नरगिस ने 1958 में आर्य समाजी विधि से सुनील दत्त से विवाह किया। उसी वर्ष उन्हें पद्मश्री पुरस्कार दिया गया। उनकी आख़िरी फ़िल्म 1967 में *रात और दिन* आई जिसमें श्रेष्ठतम अभिनेत्री का राष्ट्रीय फ़िल्म पुरस्कार उन्हें मिला। इस श्रेणी में पुरस्कार पाने वाली वे पहली अभिनेत्री थीं। इस फ़िल्म के लिए उन्हें फ़िल्म फेयर सर्वश्रेष्ठ अभिनेत्री पुरस्कार के लिए भी नामित किया गया।

नरगिस तथा उनके पति ने बांद्रा में गरीब बच्चों के लिए एक स्कूल खोला और स्पैस्टिक बच्चों के लिए विशेष शिक्षा केन्द्र भी। नरगिस ने भारत में स्पैस्टिक सोसायटी के गठन में मदद की। नरगिस स्काउट व गाइड आन्दोलन, युद्ध, विधवा संघ तथा मीना कुमारी अन्ध स्मृति न्यास से सम्बद्ध रहीं। नरगिस तथा सुनील दत्त ने नेहरू-गांधी परिवार से मित्रता के कारण राजनीति में भी प्रवेश किया, उनकी पुत्री प्रिया दत्त भी सांसद के रूप में राजनीति में आईं। 1979 में पता चला कि नरगिस को अग्नाशय का कैन्सर है जो काफ़ी बढ़ चुका है। अपने बेटे संजय दत्त की प्रथम फ़िल्म *रॉकी* के प्रदर्शन के चार दिन पहले 3 मई, 1981 को नरगिस की मृत्यु हुई। उनकी मृत्यु के बाद उनकी स्मृति में एक कैन्सर फाउंडेशन की स्थापना की गई।

ननीबाला देवी
(1888-1967)

ननीबाला देवी स्वतंत्रता सेनानी थीं। वे निम्न मध्यवर्गीय परिवार से थीं। उनके पिता हावड़ा के सूर्य कांत बैनर्जी थे। ननीबाला का विवाह ग्यारह वर्ष की आयु में हुआ और पन्द्रह वर्ष में वे विधवा हो गईं। विधवा होने के बाद उन्होंने अपनी शिक्षा ज़ारी रखने की चेष्टा की पर स्थितियाँ सही नहीं थीं। उन्होंने घर छोड़ा और अरियादाहा के ईसाई मिशन में शरण ली। हालाँकि मिशन के नियम उन्हें अधिक समय वहाँ रहने की अनुमति नहीं देते थे, उन्होंने अंग्रेज़ी भाषा का कुछ ज्ञान पाया। इसके बाद उन्होंने अपने रिश्तेदार अमरेन्द्रनाथ चट्टोपाध्याय के घर पर आश्रय लिया जो क्रान्तिकारी जुगान्तर पार्टी के नेता थे। यहाँ उनका परिचय स्वाधीनता सेनानियों से हुआ और उन्हें अपने जीवन की दिशा मिल गई। वे उन लोगों के लिए घर सँभालने लगीं जो अंग्रेज़ों के विरुद्ध जर्मनों की मदद कर रहे थे। वे किसी बन्दी स्वतंत्रता सेनानी की पत्नी बन उन्हें जेल में चिट्ठियाँ पहुँचातीं, या उसके लिए घर किराए पर लेतीं, ताकि पुलिस की नज़र से वे बचे रहें।

परन्तु जब उनका पर्दाफाश हो गया उन्हें भूमिगत होना पड़ा और ग्रामीण बंगाल में एक से दूसरे पर स्थान छुपते रहना पड़ा। इस क्रम में वे पेशावर भी पहुँचीं जहाँ उन्हें हैजा हो गया और पुलिस ने उन्हें तलाश लिया। ननीबाला ने पुलिस के हाथों अमानवीय अत्याचार सहे जिसमें उनके नाक-मुँह आदि में पिसी मिर्च ठूँसना भी शामिल था। 1919 में सामान्य क्षमा के तहत ननीबाला भी छूटीं पर पुलिस उन्हें सताती रही। उनके परिवार ने उन्हें नकार दिया और वे भयानक गरीबी में कोलकाता में रहने लगीं। उन्हें क्षय रोग हुआ जिसे किसी घुमक्कड़ साधु ने ठीक कर दिया। इससे वे भी संसार त्यागने को व भगवा पहनने को प्रेरित हुईं। आज़ादी के बाद ननीबाला को सरकारी पेंशन दी गई।

नलिनीबाला देवी
(1898-1978)

नलिनीबाला देवी कवि और लेखिका थीं तथा नवीन चन्द्र बारदोलॉई की पुत्री थी तथा अपने काल की सर्वाधिक विख्यात कवयित्री थीं। उनके पिता प्रबुद्ध व्यक्ति थे जो स्त्रियों के अधिकारों में विश्वास करते थे। उनकी पहली कविता *पिता* की रचना उन्होंने दस वर्ष की आयु में की। तब उनके पिता कलकत्ता गए ताकि अपनी पुत्री को शिक्षित कर सकें, और वहाँ उन्होंने उसके मस्तिष्क का विस्तार करने के लिए

और-और पढ़ाया। नलिनीबाला का विवाह नौ वर्ष की आयु में हो गया, उनके चार बच्चे हुए और आठ साल बाद 1917 में वे विधवा हो गईं। 1922 में नलिनीबाला के पिता को ब्रिटिश विरोधी आन्दोलन में भाग लेने के लिए बन्दी बना दिया गया और उनके पाँच साल का बेटे की आग में जलने से मौत हो गई। उन्होंने अपना दुःख कम करने के लिए कविताओं की रचना प्रारम्भ की और अपने जेल में बन्द पिता को पत्र लिखने शुरू किए। नलिनीबाला का पहला कविता संकलन *संध्यार सुर*, 1928 में प्रकाशित हुआ। बाद में उनके पिता की मृत्यु, उनके पुत्र पबित्र के साथ हुई। नलिनीबाला साहित्यिक पत्रिकाओं के लिए लिखने लगीं ताकि अपना गुज़ारा चला सकें।

1954 में नलिनीबाला असोम साहित्य सभा की अध्यक्ष चुनी गईं। 1957 में उन्हें पद्मश्री से सम्मानित किया गया। 1969 में उनके संकलन *अलकनन्दा* के लिए उन्हें साहित्य अकादमी पुरस्कार दिया गया। नलिनीबाला ने कई बाल नाटक लिखे जैसे *मीराबाई, प्रहलाद, परिजोतोर अभिषेक।* उनके लेखों का संग्रह *शान्तिपथ* शीर्षक से 1971 में प्रकाशित हुआ। उनके पिता की जीवन कथा *स्मृतितीर्थ* (1948) तथा आत्मकथा *एरी अहा दिनबोर* (यों बीतते हैं मेरे दिन 1976) शीर्षक से प्रकाशित हुई।

नन्दा जाधव

(1969-1999)

नन्दा जाधव लम्बी दूरी की धावक थीं। सांगली ज़िले के अष्टा में उनका जन्म हुआ, जहाँ उनके पिता शंकर जाधव स्कूल मास्टर थे। उन्होंने स्कूली पढ़ाई हिंगने स्त्री शिक्षण संगस्थ में की तथा बाद में सतारा में गर्ल्स जूनियर कॉलेज में अध्ययन किया। वे अन्तर स्कूल छह किलोमीटर की दौड़ में प्रथम आईं। कोल्हापुर के एक स्कूली शिक्षक पांडुरंग म्हास्कर, जो पुरस्कार समारोह के मुख्य अतिथि थे, नन्दा के प्रदर्शन से बेहद प्रभावित हुए। उन्होंने नन्दा को कोल्हापुर आने को प्रोत्साहित किया। अपने परिवार के विरोध की परवाह न कर नन्दा वहाँ गईं। म्हास्कर ने उसे कठोर प्रशिक्षण दिया, नन्दा सुबह चार बजे उठतीं और सर्दी हो या बरसात दौड़ने जातीं। मेघनाद *नागेश्कर* ने किसी न्यास से नन्दा को पाँच सौ रुपए प्रतिमाह की छात्रवृत्ति दिलवाई और नन्दा ने कोल्हापुर विश्वविद्यालय से वाणिज्य में एम.ए. स्तर तक की पढ़ाई की और साथ ही टंकण व कम्प्यूटर के पाठ्यक्रम भी किए। 1984-85 में अखिल भारतीय विश्वविद्यालय प्रतिस्पर्धा में नन्दा पहली बार धावक के रूप में उतरीं और कांस्य पदक जीता। 1987 में वे पुणे में आयोजित राष्ट्रीय खेलों में क्रॉस कंट्री (लम्बी) दौड़ में प्रथम आईं। 5000 मीटर तथा 10,000 मीटर की दौड़ों के बाद उनके स्त्री होने पर भी

सवाल उठाए गए, परन्तु रक्त जाँच से सिद्ध हो गया कि उनका हार्मोन स्तर सामान्य है। वे महाराष्ट्र की पहली स्त्री धावक थीं जिसने क्रॉस कंट्री स्तर पर देश का प्रतिनिधित्व किया। 1985-86 में दिल्ली में आयोजित राष्ट्रीय खेलों में नन्दा ने महाराष्ट्र का प्रतिनिधित्व किया और 1500 मीटर तथा 3000 मीटर की श्रेणी में रिकॉर्ड समय में स्वर्ण पदक जीता। केरला में आयोजित राष्ट्रीय खेलों में नन्दा ने दो स्वर्ण पदक जीते। वे नंगे पैर दौड़ने के लिए विख्यात थीं। किसी मित्र ने एक बार उन्हें जापान में बने दौड़ने के जूते भेंट किए। नन्दा ने पुणे मैराथन इन जूतों को पहन दौड़ने की कोशिश की, पर अट्ठाईस किलोमीटर बाद उन्होंने जूते फेंक दिए। चौदह सालों तक वे खेल जगत में रहीं और इस दौरान उन्होंने दस बार भारत का प्रतिनिधित्व किया। वे महाराष्ट्र की प्रथम धावक थीं जिसने वॉरसो, पोलैंड से लेकर न्यूज़ीलैंड, हांगकांग बेल्जियम तथा फ्रांस में आयोजित मैराथन में भारत का प्रतिनिधित्व किया।

उनका सपना था कि वे ग्रामीण इलाक़ों के खिलाड़ियों के लिए एक अकादमी स्थापित करें। उन्हें हदसपुर में एक बँगला भी दिया गया। 1990 और 1991 में उन्होंने पूणा अन्तर्राष्ट्रीय अर्ध मैराथन जीता। उन्होंने चार बार इलाहाबाद मैराथन जीता, मुम्बई मैराथन में उन्होंने एक मारुति कार जीती और दिल्ली मैराथन भी जीता। उन्होंने दीपक शामराव घनश्याम से विवाह किया जो आयकर कार्यालय में स्टेनोग्राफर थे और वे दोनों येरावदा में प्रतीक नगर में रहने लगे। पर उनका जीवन खुश नहीं था क्योंकि नन्दा का पति उसे बच्चा न पैदा कर पाने के लिए त्रास देता था। अन्ततः 1999 में उन्हें अस्पताल में जलने पर दाख़िला कराया गया। मौत के पहले अपने बयान में नन्दा ने बयान दिया कि खाना बनाते समय स्टोव फटने से वे जल गईं। पर नन्दा के पिता ने दावा किया कि उनके दामाद ने बाँझ होने के कारण तथा उसकी सम्पत्ति पाने के लिए नन्दा का मानसिक व शारीरिक उत्पीड़न किया था। नन्दा के पति और ससुराल वाले बन्दी बनाए गए, परन्तु साक्ष्यों के अभाव में उन्हें छोड़ दिया गया। नन्दा को 1987 में एक हज़ार मीटर की रेस में प्रदर्शन के कारण छत्रपति पुरस्कार भी दिया गया।

नन्दिनी सतपथी

(1931-2006)

नन्दिनी सतपथी एक राजनेता तथा लेखिका थीं। नन्दिनी पाणिग्रही के रूप में उनका जन्म 9 जून को कटक में हुआ। उनके दादा स्वपनेश्वर पाणिग्रही स्वाधीनता संग्राम के प्रारम्भिक चरणों से जुड़े रहे थे। उनके पिता कालिन्दी चरण पाणिग्रही *माटीरा मानुसा* (माटी का पुत्र) के लेखक थे जिन्हें उड़िया साहित्य की सेवार्थ पद्मभूषण

सम्मान दिया गया था। देवेन्द्र सतपथी से विवाह के पहले से ही नन्दिनी भी उड़िया में लिखने लगी थीं। 1962 में, 31 वर्ष की आयु में नन्दिनी को राज्य सभा के लिए चुना गया, तब 1968 में दूसरी बार वे राज्य सभा के लिए चुनी गईं। 1966 से 1969 तक इन्दिरा गांधी की सरकार में उन्हें सूचना एवं प्रसार विभाग का उपमंत्री नियुक्त किया गया। 1971 में उन्हें यह मंत्रालय पुनः सौंपा गया। अन्तरिम सरकार में वे प्रधानमंत्री के लिए राज्य मंत्री बनाई गईं व बिना विभाग के मंत्री पद पर रहीं।

इन्दिरा गांधी से घनिष्ठता का इनाम नन्दिनी को तब मिला जब उन्हें 1972 में उड़ीसा का मुख्यमंत्री नामित किया गया। मार्च 1973 में राज्य में साल भर के लिए राष्ट्रपति शासन लागू किया गया, पर वे मार्च 1974 में पुनः अपने पद पर लौटीं। 1974 में ही नन्दिनी ने भारतीय राष्ट्रीय कांग्रेस पार्टी को उड़ीसा विधानसभा चुनावों में जीत दिलवाई। वे 1976 तक मुख्यमंत्री रहीं और उन्हें उड़ीसा के सबसे सफल मुख्यमंत्रियों में गिना जाता रहा। 1977 में इन्दिरा गांधी के पतन के साथ नन्दिनी ने कांग्रेस छोड़ी और जनता पार्टी से जुड़ीं। 1980 में उन्हें पुनः विधानसभा में स्वतंत्र उम्मीदवार के रूप में चुना गया। 1985 में उन्होंने एक स्थानीय दल स्थापित किया जिसका नाम जाग्रता उड़ीसा था पर वे इस दल की अकेली उम्मीदवार थीं जो चुनाव जीत पाईं। 1990 में वे फिर से भारतीय राष्ट्रीय कांग्रेस में लौटीं और 2000 तक गोंगिया चुनाव क्षेत्र से उसकी विधायक रहीं।

1998 में उन्हें उड़ीया साहित्य में योगदान के लिए *साहित्य भारती सम्मान* दिया गया। उनके कार्यों में तस्लीमा नसरीन की पुस्तक *लज्जा* का उड़िया अनुवाद भी शामिल था।

कई पर्यवेक्षकों ने नन्दिनी की कार्यकाल की प्रगति के प्रति उनकी कटिबद्धता तथा सर्वसम्मति निर्माण करने की उनकी क्षमता के कारण प्रशंसा की है, पर इन्दिरा गांधी से उनकी घनिष्ठता को कई बार नापसन्द किया जाता था। 1977 में नन्दिनी के विरुद्ध भ्रष्टाचार निरोधी क़ानून के तहत एक मामला दर्ज किया गया जो न्यायपालिका के लिए भी एक परीक्षा मामला था कि किसी महिला के विरुद्ध छानबीन और तहक़ीक़ात कैसे की जाती है? एक प्रशंसनीय फ़ैसले में न्यायाधीश वी.आर. कृष्णा अय्यर ने कई बिन्दु स्पष्ट किए, जैसे यह प्रावधान कि एक स्त्री को अधिकार है कि उससे उसके आवास पर, पुरुष रिश्तेदारों की उपस्थिति में पूछताछ की जाए, और उसे केवल तब ही थाने पर लाया जाए जब उसे औपचारिक रूप से बन्दी बनाया गया हो, तथा उसकी तलाशी कोई स्त्री ही ले।

नन्दिनी की मृत्यु 4 अगस्त, 2006 को भुवनेश्वर में लम्बी बीमारी के बाद हुई। उनके दो बेटे हैं नचिकेता सतपथी तथा तथागत सतपथी जो धेनकनाल क्षेत्र से बीजू जनता दल के सांसद तथा उड़ीया समाचार-पत्र *धारित्री* के सम्पादक हैं।

नसीम बानो
(1916-2002)

नसीम बानो हिन्दी सिनेमा की अभिनेत्री व गायिका थीं। उनकी माता छमियाँ बाई एक वेश्या थीं, जो शमशाद बेगम नाम से जानी जाती थीं। शमशाद बेगम ने भी फ़िल्मों के लिए गीत गाए थे और काफ़ी पैसे कमाए थे। (इसी नाम से एक और पार्श्वगायिका भी थीं, जो भिन्न व्यक्ति थीं)। नसीम अपनी माँ के पदचिह्नों पर चलना चाहती थीं और अभिनेत्री भी बनना चाहती थीं। उन्होंने संगीत सीखा और उनके सौन्दर्य के कारण उन्हें कई प्रस्ताव भी मिले। परन्तु नसीम की माँ नहीं चाहती थीं कि वे अभिनेत्री बनें क्योंकि उन दिनों इस पेशे को बुरी नज़र से देखा जाता था और ऐसी सामाजिक आलोचना को वे स्वयं झेल चुकी थीं। पर नसीम इससे झुकी नहीं और रोकने पर नसीम ने भूख हड़ताल की धमकी दी। शुरू से ही सफलता पा अपनी माँ की शंकाओं को ग़लत सिद्ध किया। उनकी पहली फ़िल्म *ख़ून का ख़ून* (1935), हैमलेट का हिन्दी रूपान्तर थी जिसमें नसीम ने ओफेलिया की भूमिका निभाई थी। सोहराब मोदी की शास्त्रीय फ़िल्म *पुकार* (1939) में नसीम ने तहलका मचा दिया और उसके लिए *ज़िन्दगी का साज़ भी क्या साज़ है, बज रहा है और बेआवाज़ है* गीत गाया। नसीम ने परी चेहरा कहा जाता था। नसीम की अन्य सफल फ़िल्मों में *महबूब ख़ान की नग़मा, सिन्दबाद, तलाक़, उजाला, बेगम, जीवन सपना, अनोखी अदा, चाँदनी रात* तथा *शीश महल* शामिल थीं। 1944 में नसीम की बेटी सायरा का जन्म हुआ और 1980 के दशक के मध्य वे फ़िल्मों से दूर हो गईं ताकि सायरा जिसने अभिनय शुरू किया ही था, के लिए चुनौती न बनें। उन्होंने अपना ध्यान वस्त्र डिज़ाइन करने में, खासकर कशीदाकारी की साड़ियों में, लगाया। अपनी बेटी का विवाह दिलीपकुमार से करवाने में उनका हाथ रहा और यह दम्पती अधिकतर पाली हिल में स्थित उनके बँगले में रहता रहा। उन्होंने अपनी पुत्री की कई वेशभूषाएँ डिज़ाइन कीं। 1972 में उन्होंने पाकीज़ा में भी अभिनय किया।

नागरत्नम्मा
(1878-1952)

नागरत्नम्मा जो बैंगलोर नागरत्नम्मा भी कहलाती थीं, एक विदुषी तथा देवदासी थीं। उनकी ख्याति विशेष रूप से राधिका सान्त्वनम् (राधिका को सांत्वना) के 1910 में पुनर्प्रकाशन के कारण है, जो तंजौर दरबार की अठारहवीं शताब्दी की वेश्या मुद्दुपलानी की लम्बी कविता थी। इस कविता में स्त्री की दृष्टि से यौन का वर्णन है, जिसमें

कुमारी कन्या का पहला यौन अनुभव भी शामिल है। इस पुस्तक को औपनिवेशिक सरकार ने प्रतिबन्धित किया और उसकी सभी प्रतियाँ हासिल कर नष्ट कर दी गईं और नागरत्नम्मा और मुद्दुपलानी को वेश्याएँ और चरित्रहीन स्त्रियाँ कहा गया। 1947 में पुस्तक पर से प्रतिबन्ध तो हटा लिया गया पर पूरी कविता की प्रति पाना आज भी कठिन है। सूज़ी थरूर तथा के. ललिथा सम्पादित *विमेन राइटिंग इन इंडिया* में इसके कुछ अंश को नागरत्नम्मा के सारगर्भित व विद्वत्तापूर्ण प्राक्कथन के साथ छापा गया था।

नागरत्नम्मा का जन्म पुत्ता लक्षमम्मा की कोख से हुआ जो एक देवदासी, शास्त्रीय संगीतकार व विद्वान् स्त्री थीं, उनके संरक्षक सुब्बाराव, नान्जनगुड में वकील थे। नागरत्नम्मा की शिक्षा-दीक्षा नान्जनगुड तथा मैसूर में देवदासियों के परम्परागत कौशलों—नृत्य, गायन, संगीत तथा संस्कृत व तमिल का गहन अध्ययन द्वारा हुई। उनके मामा/वैंकटस्वामैय्या बैंगलोर के प्रख्यात वायलिन वादक थे। नागरत्नम्मा उनसे तथा बिदाराम कृष्णप्पा से शास्त्री संगीत सीखने बैंगलोर गईं। बाद में उन्होंने बैंगलोर के मुनुस्वामी अप्पा से भी संगीत सीखा। वे विख्यात नर्तकी बनीं और उन्होंने अन्य कलाकारों को भी प्रभावित किया। हाईकोर्ट के न्यायाधीश नरहरि राव का ध्यान उनकी ओर आकर्षित हुआ और वे उनके संरक्षक बने। उन्होंने सन्त त्यागराज (1767-1847) की समाधि पर उनका स्मारक बनाया तथा तिरुवायारु में एक न्यास स्थापित किया जो प्रतिवर्ष सन्त के जन्म दिवस पर सांस्कृतिक प्रदर्शन आयोजित कर उन सांस्कृतिक बन्धनों को धता बताता था, जो स्त्रियों को सार्वजनिक प्रदर्शन करने से रोकते थे। अपनी वसीयत में उन्होंने न्यास स्थापित करने के कारण स्पष्ट करते हुए लिखा कि 1921 में सपने में त्यागराज ने उन्हें दर्शन दिए और उन्होंने कहा कि वे उनके तथा संगीत के प्रति समर्पित हों। उन्होंने त्यागराज को समर्पित कई गीतों की रचना की।

नाडिया

(1908-1996)

नाडिया 'हंटर वाली' जिसे फियरलेस (निर्भीक) नाडिया भी कहा जाता था हिन्दुस्तानी मारधाड़ फ़िल्मों की पहली एक्शन-सितारा थी। मेरी एन इवान्स (जो जॉर्ज इलियट का भी नाम था) नाम से पर्थ, पश्चिमी ऑस्ट्रेलिया में जन्मीं नाडिया स्कॉट, हरबर्ट इवान्स जो ब्रिटिश सेना में वॉलेन्टियर थे, तथा मागरेट नामक ग्रीक नर्तकी व अभिनेत्री की पुत्री थीं। जब उनके पिता को तबादले पर मुम्बई भेजा गया, नाडिया मात्र एक वर्ष की थीं। चार साल बाद वे भी पिता के साथ भारत आईं। आगामी

कुछ वर्ष तबादलों के कारण परिवार के साथ इधर-उधर घूमते बीते। उत्तर पश्चिमी सीमांत क्षेत्र में रहते हुए नाडिया ने घुड़सवारी सीखी। 1920 के दशक के मध्य में मुम्बई लौट नाडिया ने मदाम एस्ट्रोवा से बैले डान्स सीखा। 1930 में वे ज़ारको सर्कस में काम करने लगीं, जहाँ मदाम एस्ट्रोवा भी काम कर चुकी थीं, और किसी ज्योतिषी के सुझाव पर अपना नाम बदलकर नाडिया कर लिया। वे बलिष्ठ तथा सर्वांग सुन्दरी थीं, उनके बाल सुनहले और आँखें नीली थीं। वे जल्दी ही लोगों को आकर्षित करने लगीं। फ़िल्मी जीवन की शुरुआत उन्होंने अरबी फ़िल्म *मखज़ाने एल ओछक* (1932) से की जो मिस्र में बनी थी। उसी वर्ष वे मुम्बई लौटीं और नौकरी की तलाश में वाडिया मूवीटोन में घुसीं जो जे.बी.एच.वाडिया द्वारा संचालित था और मारधाड़ की फ़िल्मों के लिए मशहूर था। कहते हैं वाडिया अपनी आँखें नाडिया के चेहरे से नहीं हटा पाए। उनकी पहली ही हिन्दी फ़िल्म, *लाल-ए-यमन* (1933) हिट हुई। उनके करतब पर लोग फ़िदा हो गए। 1935 में *देश दीपक* तथा *हन्टरवाली* प्रदर्शित हुईं, और उनको अपना उपनाम मिला। हन्टरवाली में उन्होंने डॉमिनेट्रिक्स जैसे चरित्र को निभाया, नाडिया ने चुस्त शरीर का प्रदर्शन करने वाले कपड़े, और लम्बे जूते पहने और हाथों में हन्टर थामा। *हन्टरवाली* इतनी सफल हुई कि कुछ सालों बाद उसकी उत्तरकथा *हन्टरवाली* की बेटी बनाई गई। नाडिया ने *मिस फ्रंटियर मेल* (1936), *पहाड़ी कन्या* (1936), *हरिकेन हंसा,* (1937) *पंजाब मेल* (1939), *डायमंड क्वीन* (1940) तथा *मुक़ाबला* (1942) में अभिनय किया। अपनी अन्तिम फ़िल्म *एक नन्ही मुन्नी लड़की* (1970) थी, जिसमें उन्होंने एक छोटा सा चरित्र निभाया। उनका नाम कई पुरुषों से जोड़ा जाता रहा। उन्होंने 1930 के दशक में कुछ समय के लिए विवाह किया और उनका एक पुत्र भी हुआ। बाद में वे जे.बी.एच. वाडिया के छोटे भाई होमी वाडिया के प्रेम में पड़ीं, परन्तु परिवार के विरोध के कारण 1961 तक उनसे विवाह न कर सकीं। होमी ने नाडिया के बेटे को गोद लिया। होमी ने उनकी कई बाद की फ़िल्मों में निर्देशन भी किया। दम्पती कोलाबा में सादगी से रहता था। 1993 में नाडिया के पड़भतीजे रियाद विन्ची वाडिया ने उनके जीवन व फ़िल्मों पर एक डॉक्यूमेंट्री बनाई जिसका नाम था *फियरलेस : द हन्टरवाली स्टोरी।*

नादिरा

(1932-2006)

नादिरा एक फ़िल्म अभिनेत्री थीं। उनका जन्म फरहत एजकील (या सम्भवतः फ्लोरेंस एजकील) नाम से 5 दिसम्बर, 1932 में एक बगदादी यहूदी परिवार में, मुम्बई के नागपाड़ा में हुआ था। जब वे चार वर्ष की थीं उनके माता-पिता का तलाक़ हो गया

उनकी और उनके भाइयों की देखभाल उनकी नानी करतीं और उनकी माँ सबके गुज़ारे के लिए काम करतीं। बाद में जब वे सफल अभिनेत्री बन गईं नादिरा ने याद किया कि जब कभी खाने को पूरा नहीं होता था तो उनके नाना पानी-पूरी वाले को कहते कि वह पानी-पूरियों को इमली पानी से पूरा भर-भर कर दे ताकि बच्चों का पेट भरा रहे।

फरहत किशोरावस्था में ही, जब सरदार अख़्तर, जो फ़िल्मकार महबूब ख़ान की पत्नी थीं, की नज़र उन पर पड़ी। सरदार अख़्तर ने फरहत को अपनी देखभाल में लिया, उन्हें तैयार किया और उनका नाम बदलकर नादिरा कर दिया। नादिरा की पहली फ़िल्म *आन* का निर्देशन महबूब ख़ान ने किया था, इसमें नादिरा ने एक गर्म मिज़ाज राजकुमारी राजश्री का चरित्र निभाया। उनकी अगली सफल फ़िल्म थी *श्री 420* (1956) जिसमें उन्होंने सुसभ्य पर अति संवेदनशील माया का चरित्र निभाया। उनका कुलीन सौन्दर्य, उनका आत्मविश्वास भरा आचरण और सौम्य चालढाल ने उन्हें खलनायिका की भूमिका के लिए उपयुक्त बनाया। नादिरा इन भूमिकाओं में रूढ़ कर दिए जाने की हमेशा शिकायत करती थीं। उन्होंने पचास सालों तक फ़िल्मों में काम किया और 60 से अधिक फ़िल्मों में अभिनय किया जिसमें बॉलीवुड की सफल फ़िल्में जैसे *वारिस* (1954), *पाकीज़ा* (1971) तथा *अमर अकबर एन्थनी* (1977) भी शामिल थीं। उन्होंने मर्चेन्ट आइवरी के साथ दो फ़िल्में कीं : 1969 में *गुरु* तथा 1999 में *कॉटन मेरी*। उन्हें फ़िल्म *जूली* (1975) में जूली की माँ की भूमिका के लिए फ़िल्मफेयर की श्रेष्ठतम सह अभिनेत्री पुरस्कार मिला। उनकी आख़िरी फ़िल्म *जोश* (2000) थी जिसमें शाहरूख ख़ान तथा एश्वर्या राय ने भी अभिनय किया था। वे अपने समय में सबसे अधिक मेहनताना पाने वाली भारतीय अभिनेत्री रहीं और मुम्बई के अपनी रॉल्स रॉयल गाड़ी में घूमा करती थीं।

नादिरा ने पहले कुछ समय के लिए उर्दू कवि तथा फ़िल्मकार नक्शाब से विवाह किया। इस विवाह का अन्त दुःखद रहा। इसके बाद उन्होंने एक व्यक्ति से विवाह किया जो केवल पैसे चाहता था, यह शादी सिर्फ़ सप्ताह भर चली। जीवन के आख़िरी समय वे मुम्बई में अकेली रहती रहीं क्योंकि उनके कई रिश्तेदार इजराइल चले गए थे। जीवन के आख़िरी तीन सालों में वे अपने फ्लैट में ही रहीं जहाँ उनके साथ उनका घर सँभालने वाली, शोभा भी रहती थी। महेश भट्ट की फ़िल्म तमन्ना (1997) में उन्होंने एक गुज़रे ज़माने की बिसरा दी गई फ़िल्म अभिनेत्री का चरित्र निभाया, जो शायद वास्तविक के बेहद क़रीब था। आख़िरी महीनों में उन्हें एक दौरा पड़ा और दिल की शिकायत भी हुई और 1 फरवरी, 2006 को उनकी मृत्यु हो गई।

नायिकी देवी
(बारहवीं शताब्दी)

नायिकी देवी प्रतिशासक राजमाता थीं। वे गुजरात के शासक बाल मूलराज की माता थीं जिसने 1176 से 1978 तक, केवल दो वर्षों के लिए शासन किया। वे परमार्दिन की पुत्री थीं, जिनकी पहचान कदम्ब वंश के शिवचित्त से की गई है। बालक राजा के शासन काल में राज्य पर मुसलमान सेना, जो सम्भवतः मुहम्मद गौरी की थी, का हमला हुआ। नायिकी देवी ने अपने नन्हे पुत्र को साथ ले हमलावरों से युद्ध किया, और उन्हें गदरनघट्टा के दर्रे पर रोका, जो शायद माउंट आबू की तलहटी में था। समसामयिक इतिहासों में इस बाल शासक के विरुद्ध युद्ध का उल्लेख है, पर माता के विषय में कुछ नहीं कहा गया है।

निर्मला देशपांडे
(1929-2008)

निर्मला देशपांडे शान्ति कार्यकर्ता व गांधीवादी थीं। उनका जन्म नागपुर के विमला तथा पुरुषोत्तम यशवंत देशपांडे के घर हुआ था। निर्मला के पिता जाने-माने मराठी लेखक थे जिन्होंने 1962 में अपनी पुस्तक *अनामिकाशी चिन्तनिका* के लिए साहित्य अकादमी पुरस्कार जीता था। उनकी माता ने जिद्दू कृष्णामूर्ति की पुस्तक *कॉमेंट्रीज़ ऑन लाइफ* का मराठी भाषा में अनुवाद किया। 1952 में निर्मला विनोबा भावे के भूदान आन्दोलन से जुड़ीं और ग्राम स्वराज का सन्देश 40,000 किलोमीटर की पैदल यात्रा द्वारा देश के विभिन्न भागों में पहुँचाया। 1994 में जब पंजाब तथा कश्मीर में हिंसा अपने चरम पर थी तो उन्होंने दोनों राज्यों में शान्ति जुलूस निकाले। 1996 में उन्होंने भारत-पाकिस्तान बैठक आयोजित की। 1999 में जब ईसाई मिशनरी ग्राहम हाइंस को हिन्दू कट्टरपंथियों ने जलाकर मार डाला तो निर्मला ने उड़ीसा में विरोध जुलूस आयोजित किया। तिब्बत का मसला भी उनके दिल के क़रीब था। 2006 में निर्मला ने अफजल गुरु, जो भारतीय संसद पर आतंकवादी हमले का आरोपी था जिसमें तेरह लोगों की जान गई थी, के लिए क्षमा की गुहार की। अपनी मृत्यु के चन्द महीनों पहले उन्होंने स्वयं को माओवादियों का 'मित्र' घोषित किया।

निर्मला ने हिन्दी में कई उपन्यासों, जिसमें *सीमंत* तथा *चिमलिंग* शामिल थे, यात्रा वृत्तान्त व नाटकों की रचना की। उन्होंने ईषोपनिषद पर एक टीका लिखी और विनोबा भावे की जीवनी भी। वे 1997 से 2007 तक राज्य सभा नामित सदस्य रहीं। 2007 में राष्ट्रपति पद के लिए भी उनके नाम पर विचार किया गया, पर अन्ततः प्रतिभा

पाटिल का नाम प्रस्तावित हुआ। 2005 में उनका नाम नोबल शान्ति पुरस्कार के लिए प्रस्तावित किया गया और 2006 में उन्हें राजीव गांधी सद्भावना पुरस्कार तथा पद्म विभूषण दिया गया। छोटा क़द और चश्मा पहने, मेहँदी से रंगे बालों वाली निर्मला विशिष्ट स्त्री थीं। सीमा के दोनों ओर उन्हें सम्मान से देखा जाता था और उनकी मृत्यु पर भारत तथा पाकिस्तान में सर्वधर्म की प्रार्थना सभाएँ की गईं। उनकी अस्थियाँ सिन्ध स्थित साधु बेला मन्दिर के पास सिन्धु में प्रवाहित की गईं।

सिस्टर निवेदिता
(1867-1911)

सिस्टर निवेदिता स्वतंत्रता सेनानी थीं। मार्गरेट एलिज़ाबेथ नोबेल नाम से उनका जन्म उत्तरी आयरलैंड के डंगनॉन में 28 अक्टूबर, 1867 को हुआ था। अल्स्टर के कई परिवारों की तरह उनका परिवार भी स्कॉट वंश का था और कई पीढ़ियों से आयरलैंड में रह रहा था। वे कट्टर मैथॉडिस्ट थे, जो प्रोटेस्टेंट धर्म का ही एक सम्प्रदाय है, और व्यक्तिगत ईमानदारी तथा नैतिक कृत्यों पर ध्यान देता है। मार्गरेट के नाना व दादा दोनों ही आयरलैंड के 'होम रूल' संघर्ष से जुड़े रहे थे। वे इंग्लैंड में पली-बढ़ीं जहाँ शुरुआत में मार्गरेट ने एक ऐसे शिक्षाविद् के रूप में काम किया जिसकी रुचि पैस्टेलॉत्ज़ी तथा फ्रोबेल के प्रगतिशील सिद्धान्तों में थी। 1895 में वे लन्दन में स्वामी विवेकानन्द से मिलीं, और स्वामीजी ने मार्गरेट को भारत आने की प्रेरणा दी। वे 1898 में उनकी शिष्या बन कोलकाता आईं, उस समय उनकी आयु 30 वर्ष की थी। बोसपाड़ लेन में एक छोटे से घर में मार्गरेट सादगी से रहने लगीं और स्वयं को सामाजिक कार्य में झोंक दिया। हिन्दू बालिकाओं के लिए उन्होंने एक स्कूल खोला, प्लेग के दौरान राहत कार्य किया। उन्हें रामकृष्ण के पन्थ में दीक्षित किया गया और वे रामकृष्ण तथा शारदा माँ की शिक्षा का अनुसरण करने लगीं, और काली तथा शिव की मूर्तियों की पूजा भी करने लगीं। दो वर्षों तक पश्चिम में उन्होंने रामकृष्ण मिशन के लिए वित्तीय सहयोग अभियान चलाया, और 1902 में भारत लौटीं। उन्होंने रामकृष्ण बालिका विद्यालय नाम से एक और स्कूल स्थापित किया। जिस दिन स्कूल प्रारम्भ हुआ साठ पर्दाधारी स्त्रियाँ उसमें उपस्थित थीं।

उसी वर्ष स्वामी विवेकानन्द की मृत्यु के बाद उन्होंने मिशन छोड़ा और भारत के स्वतंत्रता संग्राम से जुड़ गईं, हालाँकि वे फिर भी मिशन से घनिष्ठ रिश्ता बनाए रहीं। वे भारत भर की यात्राएँ करती रहीं, जगह-जगह भाषण दिए और जहाँ कहीं भी होतीं वे राहत का काम या अभियान का काम करतीं। राजनीति में वे प्रिंस क्रॉप्टोकिन के सिद्धान्तों से प्रभावित थीं, हालाँकि उनके क्रान्तिकारी विचार हर तरह के राजनीतिज्ञों

से अच्छे सम्बन्ध रखने के कभी आड़े न आए। वे भारतीय कला, संस्कृति तथा विज्ञान के प्रति समर्पित थीं और उन्होंने अवनीन्द्र ठाकुर तथा जगदीशचन्द्र बोस को उनके काम में प्रोत्साहित किया। पश्चिम ने भारतीय संस्कृति को जब ग्रीको-रोमन सभ्यता की फीकी परछाई के रूप में देखना प्रारम्भ किया तो सिस्टर निवेदिता ने इसका विरोध किया। उनका समन्वयवाद उनके चेहरे व पहनावे में भी झलकता था : लम्बी, गोरी, नीली आँखें व भूरे बालों वाली सिस्टर निवेदिता सफ़ेद चोंगा पहनतीं थीं और उनके गले में रुद्राक्ष की माला होती थी। 1905-1906 में बंगाल में पड़े दुर्भीक्ष ने उनकी काफ़ी ऊर्जा सोख ली और अन्ततः यह उनके लिए भारी पड़ा। उनका स्वास्थ्य इसके बाद से गिरने लगा। 1911 में पूर्वी बंगाल के बाढ़ और अकाल ग्रस्त गाँवों का दौरा करते समय उन्हें मलेरिया हुआ और दार्जिलिंग में उनका निधन हो गया।

निहार बरुआ

(1903-2004)

निहार बरुआ जानी-मानी नृ-संगीतशास्त्री व लोक साहित्य की ज्ञाता थीं। वे प्रमथेश बरुआ की बहन थीं। ग्यारह वर्ष की आयु में उनका विवाह एक मैजिस्ट्रेट से कर दिया गया और सत्रह साल की उम्र तक उनके छह बच्चे हो चुके थे। परन्तु इससे उनकी रफ्तार कम नहीं हुई। पशुओं से निहार की निकटता थी, वे साँपों से खेलतीं, हाथियों को पालतू बनातीं, और परिवार की प्रथा के अनुरूप शेरों का शिकार करतीं थीं। वे गोआलपाड़ा के लोगों के गीतों का आस्थाओं व रीति-रिवाजों का संकलन करने लगीं जहाँ गौरीपुर में उनका पुश्तैनी घर स्थित था। उन्होंने एक हज़ार से भी अधिक गीतों का संकलन किया और प्रत्येक का सावधानी से दस्तावेज़ीकरण किया और गोआलपाड़ा राजवंशियों के अनूठी संस्कृति की जानकारियाँ इकट्ठी की। उन्होंने गौरीपुर में एक स्कूल भी खोला।

उन्होंने विविध प्रकार के निबन्ध व आलेख लिखे, जिनमें से कुछ : *प्रांतोबाशीर झुली : गोआलपाड़ा लोक जीवन ओ गान* नामक संकलन में शामिल हैं जिसे स्त्री ने 2000 में प्रकाशित किया। ये आलेख मूलतः देश, परिचय, बारोमास, एक्शोन व अन्य बंगाली पत्रिकाओं में छपे थे और गोआलपाड़ा की, जो कूच बिहार, मेघालय, आसाम तथा बांग्लादेश के बीच का इलाक़ा था, लोक प्रथाओं व मान्यताओं के विषय पर थे। उन्होंने गोआलपारा के संगीत का अध्ययन किया, उसके सन्दर्भ व प्रथाओं की भी छानबीन की। ये गीत माटी से जुड़े होने के साथ दिल को छूने वाले हैं और लोगों द्वारा सोनाराई (शेरों की आत्मकथा) के लिए या फिर मदनकाम के लिए बसन्त, तथा पुनर्जीवन के सारत्व के लिए गाए जाते हैं। विवाह गीतों पर अपने लेख निहार वे

विभिन्न समुदायों के वैवाहिक रीति-रिवाज़ों पर टिप्पणी करती हैं और वर्षा के आह्वान के लिए ग्रामीण स्त्रियों के नृत्य वाले भाग में (जो अक्सर नग्न हो किया जाता है) वे स्त्रियों की स्वतंत्रता तथा उनके कृतित्व का वर्णन करती हैं।

नीरा देसाई

(1925-2009)

नीरा देसाई का जन्म 1925 में एक मध्यवर्गीय गुजराती परिवार में हुआ जो स्वाधीनता आन्दोलन का समर्थक था। आज़ादी के तत्काल बाद नीरा ने स्नातकोत्तर अध्ययन पूरा किया। उन्होंने जो अन्तर्विषयक कार्य किया वह *वुमन इन मॉर्डन इंडिया* नामक पुस्तक में प्रकाशित हुआ।

देसाई 1950 के दशक के अन्तिम हिस्से में एसएनडीटी महिला विश्वविद्यालय से जुड़ीं और प्रोफेसर तथा समाजशास्त्र के विभागाध्यक्ष, स्नातकोत्तर अध्ययन एवं शोध केन्द्र की संस्थापक निदेशक एवं ग्रामीण विकास केन्द्र की निदेशक की हैसियत से विश्वविद्यालय की कई निर्णय लेने वाली संस्थाओं से तब तक जुड़ी रहीं, जब तक वे 1984 में सेवानिवृत्त न हो गईं। 1970 से 84 के बीच कई बार कार्यकारी कुलपति के रूप में भी उन्होंने अपनी सेवाएँ दीं। 1974 में एसएनडीटी ने जो रिपोर्ट *टुवर्ड्स इक्वॉलिटी* नाम से प्रकाशित की उसमें, 1988 में प्रकाशित श्रम शक्ति रिपोर्ट में, तथा *पर्सपेक्टिव प्लान फॉर विमेन* 1988-2000 में देसाई की महत्त्वपूर्ण भूमिका थी। उषा ठक्कर के सहयोग से उन्होंने भारतीय समाज में महिलाएँ विषय पर एक और लोकप्रिय पुस्तक प्रकाशित की जो नेशनल बुक ट्रस्ट इंडिया नई दिल्ली ने 2001 में महिला सशक्तिकरण वर्ष के उपलक्ष्य में छापी थी।

महिला अध्ययन की शोध इकाई (जो नीरा देसाई ने 1974 में स्थापित की थी) अन्य केन्द्रों के लिए प्रेरणास्रोत बनी तथा विश्वविद्यालय अनुदान आयोग ने उसे अनुकरणीय आदर्श माना। 1990 में नीरा ने *स्पैरो* की स्थापना में मदद की जो मुम्बई के भारतीय मानवाधिकार तथा विधि केन्द्र है तथा दिल्ली के महिला विकास अध्ययन केन्द्र के मुख्य आधारों में एक बना। नीरा विभिन्न नारीवादी समूहों से करीब से जुड़ीं थीं जैसे, *वाचा* (मुम्बई), *अस्तित्व* (वलसाड़), तथा *सहियार* (बड़ोदरा)। 1990 के दशक में वे स्वास्थ्य एवं सम्बन्धित विषयों की जाँच केन्द्र के परामर्श परिषद की सदस्य थी जो अपने प्रारम्भिक वर्षों में था।

नीरा देसाई भारतीय महिला अध्ययन संघ गुजरात, महिला अध्ययन संघ तथा महाराष्ट्र महिला अध्ययन संघ के संस्थापक सदस्यों में थीं। नीरा देसाई का नाम नोबेल शान्ति पुरस्कार के लिए नामित 1000 महिलाओं की सूची में शामिल था।

नूतन
(1936-1991)

नूतन फ़िल्म अभिनेत्री थीं। 4 जून, 1936 को जन्मी नूतन, शोभना समर्थ तथा निर्देशक कुमारसेन समर्थ की सबसे बड़ी सन्तान थीं। इस कारण वे पुराने तथा आज के युग के कई अभिनेताओं व अभिनेत्रियों की रिश्तेदार थीं, जिनमें तनूजा, काजोल व रानी मुखर्जी शामिल हैं। पुराने ज़माने के मेकअप उस्ताद सरोश मोदी के अनुसार उनका चेहरा किसी कैमरामैन के सपनों का चेहरा है, क्योंकि उसके कोई खराब कोण हैं ही नहीं। फिर भी जब वे छोटी थीं उन्हें 'दुबली-पतली' और 'कुरूप' माना जाता था। उनका फ़िल्मी जीवन नौ साल की उम्र में प्रारम्भ हुआ जब वे 1945 में बाल कलाकार के रूप में अपने पिता की फ़िल्म *नल-दमयन्ती* में आईं। 1950 में जब वे महज 14 साल की थीं, नूतन ने अपनी माँ द्वारा निर्देशित फ़िल्म में काम किया जिसका सटीक शीर्षक था *हमारी बेटी*। 1951 में उनकी पहली लोकप्रिय फ़िल्में *हम लोग* तथा *नगीना* आईं और उसी वर्ष उन्हें देश की पहली मिस इंडिया का खिताब भी दिया गया। तब उन्हें कुछ समय के लिए स्विस फिनिशिंग स्कूल (जहाँ चलने-फिरने, उठने-बैठने व दूसरे सलीके सिखाए जाते हैं) ले शैटेलाइन में स्विट्ज़रलैंड भेजा गया। लौटने पर उन्होंने *सीमा* (1955) फ़िल्म में किशोर अपराधी की भूमिका में फ़िल्म उद्योग को चकित कर दिया। शुरुआत से ही यह बात काफ़ी साफ़ थी कि उनकी अभिनय और भावनाएँ जताने की शैली उससे काफ़ी भिन्न है जो मुम्बई के परदों में अब तक दिखाई देती रही थी। वे अपने चरित्र के बारे में गहराई से सोचती थीं और अपने सचल अभिव्यक्तिपूर्ण चेहरे का प्रभावी उपयोग करती थीं। सीमा जैसे चरित्र, उत्पीड़ित व चंचल स्वभाव के कारण नूतन को अपने कौशल का उपयोग करने का भरपूर मौका देते थे। हालाँकि नूतन की आवाज़ भी बेहद सुन्दर थी, उन्होंने गायन के बजाय अपने अभिनय पर ध्यान देना बेहतर समझा।

1959 में नूतन ने रजनीश बहल से शादी की जो भारतीय नौ सेना में लेफ्टिनेंट कमांडर थे और उनका एक पुत्र मोहनीष हुआ, जिसके बाद उन्होंने कुछ समय के लिए अभिनय बन्द कर दिया। वे अपनी पुरस्कृत फ़िल्म बंदिनी (1963) के साथ वापस लौटीं। आगामी दो दशकों में नूतन ने *मिलन* (1967), *सरस्वती चन्द्र* (1968), *सौदागार* (1973) तथा *मैं तुलसी तेरे आँगन की* (1978) जैसी फ़िल्मों में विविध प्रकार के पात्रों को सजीव किया, और कई पुरस्कार जीते। उन्होंने बिमल रॉय, मनमोहन देसाई, राज खोसला तथा बासु भट्टाचार्य जैसे नामी-गिरामी निर्देशकों के साथ काम किया। उम्र बढ़ने के साथ 80 के दशक में वे अधिक परिपक्व भूमिकाएँ करने लगीं और अपने पुत्र मोहनीष बहल को भी फ़िल्मों में उतारा। फरवरी 1991 में कैंसर से उनकी मृत्यु हुई। उनकी अन्तिम फ़िल्म *इंसानियत* उनकी मृत्यु के बाद प्रदर्शित हुई।

नूतन ने छह फ़िल्म-फेयर पुरस्कार व असंख्य अन्य पुरस्कार जीते जो अब तक किसी भी अभिनेत्री द्वारा जीते गए पुरस्कारों से अधिक हैं।

नूरजहाँ
(1577-1645)

नूरजहाँ मुग़ल मलिका थीं और जहाँगीर के तख्त के पीछे की शक्ति। शाहज़ादी मेहरुन्निसा को जहाँगीर से विवाह होने के बाद नूर महल का खिताब दिया गया। जिसे बाद में नूरजहाँ कर दिया गया। नूरजहाँ से जहाँगीर की शादी मुग़ल शासन का बदलाव बिन्दु रहा। जब 1613 में उनका रुतबा बढ़ कर बादशाह बेगम (मुख्य रानी) कर दिया गया उनके प्रभाव और सत्ता में काफ़ी इजाफ़ा हुआ। इस रूप में वे राजधानी के स्त्री समाज की प्रमुख बनीं और शाही परिवार की मलिका भी। प्रभाव सम्पन्न व सत्ता-पसन्द होने के साथ-साथ वे दानी और उदारवादी थीं और उन्होंने जहाँगीर के दिमाग पर बेजोड़ प्रभाव हासिल कर लिया था। जहाँगीर ने पहले उन्हें नूर महल का खिताब दिया और 1616 में उसे बदल कर नूरजहाँ या 'दुनिया का प्रकाश' कर दिया। जहाँगीर ने बार-बार कहा कि वे स्वायत्तता नूर जहाँ को सौंप चुके हैं और उन्हें अपनी ज़रूरतों के लिए सिर्फ़ 'एक सेर शराब और आधा सेर कबाब' चाहिए। नूरजहाँ अक्सर जनता के सामने आतीं, न्याय करतीं और राजकाज चलातीं। उनके नाम से सिक्के जारी किए गए, शाही आदेशों पर भी वे दस्तखत करतीं। विवाह के चन्द सालों बाद उन्होंने अपना ख़ेमा बना लिया और सरकार की बागडोर ख़ुद अपने हाथों ले ली। इस खेमे में नूरजहाँ के माता-पिता और रिश्तेदार थे, जिन्हें जल्दी ही ऊँचे ओहदे दे दिए गए। यह गुट चार सालों तक राज करता रहा उसके मुख्य स्तम्भ थे स्वयं नूरजहाँ, उसके पिता इत्मिदाद्दुल्ला, उसके भाई आसफ ख़ान, शाहज़ादा खुर्रम तथा जहाँगीर से उनका बेटा जो बाद में शाहजहाँ कहलाया।

इस दौरान नूरजहाँ ने खुर्रम को प्रतिष्ठा और भव्यता के शिखर तक उठाने की कोशिश की। माना यह जाता था कि वही अगला बादशाह होगा। परन्तु 1620 में लाड़ली बेगम, जो नूरजहाँ की शेर अफगान से पहली शादी से उत्पन्न सन्तान थी की सगाई सहरयार से कर दी गई जो जहाँगीर का सबसे छोटा बेटा था और खुर्रम की प्रतिद्वन्द्वी। नूरजहाँ का मन बदल गया और वे जल्दी ही शहरयार की हिमायत और खुर्रम के प्रभाव को कम करने लगीं। इससे खुर्रम ने उनके विरुद्ध बग़ावत की और एक लम्बा गृहयुद्ध प्रारम्भ हुआ जिसकी समाप्ति शाहजहाँ की गद्दी पर बैठने से हुई। नूरजहाँ को सेवानिवृत्त कर मृत्यु आने तक लाहौर में रहने भेज दिया गया। नूरजहाँ की कब्र लाहौर में ही राबी नदी के पास अपने पति जहाँगीर की कब्र के पास है। इसका

निर्माण उन्होंने ख़ुद ही, शायद उस समय ही करवाया था जब जहाँगीर का मकबरा बनवाया गया। इसका स्वरूप जहाँगीर के मकबरे से मिलता-जुलता है, हालाँकि नूरजहाँ के मकबरे का आकार उससे आधा है।

नूरजहाँ की बेमिसाल ख़ूबसूरती और बेजोड़ उपलब्धियों ने पति पर प्रभाव डालने में मदद की। उन्हें गुलाब का इत्र ईजाद करने का श्रेय दिया जाता है और नए-नए वस्त्रों व गहनों का श्रेय भी, जो तब तक बेहद लोकप्रिय रहे जब तक औरंगज़ेब के शासन काल की सादगी ने उन्हें ख़त्म न कर दिया। नूरजहाँ ने ऊँची शिक्षा पाई थी और उन्हें कविता और संगीत पसन्द था। उन्होंने फ़ारसी में कविताएँ भी लिखी थीं। उनकी आस्था शिया सम्प्रदाय में थी पर उनका नज़रिया सार्वजनीन था।

नूरजहाँ
(1926-2000)

नूरजहाँ अभिनेत्री व हिन्दुस्तानी शास्त्रीय संगीत की गायिका थीं। उनका जन्म गायकों के परिवार में 21 सितम्बर को पंजाब के एक छोटे क़स्बे में हुआ था। माता-पिता की तेरह सन्तानों में सबसे छोटी नूरजहाँ का नाम अल्लाह वसाई रखा गया। परिवार लाहौर गया जहाँ उसकी बड़ी बहनों, ऐदन बाई तथा हैदर बांदी को थियेटर में काम मिला। नूरजहाँ की संगीत शिक्षा कज्जनबाई के की शागिर्दगी में हुई। बाद में हल्के शास्त्रीय संगीत जैसे ठुमरी व खयाल गायकी में उन्होंने उस्ताद ग़ुलाम मुहम्मद के शिष्यत्व में दक्षता हासिल की। मुख़्तार बेगम के पति ने नूरजहाँ को अपने दल मैदान थियेटर में बाल कलाकार के रूप में लिया पर इससे गुज़ारे लायक पैसे नहीं मिल पाए। उन्हें *हिन्द के तारे* (1930) नामक मूक फ़िल्म में काम किया। उस्ताद ग़ुलाम हैदर की फ़िल्म *खजाँची* में नूरजहाँ ने गीत गाए और अगले वर्ष *ख़ानदान* (1942) के साथ वे पंजाबी से उर्दू सिनेमा में चली आईं जो सैयद शौकत हुसैन रिज़वी द्वारा निर्देशित थी और लाहौर के पंचौली स्टूडियो में बनी थी। उन्हें रिज़वी से प्रेम हो गया, जिससे नूरजहाँ का भाइयों में झगड़ा हो गया, क्योंकि रिज़वी उम्र में नूरजहाँ से काफ़ी छोटा था। मुम्बई में रिज़वी ने *नौकर* (1943) की शूटिंग शुरू की और नूरजहाँ को उसमें एक छोटी भूमिका दी जिससे नूरजहाँ को मुम्बई यात्रा का बहाना मिल गया। यह फ़िल्म तो नहीं चली पर दोनों प्रेमी शादी कर सके, हालाँकि नूरजहाँ के परिवार ने रिज़वी पर मुक़दमा दायर करने की कोशिश भी की। *नौकर* के बाद नूरजहाँ की *नादान* (1943), *दोस्त* (1944), *लाल हवेली* (1944), तथा *बड़ी माँ* (1945) आईं। उन्होंने किशोरी मीना कुमारी तथा मंगेशकर बहनों के साथ अभिनय किया और जोहराबाई अम्बालेवाली तथा अमीरबाई कर्नाटकी के साथ कव्वाली गाई, जो हिन्दी फ़िल्म में

औरतों द्वारा गाई गई पहली कव्वाली थी।

1946 में नूरजहाँ *अनामोल घड़ी* में आई और सितारा बन गईं। इसके बाद *जुगनू* (1947) प्रदर्शित हुई जिसमें युवा मुहम्मद रफी का संगीत था। भारत में उनकी आख़िरी फ़िल्म थी *मिर्ज़ा साहिबान* (1947)। नूरजहाँ व उनके शौहर लाहौर लौटे और वहाँ 1951 में उन्होंने शाहनूर स्टूडियो की स्थापना की। नूरजहाँ अपनी अगली फ़िल्म *चानवे* के लिए तैयार थीं, जिसे उन्होंने ख़ुद निर्देशित किया और उसमें अभिनय भी किया। यह फ़िल्म बेहद सफल हुई और उसके पीछे *दोपट्टा* (1952), गुलनार(1953), पटेख़ान (1955) व इंतजार (1956) भी आईं। 1956-52 में नूरजहाँ और रिज़्वी का तलाक हुआ। यह तलाक कड़वाहट भरा था। रिज़्वी चाहता था कि नूरजहाँ बच्चों की अभिरक्षा के एवज़ में शाहनूर स्टूडियो उसे सौंप दें। नूरजहाँ मान गईं। व्यक्तिगत जीवन की इस उथल-पुथल के बीच उन्होंने 1957 में सर्वश्रेष्ठ अभिनेत्री और सर्वश्रेष्ठ गायिका का राष्ट्रपति पुरस्कार जीता। रिज़्वी के साथ उनकी तीन सन्तानों में उनकी बेटी ज़िले हुमा बाद में विख्यात गायिका बनीं।

अगले दो वर्षों में *नूराँ* (1957) तथा *छूमंतर* (1958) आईं, दोनों पंजाबी फ़िल्में थीं तथा *अनारकली* (1958) जिसमें नूरजहाँ ने मुख्य पात्र निभाया था। इसके बाद *कोयल (1959), परदेसन (1959) तथा बाज़ी (1963)*। *परदेसन* का निर्माण उनके पति एम.नसीम ने किया। नूरजहाँ ने गायन ज़ारी रखा और कई फिल्मों के लिए गीत रिकॉर्ड किए जिसमें *जाने बहार* (1958), *लाखें में एक* (1967), *साल गिरह* तथा *पाक़ दामन* शामिल थीं, साथ ही उनके गीतों के एलबम भी बने। वे 1970 के दशक में भी गाती रहीं, हालाँकि उनकी आवाज़ थकने लगी थी। 1982 में वे भारत आईं, जब उन्हें इन्दिरा गांधी से, जो तब प्रधानमंत्री थीं, मिलवाया गया। उन्होंने कई निजी और सार्वजनिक गोष्ठियों में गाया। वे पाकिस्तान लौटीं और उन्होंने शोले (1984) तथा मौला बख़्श (1988) फ़िल्मों के लिए गाया। 1996 में आख़िरकार उन्होंने गाना बन्द किया। चार वर्ष बाद उन्हें घातक दिल का दौरा पड़ा। उन्हें कराँची में राजकीय सम्मान के साथ दफनाया गया।

नूरुन्निसा इनायत ख़ान

(1914-1944)

नूरुन्निसा द्वितीय विश्व युद्ध के दौरान क्रान्तिकारी योद्धा थीं। उनके पिता इनायत खान जाने-माने संगीतकार तथा टीपू सुल्तान के वंशज थे। उनकी माँ अमरीकी थीं। नूरुन्निसा का जन्म मास्को में हुआ था, हालाँकि उनके परिवार को, कुछ ही समय बाद क्रान्ति की दिशा में बढ़ती अशान्ति के कारण मास्को छोड़ भागना पड़ा। कुछ साल

लन्दन में बिताने के बाद परिवार पेरिस में बस गया, जहाँ उनके पिता जब छोटे थे तब भी रह चुके थे। यहाँ नूरुन्निसा ने माता हारी की सहायक संगीत मंडली में भी वादन किया था। सम्भव है कि इस कारण ही ये अफवाहें भी उड़ी हों कि माता हारी, जो विख्यात नर्तकी और जासूस थी, का जन्म दक्षिण भारत में हुआ था। इनायत ख़ान की मृत्यु पेरिस में उस वक़्त हुई जब नूरुन्निसा मात्र तेरह साल की थीं। अपनी बीमार माँ, छोटी बहन और भाइयों की परवरिश का संघर्ष करते हुए नूर ने बाल मनोविज्ञान का अध्ययन किया और बच्चों के लिए किताबें लिखने लगीं। उनकी रचना *ट्वेंटी जातक टेल्स रीटोल्ड* का 1939 में प्रकाशन हुआ। युद्ध छिड़ने पर उन्होंने और उनकी बहन खैरुन्निसा ने नर्स का प्रशिक्षण लिया। हालाँकि हिटलर की बढ़ती सेना ने उन्हें एक बार फिर लन्दन भागने पर मजबूर किया, जहाँ उनका एक भाई विलायत, रॉयल वायु सेना में लड़ाकू यान चालक था।

नूर स्वयं भी युद्ध से जुड़ना चाहती थीं, पर उनकी अर्ज़ी बार-बार इसलिए खारिज कर दी गई क्योंकि उनका नाम ग़ैर-ईसाई था, और राष्ट्रीयता विदेशी। वे फ्रांसीसी भाषा जानती थीं और अन्ततः ब्रिटिश ने उन्हें शत्रु रेखा के पीछे बतौर रेडियो ऑपरेटर तैनात किया, जहाँ वे मैडेलाइन छद्म नाम का इस्तेमाल करने लगीं। उनका कद इतना छोटा था कि वे सामान्य पैराशूट ही पहन नहीं सकती थीं, सो उन्हें एक नन्हे विमान से उड़ा कर ले जाया गया। पर इस खतरनाक तरीक़े से जहाज़ को उतारना भी निष्फल रहा क्योंकि जो व्यक्ति नूर को ले जाने वाले था वह पहुँचा ही नहीं। उन्हें विकल्प दिया गया कि वे यह ज़िम्मेदारी त्याग सकती हैं, पर उन्होंने ऐसा करने से इनकार किया और वापस लौटीं और इस बार सफल रहीं। पेरिस में उन्होंने कई जोखिम उठाए; कई बार वे रेडियो उपकरण के साथ लोगों के सामने दिखाई देतीं, या गुप्त दस्तावेज़ ऐसी जगह छोड़ देतीं जहाँ दूसरे उन्हें झाँक कर देख सकें। वे ऐसे मकान में रहती थीं जहाँ कई जर्मन अधिकारी भी रहते थे, पर अपने आकर्षण और चतुराई से वे उन्हें फुसलाकर रखतीं। एक बार एक जर्मन सैनिक ने उन्हें एक पेड़ से रेडिया एरियल टाँगते देख लिया, पर वे उसे यह विश्वास दिलाने में कामयाब रहीं कि वह कपड़े सुखाने की रस्सी भर है, सैनिक ने उसे लगाने में नूरुन्निसा की मदद तक कर दी। दूसरी मर्तबा उन्होंने एक सैनिक को तकनीकी भाष में उलझा कर यह समझा दिया कि उनका रेडिया दरअसल एक सिनेमा प्रोजेक्टर है।

1943 के अन्त में वे मुसीबत में फंसी। दो जर्मन व्यक्ति स्वयं को कैनेडा निवासी बता उनके दल में घुस आए और उनके कई साथियों को गिरफ़्तार कर लिया। वे बच कर नॉर्मेन्डी भागीं और नूर को कहा गया कि किसी भी हालत में उन्हें पेरिस नहीं लौटना है। नूरुन्निसा ने यह आदेश नहीं माना और अपने दल को फिर से गढ़ने की उम्मीद में पेरिस लौट आईं। वे असफल रहीं, और दूसरी बार बचकर भागतीं इसके पहले गैस्टापो ने उन्हें उनके उपकरण और दस्तावेज़ों के साथ पकड़ लिया।

यह जानते हुए कि वे मौत की सज़ा से बच नहीं सकतीं, नूर ने अनुरोध किया कि उन्हें फौरन गोली मार दी जाए। पर जर्मन उनसे पूछताछ करना चाहते थे, सो उन्होंने इनकार कर दिया। तब उन्होंने नहाने की अनुमति माँगी और इस बात पर बेहद शोरगुल मचाया कि सैनिक उन्हें वस्त्रहीन न देखें अन्ततः उन्हें दरवाज़ा बन्द करने की छूट दी गई। वे फौरन खिड़की से निकल भागीं पर उन्हें फिर से पकड़ लिया गया। उन्हें बन्दी बना लिया गया; वे पहली ब्रिटिश जासूस थीं जिसे जर्मनी में क़ैद रखा गया। दस माह के बाद उन्हें कुख्यात दाखाउ बन्दी शिविर में भेजा गया। वहाँ 11 सितम्बर, 1944 को मित्र देशों की सेना की विजय के कुछ ही माह पूर्व नूरुन्निसा को गोली मार दी गई। उन्हें तीन अन्य ब्रिटिश जासूसों के साथ मारा गया था। उनके अन्तिम शब्द थे *'लिबर्टे!'* (आज़ादी)। उन्हें मृत्योपरान्त साहस का सर्वोच्च नागरिक पुरस्कार जॉर्ज क्रास दिया गया तथा फ्रांस ने सुनहरे सितारे के साथ उन्हें *क्रॉइक्स द ग्युर* से सम्मानित किया।

नैली सेन गुप्ता

(1886-1973)

नैली सेन गुप्ता एक अंग्रेज़ स्त्री थीं जिन्होंने भारत की आज़ादी के लिए संघर्ष किया और जिन्हें भारतीय राष्ट्रीय कांग्रेस का अध्यक्ष भी चुना गया। नैली का जन्म कैम्ब्रिज, इंग्लैंड में हुआ था, जहाँ उनकी शिक्षा भी हुई। उनके पिता वहाँ एक गैस्ट हाउस चलाया करते थे। चिटगौंग के जतीन्द्र मोहन सेन गुप्त उस वक़्त डाउनिंग कॉलेज के छात्र थे और नैली के परिवार से मिलने जाया करते थे। 1909 में दोनों का विवाह हुआ और जतीन्द्रमोहन अपनी पत्नी के साथ चिटगौंग लौट आए। जतीन्द्र के परिवार ने नैली का स्वागत किया। 1921 में जतीन्द्र मोहन देश की आज़ादी के आन्दोलन में जुड़ गए और इस कारण नैली भी। जतीन्द्र मोहन को आसाम-बंगाल रेल्वेकर्मी हड़ताल के दौरान बन्दी बनाया गया और नैली ने प्रतिबन्धित बैठकों को सम्बोधित किया, शान्तिपूर्ण बैठकों पर प्रशासन के प्रतिबन्ध का विरोध किया, और घर-घर जा खादी बेची।

ऐसी ही एक बैठक से नैली को 1931 में चार माह के लिए गिरफ़्तार किया गया। उस वर्ष प्रतिबन्धित कांग्रेस की बैठक के लिए मदन मोहन मालवीय को सभापति चुना गया था, पर जब उन्हें गिरफ़्तार कर लिया गया तो नैली ने गुपचुप जतीन्द्र मोहन से सलाह की, जो उस समय कलकत्ता मेडिकल कॉलेज में इलाज के लिए भर्ती थे, और मालवीय के बदले वे चुनाव के लिए खड़ी हुईं। यों नैली, एनी बेसेंट के बाद दूसरी यूरोपीय महिला बनीं जो कांग्रेस अध्यक्ष बनीं। नैली ने बैठक

में धुआँधार भाषण दिया, उन्हें गिरफ़्तार कर पुलिस वैन में पटका गया और अधिवेशन के सदस्यों और राहगीरों को बेरहमी से पीटा गया। अपने में से एक अंग्रेज़ व्यक्ति को विरोध में पा प्रशासन को शर्मिन्दगी महसूस हुई और उन्होंने नैली को बिना किसी आरोप रिहा कर दिया। 1933 तथा 1936 में नैली को कलकत्ता नगर निगम की महापौर चुना गया। उन्होंने कांग्रेस की टिकट पर बंगाल विधानसभा का चुनाव 1940 तथा 1946 में लड़ा और जीतीं।

विभाजन के बाद नैली पूर्वी पाकिस्तान में अपने पति के गृह शहर चिटगौंग में रहती रहीं और विधान सभा में सेवाएँ देती रहीं, जहाँ वे निर्विवाद चुनी गईं। वे अल्पसंख्यक बोर्ड की भी तब तक सदस्य रहीं जब तक उनकी आँखों की समस्या के चलते उन्हें इलाज के लिए भारत न लौटना पड़ा, जहाँ उनकी मृत्यु हुई।

पंडिता रमाबाई

(1858-1922)

रमाबाई, एक शिक्षाविद् व विदुषी थीं। वे महाराष्ट्र के महान वैदान्तिक विद्वान् अनन्त पद्मनाभ डोंगरे की पुत्री थीं। उनके ही रिश्तेदारों ने उन्हें इसलिए उत्पीड़ित किया क्योंकि उन्होंने अपनी पत्नी लक्ष्मीबाई को शिक्षित किया था। इस उत्पीड़न से बचने के लिए परिवार लम्बी तीर्थयात्रा पर निकल गया। इस यात्रा के दौरान लक्ष्मीबाई ने अपनी बेटी को संस्कृत व्याकरण और साहित्य पढ़ाया। पन्द्रह वर्ष की आयु तक रमाबाई को हिन्दू शास्त्रों के बीस हजार श्लोक कण्ठस्थ हो चुके थे। वे बीस वर्ष की आयु में अपने एकमात्र जीवित भाई, श्रीनिवास शास्त्री के साथ, 1878 में कोलकाता आईं। यहाँ उन पर केशव चन्द्र सेन का प्रभाव पड़ा, क्योंकि अपने मूल धर्म पर से उनकी आस्था खो चुकी थी। 1880 में श्रीनिवास की मृत्यु हो गई। रमाबाई ने एक वकील, बिपिन बिहारी दास से विवाह किया पर उनकी मृत्यु भी 1882 अल्पायु में हो गई, रमाबाई के पास एक पुत्री की ज़िम्मेदारी भी थी। इस समय वे ईसाई धर्म की ओर तब आकर्षित हुईं जब उन्होंने सेंट ल्यूक्स गॉस्पल की वह प्रति पढ़ी जो उनके स्वर्गीय पति उनके लिए छोड़ गए थे।

इस बीच रानाडे तथा भंडारकर जैसे मराठा सुधारकों की मदद से उन्होंने पहले पुणे में आर्य महिला समाज की स्थापना की, तब महाराष्ट्र के अन्य स्थानों में भी। 1883 में उन्होंने हंटर आयोग के समक्ष भारतीय स्त्रियों की चिकित्सकीय देखभाल पर गवाही दी, उनके बयान का भारी प्रचार-प्रसार हुआ। उसी वर्ष वे अंग्रेज़ी भाषा के अध्ययन के लिए इंग्लैंड गईं और यात्रा व्यय के लिए उन्होंने अपनी पुस्तक *स्त्री धर्म नीति* लिखी। वे 'पतित' स्त्रियों के प्रति ईसाई धर्म के नज़रिए से आकर्षित हुईं

और वैन्टेज पैरिश गिरजे में उनका बपतिस्मा हुआ। उन्होंने चैल्टनहैम विमेन्स कॉलेज में दाख़िला पाया जहाँ अंग्रेज़ी, प्राकृतिक विज्ञान तथा गणित का अध्ययन किया। 1886 में वे छोटे बच्चों को पढ़ाने की फ्रोबेल किन्डरगार्टन पद्धति सीखने अमरीका गईं। अपने ख़ाली समय में उन्होंने मराठी में पाठ्यपुस्तकों की एक शृंखला रची। उनकी पुस्तक *द हाई कास्ट हिन्दू विमेन* ने अमरीकियों की प्रशंसा पाई और 1887 में उन्होंने बॉस्टन में रमाबाई एसोसियेशन का गठन किया जिसका उद्‍देश्य था 'उच्च जाति की भारतीय बाल-विधवाओं को शिक्षित करना।' 1889 में पंडिता रमाबाई ने मुम्बई में शारदा सदन की तथा बाद में पुणे में, स्थापना की, जो एक विधवा आश्रम था। जो बालिकाएँ या स्त्रियाँ स्कूल में पढ़ना चाहती थीं, उन्हें भी इसमें प्रवेश मिलता था।

1896 में मध्य भारत में भयंकर अकाल पड़ा और रमाबाई ने छह सौ अकालग्रस्त बालिकाओं और स्त्रियों को एकत्रित कर अपनी देखभाल में रखा। 1897 में रमाबाई ने खेड़ गाँव में मुक्ति सदन की स्थापना की जहाँ 1900 के अकाल के दौरान गरीब विपन्न स्त्रियों को आश्रय मिला। रमाबाई ने एक उद्धार गृह भी बनाया जिसके साथ एक अस्पताल संलग्न था। कृपा सदन नामक यह गृह वेश्यावृत्ति से बच निकली स्त्रियों के लिए था। रमाबाई उन्हें व्यावसायिक प्रशिक्षण दे उन्हें आत्म निर्भर बनने को प्रोत्साहित करतीं। रमाबाई किसी खास गिरजे से नहीं बन्धीं थीं, पर उन्होंने घोषणा की उनकी सारी संस्थाऍं ईसाई संस्थाएँ हैं और जो भी चाहे उसे ईसाई उपदेश दिया जा सकता है। रमाबाई ने अपना काम राष्ट्रीयतावादी समूहों के घोर विरोध के बावजूद किया। 1897 में उन्होंने प्लेग शिविरों में महिलाओं के साथ होने वाले दुर्व्यवहार का विरोध किया और बम्बई के गवर्नर तक को लताड़ा। 1898 में वे कांग्रेस के पाँचवें राष्ट्रीय अधिवशेन में शामिल हुईं। अपनी पुस्तक *युनाइटेड स्टेट्ची लोक स्थिति का प्रवास वृत्त* में उन्होंने सुझाया कि भारत की राष्ट्र भाषा हिन्दी होनी चाहिए। रमाबाई ने मूल हिब्रू से अनुवाद कर रमाबईस् बाईबल तथा इब्री व्याकरण (हिन्दी में हिब्रू व्याकरण) की रचना की तथा *मुक्ति प्रेयर बैल* (एक पत्रिका) का सम्पादन भी किया।

पटाचारा
(छठी शताब्दी ईसा पूर्व)

पटाचारा एक बौद्ध भिक्खुनी थीं। वे श्रावस्ती के एक साहूकार की बेटी थीं। वे अपने पिता के एक कर्मचारी के प्रेम में पड़ीं और उसके साथ भागीं और उसके देश में रहने चली गईं। दो बच्चों को जन्म देने के बाद पिता के घर लौटने और माता-पिता से

सम्बन्ध सुधारने की तीव्र इच्छा हुई। पति की जाने की इच्छा नहीं थी क्योंकि दूरी बहुत थी और रास्ता कठिन था, पर अन्ततः वह मान गया। रास्ते में उसे और उसके बच्चों को बड़ी प्यास लगी। सो पटाचारा का पति उनके लिए पानी लेने गया। जब वह देर तक नहीं लौटा तो पटाचारा तलाश में निकलीं और पाया कि साँप के काटने से उसकी मृत्यु हो गई है। बच्चों के साथ अकेली पटाचारा आगे बढ़ीं जब तक वह एक विशाल नदी तक न पहुँच गईं। अपने छोटे बच्चे के साथ उसने नदी पार की, और बड़े को कहा कि वह किनारे खड़ा हो उसके बुलाने का इंतजार करे। नदी पार कर उसने छोटे बच्चे को पत्ते से ढका और बड़े को लाने लौटीं। नदी आधी ही पार की थी कि पटाचारा ने देखा कि शिशु को एक बाज़ झपट कर उठा ले गया है। इस पर वह चीख पड़ी और बच्चे ने सोचा कि माँ बुला रही है, सो वह धार में उतरा और बह कर मर गया।

इन अनुभवों ने पटाचारा को पगला दिया, वह शोक में उद्विगन कई सालों तक जंगलों में भटकती रही। तब एक दिन उस स्थान पर पहुँची जहाँ बुद्ध अपने शिष्यों को उपदेश दे रहे थे। उनके शिष्यों ने उसे भगाने की चेष्टा की, परन्तु बुद्ध ने कहा 'उसे न रोको'। वह बुद्ध के समक्ष आईं और बुद्ध ने उसका मस्तिष्क शान्त किया, उसकी व्यथा-कथा सुनी। पटाचारा ने संघ से जुड़ना चाहा, बुद्ध ने उसे दीक्षित किया। उन्होंने संघ के नियमों का इतना गहन अध्ययन और पालन किया कि वे पटाचारा नाम से जानी जाने लगीं, जिसका अर्थ होता है, आचार में पटु या दक्ष। उनकी कुछ प्रार्थनाएँ थेरीगाथा में संकलित हैं जो थेरियों या बौद्ध भिक्खुनियों की प्रार्थनाओं का संकलन है।

डी.के. पट्टम्माल

(1919-2009)

दामाल कृष्णास्वामी पट्टम्माल कर्नाटक संगीत की गायिका थीं। उनका जन्म एक कट्टर ब्राह्मण दीक्षितार परिवार में हुआ था और उनका नाम पट्टा रखा गया था। परिवार गहन धार्मिक आस्थाओं वाला था और पट्टा को अपने पिता द्वारा किए जाने वाला संस्कृत श्लोकों का गायन, जो राग गायन के समान था, कण्ठस्थ हो गया था। हालाँकि पट्टा में सम्भावना नज़र आती थी फिर भी उसे किसी गुरु का शिष्य नहीं बनने दिया गया। (क्योंकि उस ज़माने में सभी उस्ताद पुरुष ही थे।) संगीत तक पहुँचने का उन्हें एक ही अवसर मिल पाता था, और यह था थ्यागराज उत्सव जिसका आयोजन, संचालिका नैना पिल्लई करती थीं। पट्टा अपने भाइयों से मदद लेतीं, जो बाद में उनके संगतकार भी बने। व्यावसायिक गायकों को दिए जाने वाले बुनियादी

प्रशिक्षण के अभाव में, पट्टा ने अपना पूरा जीवन ही अपने ज्ञान में रह गई कमियों का काट तलाशने में लगा दिया, उनकी असीमित प्रतिभा के कारण यह सम्भव भी हो सका। उन्होंने अपना प्रथम कार्यक्रम दस वर्ष की आयु में किया और पहला रेडियो प्रदर्शन तेरह वर्ष की आयु में। उनकी प्रधानाध्यापिका पट्टा से प्रभावित हुईं और पट्टा को एक गीति नाट्य में भाग लेने की अनुमति दी, जहाँ अम्बी दीक्षितार, जो बालूस्वामी दीक्षितार के वंशज थे तथा मुथ्थुस्वामी दीक्षितार के भाई, का ध्यान पट्टा की ओर गया। उन्होंने पट्टा को संगीत शिक्षा दी, जिसके बाद उन्होंने टी.एल. वैंकटराम अय्यर से भी शिक्षा ली जो दीक्षितार *कीर्तियों* में दक्ष थे। पट्टा ने राग थानम् पल्लवी में महारात हासिल की जो परम्परागत रूप से केवल पुरुष ही गाते थे। पट्टा द्वारा गाए गए सुब्रमणियम भारती तथा पापनासम सिवान के गीत बेहद लोकप्रिय हुए। वे फ़िल्मों के लिए भी गाने लगीं, पहले पहल *थ्याग भूमि* के लिए, तब अन्य फ़िल्मों के लिए जिसमें *नाम इरुवर* भी शामिल थीं।

पट्टा ने आर. ईस्वरन से विवाह किया और उनके दो पुत्र हुए आई शिवकुमार तथा आई. लक्ष्मणकुमार। आज़ादी की पूर्व संध्या को उन्होंने आकाशवाणी पर देशभक्ति के गीत गाए। उन्हें कई पुरस्कारों से सम्मानित किया गया जिसमें संगीत अकादमी द्वारा संगीत नाटक अकादमी पुरस्कार, 1961, संगीत कला निधि, 1970 पद्म भूषण 1971, तथा पद्म विभूषण 1998 में, शामिल थे। 1992 में उन्हें संगीत नाटक अकादमी का फैलो भी बनाया गया।

पद्मजा नायडू
(1900-1975)

पद्मजा नायडू सरोजिनी नायडू की पुत्री थीं। 21 वर्ष की आयु में वे भारतीय राष्ट्रीय कांग्रेस से जुड़ी थीं। अपनी माँ के साथ मिलकर पद्मजा ने कांग्रेस की हैदराबाद शाखा की स्थापना की थी। 1930 के दशक में वे स्वदेशी आन्दोलन तथा ब्रिटिश वस्तुओं के बहिष्कार में सक्रिय रही थीं। 1942 में उन्हें भारत छोड़ो आन्दोलन में हिस्सा लेने के कारण जेल भेजा गया। आज़ादी के बाद 1956 में वे पश्चिम बंगाल की प्रथम गवर्नर बनीं। वे भारतीय रेड क्रास से भी सम्बन्धित रहीं। उन्होंने हैदराबाद विश्वविधालय को कला व मीडिया केन्द्र बनाने के लिए नायडू परिवार का आवास दान दिया था। वे भारत सेवक समाज, अखिल भारतीय हस्तशिल्प बोर्ड तथा नेहरू मेमोरियल कोष से भी सम्बन्धित रहीं। 1975 में दार्जिलिंग स्थित जंतुशाला को इन्दिरा गांधी ने पद्मजा नायडू हिमालयन जन्तुशाला का नाम दिया।

पद्मिनी, चित्तौड़ की रानी

(तेरहवीं-चौदहवीं सदी ईसवी)

पद्मिनी अथवा पद्मावती चित्तौड़ की रानी थीं। उनके नाम का अर्थ 'पद्म-स्त्री' होता है जो वात्स्यायन के कामसूत्र के अनुसार सबसे वांछनीय होती है। पद्मिनी मेवाड़ के राणा रावल रतन सिंह की पत्नी थीं। कथाओं व किंवदंतियों में वे अपने सौन्दर्य के लिए विख्यात हैं। शायद यही कारण हो कि अल्लाउद्दीन खिलजी ने चित्तौड़ पर हमला कर जीत के पुरस्कार के रूप में उन्हें पाना चाहा था, हालाँकि किसी भी समसामयिक स्रोत में इस कथा का ज़िक्र नहीं मिलता। घटनाक्रम का यह स्पष्टीकरण पहली बार मलिक मुहम्मद जायसी की कविता *पद्मावत* में मिलता है जो 1540 में रची गई थी। इसके अनुसार चित्तौड़ का कोई क्षुब्ध दरबारी दिल्ली गया और उसने अल्लाउद्दीन खिलजी के समक्ष पद्मिनी के रूप का बखान कर, उसे हासिल करने को उकसाया। सो सुल्तान चित्तौड़ पहुँचा और उसने गढ़ के गिर्द घेराबन्दी कर दी। आख़िरकार वह चित्तौड़गढ़ जीतने में सफल हुआ, पर इस बात से हत्प्रभ रह गया कि पद्मिनी ने राजपूत प्रथा के अनुसार जौहर कर प्राण त्याग दिए थे। उस वक़्त जब चित्तौड़गढ़ घेर लिया जाता था, शौर्य के कृत्य आम थे, क्योंकि गढ़ में ताज़े पानी का कोई स्रोत न था और घेराबन्दी लम्बे अर्से चले तो उसे अन्ततः जीता जा सकता था। अतः गढ़ के रक्षक छोटी टुकड़ियों में अचानक हमला बोल जल्दी राहत पाने की कोशिश करते थे।

वास्तविक तथ्य जो भी रहे हों, पद्मिनी एक साहसी राजपूत रानी थीं जिन्होंने सुल्तान की सेना द्वारा डाली गई आठ माह लम्बी घेराबन्दी में अपने लोगों की मदद की। दिल्ली की फ़ौज ज़्यादा ताक़तवर और व्यवस्थित सिद्ध हुई, पद्मिनी तथा उनकी सहचरियों ने एक भूमिगत कक्ष में विशाल चिता जलाई। जेम्स टॉड अपनी पुस्तक *एनल्स एंड एन्टिक्विटीज़ ऑव राजस्थान* में यह वर्णन किया है कि भूमिगत कक्ष में कैसे 'जलाकर रखकर देने वाले तत्व के साथ' स्त्रियों को बन्द कर दिया गया था (हालाँकि यह साफ़ नहीं है कि भूमिगत कक्ष में आग जलती कैसे रही) यहाँ गढ़ की सभी कुलीस्त्रियों ने राजपूतों की प्रथा के अनुसार जौहर किया ताकि उन्हें बन्दी न बनाया जा सके।

पन्ना धाय

(सम्भवतः 1542)

पन्ना राजपूत राजकुमार उदयसिंह, जो महाराणा सांगा (1509-1527) का मृत्योपरान्त जन्मा पुत्र था, की धाय माँ थीं। पन्ना ने अपने ख़ुद के बेटे चन्दन के साथ उदयसिंह

का पालन-पोषण किया था। इस युग का मेवाड़ का इतिहास उथल-पुथल भरा है। महाराणा सांगा की मृत्यु बाबर के विरुद्ध युद्ध में हो चुकी थी और उनके दो पुत्र एक के बाद एक गद्दी पर आसीन हुए थे। अन्ततः 1536 में उदयसिंह को शासक घोषित किया गया तथा उनके चचेरे भाई बनबीर सिंह को उनका संरक्षक बनाया गया। परन्तु अफवाह यह थी कि बनबीर उदय सिंह के चाचा का नाजायज़ पुत्र था और लोगों को शक था कि उसने अपने बड़े भाइयों में से एक को ज़हर देकर मरवाया था। पन्ना धाय ने तमाम उतार-चढ़ावों के दौरान अपने संरक्षित की जान बचाए रखी थी, पर वे समझ गईं थीं कि राजकुमार अब भारी संकट में हैं, सो उन्होंने राजकुमार को फलों की टोकरी में छुपा महल से बाहर निकलवा दिया। बनबीर ने खिंची तलवार के साथ राजकुमार के कक्ष में पहुँच यह जानना चाहा कि बालक कहाँ है, पन्ना ने चुपचाप पालने में सोए अपने बेटे चन्दन की ओर इशारा किया, मानो वही राजकुमार हो। तब वे गढ़ से निकल भागीं और कुछ कठिनाइयों के बाद उदय सिंह को कुम्भलगढ़ के जैन प्रशासक के पास संरक्षण दिलवा सकीं, जिसने यह जताया कि बालक उनका भांजा है। यों कुछ वर्षों तक उदय सिंह छिपा रहा, जब तक पन्ना ने मेवाड़ के सामन्तों के समक्ष सबूत रख उदय सिंह की पहचान सिद्ध न कर दी, और तब उदय सिंह को सिंहासन पर वापस बैठाया गया।

परवीन बाबी
(1949-2005)

परवीन बाबी एक अदाकारा थीं। वे जूनागढ़ में जन्मी थीं, जो पहले एक रियासत थी, उनके पिता वली मुहम्मद बाबी जूनागढ़ के नवाब की सरकार के एक अधिकारी थे। उनका स्कूली शिक्षण औरंगाबाद में हुआ और कॉलेज की पढ़ाई सेंट ज़ेवियर्स अहमदाबाद में। उनके सौन्दर्य के कारण लोगों का ध्यान जल्दी ही उनकी ओर आकर्षित हुआ और 1975 में उनकी पहली फ़िल्म *चरित्र* प्रदर्शित हुई। इसके बाद कुछ साधारण फ़िल्में आईं और अन्ततः *दीवार* (1975) जो सफल सिद्ध हुई। यह वह फ़िल्म थी जिसने अमिताभ बच्चन की भी साख जमाई थी। परवीन ने कई अन्य फ़िल्म कीं, जिनमें कई में वे अमिताभ के साथ आईं, जिसमें बेहद सफल *अमर, अकबर, एन्थनी* (1977) भी थी। परवीन ने *पति, पत्नी और वह* (1978), *काला पत्थर, सुहाग* (1979) *शान* (1980) *मेरी आवाज़ सुनो* (1981), *क्रान्ति* (1981) तथा *नमक हलाल* (1982) में भी अभिनय किया।

महान (1983) में परवीन जीनत अमान के साथ आईं और *अशान्ति* (1981) में शबाना आज़मी के साथ जो *चार्लीस एन्जल्स* की अटपटी नकल थी, जिसमें शबाना

तीसरी फरिश्ता बनी थीं। बाबी ने मुख्यधारा से हटकर भी कुछ फ़िल्में कीं, जैसे विनोद पांडे की *ये नज़दीकियाँ* (1982)। 1977 में वे *टाइम* पत्रिका के मुखपृष्ठ पर थीं, और जल्दी ही उनका नाम कई पुरुषों के साथ जोड़ा जाने लगा, जिसमें कबीर बेदी, डैनी डेन्ज़ोंगपा व महेश भट्ट शामिल थे, और कुछ लोगों के अनुसार अमिताभ बच्चन भी।

1983 में परवीन ने फ़िल्मों से संन्यास लिया और उसी वर्ष न्यूयॉर्क चली गईं। वे सबसे कट गईं। 2002 में जब वे भारत लौटीं वे काफ़ी बदल चुकी थीं और उनका वजन बढ़ चुका था। जल्दी ही यह साफ़ हो गया कि वे शारीरिक और मानसिक दोनों ही रूप से अस्वस्थ हैं। सम्भव है कि वे पैरानॉइड शिज़ोफ्रेनिया से ग्रस्त रही हों। उन्होंने विवाह नहीं किया था। *वो लम्हे* (2006) नामक फ़िल्म उनके जीवन पर आधारित थी।

प्रभावती देवी
(पाँचवीं शताब्दी)

ध्रुव देवी की पुत्री प्रभावती देवी प्राचीन भारत की सबसे महत्त्वपूर्ण रानियों में से एक थीं। उन्होंने दकन प्रदेश पर 13 वर्षों तक राज किया था। वे दक्ष कूटनीतिज्ञ थीं। मध्यस्थ के रूप में उनका कार्य कम उम्र में ही प्रारम्भ हो गया था। जब चौथी शताब्दी में गुप्त साम्राज्य पर वाकाटकों का ख़तरा मँडराने लगा तो उनके पिता चन्द्र गुप्त द्वितीय ने उस ख़तरे को दूर करने के लिए यह प्रस्ताव रखा कि प्रभावती का विवाह वाकाटक शासक रुद्रसेन द्वितीय से कर दिया जाए। प्रस्ताव स्वीकार हुआ और 380 में यह सम्बन्ध पाटलीपुत्र में विधिवत् स्थापित हुआ। प्रभावती रुद्रसेन द्वितीय की पटरानी थीं और पति पर उनका गहन प्रभाव था। सम्भवतः उनके ही प्रभाव में आकर रुद्रसेन ने अपना परम्परागत शैव धर्म त्यागा तथा वैष्णव बन गए। पाँच वर्ष राज करने के बाद ही रुद्रसेन की मृत्यु हो गई, वे अपने पीछे दो नाबालिग पुत्र दिवाकर सेन तथा दामोदर सेन को छोड़ गए। अतः प्रभावती ने दिवाकर सेन की ओर से संरक्षिका के रूप में शासन किया। उनके पिता ने प्रभावती को आश्वासन दिया कि वे सैन्य सहायता देंगे और कुशल अधिकारी भेजे जिन्होंने शासन चलाने में प्रभावती की सहायता की। इस सहयोग ने यह सुनिश्चित किया कि वाकाटक परिवार के कोई भी अन्य व्यक्ति उन्हें चुनौती न दे, हालाँकि परम्परानुसार वाकाटक कुल की वसीम शाखा के विन्ध्यशक्ति, द्वितीय का, जो कुल के वरिष्ठतम पुरुष थे, संरक्षक बनने का औचित्य था।

प्रभावती के प्रतिशासन के दौरान चन्द्र गुप्त ने गुजरात तथा काठियावाड़ को जीता था। पर इस बात का निश्चित प्रमाण नहीं है कि प्रभावती ने पिता की सामरिक

मदद की हो। चन्द्रगुप्त ने अपने दौहित्र की शिक्षा-दीक्षा में गहरी रुचि ली और कवि कालिदास को उसका शिक्षक नियुक्त किया। कहते हैं कि कालिदास ने प्रवरसेन, जिस नाम से छोटा राजकुमार जाना जाने लगा था, की रचना *सेतुबन्धन* के मूलपाठ को शुद्ध किया था। जब प्रभावती भगवान रामगिरिस्वामिन के मन्दिर गई, जिसकी पहचान नागपुर के पास रामटेक के देवता से की गई है, तो उन्होंने एक घोषणा की। इस घोषणा में उन्हें भगवान विष्णु का भक्त बताया गया है और अपने पिता का वंशज व गुप्त वंश की पारिवारिक उपाधियाँ दी गई हैं। सम्भव है कि कालिदास उनके साथ इस यात्रा पर गए हों, और रामटेक के प्राकृतिक सौन्दर्य प्रभावित हुए हों, क्योंकि उनके कालजयी काव्य *मेघदूतम्* में इस स्थान का वर्णन है।

अपने प्रतिशासनकाल के तेरहवें वर्ष में प्रभावती के साथ भारी त्रासदी घटी, दिवाकर सेन की मृत्यु हो गई। उन्हें अगले पाँच से छह वर्षों तक प्रतिशासक बने रहना पड़ा, जब तक कि उनका छोटा बेटा वयस्क न बन गया। अपने शासनकाल के उन्नीसवें वर्ष में प्रभावती के छोटे बेटे ने उनके कल्याण से सम्बन्धित एक आदेश निकाला, जिसमें यह दावा किया गया कि वे सौ वर्षों से अधिक जीवित रहीं। परन्तु उनकी मृत्यु 455 से पहले नहीं हुई होगी जब उनके भाई कुमार गुप्त की मृत्यु हुई थी। परिवार की परम्परा के अनुसार प्रभावती ने अपने पौत्र नरेन्द्र सेन का विवाह कदम्ब राजकन्या अजित भट्टारिका के साथ किया तथा कदम्ब व वाकाटक कुलों की शत्रुता को समाप्त किया।

प्रभावती को गुत वंशजा होने का गर्व था और उन्होंने अपने विवाह के बाद अपने पिता के परिवार के कुलनाम का प्रयोग किया। पूणा तथा रिठपुर से प्राप्त उनके ताम्रपत्र सामान्य परिपाटी के विपरीत, उनके पति के बदले उनके पिता की वंशावली से प्रारम्भ होते हैं।

प्रमिला दंडवते

(1929-2002)

प्रमिला दंडवते एक राजनेता व महिला अधिकारों की पैरोकार थीं। उनका जन्म एक सम्पन्न मध्यवर्गीय परिवार में हुआ था। 1944 में जब वे किशोरी थीं उन्होंने कोंकण राष्ट्र सेवा समिति की स्थापना में भागीदारी की पर जल्दी ही उन्हें लगा कि यह समिति समसामयिक मुद्दों से कटी हुई है। तब वे कुसुम महाले तथा कुसुम कुलकर्णी के साथ राष्ट्र सेवा दल से जुड़ गईं। वे जे.जे. स्कूल ऑव आर्ट्स की छात्रा तो थीं, पर उनकी रुचि एम.जी. रानाडे के ग्रामीण शिविरों में भाग लेने में अधिक रहती थी। महिलाओं के मुद्दों के प्रति उनमें संवेदनशीलता जगी। उन्होंने जनता दल के नेता मधु दंडवते

से विवाह किया और दोनों ने 1955 के गोवा मुक्ति आन्दोलन, अर्थात् गोवा में पुर्तगाली शासन समाप्त करने के आन्दोलन में भाग लिया। उस समय जो गोलियाँ चलीं उससे उनके पति हताहत हुए। तब यह युगल अखंड महाराष्ट्र आन्दोलन से जुड़ा और जेल के अंदर-बाहर होता रहा। लगभग इसी समय प्रमिला को इंग्लैंड जाने के लिए एक युनेस्को छात्रवृत्ति मिली। मृणाल गोरे तथा अहिल्या रंगनेकर के साथ प्रमिला ने 'लटने मोर्चो' बेलन मार्चों में हिस्सा लिया, जिसमें स्त्रियों की भीड़ हाथों में बेलन थामे बढ़ती थी। 1971 में प्रमिला के पति लोकसभा सदस्य चुने गए; जिस दौरान वे दिल्ली रहे प्रमिला उनके कोंकण चुनाव क्षेत्र को सँभालती रहीं। बाद में 70 के दशक में उन्हें भी मुम्बई उत्तर चुनाव क्षेत्र से चुना गया। वे महिला दक्षता समिति की अध्यक्षा थीं, जो महिला मुद्दों पर काम करने वाली एक प्रमुख संस्था थी। उन्होंने दहेज हत्याओं व बहुओं को जलाने के विरुद्ध अभियान छेड़ा। 1975-76 के आपात्काल के दौरान प्रमिला को येरावदा जेल में रखा गया। जमीला वर्गीस तथा रंजना कुमारी के साथ उन्होंने *विडोस एंड डेस्टिट्यूट विमेन इन इंडिया* (1989) का सम्पादन किया। जब वे दिल्ली चली आईं, उन्होंने दिल्ली में भी महिला दक्षता समिति की स्थापना की। वे पीपल्स यूनियन फॉर सिविल लिबर्टीस् की संस्थापक सदस्य थीं, कई वर्षों तक उसकी राष्ट्रीय परिषद् व राष्ट्रीय कार्यकारिणी की सदस्य भी रहीं।

प्रसन्नमोयी देवी

(1857-1939)

प्रसन्नमोयी देवी बंगाली कवयित्री व लेखिका थीं, तथा संस्मरण लिखने वाली पहली स्त्रियों में एक थीं। वे प्रियंबदा देवी की माता भी थीं। प्रसन्नमोयी के पिता दुर्गादास चौधुरी ब्राह्मो थे। वे एक वरिष्ठ सरकारी अधिकारी थे जिनके तबादले होते रहते थे। उनके परिवार के सम्बन्ध अच्छे थे और उनके भाई आशुतोष चौधुरी तथा प्रमथ चौधुरी साहित्यिक वृत्तियों वाले व स्वाधीनता संग्राम से सहानुभूति रखने वाले थे। प्रसन्नमोयी ने अपनी कविताओं की पहली पुस्तक *आध-आध भाषिणी* बारह वर्ष की आयु में प्रकाशित की। उनका विवाह पाबना, जो अब बांग्लादेश में है, के एक धनी ज़मींदार व कुलीन ब्राह्मण कृष्ण कुमार बागची से हुआ। परन्तु प्ररान्नमोयी ने उनके साथ उनके ग्रामीण घर में रहने से इनकार कर दिया। अपनी पुत्री के जन्म के बाद वे अधिकांशतः अपने पिता व भाइयों के साथ रहती रहीं, जहाँ ठाकुर परिवार के कई सदस्य तथा उस युग के कई सांस्कृतिक हस्तियाँ अक्सर आती थीं। प्रसन्नमोयी *मातृ मन्दिर* तथा *भारत वर्ष* जैसी प्रतिष्ठित पत्रिकाओं में नियमित रूप से लिखा करती थीं। उनका उपन्यास *अशोक* 1857 के युद्ध की पृष्ठभूमि में स्थित है। उन्होंने *बनलता*

तथा *निहारिका* प्रकाशित किए जो कविता संकलन हैं तथा एक संस्मरण भी जिसका शीर्षक *पूर्बकथा* है।

पार्बती गिरी
(1926-1995)

पार्बती गिरी स्वतंत्रता सेनानी तथा आदिवासी अधिकारों की सक्रियकर्मी थीं। 1926 में जो अविभाजित सम्बुलपुर था और जो आज बारघर ज़िला है उसमें स्थित बीजेपुर के पास स्थिति समलाईपदर गाँव के निवासी धनंजय गिरी की वे पुत्री थीं। पार्बती के चाचा रामचन्द्र गिरी, लक्ष्मीनारायण मिश्र, दुर्गा प्रसाद गुरु, भागीरथी पटनायक व उनकी पत्नी जम्बूबती पटनायक तथा फ़कीरा बेहेरा जैसे स्वाधीनता सेनानियों के सहयोगी थे। बचपन में पार्बती ने इन लोगों की बातचीत व चर्चाएँ सुनीं और जल्दी ही देश सेवा की भावना से ओतप्रोत हो गईं। पार्बती ने तीसरी कक्षा तक पढ़ाई की और तब स्कूल छोड़ गाँव-गाँव यात्रा कर कांग्रेस का प्रचार करने लगीं। 1938 में जब पार्बती मात्र 12 साल की थीं, वरिष्ठ कांग्रेस नेता समलाईपादर में एक बैठक के लिए आए और पार्बती के पिता से अनुरोध किया कि वे उसे कांग्रेस के लिए काम करने की अनुमति दें। पिता मान गए और पार्बती को जयपुर स्थित बारी आश्रम में जाने की अनुमति मिली। जिसे रमादेवी संचालित करती थीं। नन्ही पार्बती बिना घबराए वहाँ चली गईं। पार्बती के साथ बारघर ग्राम की बाल-विधवा प्रभावती देवी भी गईं। प्रभावती के परिवार ने उन्हें रोकने की कोशिश की पर वे असफल रहे। रास्ते में दोनों बालिकाएँ आरी गाँव में रुकीं जहाँ रेबा रॉय का घर था, और तब बारी आश्रम जा पहुँची।

आश्रम के जीवन में पार्बती ने कई चीज़ें सीखीं जिसमें हस्तशिल्प और स्वयं सहायता भी शामिल थे। 1940 में पार्बती कांग्रेस के लिए बारघर, सम्बलपुर, पद्मपुर, पानीमारा, घेंस व अन्य स्थानों की यात्राएँ करने लगीं। पार्बती ने गाँववासियों को खादी कातना और बुनना सिखाया। 1942 से उन्होंने भारत छोड़ो आन्दोलन का प्रचार-प्रसार किया, और उन्हें कई बार गिरफ़्तार किया गया। परन्तु शुरुआत में पुलिस को उन्हें रिहा करना पड़ा क्योंकि वे नाबालिग थीं। अन्ततः उन्हें तब गिरफ़्तार किया गया जब उन्होंने बारघर के एसडीओ के दफ्तर पर हमला किया, उसकी कुर्सी पर बैठीं और एसडीओ को रस्सियों बाँधकर लाने की आज्ञा दी। उन्हें सम्बलपुर जेल में दो साल बामशक्कत सज़ा दी गई। बारधर अदालत में उन्होंने वकीलों को यह समझाने का अभियान छेड़ा कि वे ब्रिटिशरों के प्रति विरोध जताने के लिए अदालत का बहिष्कार करें। जिन वकीलों ने काम बन्द करने से इनकार कर दिया, उन्हें चूड़ियाँ दी गईं (जो उनके पौरुष का अपमान था)। आज़ादी के बाद पार्बती ने 1950 में इलाहाबाद स्थित

प्रयाग महिला विद्यापीठ से अपनी पढ़ाई पूरी की। चार वर्ष बाद वे रमा देवी के राहत कार्यों से जुड़ीं।

1955 में वे सम्बलपुर ज़िले के लोगों के स्वास्थ्य व साफ़-सफ़ाई सुधारने की एक अमरीकी परियोजना से जुड़ीं। पार्बती ने महिलाओं और अनाथों के लिए नृसिंहनाथ में कस्तूरबा गांधी मातृ निकेतन नाम से एक आश्रम खोला और सम्बलपुर ज़िले के जुजोमुरा खंड में बीरासिंह गर में गरीबों के लिए एक गृह की स्थापना की जिसका नाम डॉ. सन्तरा बाल निकेतन था। उन्होंने जेल सुधार तथा कोढ़ उन्मूलन के लिए भी काम किया। भारत सरकार वे समाज कल्याण विभाग ने 1984 में उन्हें पुरस्कृत किया।

प्रीतिलता वाड्डेदार
(1911-1932)

प्रीतिलता का जन्म चित्तगौंग में हुआ था, जो अब बांग्लादेश में है। उनके पिता ज़िला मैजिस्ट्रेट के कार्यालय में हैड क्लर्क थे। उन्होंने अपने माता-पिता से ईमानदारी तथा दायित्व का भाव सीखा। युवावस्था में वे एक डायरी रखती थीं जिसमें वे अंग्रेज़ी तथा हिन्दी में लिखती थीं। जैसे-जैसे प्रीतिलता बड़ी होती गईं उनके मन में अपने देश को ब्रिटिश हुकूमत से मुक्त करने का उनका संकल्प भी मज़बूत होता गया। वे छिप-छिप कर क्रान्तिकारी साहित्य का अध्ययन करने लगीं और चित्तगौंग की विरोध गतिविधियों में शरीक होने लगीं। वे लीला नाग के दीपाली संघ तथा कल्याणी दास के छात्री संघ से जुड़ीं, दोनों ही क्रान्तिकारी रुझान वाले संगठन थे। चित्तगौंग में वे जुगांतर पार्टी के निर्मल सेन के प्रभाव में आईं, जिन्होंने प्रीतिलता को मुक्केबाजी और बन्दूकें चलाना सिखाया और उनका परिचय सूर्य सेन से करवाया जो 'मास्टरदा' नाम से जाने जाते थे। किशोरावस्था में ही उनकी गतिविधियों के कारण प्रीतिलता पर पुलिस लगातार निगरानी रखने लगी।

पढ़ाई में विलक्षण होने के कारण प्रीतिलता ने कलकत्ता विश्वविद्यालय से अंग्रेज़ी साहित्य में ऑनर्स के साथ बी.ए. किया, और तब नन्दन कानन स्कूल की प्रधानाध्यापिका बनीं। 1932 में जब कैप्टन कैमरॉन ने धालघाट के क्रान्तिकारी केन्द्र पर धावा बोला और निर्मल तथा अपूर्व सेन को मार गिराया, तब प्रीतिलता, बाल-बाल बचीं। तीन माह बाद 'मास्टरदा' ने प्रीतिलता को पहारटोली स्थित यूरोपियन क्लब पर हमला करने के लिए बनाई गई टोली का नेता चुना। क्लब पर बम फेंका गया, जिससे एक दर्जन अंग्रेज हताहत हुए। अपनी जिम्मेदारी पूरी कर प्रीतिलता ने ज़हर खाया और जून 1932 में क्लब परिसर के पास मर गईं। उनके द्वारा लिखे गए कई पर्चे उनके शरीर के पास मिले।

पुपुल जयकर
(1915-1997)

पुपुल जयकर लेखिका व सांस्कृतिक संयोजिका थीं। पुपुल मेहता के रूप में उनका जन्म एक सुसंस्कृत व उदारवादी परिवार में हुआ था। उनकी माँ गुजराती ब्राह्मण थीं और पिता एक वरिष्ठ सरकारी अधिकारी। उन्होंने वाराणासी में एनी बीसेंट के स्कूल में अध्ययन किया और तब पन्द्रह वर्ष की आयु से वे इलाहाबाद में रहने लगीं। वहाँ उनके परिवार की नेहरू-गांधी परिवार से मित्रता हुई। युवा पुपुल का इन्दिरा से घनिष्ट लगाव हुआ। वे इंग्लैंड में पत्रकारिता का अध्ययन करने गईं और तब विवाह के बाद 1937 में जब उनकी पहली सन्तान जन्मी वे मुम्बई में रहने लगीं। 1939 में जब वे अपने दूसरे बच्चे से सात माह की गर्भवती थीं, उन्हें एक रेबीज़ग्रस्त कुत्ते ने काटा और उन्हें रेबीज़रोधी टीके लगवाने पड़े। इससे उनका गर्भपात हो गया, उनका रक्तचाप बढ़ गया और कुछ समय के लिए पुपुल की दृष्टि भी जाती रही। इस अनुभव ने पुपुल को झकझोर दिया। इसके कुछ समय बाद पुपुल की भेंट आध्यात्मिक गुरु जिद्दू कृष्णामूर्ति से हुई, जो उनके गुरु बने। पुपुल ने कांग्रेस की सक्रिय कार्यकर्ता मृदुला साराभाई की सहायिका के रूप में काम किया। हस्तशिल्प में पुपुल की स्थायी रुचि थी और उनका विश्वास था कि वे ही ग्रामीण भारत का उद्धार कर सकते हैं। वे हस्तशिल्प व हाथकरघा निर्यात निगम की अध्यक्ष बनीं। 1945 में उन्होंने तीसरी बार गर्भधारण किया, पर यह बालक विकलांग हुआ और जन्म के कुछ समय बाद उसकी मृत्यु हो गई।

पुपुल ने समाजवाद तथा सहकार आन्दोलन में भी हाथ आज़माया। भारत की आज़ादी के बाद कांग्रेस तथा समाजवादी पार्टी, दोनों ने उन्हें टिकट देने की पेशकश की, परन्तु पुपुल ने इनकार कर दिया, उन्होंने राजनीति छोड़ी और कृष्णमूर्ति फाउंडेशन के लिए काम करने लगीं। जब जवाहरलाल नेहरू तथा टी.आर. कृष्णामाचारी ने पुपुल से हाथकरघा क्षेत्र को दुरुस्त कर उसे आधुनिक समय के अनुरूप बनाने को कहा, तो पुपुल ने वैलिंगडन क्लब की सांध्याकालीन ब्रिज गोष्ठियों (ताश का एक खेल) को त्यागा और स्वयं को वस्त्र उद्योग के बारे में सीखने की दिशा में झोंका। समाज के तथाकथित 'स्मार्ट' तबके में खादी तथा हस्तशिल्प को लोकप्रिय व फैशनेबल बनाने में पुपुल का योगदान महत्त्वपूर्ण था। बाद में उन्होंने कला एवं सांस्कृतिक विरासत का भारतीय राष्ट्रीय न्यास (इन्टेक) की स्थापना की, पिएर कार्डीन जैसे विदेशी डिज़ाइनर की रुचि भारतीय वस्त्रों में जगाई और भारतीय वस्त्र को विश्व मानचित्र पर लाईं। वे अपनी मृत्युपर्यन्त कृष्णमूर्ति फाउंडेशन में भी सक्रिय रहीं।

उनकी सर्वाधिक ज्ञात पुस्तकें दो जीवन गाथाएँ हैं : *जे. कृष्णमूर्ति : ए बायोग्राफी* (1988) तथा *इन्दिरा गांधी : एन इन्टिमेट बायोग्राफी* (1992) उन्होंने लोक कला पर

एक पुस्तक *द अर्दन ड्रम,* तथा *द अर्थ गॉडेस्* जो मिथकों व आख्यानों का सर्वेक्षण है की भी रचना की।

पेरिन बेन कैण्टन

(1888-1958)

पेरिन बेन कैण्टन स्वतंत्रता सेनानी थीं। वे दादाभाई नौरोजी की पोती थीं। उनका जन्म कच्छ स्थित मांडवी में 12 अक्टूबर, 1888 को हुआ था। उनके पिता चिकित्सक थे और जब वे सात साल की थीं तब उनका देहान्त हो गया था। पेरिन की शिक्षा मुम्बई तथा उसके बाद पेरिस स्थित सोर्बोन विश्वविद्यालय में हुई, जहाँ उन्होंने फ्रेंच भाषा का अध्ययन किया। 1925 में उन्होंने धुनजीशाह एस. कैण्टन से विवाह किया।

पैरिस में वे मदाम काम के क्रान्तिकारी समूह का हिस्सा बनीं। जब सावरकर को लन्दन में गिरफ़्तार कर लिया गया तो उसे छुड़ाने की योजना में भी उनकी भागीदारी। वे तथा सावरकर ब्रसल्स में आयोजित प्रथम इजिप्शियन कांग्रेस में भाग ले चुके थे। पेरिन बेन ने ज़ारवादी रूसी अत्याचार के कारण पोलेंड से प्रवास करने वालों के लिए बनी संस्था में भी काम किया जो पेरिस में स्थित थी। 1911 में वे भारत लौटीं और 1919 में गांधीजी से मिलीं और प्रभावित हुईं। 1921 में उन्होंने राष्ट्रीय स्त्री सभा के गठन में मदद की, जो गांधीवादी सिद्धान्तों पर आधारित संगठन था। वे बम्बई कांग्रेस की कई युद्ध परिषदों की सदस्या थीं तथा 1932 में बम्बई कांग्रेस की पहली महिला अध्यक्ष बनीं। जब उन्हें सविनय अवज्ञा आन्दोलन के दौरान गिरफ़्तार किया गया था। उसी वर्ष जब गांधी सेवा सेना ने पूर्ववर्ती संगठनों का स्थान लिया, उन्हें उसका मानद सामान्य सचिव बनाया गया। वे मृत्यु तक इस पद पर बनी रहीं। *हिन्दुस्तानी प्रचार सभा* में भी वे इसी पद पर थीं। 1954 में जब पद्मश्री पुरस्कार दिए गए तो इसे पाने वालों में एक वे भी थीं।

पेशेन्स कूपर

(1905-1983)

पेशेन्स कूपर एक अभिनेत्री थीं। उनका व्यावसायिक जीवन बेंडमैन्स् म्यूज़िकल कॉमेडी जो एक समसामयिक प्रहसन दल था, में एक नर्तकी के रूप में प्रारम्भ हुआ था। बाद में वे फ्रामजी मदान की कोरियन्थियन स्टेज कम्पनी से जुड़ीं। उन दिनों प्रतिष्ठित भारतीय स्त्रियों के लिए फ़िल्मों से जुड़ना बड़ा मुश्किल था और शुरुआती दौर की

अधिकांश अभिनेत्रियाँ तवायफ़ें या एंग्लो इंडियन होती थीं, जैसे पेशेन्स या गौहर जान की माताएँ। पेशेन्स के नाक-नक्शा पैने थे जो उस ज़माने की फ़िल्मों की प्रकाश व्यवस्था के लिए सही थे। उन्होंने कामुक पर भोली भाली हिरोइनों की भूमिकाएँ कीं जो नैतिक उलझनों में फँसी हों, जैसी भूमिकाएँ बाद में नरगिस ने भी कीं। उनकी पहली मुख्य फ़िल्म थी *नल-दमयन्ती* (1920) जो मदन प्रोडक्शंस के लिए इतालवी निर्देशक युजेनियो डे लिगुओरो ने बनाई जो इटली में अपनी *फासिनो द ओरो* (1919) जैसी प्राच्य फ़िल्मों के लिए प्रसिद्ध थे। लिगुओरी ने *ध्रुव चरित्र* (1921) भी निर्देशित की। *नल दमयन्ती* में नवाचार युक्त (उस युग के लिए) विशेष प्रभावों का उपयोग किया ताकि कथा के पौराणिक आयामों को उजागर किया जा सके। इसके बाद पेशेन्स *विष्णु अवतार* (1921) तथा *पति भक्ति* (1922) में भी आईं, जो जे.जे. मदान ने निर्देशित की थीं। पेशेन्स ने 1944 में 40 से अधिक फ़िल्मों में काम करने के बाद अभिनय करना छोड़ दिया। वे हिन्दी सिनेमा की पहली व्यक्ति थीं जिन्होंने *पत्नी प्रताप* में दो बहनों की दोहरी भूमिका तथा *कश्मीरी सुन्दरी* में माँ तथा बेटी की दोहरी भूमिका अदा की। सुलोचना उनकी प्रतिस्पर्धा में थीं। पेशेन्स ने इस्फाहानी साहेब, एक चाय बगान के मालिक से, 21 वर्ष की आयु में विवाह किया। यह विवाह अधिक चला नहीं, हालाँकि दोनों में दोस्ती बनी रही। तब उन्होंने गुल हमीद ख़ान से शादी की जो स्वयं भी अदाकार थे, पर छह साल बाद कैन्सर से उनकी मृत्यु हो गई। आज़ादी के बाद पेशेन्स पाकिस्तान चली गईं, उन्होंने अपना नाम बदल कर सबरा बेगम रखा। उन्होंने अपने जीवन में 17 बच्चों को गोद लिया या उनकी परवरिश की। उनकी आख़िरी फ़िल्म *ज़हरी साँप* (1933) थी जो एक दुष्ट नवाब के ख़िलाफ़ बग़ावत के बारे में थी।

प्रोतिमा बरुआ पांडे

(1935-2002)

प्रोतिमा बरुआ पांडे एक लोक गायिका तथा संगीतकार थीं, जो गोआलपाड़ा के लोक गीत गाया करती थीं। वे फ़िल्मकार प्रमथेष बरुआ की भांजी थीं। प्रोतिमा गौरीपुर राज परिवार की सदस्य थीं; उनके पिता का नाम प्रकितेश चन्द्र बरुआ (लालजी) था। प्रोतिमा को लोग उनके एक गीत के कारण 'हस्तिर कन्या' नाम से बुलाते थे। एक और गीत जो वे अक्सर गाती थीं, वह था 'मुर माहूत बन्धु रे।' उनका जन्म कलकत्ता में हुआ था और उनकी शिक्षा पहले गोखले मेमोरियल स्कूल में व बाद में गौरीपुर गर्ल्स हाई स्कूल में हुई। उन्होंने संगीत की औपचारिक शिक्षा कभी नहीं ली, परन्तु उनके परिवार के कई सदस्यों को संगीत का प्राकृतिक वरदान था। 1955 में जब डॉ. भूपेन

हाज़ारिका गौरीपुर आए और उस संगीतसभा में उपस्थित रहे जिसमें प्रोतिभा ने ढोल, झुनुका, दोतोरा, दारिन्दा, ढुलुकी और बांसुरी की संगत में गोआलपाड़ा के गीत गाए। डॉ. हाज़ारिका प्रोतिमा से प्रभावित हुए और उन्होंने भविष्यवाणी की कि वे गोआलपाड़िया लोक संगीत को शिखर की ऊँचाइयों तक पहुँचाएँगी। प्रोतिमा के मन में अपने गुरु भबेन सिंघा रॉय के लिए गहरी श्रद्धा थी, जो दरअसल उनके पिता के अस्तबल के मुख्य महावत या हाथियों की देखभाल करने वाले थे। प्रोतिमा ने गौरीशंकर पांडे से विवाह किया, जो गौरीपुर पी.बी. कॉलेज के प्राचार्य थे। उन्हें पद्मश्री तथा संगीत नाटक अकादमी पुरस्कार दिया गया। प्रोतिमा पर प्रबीन हज़ारिका ने एक डॉक्यूमेंटरी फ़िल्म *हस्तिर कन्या* बनाई जिसने 1997 में सर्वश्रेष्ठ जीवन कथा फ़िल्म का राष्ट्रीय पुरस्कार जीता।

प्रोतिमा गौरी बेदी
(1948-1998)

प्रोतिमा गौरी बेदी एक नर्तकी, उच्चवर्गीय स्त्री व बचपन से विद्रोहिणी थीं। उनके पिता लक्ष्मीचन्द गुप्ता हरियाणा के व्यापारी थे जिन्होंने एक बंगाली महिला, रेबा से विवाह किया था और इस सम्बन्ध पर आपत्ति के कारण उन्हें अपना परिवार छोड़ना पड़ा था। प्रोतिमा का जन्म दिल्ली में हुआ, परन्तु 1953 में उनका परिवार गोवा और तब बम्बई जा बसा, जहाँ उन्होंने सेंट ज़ेवियर्स कॉलेज में दाख़िला लिया। 1960 के दशक में प्रोतिमा ने मॉडलिंग करना शुरू किया, घर छोड़ा और स्वतंत्र जीवन बिताने लगीं। कबीर बेदी से उनका रिश्ता पहले से था और अब वे उनके साथ रहने लगीं। उन्होंने मुम्बई का पहला डिस्को, हाइडआउट खोला और पार्टी जीव होने की ख्याति अर्जित की। 1974 में वे जुहू तट पर निर्वस्त्र दौड़ीं। 26 वर्ष की आयु में वे एक रंगमंच में गईं और उन्होंने ओडीसी नृत्य प्रदर्शन देखा, उन्हें तत्काल यह लगा कि वे यही करना चाहती हैं। अपनी सिगरेट, फटी जीन्स, रंगे बाल और हिप्पियों का तामझाम त्याग वे गुरु केलूचरण महापात्र के पास गईं और उनकी शिष्या बन गईं।

प्रोतिमा ने विश्व भ्रमण किया और तब स्विट्ज़रलैंड में रहने लगीं। वे जन्मजात नर्तकी नहीं थीं, और उन्हें लगा कि उन्हें अपनी सबसे प्रिय कला को कुछ और भी देना चाहिए। और यों नृत्यग्राम के विचार ने जन्म लिया। उन्होंने बेंगलोर के बाहर ज़मीन खरीदी और नृत्यग्राम का लगभग अपने ही हाथों से निर्माण किया। उन्होंने वहाँ नृत्य नहीं सिखाया, उनके गुरु महापात्रा ने ओडीसी, कलानिधि नारायण ने अभिनय और कुमुदिनी लाखिया ने कथक सिखाना प्रारम्भ किया। और जब नृत्यग्राम स्थापित हो गया और सुचारू रूप से चलने लगा, प्रोतिमा की मंशा अपने पुत्र सिद्धार्थ की

देखभाल करने की थी जो शिज़ोफ्रेनिया का रोगी था। पर सिद्धार्थ ने आत्महत्या कर ली। प्रोतिमा की पुत्री पूजा एक सफल फ़िल्म अभिनेत्री बनीं। प्रोतिमा की मृत्यु हिमालय में तीर्थ यात्रा के दौरान भू-स्खलन से हुई।

फूलन देवी
(1963-2007)

फूलन देवी एक डकैत थीं जो बाद में राजनेता बनीं। वे उस जाति में जन्मी थीं जो परम्परागत रूप से मल्लाहों के रूप में काम करते थे। उनका जन्म उत्तर प्रदेश की डाकुओं से ग्रस्त चम्बल की घाटियों में स्थित गाँव गोरहा का पुरवा में उनका जन्म हुआ था।

उनका विवाह बचपन में हुआ और उन्होंने कई अत्याचार झेले। 1979 में डाकुओं के एक गिरोह ने फूलन का अपहरण कर लिया। गिरोह के सरदार, बब्बू ने, जो ठाकुरों की ऊँची जाति से था, उनका बलात्कार करना चाहा। परन्तु उप-सरदार विक्रम ने जो फूलन की तरह मल्लाह जाति का था, फूलन को बचा लिया। एक रात जब बब्बू ने फूलन का बलात्कार करने की कोशिश की, विक्रम ने उसकी हत्या कर दी और सरदार बन गया। फूलन विक्रम की दूसरी पत्नी बनीं। एक गाँव वाले ने फूलन को मुक्त किया और उसे बैलगाड़ी में छुपाकर निकाल लिया। फूलन का शरीर घावों से भरा था, पर उसने विक्रम के गिरोह के पूर्व सदस्य मानसिंह की मदद से मल्लाहों का एक गिरोह बनाया। 14 फरवरी, 1981 फूलन और उसका गिरोह बेहमाई में पुलिस अधिकारियों की वर्दी में घुसा और वहाँ सभी ठाकुर जाति के पुरुषों को कतारबद्ध कर, गोलियों से उनकी हत्या कर दी। बाईस ठाकुर मारे गए। फूलन को पकड़ने के लिए व्यापक खोजबीन की गई। फरवरी, 1983 में फूलन आत्मसमर्पण को तैयार हुईं, पर इसकी शर्तों पर स्वयं बातचीत की। फूलन पर 48 अपराधों के आरोप लगे। उनका मुक़दमा ग्यारह साल तक लम्बित रहा और आख़िरकार 1994 में उसे सप्रतिबन्ध छोड़ा गया। तब उन्होंने एकलव्य सेना नाम से एक दल का गठन किया। उन्होंने उम्मेदसिंह से विवाह किया जो उसकी बहन का पूर्व पति था।

फूलन देवी पर कई किताबें लिखी गईं और फ़िल्में बनाई गईं। इनमें सबसे विख्यात है शेखर कपूर की फ़िल्म *बैंडिट क्वीन* (1994) जो माला सेन की पुस्तक पर आधारित है। फूलन देवी ने फ़िल्म की तथ्यात्मकता पर आपत्ति की और उसे भारत में प्रतिबन्धित करवाने की कोशिश की, और अन्ततः फ़िल्म बनाने वालों से 60,000 डॉलर ले मामला सलटाया। फूलन ने *मारी-थेरेसे क्यूनी तथा पॉल रम्बाली की मदद से द बैंडिट क्वीनः एन इंडियन वुमेन्स अमेजिंग जर्नी फ्रॉम पेसेंट टू इन्टरनैशनल लेजेंड* का लेखन किया।

1996 में वे समाजवादी पार्टी के टिकट पर सांसद चुनी गईं। 1998 में ब्रिटेन के कुछ सांसदों ने उन्हें नोबेल शान्ति पुरस्कार के लिए नामित किया। 25 जुलाई, 2001 को दिल्ली में उनके निवास स्थान के सामने उनकी हत्या कर दी गई।

फूलरेणु गुहा
(1911-2006)

फूलरेणु गुहा स्वाधीनता सेनानी और क्रान्तिकारी थीं। उनका जन्म 13 अगस्त, 1911 को कलकत्ता में हुआ और उनकी शिक्षा कलकत्ता विश्वविद्यालय, लन्दन विश्वविद्यालय तथा सोर्बोन पेरिस में हुई। 1926 में पन्द्रह वर्ष की आयु में वे पहले-पहल जुगांतर पार्टी से जुड़ीं। जुगांतर आज़ादी के लिए कार्यरत राजनीतिक समूहों में सबसे उग्रवादी समूह था। वहाँ वे अपनी भावी पति बिरेश चन्द्र गुहा से मिलीं, जो और भी कम आयु से जुगांतर पार्टी से जुड़े हुए थे और 1925 में जैव रसायनशास्त्र में एमएससी कर चुके थे, जिसके बाद से वे प्रफुल्ल चन्द्र राय के साथ काम कर रहे थे। करीब 1928 में बिरेश चन्द्र इंग्लैंड के लिए रवाना हुए जबकि फूलरेणु ने सोर्बोन में प्रवेश लिया। दोनों ही 1932 तक भारत नहीं लौटे। बिरेश चन्द्र सर जैक ड्रमंड तथा सर फ्रेडरिक गाउलैंड हॉपकिन्स के साथ लन्दन तथा केम्ब्रिज में काम करने लगे और विटामिनों के आविष्कार में सहायता करने लगे।

भारत लौटने पर गुहा युगल असहयोग आन्दोलन से जुड़ा और बिरेश को क़ैद कर लिया गया। फूलरेणु इससे हताश हुए बिना अकेले ही संघर्ष करती रहीं। 1941-43 में जब बंगाल में दुर्भीक्ष पड़ा फूलरेणु राहत कार्य में जुटीं और नोआखली में सांप्रदायिक सद्भाव स्थापित करने के प्रयासों से भी। 1943 से 1944 तक वे आज़ाद हिन्द राहत समिति के महिला भाग की सचिव थीं। कमलादेवी चट्टोपाध्याय की तरह फूलरेणु भी यह समझती थीं कि विभाजन के बाद सबसे पहली प्राथमिकता पुनर्वास तथा विस्थापितों को मदद पहुँचाने की है, खासकर महिलाओं और बच्चों को। फूलरेणु और बिरेश ने मिलने के कई सालों बाद 17 जुलाई, 1945 को विवाह किया। आज़ादी के बाद फूलरेणु ने स्वयं को राष्ट्र निर्माण में झोंक दिया। उन्होंने विभिन्न राज्य व केन्द्र सरकार के संगठनों में विभिन्न पदों पर अपनी सेवाएँ दीं। वे 1971-72 में भारत सरकार के योजना आयोग के बाल कल्याण कमेटी के टास्क फोर्स की अध्यक्षा रहीं, तथा 1972 से 1975 तक भारत में महिलाओं की स्थिति पर बनी कमेटी की। वे 1970 से 1973 तक भारतीय बाल कल्याण परिषद की अध्यक्ष थीं। उन्हें 1977 में पद्म भूषण दिया गया। वे 1964 से 70 तक लोकसभा की सदस्य रहीं। मार्च 1967 से फरवरी, 1969 तक वे समाज कल्याण विभाग की राज्य स्तरीय मंत्री भी रहीं, तथा फरवरी, 1969 से

जून, 1970 तक विधि मंत्री भी। वे वाद-विवाद में निपुण, कुशाग्र बुद्धि व समझदार महिला थीं। उनकी मृत्यु 95 वर्ष की आयु में उसी वृद्धाश्रम में हुई जिसकी स्वयं उन्होंने स्थपना की थी। सार्वजनिक रूप से उन्होंने अपनी अधिकांश सम्पत्ति व वस्तुएँ कलकत्ता विश्वविद्यालय को दान कर दी थीं तथा बी.सी. गुहा जैविक इंजीनियरिंग व जैव तकनीक केन्द्र की स्थापना भी की थी।

फ़ज़िलतुन्नेसा ज़ोहा

(1905-1976)

फ़ज़िलतुन्नेसा ने 1925 में उस वक़्त इतिहास रचा, जब उन्होंने पहली मुस्लिम महिला के रूप में गणित में स्नातक की डिग्री पाई। बाद में इसी विषय में उन्होंने एम.ए. भी किया। वे टांगाइल के साधारण मुसलमान परिवार से थीं, और उनकी पृष्ठभूमि में ऐसा कुछ न था जो इस उपलब्धि का पूर्व संकेत देता। उन्होंने 1921 में अच्छे अंकों से ढाका के ईडन स्कूल से मैट्रिक परीक्षा उत्तीर्ण की। तब वे कलकत्ता स्थित बेथ्यून कॉलेज में गणित का अध्ययन करने गईं, तत्पश्चात ढाका विश्वविद्यालय लौटीं, जो उसी वर्ष स्थापित किया गया था जिस वर्ष उन्होंने मैट्रिक की परीक्षा पास की थी। यहाँ उन्होंने एमए का अध्ययन किया और इस विश्वविद्यालय की पहली मुस्लिम छात्रा बनीं। 1927 में एमए की डिग्री पाना एक राष्ट्रीय घटना थी, काज़ी नज़रूल इस्लाम ने इसकी स्मृति में एक कविता लिखी। एक प्रगतिशील पत्रिका *सौग़ात* के सम्पादक ने उनके सम्मान में भोज दिया जो कट्टरपंथियों के गढ़ के बीचों-बीच आयोजित हुआ। फ़ज़िलतुन्नेसा ने अपने शिक्षण-प्रशिक्षण को ज़ाया नहीं होने दिया, उन्होंने बेथ्यून कॉलेज में गणित पढ़ाना प्रारम्भ किया तथा बाद में गणित की विभागाध्यक्ष व तत्पश्चात् 1947 तक उसकी उप-प्राचार्य रहीं। देश विभाजन के बाद उनके परिवार ने पाकिस्तान में बसने का निर्णय लिया और वे ढाका चले गए। फ़ज़िलतुन्नेसा वहाँ ईडन कॉलेज की प्राचार्य बनीं।

फ़ातिमा जिन्ना

(1893-1967)

फ़ातिमा जिन्ना के भाई मुहम्मद अली जिन्ना थे जिनके साथ वे आठ वर्ष की आयु में पिता की मृत्यु के बाद रहने लगी थीं। उनकी पढ़ाई-लिखाई पाश्चात्य शैली से हुई और वे दंत चिकित्सा का अध्ययन करने लगीं, हालाँकि 1929 में उनके भाई का

राजनीतिक पेशा उनके समय पर माँगें करने लगा, और उस वर्ष वे अपने भाई के साथ राउंड टेबल कॉन्फ्रेंस के लिए गईं। 1934 में वे मुस्लिम लीग से जुड़ीं और उन्होंने महिलाओं के प्रति रूढ़िवादी नज़रिए का विरोध किया व उनके सामाजिक उत्थान व आज़ादी के लिए काम किया। 1938 में अखिल भारतीय मुस्लिम महिला कमेटी की स्थापना के साथ उन्होंने उसका नेतृत्व किया। भारत भ्रमण कर उन्होंने समूहों व छात्र संघों को व्यवस्थित किया व प्रौढ़ शिक्षा को प्रोत्साहित किया। उन्होंने लाहौर में फ़ातिमा जिन्ना विमेन्स कॉलेज की भी स्थापना की।

पाकिस्तान के गठन के बाद फ़ातिमा ने गवर्नर जनरल के निवास की मेहमाननवाज़ी में अपने भाई की सहायता की, परन्तु उनकी मृत्यु के बाद वे सेवामुक्त कर दी गईं। 1954 में वे सार्वजनिक मंच पर फिर से दिखाई दीं, उन्होंने मुस्लिम लीग के लिए प्रचार किया व तानाशाही की निर्भीक आलोचना की। 1965 में विपक्ष ने सर्वसम्मति से उन्हें अयूब ख़ान के विरुद्ध चुनाव में खड़े होने पर मनाया। एक औरत को देश के सबसे ऊँचे पद पर बैठाने के विचार ने रूढ़िवादी तबके को डरा दिया। इधर यह अफवाहें भी फैलीं कि अयूब ख़ान ने चुनावी मतदान में गड़बड़ की है। फ़ातिमा चुनाव हारीं पर उनके चुनावी अभियान ने लोगों में कड़ी प्रतिक्रिया पैदा की और ढाका में उन्हें बहुमत मिला। उन्हें लोग मादर-ए-मिलत, या देश माता के नाम से जानने लगे। फ़ातिमा जिन्ना महिला विश्वविद्यालय का नाम महिला मुक्ति के मसले में फ़ातिमा के योगदान की स्मृति में रखा गया।

फ़ातिमा बेगम

(1892-1983)

फ़ातिमा बेगम एक अभिनेत्री व भारत की पहली महिला फ़िल्म निर्देशिका थीं। उनका जन्म सम्भवतः एक कुलीन परिवार में गुजरात के साचिन राज्य में हुआ था व 1906 में साचिन के नवाब से उनका विवाह हुआ। वे ज़ुबैदा, सुल्ताना तथा शहज़ादी नामक अभिनेत्रियों की माँ थीं। वे सर्वप्रथम उर्दू रंगमंच पर उतरीं, और तब 1922 में फ़िल्मों के नये माध्यम में आर्देशिर ईरानी की मूक फ़िल्म *वीर अभिमन्यु* में आईं। 1926 में *बुलबुल-ए-परिस्तान* का निर्देशन कर वे भारत की पहली स्त्री फ़िल्म निर्देशक बनीं। इसी वर्ष उन्होंने फ़ातिमा फ़िल्मस् की स्थापना की जिसे 1928 में विक्टोरिया-फ़ातिमा फ़िल्मस् नाम दिया गया। इसके तहत उन्होंने ख़ुद अपनी फ़िल्में लिखीं, निर्देशित व निर्मित कीं, साथ ही कोहिनूर स्टूडियो तथा इम्पीरियल स्टूडियो के लिए अभिनय भी करती रहीं। जिस अन्तिम फ़िल्म में उन्होंने अभिनय किया वह थी *दुनिया क्या है?* (1938)। उनकी विरासत को उनकी बेटी ज़ुबैदा ने क़ायम रखा।

फ़ातिमा साम, बीबी
(ग्यारहवीं-बारहवीं शताब्दी)

फ़ातिमा साम, सूफी सन्तों व भाइयों फ़रीदुद्दीन गंज-ए-शकर तथा शेख नजीबुद्दीन अल मुत्वक्कील की मुँह बोली बहन थीं। वे सूफी सन्त निज़ामुद्दीन औलिया की अच्छी मित्र भी थीं। वे स्वयं भी ऊँचे दर्जे की कवि थीं, पर यह तथ्य उनके पुरुष साथियों ने आसानी से स्वीकारा नहीं। कहते हैं कि फ़रीदुद्दीन ने घोषणा यह की थी कि वे स्त्री वेश में पुरुष ही हैं। उनकी रचनाएँ नहीं मिली हैं परन्तु अक़बर-अल-अखयार जैसी रचनाओं में उनके कथन मिलते हैं। ऐसा एक शेर कहता है 'तुम प्यार तलाशते हो और साथ ही जीवन भी। तुम दोनों साथ-साथ चाहते हो, पर यह कभी मिल नहीं सकेगा।' उन्होंने दान और औदार्य की बात की, कहा कि व्यक्ति उदारता के साथ अगर रोटी का टुकड़ा और पानी का गिलास किसी को देता है तो यह कृत्य दस हज़ार बार प्रार्थना और उपवास करने से बेहतर है। उनका दर्शन धरातल का था और उतना ही मानवीय जितना अन्य विख्यात सूफी सन्तों का था।

फ़ैज़ुन्निसा चौधुरानी
(1834-1903)

फ़ैज़ुन्निसा चौधुरानी पहली मुस्लिम महिला थीं जिन्होंने स्त्री शिक्षा का सफल अभियान चलाया। वे कोमिल्ला के पश्चिमगाँव में पली-बढ़ीं, जो अब बांग्लादेश में है। उनका परिवार ख़ानदानी ज़मींदार परिवार था, जो सभी जातियों के हिन्दुओं व साधारण मुसलमानों, जो बंगाली बोलते थे, से अलग-थलग था। कुलीन मुसलमान उर्दू और फ़ारसी का उपयोग करते थे। 1857 के बाद मुस्लिम नवाब संकीर्ण होते गए थे और यह समुदाय अपनी आध्यात्मिक ऊर्जा अतीत की महानता को याद करने में लगा रहा था, न कि भविष्य की कल्पना में। इस गहन कट्टर परिवेश में आश्चर्यजनक था कि फ़ैज़ुन्निसा स्वयं को उर्दू और फ़ारसी के साथ बंगाली और संस्कृत भी सिखा सकीं।

उनका बचपन आनन्द के साथ गुज़रा और इसका अनुमान हम उनकी दैनंदिनी से और उनकी कथा *रूपजलाल* की संक्षिप्त टिप्पणी से लगा सकते हैं। उनके बचपन के अध्ययन में उस समय बाधा आई जब उनके दूर के रिश्ते के मामा महमूद गाज़ी चौधुरी ने उन्हें देखा और उन पर मोहित हो गए। फ़ैज़ुन्निसा के पिता की मृत्यु के बाद चौधुरी ने फ़ैज़ुन्निसा की माँ पर दबाव डाला कि उसका विवाह चौधुरी के साथ कर दिया जाए। शुरुआत में यह सम्बन्ध, टिकाऊ लगा, पर लगता है कि कुछ समय बाद फ़ैज़ुन्निसा अपने पीहर लौट आईं। यहाँ उन्होंने अपनी सेवाएँ समाज व अपनी विशाल

ज़मींदारी के प्रबन्धन में लगाई और मुस्लिम स्त्रियों की शिक्षा की अपनी योजनाओं को अमल में लाईं।

1973 में जब सबसे उदार मुस्लिम पुरुष विचारक तक यह ज़रूरी नहीं मानते थे कि मुस्लिम औरतों को वर्णमाला से अधिक जानने-सीखने की ज़रूरत है, फैज़ुन्निसा ने बालिकाओं के लिए एक अंग्रेज़ी माध्यम का स्कूल फ़ैज़ुन्निसा गर्ल्स पाइलट हाई स्कूल खोला। इस काम में उन्हें कोमिला के ब्राह्मो सुधारक कालीचरण डे का सहयोग मिला। स्कूल में पूरा पर्दा रखा जाता था, व बाद में उसमें एक छात्रावास भी जोड़ा गया। स्कूल के विषय में लोगों की प्रतिक्रिया मिश्रित थी, हालाँकि बाद में इसकी कई छात्राओं ने दुनिया में अपनी छाप छोड़ी। यह ढाका में ईडन स्कूल फॉर गर्ल्स की स्थापना के कुछ वर्ष पहले, और रोकेया सखावत हुसैन द्वारा कलकत्ता में सखावत मेमोरियल गर्ल्स स्कूल की स्थापना के चालीस वर्ष पहले की बात है। उन्नीसवीं शताब्दी के अन्तिम वर्षों में फैज़ुन्निसा ने अपने घर पर एक निःशुल्क मदरसा प्रारम्भ किया, यही वह बीज था जिसने आज के फ़ैज़ुन्निसा डिग्री कॉलेज का रूप लिया। साथ ही 1901 में उन्होंने अपनी पुत्री बदरुन्निसा के नाम पर एक अंग्रेज़ी मिडिल स्कूल भी खोला।

1889 में उन्हें महारानी विक्टोरिया द्वारा नवाब का ख़िताब दिया गया, जिसकी सिफारिश कोमिल्ला के मैजिस्ट्रेट ने की थी। यह मुस्लिम समुदाय व आम दुनिया के लिए भी चौंकाने वाली ख़बर थी। फ़ैज़ुन्निसा ने ख़ुद ता-उम्र कठोर पर्दे का पालन किया था। वे एक लम्बे पद्य उपन्यास–*रूपजलला* की लेखिका हैं, जो किसी बंगाली महिला द्वारा लिखी सबसे पहली कृतियों में है। यह जलाल व रूपबानो की प्रेम कथा है, जिसकी शैली मध्ययुगीन इस्लामिक किस्सों व बंकिमचन्द्र जैसे आधुनिक अर्ध-ऐतिहासिक लेखन का मिश्रण है।

बसन्ती देवी दास

(1880-1974)

बसन्ती देवी दास, चित्तरंजन दास, जो बाद में देशबन्धु नाम से प्रसिद्ध हुए, की पत्नी थीं। वे कांग्रेस में सक्रिय थीं और कई सामाजिक मुद्दों के लिए हुए अभियानों से भी जुड़ी रहीं। इनमें एक मुद्दा महिला शिक्षा का भी था। कोलकाता के बासन्ती देवी कॉलेज की स्थापना उनके नाम पर की गई थी।

बसन्ती देवी का जन्म कोलकाता में ही हुआ और वे लॉरेटो हाउस में पढ़ीं। सत्रह वर्ष की उम्र में उनका विवाह चित्तरंजन दास से हुआ। वे घर-परिवार सँभालते, तीन बच्चों की माँ बनीं। 1917 में जब चित्तरंजन दास राजनीति से जुड़े तो बसन्ती देवी

ने भी उनका अनुकरण किया। उन्होंने खादी के बिक्री का प्रचार किया और उनकी गिरफ़्तारी हुई। इसके कुछ ही समय बाद उनके पुत्र और पति को भी बन्दी बनाया गया। इस पर उस समय के कई नामी-गिरामी हस्तियों ने, जिनमें रवीन्द्रनाथ ठाकुर भी शामिल थे, बसन्ती देवी को रिहा करने का अभियान छेड़ा। उन्हें छोड़ा गया पर उनके पति जेल में ही रखे गए। अतः बसन्ती देवी ने पति के राजनीतिक कार्यों की जिम्मेदारी ले ली और 1921 में बंगाल प्रोविंशियल कांग्रेस की अध्यक्ष बनीं। 1922 में उन्होंने अपने पति के स्थान पर चिट्टगोंग प्रोविंशियल कॉन्फ्रेंस की अध्यक्षता भी की। चित्तरंजन दास को रिहा किया गया, परन्तु 1925 में दार्जिलिंग में उनकी मृत्यु हुई। बासन्ती देवी की पुत्री अपर्णा का अन्तर्जातीय विवाह बंगाल का पहला अन्तर्जातीय विवाह था जो बिना सरकारी पंजीकरण प्रमाण-पत्र के हिन्दू विधि से सम्पन्न किया गया।

बहिनाबाई

(1628-1700)

बहिना (बाई पर--प्रत्यय का अर्थ नारी या पत्नी होता है) एक वैष्णव कवि-सन्त थी और तुकाराम की भक्त थीं। 13 वर्ष की आयु में तुकाराम के पदों या अभंगों, की जो विष्णु के विट्ठल अवतार की स्तुति में हैं, उन पर अमिट छाप पड़ी।

बहिना का जन्म 1628 में देवघर में हुआ जो आज के उत्तरी महाराष्ट्र में स्थित है। पाँच वर्ष की अल्पायु में उनका विवाह एक विद्वान् ब्राह्मण विधुर रत्नाकार पाठक से हुआ जो 30 वर्ष के थे। उनसे बहिनाबाई के एक बेटी व एक बेटा हुआ। पारिवारिक विवाद से बेघर इस दम्पती को कोल्हापुर के एक ब्राह्मण बहिरामभट्ट ने अनिच्छा से शरण दी। वहाँ से वे पंढरपुर गए, जहाँ बहिनाबाई ने आत्मा को उद्वेलित करने वाले तुकाराम के गीत सुने। एक बार किसी साधु ने बहिनाबाई की धार्मिक आस्थाओं की प्रशंसा की, जिस पर उनके पति बहिना के खुलेपन से इतने नाराज़ हुए और उन्हें इतनी निर्ममता से पीटा कि वे तीन दिनों तक बेहोश रहीं। मृत्यु के मुँह तक पहुँची स्थिति में बहिनाबाई को दर्शन हुआ कि तुकाराम आए हैं और उसके सिर पर हाथ रख उसे गाने को कह रहे हैं। वे जाग पड़ीं और उनके मुख से तुकाराम की प्रशंसा में एक गीत फूट पड़ा। वे तुकाराम की अनुयायी बन गई और समय-समय पर समाधि की स्थिति में पहुँच जातीं जिसमें गीतों की रचना करतीं। कवि के रूप में उनकी ख्याति फैली परन्तु पति ने आरोप लगाया कि वे ब्राह्मण पत्नियों के लिए बने नियमों का उल्लंघन कर रही हैं। उन्होंने बहिना को त्यागने का निर्णय लिया, पर अपने जाने की पूर्व संध्या को वे अचानक बीमार हो गए। बहिनाबाई ने पति की सेवा-सुश्रुषा कर

उन्हें स्वस्थ किया। इन घटनाओं का वर्णन उनके अभंगों या कविताओं में मिलता है। पति को पश्चाताप हुआ, और परिवार देहु चला आया, जहाँ वे नियमित रूप से तुकाराम की रचनाओं के कीर्तन में भाग लेने लगे।

बहिनाबाई की जीवन के प्रति रहस्यवादी दृष्टि थी उनका दावा था कि उन्होंने अपनी मृत्यु देखी है तथा यह एक शुभ-संकेत है। अपने गीतों में उन्होंने अपने पूर्वजन्मों की चर्चा की। वे अपने पुत्र को *कल्याण बन्धु* अर्थात् सद्मार्ग का साथी व मित्र कहा करती थीं। उनकी रचनाएँ अवधारणाओं तथा काव्य दोनों स्तर पर पेचीदा हैं।

वेद ज़ोर से पुकारते हैं, पुराण चीखते हैं;
'स्त्री का कल्याण नहीं होगा'।
मेरा जन्म नारी शरीर में हुआ
मैं सत्य को कैसे पाऊँ?
'वे मूढ़, पथभ्रष्ट करने वाली, छलनामयी हैं–
उनसे सम्पर्क विनाशकारी।'
बहिना कहती है, 'अगर स्त्री शरीर इतनी क्षति करता है
तो मैं भला सत्य कैसे पहुँचूँगी?'

बालसरस्वती टी.

(1918-1984)

बालसरस्वती *दासी अट्टम*, देवदासियों की मूल, पवित्र नृत्य शैली की नृत्यांगना थीं। देवदासियाँ वे स्त्रियाँ थीं जिन्हें मन्दिर की सेवा में समर्पित किया जाता था। बालसरस्वती भरतनाट्यम के उस दूसरे पक्ष का प्रतिनिधित्व करती हैं, जिसे रुक्मिणी देवी अरुन्डेल जैसी नर्तिकाओं ने तरल कर, लाँघने की चेष्टा की थी।

बालसरस्वती लकड़-नानी कामाक्षी अम्माल, राजनर्तकी हुआ करती थीं। उनकी नानी दक्षिण भारत की सर्वाधिक विख्यात वीणा वादक थीं, जिन्हें उनके कौशल के सम्मान में वीणा धनम् कहा जाता था। उनकी माता जयम्मा शास्त्रीय संगीत की गायिका थीं। बालसरस्वती स्वयं उस शुद्ध भरतनाट्यम की नर्तिका थीं, जिस शैली में भारतीय शास्त्रीय संस्कृति के चरम के युग में तंजौर के दरबार में नृत्य किया जाता था। उन्होंने इस शैली को धो-पोंछ कर घरों की बैठकों के योग्य बनाने के प्रयासों का सक्रिय विरोध किया। नृत्य शैली को तरल करने के प्रयास इस मंशा से किए गए थे ताकि ब्राह्मण कन्याएँ 'दूषित' होने के भय से मुक्त हो इसे स्वीकार कर सकें। बालसरस्वती की निजी शैली कामुक तथा स्वच्छन्द थी; वे पद्मों तथा जवालियों का सुन्दर उपयोग करती थीं, जो शृंगार रस के परम्परागत घटक थे तथा प्रेम व मोहक सौम्यता का सार।

उनका प्रशिक्षण चार वर्ष की आयु में गुरु कांजीवरम कंडप्पा पिल्लई के साथ प्रारम्भ हुआ था। वयस्क होने पर उन्हें देवदासी परम्परा के अनुसार चिदम्बरम् चेट्टियार के संरक्षण में सौंप दिया गया। वे एक महान नर्तकी के रूप में उभरीं क्योंकि वे नृत्य के तकनीकी कौशल को *अभिनय* के साथ मिला स्वयं ही *रस* बन जाती और कृष्ण के विरह में तड़पती प्रेमिका की आत्मा का सार प्रस्तुत कर पाती थीं। उदय शंकर ने जब उन्हें दक्षिण में नाचते देखा तो उनके कौशल से प्रभावित हुए। उन्होंने टिप्पणी की 'जब तक बालसरस्वती जीवित हैं, भरत नाट्यम् की वास्तविक आत्मा भी जिन्दा है।' बालसरस्वती की पुत्री लक्ष्मी भी जो 1943 में जन्मी थीं, बेहतरीन नर्तकी बनीं।

1950 के दशक में उन्होंने परम्परागत *दासी अट्टम* को पुनर्जीवित करने के लिए *देवदासियों* तथा अन्य जातियों की नर्तिकाओं के साथ काम प्रारम्भ किया तथा इस शैली के शुद्ध तकनीक रूप का दुनिया भर के मंचों पर प्रदर्शन किया वे रुक्मिणी देवी जैसे मंच को मूर्तियों से सज्जित करने का विरोध करती थीं और मानती थीं कि मन्दिर और मंच भिन्न-भिन्न प्रकार के स्थान हैं। सत्यजित राय ने उन पर एक वृत्तचित्र बनाया। वे अपने नृत्य से संस्कृतियों व देशों की सरहदें लाँघ सकीं। पश्चिम में उनकी नृत्य प्रस्तुतियाँ प्रशंसित हुईं। क्लाइव बार्न्स ने मुग्ध हो टिप्पणी की 'उनके हाथ हवा में ऐसे लहराते हैं मानों फूल खिल रहे हों।' इंडिया टुडे ने उन्हें उन 100 प्रमुख भारतीयों की सूची में रखा जिन्होंने भारत की नियति को आकार दिया हो। रवीन्द्र भारती विश्वविद्यालय ने उन्हें मानद डाक्टरेट की उपाधि से सम्मानित किया।

बीना दास

(1911-1986)

बीना दास एक क्रान्तिकारी व स्वतंत्रता सेनानी थीं। वे छात्री संघ, एक क्रान्तिकारी समिति की सदस्य थीं। उनके पिता व मातमा बेनी माधव दास तथा सरला देवी, आदर्शवादी एवं राजनीतिक रूप से जागरूक नागरिक थे। 1928 में कांग्रेस सत्र सम्पन्न होने के बाद बीना एक क्रान्तिकारी समूह से जुड़ीं जिसके नेता भूपाल बोस थे। 1932 में बंगाल के गवर्नर स्टैनले जैकसन की हत्या का प्रयास कर बीना ने इतिहास में अपना स्थान सुनिश्चित किया। वे असफल रहीं, पकड़ी गईं और उन्हें कठोर बामशक्कत क़ैद की सज़ा सुनाई गई। कुछ सालों बाद 1941 में बीना दक्षिण कोलकाता कांग्रेस समिति की सचिव बनीं। इससे पहले 1940 से 1950 तक वे पश्चिमी बंगाल विधान सभा की सदस्य रहीं। उन्होंने ज्योतिष चन्द्र भौमिक के साथ विवाह किया था। उन्होंने अपने राजनीतिक अनुभवों का वर्णन अपनी पुस्तक *शृंखलेर झंकार* (बेडियों की झंकार) में किया।

बिनोदिनी दासी
(1863-1941)

बिनोदिनी दासी रंगमंच अभिनेत्री थीं जो अपने नाटकीय व भावपूर्ण अभिनय के लिए विख्यात थीं। उन्नीसवीं शताब्दी में अभिनय करने वाली स्त्रियों को वेश्या से अधिक नहीं माना जाता था, इसके बावजूद बिनोदिनी को एक सितारे का दर्जा प्राप्त हुआ। मंच पर उनका पहला प्रदर्शन 11 वर्ष की उम्र में हुआ। उन्होंने 50 से अधिक नाटकों में अभिनय किया तथा लगभग 60 चरित्रों की भूमिकाएँ अदा कीं। गिरीशचन्द्र घोष ने उन्हें 'जीवित देवी' की उपमा दी तथा बंकिमचन्द्र चैटर्जी ने कहा कि उनके द्वारा रचित पात्र मृणालिनी में प्राण फूँक उसे जिन्दा करने का श्रेय बिनोदिनी का अधिक है।

बिनोदिनी कोलकाता में एक ऐसे परिवार में जन्मी जो कभी मनोरंजन करने वाले हुआ करते थे, पर कालान्तर में वैश्यावृत्ति तक गिर गए थे। उन्हें अपने घर से घृणा थी, इस बात से भी कि उनका विवाह कच्ची उम्र में कर दिया गया था, पर पति ने उन्हें स्वीकारने से इनकार कर दिया था। नौ वर्ष की आयु में बिनोदिनी प्रसिद्ध गायिका गंगा बाईजी के सम्पर्क में आईं और उनसे संगीत की शिक्षा ली। यह उनके जीवन का बदलाव बिन्दु था। गंगा बाईजी न केवल एक स्वतंत्र पेशेवर थीं जो आत्म निर्भर थीं बल्कि उन्हें सुनने तमाम सम्भ्रांत व सुसंस्कृत लोग आया करते थे। बिनोदिनी की प्रतिभा पर भी जल्दी ही ग़ौर किया गया और यों उन्हें मंच पर आने का अवसर मिला। वे तत्काल सफलता पा सकीं, हालाँकि उनका जीवन कठिन रहा।

अपने पेशेवर जीवन के प्रारम्भिक वर्षों में एक सम्पन्न पुरुष संरक्षक ने बिनोदिनी की सहायता की, जिसे वे अपना साथी मानती थीं। कुछ वर्षों बाद इस व्यक्ति ने विवाह कर लिया और बिनोदिनी भावनात्मक व आर्थिक रूप से टूट गईं। तत्पश्चात् गुरुमुख राय ने प्रस्ताव रखा कि अगर बिनोदिनी प्रबन्धन की जिम्मेदारी लें तो वे एक थिएटर के लिए पूंजी उपलब्ध करवा सकते हैं। बिनोदिनी ने यही किया और विख्यात स्टार थिएटर अस्तित्व में आ सका। पर बिनोदिनी ने पाया कि जिन मित्रों ने उन्हें इस उद्यम में प्रोत्साहित किया था, सफल होते ही ठीक वे ही उसे छीनने को आतुर हो उठे। उनका बहाना यह था कि 'वेश्या' होने के नाते वे इसका प्रबन्धन करने के उपयुक्त नहीं हैं। 1886 तक आते-आते, हालाँकि उन्होंने बिना किसी पुरुष संरक्षक के महज एक अभिनेत्री के रूप में जीने की चेष्टा की थी, उन्हें थिएटर से बहिष्कृत कर दिया गया। इसके बाद उनके जीवन के विषय में अधिक सूचनाएँ उपलब्ध नहीं हैं, सिवाय इसके कि वे शहर में उस इलाक़े में शान्त जीवन गुज़ारती रहीं, जिसे कहने को तो व्याभिचार का अड्डा कहा जाता है, पर जहाँ लोग उनके विगत इतिहास को उन पर हमेशा नहीं उछालते थे। उन्होंने अपनी आत्मकथा *आमार कथा* शीर्षक से 1913 में प्रकाशित की, जो गिरीश घोष को लिखे पत्रों के रूप में है।

भारती
(आठवीं-नवीं शताब्दी)

भारती, जो उभय-भारती नाम से भी जानी जाती हैं, प्रकांड दार्शनिक मंडन मिश्र की पत्नी थीं। जब अद्वैत दार्शनिक शंकराचार्य तथा उनके पति के बीच शास्त्रार्थ हुआ वे निर्णायक बनीं। शास्त्रार्थ के प्रारम्भ में शर्त रखी गई कि जो भी पराजित होगा वह संसार का त्याग करेगा। जब उन्हें यह लगने लगा कि मंडन मिश्र सम्भवतः हार जाएँगे, उन्होंने घर छोड़ने की तैयारी की क्योंकि विवाहित नारी का पति के बिना रहना अनुचित होता। इस पर शंकराचार्य ने उसे रुकने का अनुरोध किया। शास्त्रार्थ 17 दिनों तक चला। तब शंकराचार्य को जो ब्रह्मचारी थे, उलझन में फंसाने को भारती ने काम सूत्र पर कुछ प्रश्न पूछे। शंकराचार्य ने एक माह तक शास्त्रार्थ मुल्तवी करने की अनुमति चाही। किंवदंती यह है कि शंकराचार्य ने मृत राजा अमरुक के शरीर में प्रवेश कर उनकी रानियों के प्रेम का अनुभव किया। नियत समय बाद उन्होंने भारती से चर्चा जारी रखी, जो उनके उत्तरों से सन्तुष्ट हुईं। शंकराचार्य स्वयं भी भारती की विद्वत्ता और ज्ञान से प्रभावित हुए। कालान्तर में शंकराचार्य ने शृंगेरी में भारती को समर्पित एक मन्दिर का निर्माण किया।

भीखाजी रुस्तम, मदाम कामा
(1861-1936)

भीखाजी रुस्तम कामा, विवाहपूर्व पटेल, एक क्रान्तिकारी सक्रियकर्मी थीं जिन्होंने भारतीय स्वतंत्रता संग्राम पर निश्चित छाप छोड़ी। वे पहली स्वतंत्रता सेनानी थीं जिन्होंने विदेश में सार्वजनिक रूप से भारत का झंडा फहराया था। उन्होंने विश्व के समक्ष घोषणा की कि भारत ब्रिटिश राज से लड़ेगा। स्वतंत्रता पाने के लिए बल प्रयोग की वे हिमायत करती थीं और उन्होंने अदम्य उत्साह से यह घोषणा की थी कि 'स्वतंत्रता जीती जाती है न कि दान में दी जाती है।'

भीखाजी का जन्म मुम्बई में 24 सितम्बर, 1861 में एक सम्पन्न पारसी परिवार में हुआ। उनकी प्राथमिक व माध्यमिक शिक्षा प्रतिष्ठित संस्थान एलेक्जेंड्रा गर्ल्स स्कूल में हुई। 3 अगस्त, 1885 को उनका विवाह एक वकील रुस्तमजी कामा के साथ हुआ। यह विवाह टिक नहीं पाया और उन्होंने स्वयं अपनी तरह का जीवन जीने का निर्णय लिया। 1896 में वे मुम्बई के एक सार्वजनिक धर्मार्थ अस्पताल में नर्स बनीं और उन्होंने प्लेग के रोगियों की देखभाल की। यह कृत्य उनके वर्ग और पृष्ठभूमि वाली किसी स्त्री से अनपेक्षित था। जिस काल में स्त्रियों के अधिकार सीमित थे और

विकल्प नदारद, भीखाजी प्रथम भारतीय महिला पत्रकारों में से एक बनीं। उन्हें प्लेग का रोग हुआ। वे इससे महामारी से बच तो गईं परन्तु बेहद अशक्त हो गईं, तथा स्वास्थ्य लाभ करने 1902 में ब्रिटेन चली गईं। वहाँ उनकी भेंट श्यामजी कृष्ण वर्मा तथा उनके मार्फ्त दादाभाई नौरोजी से हुई। भीखाजी ने 1906 में दादाभाई के चुनाव अभियान में उनकी मदद की पर वे असफल रहे। वे प्रथम राष्ट्रीय कांग्रेस के '72 अच्छे भारतीयों' से बेहद प्रभावित हुईं। उनकी गहन देशभक्ति तथा मौजूदा राजनीतिक परिदृश्य ने उन्हें उग्र राष्ट्रवादी बनाया। उन्होंने युवा छात्र-छात्राओं को बम बनाने और बन्दूकें चलाने का प्रशिक्षण दिया। उन्होंने भारत के क्रान्तिकारी साहित्य की तस्करी के उपाय तलाशे और यूरोप तथा अमरीका की यात्राएँ कीं ताकि भारत की स्थिति से अवगत करा लोगों का सहयोग पा सकें। यूरोप में निवास करने वाले भारतीयों के बीच काम करने वाले संगठन 'अभिनव भारत' में उन्होंने प्राण संचारित किया।

22 अगस्त, 1907 को भीखाजी को स्टुटगार्ट, जर्मनी, में आयोजित द्वितीय अन्तर्राष्ट्रीय समाजवादी कांग्रेस के हज़ार सम्भागियों को सम्बोधित करने को आमंत्रित किया गया। अपने जोशीले व धाराप्रवाह भाषण के बाद उन्होंने हरे, सुनहले और लाल रंग के तिरंगे झंडे को फहराया जिस पर अर्द्धचन्द्र और सूर्य बना था। उन्होंने परचम उठा उसे लहराते हुए घोषणा की 'यह भारत की स्वतंत्रता का झंडा है...इस झंडे के नाम पर मैं विश्व भर के स्वतंत्रता प्रेमियों से अपील करती हूँ कि वे...विश्व की एक बटा पाँच आबादी को मुक्त करने में अपना सहयोग दें।' स्वाभाविक ही था कि उनकी गतिविधियों पर ब्रिटिश सरकार के जासूसों की कड़ी नज़र थी अतः खुफिया रिपोर्टों में भीखाजी को 'अराजक, ब्रिटेन विरोधी तथा अनम्य' कहा गया। 1909 में गिरफ़्तारी से बचने के लिए वे लन्दन छोड़ पेरिस गईं जहाँ उनका घर युवा आतंकवादियों व क्रान्तिकारियों का मुख्यालय बना। जब वी.डी. सावरकर ब्रिटिश हिरासत में मार्सेल्स में थे, भीखाजी ने उन्हें वहाँ से गायब होने में मदद करनी चाही, पर दुर्भाग्य से वे देर से पहुँचीं। भारत की राजनीतिक असलियतों के विषय में जागृति बढ़ाने के अभियान का वे हिस्सा थीं, और इस सिलसिले में 1910 में वे मिस्र गईं। वे महिला अधिकारों और मताधिकार की हिमायती थीं जिसकी उन्होंने पुरजोर पैरवी की। 1914 में जब प्रथम विश्व युद्ध छिड़ा उन्हें बोरद्यू में शरण लेनी पड़ी तथा 1915 में उन्हें नज़रबन्द किया गया, जिससे उनका स्वास्थ्य बिगड़ा। 1920 में पेरिस में वे एक दुर्घटना की शिकार हुईं और गम्भीर रूप से बीमार पड़ी।

1936 में हृदयघात होने के बाद उन्हें भारत आने की अनुमति मिली जहाँ अगस्त माह में मुम्बई के पारसी जनरल अस्पताल में उनकी मृत्यु हुई। उनकी कब्र पर ये शब्द अंकित हैं 'अत्याचार का विरोध ईश्वर की आज्ञा का पालन है।' आज उनका चित्र भारतीय संसद को सुशोभित करता है। उनकी स्मृति में दिल्ली में भीखाजी कामा पैलेस का निर्माण किया गया तथा मुम्बई के एक मार्ग का नाम मदाम कामा रोड रखा गया है।

भोपाल की बेगमें
(1801-2002)

बेगम नवाब कुदसिया का जन्म 1801 में हुआ और उन्होंने महिला शासकों का एक वंश स्थापित किया जिसने भोपाल को एकीकृत व प्रबुद्ध बनाया। उन्होंने 18 वर्षों तक राज किया तथा उनके बाद उनकी बेटी बेगम नवाब सिकन्दर ने 1868 तक शासन सँभाला। उनके बाद उनकी पुत्री बेगम नवाब शाह जहान गद्दी पर बैठीं। बेगम नवाब शाह जहान की बेटी बेगम सुल्तान जहाँ को उत्तराधिकारी घोषित किया गया व वे अपनी माँ के बाद नवाब बनीं। बेगम सुल्तान जहाँ जिन्होंने 1901 से राजपाट सँभाल अपनी आत्मकथा 'मेरे जीवन का वृत्तान्त' में अपने दरबार का वर्णन करती हैं। यह वर्णन उनकी नानी तथा माँ की स्मृतियों के आधार पर आगे बढ़ते हुए स्पष्ट करता है कि उन पर किस तरह की ज़िम्मेदारियाँ थीं और उन्होंने कैसी कठिनाइयों का सामना किया था साथ ही यह भी साफ़ होता है कि सामाजिक प्रगति और न्याय के प्रति, खासकर महिलाओं के लिए, वे किस कदर समर्पित थीं।

बेगम शाह जहान, 1903 में दिल्ली दरबार में उपस्थित हुईं और वहाँ मौजूद हस्तियों में सबसे विलक्षण हस्ती थीं। उन्होंने अपनी नानी के हाथों प्रशिक्षण पाने का भी बयान किया है जो स्पष्ट करता है कि भावी शासक को ज़िम्मेदारियाँ उठाने के लिए तैयार करने में ये स्त्रियाँ किस तरह की एहतियात बरतती थीं। उन्होंने अफसोस ज़ाहिर करते हुए यह भी लिखा कि माँ की दूसरी शादी ने माँ-बेटी में ऐसी दूरी पैदा की जो कभी पट नहीं सकी। इन प्रबुद्ध बेगमों के शासन के तहत भोपाल का इतिहास आज़ादी पूर्व के भारत की छवि में एक महत्त्वपूर्ण पक्ष जोड़ता है। इस वंश की आख़िरी शासक बेगम आबिदा सुल्तान (1913-2002) थीं जिन्होंने कुरवाई के सरवर अली ख़ान से निकाह किया। वे भोपाल की गद्दी की उत्तराधिकारी मानी गई थीं, पर पद त्याग 1950 में पाकिस्तान चली गईं, जहाँ वे विदेश-सेवा से जुड़ीं। उनकी छोटी बहन साजिदा पीछे रहीं और भोपाल के राजवंश की औपचारिक भूमिकाएँ निभाती रहीं। आबिदा सुल्तान ने अपने जीवन के अन्तिम वर्ष कराची में बिताए जहाँ 11 मई, 2002 को उनकी मृत्यु हुई।

मंजुश्री चाकी सरकार
(1934-1999)

मंजुश्री चाकी सरकार एक नर्तकी व नृत्य निर्देशिका थीं। उन्होंने नवनृत्य नामक नृत्य शैली का आविष्कार किया। आज के बांग्लादेश के पाबना में मंजुश्री चाकी नाम से उनका जन्म हुआ, उन्होंने विभाजन की त्रासदी तब झेली जब उनके परिवार को 1947

में कोलकाता आकर पुनर्स्थापित होना पड़ा। वे 1951 से 1953 तक प्रेसिडेंसी कॉलेज की छात्रा रहीं और यही उनके जीवन को मोड़ने वाला बिन्दु सिद्ध हुआ। उन्हें महसूस हुआ कि वे नृत्य करना चाहती हैं और उनका तकनीकी प्रशिक्षण उनकी इस आंतरिक इच्छा के प्रकाश से प्रकाशित होता रहा कि वे स्वयं को इसी विधा के माध्यम से अभिव्यक्ति कर सकती हैं।

1958 में उनका विवाह हुआ और उन्होंने कुछ वर्ष अफ्रीका में बिताए जहाँ उनकी बेटी रंजबती का जन्म हुआ। यहाँ मंजुश्री ने नृत्य शाला खोली। अमरीका में वे कुछ समय के लिए न्यूयॉर्क में रहीं। वहाँ वे आधुनिक नृत्य में हुई नवीन प्रगति से परिचित हुईं जिसको मार्था ग्राहम व मर्से कनिंग्हम ने दिशा दी थी। मंजुश्री अपनी साड़ी के नीचे लिओटार्ड (चुस्त पजामे) पहन आधुनिक नृत्य की कक्षाओं में नृत्य सीखने लगीं। बाद में उन्होंने अपनी नृत्यशाला भी खोली जिसमें उन्होंने वह विधा विकसित की जो कालान्तर में नवनृत्य बनी, साथ ही मंजुश्री कोलम्बिया विश्वविद्यालय में नृशास्त्र में डॉक्टरेट भी की। नवनृत्य शैली भारत की मुख्य शास्त्रीय नृत्य परम्पराओं के तत्वों तथा *छाऊ नृत्य* व श्रीलंका के *कंडयन* जैसे लोकनृत्य के तत्वों से ग्रहण करती है।

अपनी नृत्य शैली को और विकसित करने वे 1979 में कोलकाता लौट आईं। अपनी बेटी रंजबती सरकार के साथ उन्होंने अपना एक नृत्य दल बनाया, जिसे अब डांसर्स गिल्ड कहा जाता है। उन्होंने नवनृत्य शैली पर ख़ूब शोध किया, उसको संहिताबद्ध किया एवं स्वयं निर्देशित कर कई नृत्य प्रस्तुतियाँ दीं। कई नर्तक जो पहले डांसर्स गिल्ड के सदस्य थे उन्होंने अपने स्वतंत्र नृत्य दल स्थापित किए। मंजुश्री की प्रस्तुतियों में *तोमारी मातिर कन्या* जो रवीन्द्रनाथ की चंडालिका पर आधारित थी, *अरण्य अमृता,* जो बिश्नोई किंवदंतियों पर आधारित थी, *क्रौंच कथा, परमा प्रकृति* तथा *शी सेड,* जो रंजबती की अन्तिम अपूर्ण कृति थी मंजुश्री।

मंजुश्री को शिरोमणी पुरस्कार, उदयशंकर पुरस्कार तथा 1994 में संगीत नाटक अकादमी पुरस्कार से सम्मानित किया गया। उनकी मृत्यु ने कोलकाता से एक रंगीला व्यक्तित्व और आधुनिक नृत्य से उसका सर्वाधिक रचनात्मक नर्तक छीन लिया। डांसर्स गिल्ड जोनाकी सरकार के तहत कार्यरत है। इसने पाँच सौ से अधिक छात्रों को प्रशिक्षित किया है।

मणिकुंतला सेन

(1910-1987)

मणिकुंतला सेन स्वतंत्रता सेनानी थीं तथा भारतीय कम्युनिस्ट पार्टी की सदस्यता लेने वाली प्रथम स्त्रियों में एक थीं। उनका पालन-पोषण बारीशाल में हुआ था। जिसका

वे अपने संस्मरण *शेदिनेर कथा* में करती हैं। इस संस्करण का अनुवाद इन *सर्च ऑव फ्रीडम : एन अ फिनिश्ड स्टोरी* के रूप में हुआ। वे एक कठोर व धार्मिक परिवार में पलीं, पर उन दिनों बारीशाला में सक्रिय कई मुक्त विचारकों व क्रान्तिकारियों के प्रभाव में आईं। इनमें अश्विनीकुमार दत्ता, कैलाश चन्द्र सेन, अमिय दास गुप्ता, अमृत नाग तथा जगदीश आचार्य शामिल थे। बचपन में उन्होंने कवि मुकुन्द दास की *जात्राएँ* (लोकनाट्य) देखीं जो ब्रिटिश विरोधी सन्देश देते थे और वे क्रमशः वामपन्थी प्रभाव में आने लगीं। 1933 में उनकी गांधीजी से भेंट हुई और वे इस बात से प्रभावित हुईं कि गांधी ने वेश्याओं के एक समूह को देश की आज़ादी के लिए काम करने को प्रेरित किया। कुछ समय तक मणिकुंतला ने एक कन्या विद्यालय में पढ़ाया जहाँ उनकी मुलाक़ात शान्तिसुध घोष से हुई जो अतिवादी जुगांतर पार्टी के सदस्य थे। वे उनके प्रभाव में आईं और उन्हें ब्रिटिशरों के विरोध का उस समय पक्का विश्वास हो गया जब उन्होंने देखा कि पुलिस किस प्रकार शान्तिसुध घोष को परेशान कर रही है। उन्होंने अपने परिवार को मनाया ताकि उन्हें कलकत्ता जाकर अध्ययन करने की अनुमति मिले।

वे पार्टी के काम से ग्रामीण क्षेत्रों का दौरा करने लगीं। उन्होंने पाया कि पुरुष उनसे आशंकित रहते और औरतें उनसे बातचीत के लिए पर्दा तक न उठातीं। उन्हें इस हिचक को हटाने के लिए धीरज से काम ज़ारी रखना पड़ा। 1942-1943 में अकाल राहत के लिए उन्होंने कठोर श्रम किया और दूर-दराज के गाँवों तक तमाम परेशानियाँ झेल कर पहुँची। उन्होंने महिला आत्मरक्षा समिति का गठन किया क्योंकि उनका मानना था कि स्त्रियों को ख़ुद अपनी सुरक्षा करनी चाहिए। वे उस घटना का मार्मिक वर्णन करती हैं जिसमें वे और उनकी एक मित्र डलहाउज़ी में हवाई हमले के कारण फंस गई और उन्हें कुछ सैनिकों ने बचाया, पर बाद में इन्हीं सैनिकों ने इस मदद के भुगतान के रूप में उनका शोषण करना चाहा। आज़ादी के बाद वे साथी वामपन्थी जॉली कौल से मिलीं जो कश्मीरी थे और उनसे विवाह किया। उन्होंने शम्भू मित्रा व अन्य लोगों के साथ रंगमंच पर भी अभिनय किया। 1952 में कालीघाट क्षेत्र से वे पश्चिम बंगाल विधानसभा के लिए चुनी गईं। उन्होंने हिन्दू कोड बिल के लिए अभियान चलाया और दक्षिणपन्थी नेताओं से भिड़ीं। परन्तु उन्हें जल्दी ही यह अहसास हो गया कि स्वयं उनकी पार्टी में ही महिला विरोधी पूर्वाग्रह निहित हैं और उन्हें वहाँ अधिक ऊँचा नहीं उठने दिया जाएगा। 1962 में चीन के साथ युद्ध के दौरान भारतीय कम्युनिस्ट पार्टी में गहरे मतभेद उभरे जिससे उसमें विभाजन हो गया। किस गुट का साथ दें, यह तय न कर पाने के कारण जॉली कॉल ने पार्टी त्याग दी और मणिकुंतला ने भी सक्रिय राजनीति से संन्यास ले लिया।

मणिबेन कारा
(1905-1979)

मणिबेन कारा एक सामाजिक कार्यकर्ता तथा ट्रेड यूनियन नेता थीं। उनका जन्म बम्बई के उच्च मध्यवर्गीय परिवार में हुआ था। उनके पिता समाज सुधारक तथा आर्य समाजी थे और प्रगति तथा महिला शिक्षा में विश्वास करते थे। मणिबेन ने गामदेवी स्थित समाज सेवा के लिए प्रसिद्ध एक मिशनरी स्कूल सेंट कोलम्बा हाई स्कूल में अध्ययन किया। वे अपने स्कूल की प्रिंसिपल समाज कार्य के प्रति कटिबद्धता से बेहद प्रभावित हुईं और उनके ही पदचिह्नों पर चलना चाहती थीं, परन्तु इससे उनकी पढ़ाई पर असर पड़ा और वे मैट्रिक्युलेशन पूरा नहीं कर पाईं। इस पर उनके पिता ने उन्हें अध्ययन के लिए इंग्लैंड भेजा और वहाँ उन्होंने बिर्मिंगहैम विश्वविद्यालय से सामाजिक विज्ञान में डिप्लोमा कार्यक्रम किया।

1929 में वे भारत लौटीं और उन्होंने मुम्बई में सेवा मन्दिर की स्थापना की तथा एक छापा खाना शुरू किया। उनका सम्पर्क क्रान्तिकारी लोकतांत्रिक पार्टी से हुआ। उन्होंने एम.एन. रॉय के लिए *इन्डिपेन्डेंट इंडिया* का प्रकाशन किया। उनकी मुलाक़ात एन.एम. जोशी से हुई जो भारत में ट्रेड यूनियन आन्दोलन के पिता थे। वे बम्बई विकास न्यास की कच्ची बस्तियों में काम करने लगीं जहाँ सफ़ाईकर्मी रहते थे। उन्होंने वहाँ की स्त्रियों और बच्चों को स्वच्छता और बुनियादी साक्षरता सिखाई। उन्होंने माताओं का क्लब और स्वास्थ्य केन्द्र बनाया और स्वैच्छिक कार्यकर्ताओं को प्रशिक्षित किया ताकि वे महिलाओं को स्वस्थ लालन-पालन के कौशल सिखा सकें और बच्चों को स्कूल भेजने की प्रेरणा दें। जैसा होना ही था हाशिए पर जी रहे लोगों के साथ उनके काम ने उन्हें ट्रेड यूनियन का महत्त्व समझने में मदद की। वे बन्दरगाह और उसके इर्द-गिर्द काम करने वाले मज़दूरों को यूनियन से जोड़ने लगीं, तब कपड़ा मिलों के मज़दूरों और दर्जियों को। उन्होंने कई हड़तालों का नेतृत्व किया। मणिबेन अखिल भारतीय ट्रेड यूनियन कांग्रेस से जुड़ीं और कामगरों को अपनी माँगों के लिए लड़ने के साथ देश की स्वतंत्रता के लिए लड़ने को उकसाया।

1932 में मई दिवस के दिन उन्हें गिरफ़्तार किया गया और एकान्तवास में रखा गया। आज़ादी के बाद 1946 में उन्हें केन्द्रीय विधान सभा में श्रम विभाग की ज़िम्मेदारी के साथ नामित किया गया। राष्ट्रीय महिला परिषद व अन्य संस्थाएँ जो सामाजिक कार्य की परम्परागत परिभाषा करती थीं, मणिबेन के काम पर भौंहें चढ़ाती थीं। मणिबेन अखिल भारतीय रेलकर्मी संघ तथा हिन्द मज़दूर सभा से जुड़ी थीं। वे स्वतंत्र ट्रेड यूनियन के अन्तर्राष्ट्रीय संगठन की संस्थापक सदस्य थीं।

द मदर
(1878-1973)

द मदर एक रहस्यवादी व आध्यात्मिक नेता थीं। मिर्रा अल्फास्सा के रूप में उनका जन्म पेरिस में 21 फरवरी, 1878 में हुआ। उनके पिता तुर्की तथा माता मिश्र की थीं। अपनी पुस्तक *प्रेयर एंड मेडिटेशन* में उन्होंने अपने कुछ प्रारम्भिक रहस्यात्मक अनुभवों का वर्णन किया है। मिर्रा, पेरिस में बड़ी हुईं और 16 वर्ष की आयु में वहाँ के एक बड़े स्टूडियो में चित्र तथा रंगकारी सीखने के लिए प्रवेश लिया। अध्ययन पूरा करने के पहले ही उनके कुछ चित्र प्रदर्शित हो चुके थे। वे एक प्रतिभाशाली संगीतकार भी थीं।

हालाँकि मिर्रा भारतीय धर्म के बारे में कुछ भी नहीं जानती थीं, वे जिसकी आराधना करती थीं, उस विशेष जीव को वे कृष्ण कहती थीं। जब मिर्रा 21 वर्ष की हुईं उनकी भेंट एक भारतीय से हुई जिसने उन्हें भगवत् गीता की एक प्रति दी और कहा कि वे कृष्ण को दैवी तत्त्व मानें जो हम सबके अन्तस में मौजूद होता है। 1906 में 28 वर्षीय मिर्रा ने एक छोटे समूह का गठन किया जिसे 'आइडिया' नाम दिया गया। समूह के सदस्य नियमित रूप से मिलते और आध्यात्मिक तथा गुप्त विद्या चर्चा करते, जिनका नेतृत्व मिर्रा करती थीं। इस समय मिर्रा की भेंट एक पोलिश यहूदी और उसकी पत्नी से हुई। वे गुप्तविद्या में काफ़ी प्रगति कर चुके थे और दक्षिण अल्जीरिया में रहते थे। मिर्रा ने उनके साथ दो वर्ष बिताए और अल्जीरिया से लौटने पर उन्होंने एक अन्य अध्ययन समूह प्रारम्भ किया जिसका नाम 'कॉस्मीक' था, जिसमें उन्होंने नव चेतना की पैरवी की। 1910 में मिर्रा के पति पॉल रिचर्ड, राजनीतिक काम से पांडिचेरी गए। वहाँ वे कई बार श्री ऑरोबिन्दो से मिले और मिर्रा ने अपने समक्ष अपनी कल्पना के कृष्ण को देखा। वे तत्काल समझ गईं कि उनकी नियति भारत में ही है। प्रथम विश्वयुद्ध के दौरान कुछ समय के लिए मिर्रा और उसके पति को पांडिचेरी छोड़ जापान जाना पड़ा। 1920 में वे पुनः भारत लौटीं और 42 वर्ष की आयु में वह बदलाव प्रारम्भ हुआ जिसने उन्हें 'द मदर' बना दिया। 24 नवम्बर, 1926 को 24 शिष्य श्री ऑरोबिन्दो के कक्ष के सामने एकत्रित हुए और मदर को श्री ऑरोबिन्दो से आश्रम का सम्पूर्ण आध्यात्मिक और भौतिक प्रभार हस्तांतरित करने के गवाह बने।

मदर के मार्गदर्शन में आश्रम एक अज्ञात प्रयोग से योग का ऐसा महाकेन्द्र बना जहाँ दुनिया भर के भक्त आकर्षित होने लगे। 1950 में श्री ऑरोबिन्दो इस जीवन से विदा हुए, पर उनके द्वारा स्थापित यह आश्रम पनपता रहा। 1952 में श्री ऑरोबिन्दो अन्तर्राष्ट्रीय शिक्षा केन्द्र खोला गया। दो साल बाद पांडिचेरी का भारत में विलय हो गया। 1964 में मदर ने ऑरोविल परियोजना, जो मानवीय एकता का नगर था, प्रारम्भ

की। 1968 में इसकी आधारशिला रखी गई। द मदर की मृत्यु 95 वर्ष की उम्र में 17 नवम्बर 1973 को हुई।

'मैं न तो किसी देश, न किसी संस्कृति' न किसी समाज, न किसी जाति की हूँ, मैं सिर्फ़ दैवीय शक्ति की हूँ। मैं दैवीय के सिवाय किसी स्वामी की आज्ञा नहीं मानती, न कोई नियम, न क़ानून, न सामाजिक परिपाटियाँ।

मैं उसे अपनी सम्पूर्ण इच्छा, जीवन व स्व समर्पित करती हूँ। मैं उसे अपना पूरा रक्त, बूँद-बूँद कर देने को प्रस्तुत हूँ अगर यह उसकी इच्छा हो, और यह मैं पूर्ण आनन्द से करूँगी, क्योंकि उसकी सेवा में लेशमात्र त्याग न होगा, क्योंकि सब कुछ पूर्ण आनन्द है। **–रीता डालमिया**

मलिका पुखराज

(1912-2004)

मलिका पुखराज हिन्दुस्तानी शास्त्रीय संगीत की गायिका थीं। उनका जन्म जम्मू-काश्मीर की रियासत के एक दूरस्थ गाँव अखनूर में हुआ था। उनकी माँ मलिका के जन्म के पहले अपने पति को जो, जम्मू में जुए के अड्डे चलाते थे, ही छोड़ गई थीं। परन्तु अपने बेटी को प्रसिद्ध व्यक्ति बनाने को संकल्पित माँ ने झगड़ा सलटाया और वापस लौट आईं ताकि मलिका की शिक्षा-दीक्षा हो सके। पर यह पा कि जम्मू में दक्ष शिक्षक नहीं हैं वे मलिका को दिल्ली ले गईं जहाँ मलिका ने कथक नृत्य सीखा और अपनी उर्दू माँजी। वे दिल्ली में गाने लगीं और जल्दी ही इतना कमाने भी लगीं कि माँ-बेटी का गुज़ारा चल सके। उन्हें बड़े ग़ुलाम अली खाँ के पिता, उस्ताद अल्लाह बक्श ने संगीत शिक्षा दी।

कश्मीर के नये राजा हरिसिंह का अभिषेक 1923 में हुआ और मलिका और उनकी माता इस आयोजन के लिए कश्मीर लौटे। यह जान कि कश्मीर के ही एक बाशिन्दे ने संगीत शिक्षा पाई है, नये राजा ने मलिका को राज्याभिषेक पर गाने को कहा और तब उदार वेतन पर उन्हें दरबार की गायिका नियुक्त किया। हरिसिंह इस आत्म-संयमित, ठहरी हुई युवती पर मुग्ध थे, और यह तथ्य दरबार में टीका-टिप्पणी से बच न सका। दरबारी षड्यंत्रों ने उन्हें कश्मीर छोड़ लाहौर में जा बसने पर मजबूर किया। वहाँ लोग उनका गायन सुनने दूर-दूर से आने लगे।

आज़ादी के समय पाकिस्तान में कुल चार ही फ़िल्म स्टूडियो थे (सभी लाहौर में) जिनमें दो दिलसुख पंचोली के थे। पंचोली के स्टूडियो में एक, शुरू में अफज़ल हिमालियावाला को आवंटित था, पर 1954 में यह आवंटन खारिज कर दिया गया और इसे मलिका पुखराज को आवंटित कर दिया गया (उसका नया नामकरण मलिका

स्टूडियो किया गया।) उनके एक उत्साही प्रशंसक के शब्दों में 'मलिका पुखराज की समृद्ध रुपहली आवाज़ और बेहतरीन भावात्मक शैली, ग़ज़ल और दादरा जैसी रूमानी प्रस्तुतियों के लिए सबसे बेहतरीन थी; वे उन्हें कुछ ऐसे पेश करती थीं कि श्रोता मंत्र-मुग्ध रह जाते थे। वे अलग-अलग तरह के गाने बिरले ही नज़र आने वाली शुद्धता के साथ ग्रामोफोन रिकॉर्डिंग या रेडियो प्रसारण के लिए गाती थीं। हालाँकि उनकी ग़ज़लें बेहद मोहती थीं, परन्तु उनके दादरा का सम्मोहन अद्भुत था...उनकी प्रसिद्ध ग़ज़ल 'अभी तो मैं जवान हूँ,' आज तक लोगों को मुग्ध करती है।

संगीत को योगदान के लिए उन्हें पाकिस्तान में प्रेसिडेंशियल प्राइड ऑफ परफॉरमेंस पुरस्कार तथा 1980 के दशक में ऑल इंडिया रेडियो से 'लेजेंड ऑफ वाइस' पुरस्कार दिया गया। उनकी बेटी ताहिरा सैयद भी अच्छी गायिका हैं। उनके स्वर्गीय पति सैयद शाबिर हुसैन एक अफसर और जानी-मानी साहित्यिक हस्ती थे।

मल्लिनाथ (उन्नीसवीं जैन तीर्थंकर)

मल्लिनाथ जैन धर्म की उन्नीसवीं तीर्थंकर थीं। जैनियों के अनुसार उनका धर्म विभिन्न युगों में तीर्थंकरों के माध्यम से विश्व में उद्घाटित हुआ। प्रत्येक तीर्थंकर ने पूर्ण मोक्ष प्राप्त किया और तब दुनिया में जैन धर्म का प्रसार किया। सम्भव है कि उनके शिष्यों नें अपने गुरु में राजा से गुण देख मल्लि को मल्लिनाथ का नाम दिया होगा। श्वेतांबर जैन ग्रन्थों के अनुसार राजकुमारी मल्लि, मिथिला (आधुनिक बिहार) के राजा कुंभ की तथा रानी पद्मावती या प्रभावती की पुत्री थीं। उनकी प्रसिद्धि ने कोशल, अंग, काशी, कुणाल, कुरु तथा पांचाल के राजाओं के प्रस्ताव आमंत्रित किए, जब कुंभ ने इन प्रस्तावों को ठुकरा दिया तो उन्होंने मिलकर मिथिला पर आक्रमण किया। हालाँकि कुंभ ने वीरता से युद्ध किया, पर यह बेमेल युद्ध था।

मल्लि नहीं चाहती थीं कि उनके राज्य के लोग उनके कारण पराजित हों, सो उन्होंने सभी राजाओं को अपने कक्ष में आमंत्रित किया। वहाँ उन्होंने एक सुन्दर सुनहरी प्रतिमा देखी, जो इतनी सजीव थी कि उन्होंने प्रतिमा को मल्लि समझा और उसके सौन्दर्य से हतप्रभ रह गए। मल्लि ने यह खोखली प्रतिमा पहले से बनवाई थी और वे हर दिन उसके मुख में खाना डालती थीं। जब राजागण प्रतिमा से मुग्ध थे मल्लि ने उसके खाँचे खोले और कक्ष में सड़े भोजन की दुर्गन्ध फैल गई। राजाओं को घिन आने लगी। तब उन्होंने प्रतिमा से स्वयं की तुलना की और कहा कि उनके बाहरी सौन्दर्य के पीछे पदार्थ की इसी तरह की नश्वर संरचना है। उन्होंने संसार त्याग देने की इच्छा की भी घोषणा की। उन्होंने राजाओं को यह अहसास करवाया कि सच्चा आनन्द मनोरंजन में नहीं, साधना तथा संयम के आचरण में प्राप्त होता है। जल्दी ही

मल्लि के कई अनुयायी हो गए। उनके श्रेष्ठ आचरण के कारण उन्हें तीर्थंकर स्वीकारा गया। उन्होंने पाया कि धार्मिक बैठकों में पुरुष सामने बैठते थे जबकि स्त्रियाँ पीछे। उन्होंने यह व्यवस्था बदली और तब से जैन सभाओं में स्त्रियाँ सामने और पुरुष पीछे बैठने लगे। काफ़ी अवस्था प्राप्त होने पर उनकी मृत्यु पारसनाथ पर्वत स्थित शिखरजी में हुई। **–रीना जैन**

मातंगिनी हाज़रा
(1870-1942)

मातंगिनी स्वतंत्रता सेनानी थीं जो ब्रिटिश गोलियों से शहीद हुईं। स्वाधीनता संग्राम की झाँकियों में उन्हें एक वृद्धा की तरह दर्शाया जाता है जिसके सफ़ेद बाल हों और जो भारतीय झंडे को थामे लोगों के झुंड का नेतृत्व कर रही हो। ये मातंगिनी हाज़रा थीं। वे बाल विधवा थीं और समाज के हाशिए पर जीवन काट रही थीं, परन्तु जीवन के अन्त में उनमें देश की आज़ादी के लिए लड़ने की ऐसी उत्कट इच्छा जगी कि उन्होंने बारंबार ब्रिटिश राज की सत्ता को चुनौती दी और आख़िरकार देश के नाम पर प्राण त्यागे।

मातंगिनी माइते नाम से एक गरीब किसान परिवार में पश्चिम बंगाल के मिदनापुर ज़िले के तामलुक के एक छोटे गाँव होगला में उनका जन्म हुआ था। वे निरक्षर थीं। उनके भविष्य को सुनिश्चित करने के विचार से बचपन में ही उनके पिता ने मातंगिनी का विवाह एक सम्पन्न 62 वर्षीय विधुर त्रिलोचन हाज़रा से करवा दिया था, जिसका एक बेटा भी था। मातंगिनी 18 वर्ष की आयु में विधवा हो गईं और अपने पिता के पास रहने लौटीं। बाद में वे अपने पति के घर के पास एक झोंपड़ी में रहने लगीं। उन्होंने एक पवित्र जीवन जिया और दुखियारों की सहायता करती रहीं। 26 जनवरी, 1932 को, जो बाद में स्वतंत्रता दिवस कहलाया, उनके गाँव में एक जुलूस निकला, जिसमें अधिकतर पुरुष शामिल थे। जब जुलूस मातंगिनी की झोंपड़ी के पास से निकला, वे उसमें जुड़ीं और देश की आज़ादी के लिए लड़ने का संकल्प ले लिया। वे उस समय 62 वर्ष की थीं। इस आयु में यह संकल्प कठोर था, पर वे पूरे विश्वास और दृढ़ता से इस संकल्प से चिपकी रहीं।

उसी वर्ष वे नमक सत्याग्रह से भी जुड़ीं और कांग्रेस बैठकों में शामिल होने पैदल जातीं, मिलने वाले कांग्रेसियों से चर्चाएँ करतीं। इस दौरान कई बार अधिकारियों से उनका टकराव हुआ। पुलिस बन्दोबस्त के बीच से निकल उन्होंने तामलुक की अदालत में राष्ट्रीय ध्वज फहराया और उन्हें पकड़ कर बेरहमी से पीटा गया। मातंगिनी ने अफीम का सेवन त्याग दिया, जो वे गठिया के दर्द से बचने के लिए लिया करती थीं।

उन्होंने कहा कि वे किसी दवा या रोग से मरने के बजाय देश के लिए मरना पसन्द करेंगी। कमजोर दृष्टि के बावजूद वे नियमित रूप से खादी कातती थीं। उन्हें कई बार बन्दी बनाया गया पर पुलिस को उनके लिंग और आयु के कारण उन्हें कुछ घंटों से ज़्यादा गिरफ़्तार रखने में झेंप आती थी। 1933 में सर जॉन एन्डरसन, जो बंगाल के तत्कालीन गवर्नर थे, तामलुक आए, जहाँ उन्हें एक बैठक को सम्बोधित करना था। सुरक्षा बन्दोबस्त के बावजूद मातंगिनी मंच के ठीक सामने काले झंडे के साथ प्रदर्शन करने में सफल रहीं। उन्हें छह माह के लिए कठोर कारावास का दंड दिया गया जो उनकी आयु की स्त्री के लिए हल्की सज़ा नहीं थी। जेल में रहने के दौरान उनका सम्पर्क कई अन्य राजनीतिक बंदियों से हुआ और उन्होंने स्वाधीनता संग्राम के बारे में अधिक जाना। वे गांधी के विचारों के प्रति आकर्षित हुईं और जेल से छूटने के बाद उन पर अमल करने लगीं। इससे उन्हें मिदनापुर में 'गांधी बूढ़ी' या 'गांधी दादी' का उपनाम दे दिया गया।

29 सितम्बर, 1942 को उन्होंने स्थानीय नेतृत्व से कहा कि मातंगिनी को ही उस जुलूस का नेतृत्व करने की अनुमति दी जाए जो तालमुक अदालत व पुलिस थाने पर कब्ज़ा करने जा रहा था। परन्तु उनकी आयु के चलते उनका अनुरोध ठुकरा दिया गया। परन्तु मातंगिनी को तब अवसर मिल गया जब गाँव वालों को संगीनधारी ब्रिटिश सैनिकों ने रुकने का आदेश दिया। मातंगिनी ने पहल की और गाँववासियों से कहा कि वे झिझकें या रुके नहीं, और स्वयं जुलूस का नेतृत्व करने लगीं। जल्दी ही गोलियाँ चलीं और 72 वर्ष की आयु में यह साहसी महिला भारतीय ध्वज थामे, 'बन्दे मातरम्' कहतीं, शान्त हो गईं। 1977 में पश्चिम बंगाल सरकार ने कोलकाता में उनकी मूर्ति की स्थापना की।

मालती चौधुरी

(1904-1997)

मालती चौधुरी एक स्वतंत्रता सेनानी थीं। उनका जन्म एक ब्रह्मो दम्पती, कुमुद नाथ सेन व स्नेहलता सेन के घर हुआ था। वे मूलतः ढाका के बिक्रमपुर के कुमारखान्दा से थे परन्तु बिहार के सिमुलतला में बसे थे। मालती के पिता वकील थे पर उनकी मृत्यु उस समय हो गई जब मालती मात्र ढाई साल की थीं। सो उनका लालन-पालन उनकी माता ने किया जो स्वयं लेखिका तथा अनुवादक थीं। मालती के नाना बेहारीलाल गुप्ता आईसीएस रह चुके थे और उनके मामा व ममेरे भाई आदि भी महत्त्वपूर्ण प्रशासनिक अधिकारी बने। 1921 में 16 वर्ष की आयु में मालती को शान्तिनिकेतन स्थित विश्व भारती में प्रवेश दिलवाया गया। इस अवसर ने उनके लिए क्षितिज खोले

और अन्तर्राष्ट्रीय ख्याति के शिक्षकों व छात्रों से मिलने का मौका दिया।

यहाँ उनकी मुलाक़ात गोपबन्धु चौधुरी के भाई, नाबकृष्णा चौधुरी से हुई, जो साबरमती आश्रम से अध्ययन करने शान्तिनिकेतन आए थे। दोनों ने 1927 में विवाह किया और उड़ीसा के एक छोटे गाँव में जा बसे जहाँ दोनों गन्ने की खेती करने वाले किसानों के उत्थान के काम में जुट गए। परन्तु क्रमशः उनका कांग्रेस से जुड़ाव बढ़ा और 1933 में वे पूर्णकालिक रूप से कांग्रेस कार्यकर्ता बन गए। उसी वर्ष उन्होंने उत्कल कांग्रेस समाजवादी कर्मी संघ को संगठित किया, जो बाद में अखिल भारतीय कांग्रेस सोशलिस्ट पार्टी की उड़ीसा शाखा बनी। दोनों को गिरफ़्तार कर बन्दी बना लिया गया।

1934 में मालती ने गांधीजी की प्रसिद्ध उड़ीसा पदयात्रा में उनका साथ दिया। 1946 में मालती ने स्वतंत्रता सेनानियों तथा आदिवासियों के बालकों के लिए बाजीराउत छात्रावास की स्थापना की अनगुल, उड़ीसा में और 1948 में उत्कल नवजीवन मंडल की भी वहीं स्थापना की। उन्होंने चम्पतिमुंडा में उत्तर–बुनियादी (पोस्ट बेसिक) स्कूल भी स्थापित किया। भूदान आन्दोलन के दौरान मालती ने विनोबा भावे का उनकी उड़ीसा यात्राओं में साथ दिया तथा गांधीजी के साथ नोआखली भी गईं। उन्होंने कृषक आन्दोलन का नेतृत्व किया ताकि ज़मींदारों और साहूकारों के शोषण से किसानों को बचाया जा सके। 1946 में उन्हें भारत की संविधान सभा का सदस्य चुना गया और वे उड़ीसा प्रदेश कांग्रेस समिति की अध्यक्ष भी बनीं।

आज़ादी के बाद भी मालती पिछड़ी जातियों के मुद्दों के लिए संघर्ष करती रहीं। जब 1951 में उनके पति उड़ीसा के मुख्यमंत्री बने, मालती ने कई ग्रामीण पुनरुत्थान योजनाएँ प्रारम्भ कीं। आपात्काल के दौरान उन्हें बन्दी बनाया गया। उन्हें बाल कल्याण का राष्ट्रीय पुरस्कार (1987), उत्कल सेवा सम्मान (1994), टैगोर साक्षरता पुरस्कार (1995), तथा विश्वभारती से देशिकोत्तमा (डी.लिट्. हॉनोरिस कौज़ा) सम्मान दिया गया। उन्होंने राजीव गांधी के हाथों जमनालाल बजाज पुरस्कार लेने से इनकार कर दिया, क्योंकि उनका मानना था कि राजीव गांधी ने गांधीवादी मूल्यों को प्रोत्साहित करने के लिए कुछ भी नहीं किया।

मार्गरेट काज़िन्स

(1878-1954)

मार्गरेट काज़िन्स एक सक्रियकर्मी और स्वाधीनता सेनानी थीं। आयरलैंड के रॉस कॉमन काउंटी स्थित बोयले में जन्मी मार्गरेट की शिक्षा बोयले तथा डेरी में हुई। उन्होंने रॉयल आयरिश एकेडमी में संगीत का अध्ययन किया और कुछ समय तक

वहाँ अध्यापन भी किया। 1903 में उन्होंने कवि व दार्शनिक जेम्स एच. काज़िन्स से विवाह किया जो उनकी ही तरह थियोसॉफी में रुचि रखते थे। 1908 में मागरिट ने आयरलैंड तथा इंग्लैंड के महिला मतदान आन्दोलन में सक्रिय भूमिका निभाई।

उस वर्ष जेम्स थियोसॉफिस्ट बने। मागरिट आयरिश विमेन्स फ्रेंचाइसी लीग से जुड़ीं और 1910 में वे लन्दन में आयोजित महिला संसद में प्रतिनिधि बन कर गईं, जहाँ मागरिट 10 डाउनिंग स्ट्रीट पर पत्थर फेंकने के जुर्म में कुछ समय के लिए गिरफ़्तार किया गया था। 1915 में जेम्स को एनी बेसेंट की *न्यू इंडिया* का सम्पादन करने मद्रास आने का आमंत्रण मिला। मागरिट ने भी पति के साथ भारत आ थियोसॉफिकल सोसायटी के लिए कार्य करने का निर्णय लिया।

भारत आगमन के कुछ ही समय बाद वे महिलाओं की स्थिति सुधारने से जुड़े मुद्दों में रुचि लेने लगीं। 1916 में मागरिट पुणे स्थित भारतीय महिला विश्वविद्यालय की प्रथम ग़ैर-भारतीय सदस्य बनीं। 1917 में मागरिट ने भारत में पहले महिला संगठन की परिकल्पना और उसकी स्थापना की। मद्रास प्रेसिडेंसी में ही संगठन के 2100 सदस्य थे। मागरिट ने इसका प्रभाव उपयोग किया और सरकार पर दबाव डाला ताकि भारतीय स्त्रियों को मताधिकार मिल सके। उनका संघ, जिसकी 40 शाखाएँ थीं, 1926 में गठित अखिल भारतीय महिला कॉन्फ्रेंस के पूर्व का महिला संगठन था।

1918 का वर्ष महिला आन्दोलन के लिए बेहद महत्त्वपूर्ण था। इस वर्ष महिलाओं का शिष्ट मंडल, जिसमें मागरिट भी शामिल थीं, एडविन मोंटेग्यू तथा लॉर्ड चैम्सफोर्ड से मिला और महिलाओं के लिए अधिक सुधारों की माँग की। इसी साल महिलाओं को मताधिकार भी मिला हालाँकि यह सशर्त था। 1926 में मागरिट ने यह सुनिश्चित किया कि स्त्रियों को मद्रास विधान सभा के चुनाव लड़ने का अधिकार दिया जाए। इससे यह सुनिश्चित हो सका कि वे स्त्रियों के रूप में मतदान कर सकें और अन्य स्त्रियों को अपना मत दे सकें। मागरिट ने कई वर्षों तक *स्त्री धर्म* नामक पत्रिका का सम्पादन भी किया। 1932 में उन्होंने राज्यादेशों के द्वारा शासन करने की नीति का विरोध किया और साल भर के लिए क़ैद रहीं। जेल में वे ब्रिटिश राष्ट्रगान का एनी बेसेंट द्वारा संशोधित स्वरूप 'गॉड सेव आवर मदरलैंड' (ईश्वर हमारी मातृभूमि की रक्षा करे) को कैदियों से गवाया करती थीं। उन्होंने दिल्ली में लेडी इर्विन कॉलेज की स्थापना में मदद की और कई अन्य छोटे स्कूलों, कॉलेजों और संस्थानों की स्थापना में भी सहायक रहीं। 1936 में उन्होंने अखिल भारतीय महिला कॉन्फ्रेंस के अध्यक्ष के रूप में सेवा दी। उन्होंने *मद्रास सेवा सदन* तथा *चिल्ड्रंस एंड सोसायटी* जैसी कई संस्थाओं को संगठित किया। मागरिट महिलाओं के प्रतिनिधि मंडल के साथ ई.एस. मोंटग्यू से मिलीं जो भारत के सेक्रेटरी ऑव स्टेट थे और भारत की महिलाओं के लिए मतदान की पहली माँग रखी। 1943 में उन्हें पक्षघात हुआ जिस पर उनके अनेक प्रशंसक उनकी सहायता, सहयोग और उनसे सहानुभूति व्यक्त करने आगे आए। **–अमिता सहाय**

महादेवी अक्का

(1130-1166)

महादेवी (जिन्हें अक्का अर्थात् बड़ी बहन कहा जाता था) कर्नाटक की कवयित्री, तथा आध्यात्मवादी थीं। वे वीरशैव अथवा लिंगायत सम्प्रदाय से थीं जो कर्नाटक में बारहवीं शताब्दी का एक महत्त्वपूर्ण शैव सम्प्रदाय था। उनके वचन अथवा काव्य कन्नड़ में शिव के 'चेन्नमल्लिाकार्जुन' रूप को सम्बोधित हैं जो रहस्यवादी व व्यक्तिगत हैं।

महादेवी का जन्म उदुतादी नामक नगर के उच्च जातीय वीरशैव परिवार में हुआ। नगर पर उस समय एक जैन राजा कौशिक का शासन था। महादेवी अद्भुत सुन्दरी थीं जिनके लम्बे चमकदार केश थे। राजा उसके रूप पर मोहित हुआ और उसके माता-पिता को जो शैव थे, और जिनकी शिव भक्ति जैन शिक्षा के विपरीत थी, विवाह का प्रस्ताव भेजा। महादेवी भयभीत हुईं कि इनकार से माता-पिता पर राजा नाराज़ न हो जाएँ, सो उन्होंने संन्यास ले लिया और कल्याणी के लिए निकल पड़ी जो वीर शैवों का मुख्यालय था ताकि उन्हें आश्रय और आध्यात्मिक मार्गदर्शन मिल सके। यहाँ असाधारण साहस तथा दृढ़ संकल्प शक्ति का परिचय देते हुए वे अपने मार्ग पर बढ़ती रहीं। उनके उन्मत्त रूप और नग्नता जो केवल उनके लम्बे केशों से ढकी होती थी, के कारण उन पर ख़ूब टीका-टिप्पणी और आलोचना हुई। जब किसी ने उन्हें यों नग्न फिरने पर झिड़का तो महादेवी का उत्तर था :

जो निर्लज्ज बाला
श्वेत चमेली पहने है
जो प्रभु की प्रातः का प्रकाश है,
हे मूढ़,
उसे आवरण व आभूषण की क्या आवश्यकता है?

यह कविता ए.के. रामानुजम की रचना *स्पीकिंग ऑव शिवा* (लन्दन : पेंगुइन, 1973) में संकलित है। अन्ततः अक्का महादेवी वीरशैवों को अपनी आध्यात्मिक शुद्धता और शैव दर्शन की समझ का भरोसा दिला पाईं और उस सन्त समूह में स्वीकारी गईं जो अल्लम्मा प्रभु नामक कवि और रहस्यवादी के शिष्य थे। उन्होंने कुल 340 वचनों अथवा लघु कविताओं की रचना की।

कुछ समय कल्याणी में बिताने के बाद, कहा जाता है कि महादेवी शिव से, अपने मायावी प्रेमी से पूर्ण मिलन के लिए अधीर हो उठीं। बसवेश्वरा, जो लिंगायत सम्प्रदाय के संस्थापक थे इस युवा सन्त की आध्यात्मिकता, शुचिता और उत्कृष्टता की तलाश से प्रभावित हुए और उन्हें आशीर्वाद दिया। उनसे विदा ले महादेवी श्रीशैलम्, एक पवित्र पर्वत जिसे शिव के चेन्न मल्लिकार्जुन (अर्थात् श्वेत चमेली या श्वेत मल्लिका

के अर्जुन) रूप का आवास स्थान कहा जाता था चली गईं। चेन्न मल्लिकार्जुन नाम शिव को सम्बोधित उनकी सभी कविताओं में मिलता है, मानो यह उनका हस्ताक्षर हो। कहते हैं कि महादेवी ने 1166 में श्रीशैलम् में ईश्वर को, उनके सर्वोपरि रूप में प्राप्त किया और उनके आकारहीन रूप में उनमें लीन हो गईं।

महादेवी ने कन्नड़ में रचनाएँ कीं और कई गीतिकाव्यों की रचना का श्रेय उन्हें दिया जाता है, जिसमें *योगांगत्रिविधि, सृष्ठीय वचन* तथा *अक्कगल पिथीके* शामिल हैं। उनकी जीवन कथा का वर्णन *महादेवीयक्कान पुराण* में मिलता है। उनके जन्म स्थान उदुतादी में स्थित मन्दिर में अक्का महादेवी की प्रतिमा की पूजा की जाती है।

महादेवी वर्मा

(1907-1987)

महादेवी वर्मा हिन्दी की कवयित्री थीं। जयशंकर प्रसाद, निराला तथा सुमित्रानन्दन पंत के साथ उन्हें हिन्दी कविता में छायावादी आन्दोलन के चार प्रमुख कवियों में गिना जाता है। उनका जन्म होली के दिन फरक्काबाद, उत्तरप्रदेश में एक सरल रूढ़िवादी माता तथा आर्य समाजी पिता के घर हुआ था। उनकी शिक्षा एक मिशनरी स्कूल में हुई और घर में उन्हें हिन्दी, उर्दू तथा ललित कलाओं में दीक्षित किया गया। उन्होंने सात वर्ष की आयु में कविता रचना प्रारम्भ की तथा आठ वर्ष की उम्र में उन्होंने अतुकांत छंद तलाश लिया और उसका प्रयोग करने लगीं। उनके माता-पिता ने उन्हें प्रोत्साहन तो दिया, पर प्रचलित लोकरीति के अनुसार नौ वर्ष की आयु में उनका विवाह डॉ. स्वरूप नारायण वर्मा से कर दिया गया, हालाँकि उन्हें पीहर में रह अपनी शिक्षा ज़ारी रखने की अनुमति भी दी गई। 1919 में उन्होंने इलाहाबाद स्थित क्रास्थवेट गर्ल्स स्कूल में प्रवेश लिया। सुभद्रा कुमारी चौहान वहीं उनसे कुछ वर्ष वरिष्ठ छात्रा थीं। 1929 में उन्होंने इलाहाबाद विश्वविद्यालय से बी.ए. तथा 1932 में संस्कृत में एम.ए. किया। स्नातक अध्ययन पूरा करने के बाद उन्होंने पति के पास जाकर रहने से इनकार किया और प्रयाग महिला विद्यापीठ की प्राचार्य बनीं तथा हिन्दी पत्रिका *चाँद* का सम्पादन प्रारम्भ किया।

स्कूली छात्रा होते हुए ही महादेवी ने काव्य सम्मेलनों में भागीदारी प्रारम्भ कर दी थी, और कॉलेज में आते-आते आलोचकों और पाठकों ने उन्हें महत्त्वपूर्ण कवि व लेखिका के रूप में स्वीकार लिया था। उनके प्रथम काव्य संकलन, *निहार* की अधिकांश कविताएँ—मैट्रिक की परीक्षा पास करने के पूर्व लिखी गई थीं। 1930 में प्रकाशित *निहार* सम्भवतः आधुनिक हिन्दी कविता की पहली पुस्तक है, जो आध्यात्मिक तलाश की दिशा में बढ़ती है और इस एकाकी पथ पर यात्रा की पीड़ा का वर्णन करती है।

इन कविताओं में प्रकृति को आत्म का प्रतिबिम्ब तथा दैवी रहस्य के उद्घाटन के रूप में माना गया है।

तत्पश्चात् 1932 में *रश्मि* प्रकाशित हुई, 1934 में *नीरजा*, जिसे सेक्सरिया पुरस्कार दिया गया, और तब *सांध्य गीत* छपा। ये सभी उस क्रमिक प्रगति के चरण थे जिनकी परिणति *दीपशिखा* से हुई। महादेवी वर्मा को 1952 में स्वतंत्रता संग्राम में उनके योगदान के सम्मान में उत्तरप्रदेश विधान सभा का सदस्य बनाया गया।

1956 में महादेवी वर्मा को पद्म भूषण प्रदान किया गया। 1960 में वे प्रयाग महिला विद्यापीठ की उपकुलपति नियुक्त की गईं। उनके पति की मृत्यु 1966 में हुई और उन्होंने स्थायी रूप से इलाहाबाद में बसने का निर्णय लिया। वे पहली स्त्री थीं जिन्हें 1979 में साहित्य अकादमी की फैलोशिप प्रदान की गई। उनके कविता संकलन *यामा* (1940) को 1982 में भारतीय ज्ञानपीठ पुरस्कार दिया गया। वे गद्य लेखन में भी उतनी ही दक्ष थीं। उनकी *शृंखला की कड़ियाँ, अतीत के चलचित्र* सम्मानित रचनाएँ हैं। **–रीता डालमिया**

महाप्रजापति गौतमी

(छठी शताब्दी ईसा पूर्व)

महाप्रजापति गौतमी बुद्ध की मौसी थीं जिन्होंने बुद्ध की माता महामाया के प्रसव में मृत्यु के बाद बुद्ध को पाला-पोसा था। उन्होंने ही बुद्ध को यह भी समझाया था कि स्त्रियों को *भिक्खुनियों* के रूप में बौद्ध संघ से जुड़ने की अनुमति दी जाए।

महाप्रजापति शाक्य ग्राम देवदाहा के सुप्पबुद्ध की पुत्री थीं। उनका तथा उनकी बहन महामाया का विवाह राजा शुद्धोदन से हुआ था। बुद्ध के अलावा पालन-पोषण के लिए उनकी अपनी दो सन्तानें, सुनन्दा तथा नन्दसुन्दरी भी थीं। युवा राजकुमार कपिलवस्तु से घर त्याग किस प्रकार बोधि-प्राप्त करने निकले और गहन साधना के बाद 35 वर्ष की आयु में किस प्रकार सम्बोधि प्राप्त की, यह कथा सुविख्यात है। बुद्ध बनने के बाद उन्होंने यह सन्देश मानवता के लिए प्रचारित करना प्रारम्भ किया। उन्होंने शिष्यों को भिक्खु बनाया और संघ का सदस्य।

शुद्धोदन की मृत्यु तथा उसके बाद हुए युद्ध ने कपिलवस्तु की अनेक स्त्रियों को विधवा बना डाला था। ऐसी पाँच सौ स्त्रियों के साथ महाप्रजापति, सिर मुंडा, भगवा चीर धारण कर वैशाली पहुंची और संघ में प्रवेश चाहा, पर बुद्ध ने मना कर दिया। महाप्रजापति ने बुद्ध के प्रिय शिष्य व वरिष्ठ भिक्खु आनन्द से कहा कि वे उनकी ओर से आग्रह करें। तीसरी विनती पर बुद्ध माने और स्त्रियों को बौद्ध भिक्खुनी बनने की अनुमति दी। दीक्षित होने के बाद महाप्रजापति संघ की सक्रिय

कार्यकर्त्ता बनीं। कहा जाता है कि वे 120 वर्षों तक जीवित रहीं और उन्हें *रत्तननूनम* अर्थात आत्मा के रत्न के रूप में स्वीकारा गया। *थेरीगाथा* की कई *गाथाओं* का श्रेय उन्हें दिया जाता है।

मीनल देवी
(ग्यारहवीं शताब्दी)

मीनल देवी अथवा मायानल्ला गुजरात की ग्यारहवीं शताब्दी की प्रसिद्ध रानी थीं। वे कर्नाटक के कदम्ब राजवंश के राजा जयकेशिन की पुत्री थीं और उनका विवाह अनहिल्लपाटनवाड़ा के चालुक्य राजा कर्ण प्रथम से हुआ था। कर्ण की मृत्यु जल्दी ही हो गई और वे अपने पीछे पत्नी मीनल देवी और छोटे बेटे सिद्धराज जयसिंह को छोड़ गए। मीनल देवी इस अपने पुत्र के लिए प्रतिशासक रहीं, जो बाद में दन्तकथा के नायक बने। राजशेखर सूरी की रचना *प्रबन्ध कोष* में उल्लेखित एक घटना इस तथ्य की पुष्टि करती है कि मीनल देवी ने जयसिंह को उनके युद्धों की प्रेरणा दी। वे राजकाज भी सँभालती रहीं और उन्होंने कई स्मारकों तथा तालों का निर्माण कराया और सोमनाथ जाने वाले तीर्थ यात्रियों पर लगने वाले कर को माफ करवाया। उनके काल में निर्मित दो ताल हैं मीनलसर या मुनसर जो वीरमगाम में बनवाया गया था, तथा अहमदाबाद में धवलक्का या धोलका में मालवा नामक ताल बनवाया। किंवदंती के अनुसार मालवा झील के प्रस्तावित स्थान पर एक स्त्री का घर था जिसे झील को सही आकार देने के लिए तोड़ना था। रानी ने उसे घर के मुआवज़े के रूप में भारी राशि देनी चाही पर उस स्त्री ने यह कहते हुए मना कर दिया कि 'मैं भी तुम्हारे ताल की तरह विख्यात हो जाऊँगी' और घर को हाथ लगाने पर प्राण त्यागने की धमकी दी। रानी ने उस पर दबाव नहीं डाला और सिद्ध किया कि वे न्यायपूर्ण शासक थीं। इस घटना ने इस गुजराती कहावत को जन्म दिया : 'अगर न्याय देखना हो, तो धोलका जाओ और मालवा झील को देखो।

समसामयिक साहित्य में मीनल देवी का उल्लेख सम्मान के साथ किया गया है। संस्कृत के नाटक *मुद्रितकुमुद चन्द्रप्रकरण* में जैनों के दो सम्प्रदायों दिगंबर तथा श्वेताम्बर के बीच उठे एक विवाद का वर्णन है। इस विवाद का एक विषय यह भी था कि क्या स्त्रियाँ मोक्ष प्राप्त कर सकती हैं। श्वेताम्बरों का कहना था कि अगर किसी स्त्री में सत्त्व (अस्मिता : अच्छाई का आंतरिक गुण) हो तो वह मोक्ष प्राप्त कर सकती है, और उन्होंने रामायण की सीता के उदाहरण के साथ सिद्धराज जयसिंह के दरबार की मीनल देवी का भी उदाहरण दिया।

मीना कुमारी
(1932-1972)

मीना कुमारी फ़िल्म अभिनेत्री थीं। माहजबीन बानो नाम से जन्मी मीना अली बक्श और इकबाल बेगम जो विवाह पूर्व प्रभावती देवी कहलाती थीं पर उन्होंने इस्लाम धर्म अपना लिया था की तीसरी बेटी थीं।

जब सात वर्ष की उम्र में माहजबीन ने फ़िल्मों में काम शुरू किया उनका नाम बेबी मीना रखा गया। उनकी पहली फ़िल्म *फर्जन्द-ए-वतन* या *लेदरफेस* (1939) थी जिसका निर्देशन विजय भट्ट ने प्रकाश स्टूडियो के लिए किया था। 1940 के दशक में वे अपने परिवार की एकमात्र कमाऊ सदस्य थीं। वयस्क हो मीना कुमारी नाम से जब उन्होंने फ़िल्मों में अभिनय शुरू किया तो उन्होंने *वीर घटोत्कच* (1949), *श्री गणेश महिमा* (1950) जैसी पौराणिक फ़िल्मों तथा *अल्लादीन एंड द वंडरफुल लैम्प* जैसी फंतासियों में अभिनय किया। विजय भट्ट की लोकप्रिय फ़िल्म *बैजू बावरा,* जिसने 1952 में मीना कुमारी को प्रसिद्ध बनाया उन्होंने अपना मंच नाम ग्रहण किया। वे उस दौर में फ़िल्मों में उतरीं जब प्रतिभा, ग्लैमर से अधिक महत्त्वपूर्ण थी। उनके साथ आई अभिनेत्रियाँ नरगिस, निम्मी, सुचित्रा सेन, नूतन आदि थीं। बैजू बावरा के साल भर के अन्दर मीना कुमारी ने तीन लोकप्रिय फ़िल्में दीं–*दायरा, दो बीघा ज़मीन तथा परिणीता।* उन्होंने *मेरे अपने* तथा *दुश्मन* जैसी लोकप्रिय फ़िल्मों में भी काम किया, जिसमें उनके सह-अभिनेता धर्मेन्द व अन्य कलाकार थे।

परिणीता ने उन्हें एक त्रस्त व स्वयं को कष्ट देने वाली स्त्री की रूढ़ छवि दे दी जिससे वे कभी उबर नहीं सकीं। त्रासदी की अभिव्यक्ति उनके अभिनय की ताक़त तो बनी, परन्तु इससे शराब की लत व अवसाद की समस्याएँ छिपती रहीं। हालाँकि उनकी कई भूमिकाओं में खासियत नहीं होती थी पर मीनाकुमारी का अभिनय कौशल और काव्यात्मक भाव उनमें जान फूँक देता था। वे स्वयं कवि भी थीं और उनकी मृत्यु के बाद उर्दू कविताओं का संकलन उनके उपनाम नाज़ के साथ छपा। बेहतरीन कलाकार व प्रतिभाशाली कवयित्री होने के साथ उन्होंने खय्याम के संगीत के साथ उर्दू कविताओं का एक रिकॉर्ड भी बनाया था।

उनकी अन्तिम लोकप्रिय फ़िल्म *पाक़ीजा* थी, जिसका निर्देशन उनके पूर्व पति कमाल अमरोही ने किया था और जो उनके दुखद निधन के बाद प्रदर्शित हुई। 1953 में *बैजू बावरा* में अभिनय के लिए फ़िल्म फेयर पुरस्कार जीतने वाली मीना कुमारी पहली स्त्री थीं। 1954 में उन्होंने *परिणीता* के लिए भी यही पुरस्कार जीता। तीन फ़िल्मों *आरती, मैं चुप रहूँगी* तथा *साहब, बीबी और ग़ुलाम* में सर्वश्रेष्ठ अभिनेत्री के लिए नामांकित हो मीना कुमारी ने इतिहास रचा था। अपने जीवन काल में किंवदंती बनी मीना की मृत्यु के बाद भी कोई भी उनका स्थान नहीं ले सका, उन्होंने जो

ऊँचाइयाँ हासिल की, वे एक लम्बे समय तक अनछुई रह जाएँगी, *गोमती के किनारे* उनकी आख़िरी फ़िल्म थी।

मीरा बहन
(1892-1982)

मीरा बहन एक स्वतंत्रता सेनानी थीं। मैडेलाइन स्लेड नाम से उनका जन्म हुआ था, वे एडमिरल एडमन्ड स्लेड की पुत्री थीं और एक कुलीन परिवार की वंशज थीं। उनकी माता के पूर्वजों में जिप्सी रक्त था, और मैडेलाइन हमेशा यह दावा किया करती थीं कि इसी कारण उनमें यायावरी की इच्छा पैदा हुई थी। वे अपने वर्ग की ठेठ प्रतिनिधि नहीं थीं, उन्हें संगीत बेशक पसन्द था पर सोसायटी बॉल के बदले उन्हें प्रकृति के बीच रहना पसन्द था। उन्होंने रोम्याँ रोलाँ रचित *ज्याँ क्रिस्टोफे* पढ़ा जो बीथोवन के जीवन पर आधारित थी और गांधी पर उनकी रचना की जिसने उनका जीवन बदल डाला। वे निरामिष भोजन खाने लगीं, शराब छोड़ दी और गीता का अध्ययन किया।

1924 में मैडेलाइन ने गांधी को पत्र लिखा और उनके साथ जुड़ने की इच्छा व्यक्त की और आगामी वर्ष ठीक यही किया भी। साबरमती आश्रम का जीवन कठिन था, उन्हें भारतीय वस्त्र पहनना, सूत कातना और बुनना सीखना पड़ा। उन्होंने ब्रह्मचर्य का व्रत लिया, सिर मुंडाया और बाद के वर्षों में भगवा पहनना शुरू किया, हालाँकि गांधीजी ने मैडेलाइन को हिन्दू बनने से मना किया था। राजनीतिक संघर्ष में प्रवेश के पहले उन्हें कई वर्षों गांधी के शिष्यत्व में रहना पड़ा, परन्तु अन्ततः वे अपनी निष्ठा सिद्ध कर सकीं। गांधी ने उनके प्रति व देश के मुद्दे के प्रति उनकी आस्था के सम्मान में उन्हें मीरा नाम दिया। वे भारत के दौरे पर निकलीं और तमाम ऐसी जानकारियाँ एकत्रित कीं जो उनके अभियानों के लिए आवश्यक थीं। मीरा ने भारत छोड़ो आन्दोलन का एजेन्डा बनाने में गांधी की मदद की। गांधी की मृत्यु के बाद मीरा का भारत प्रेम क्षीण हुआ और वे वियना के पास स्थित एक गाँव में चली गईं, जहाँ बीथोवन के संगीत के साथ उन्होंने अपना सेवानिवृत्ति काल बिताया।

एक ब्रिटिश एडमिरल की पुत्री मैडेलाइन स्लेड ने ऐशो-आराम का जीवन त्याग भारत की सेवा की। 1931 में वे गांधी के साथ इंग्लैंड यात्रा पर गईं और 1934 में अमरीका तथा ब्रिटेन यात्रा पर ताकि भारत के संघर्ष के प्रति सहानुभूति जुटा सकें। 1932-33 तथा 1942-44 में वे भारत की आज़ादी के मुद्दे पर बन्दी भी रहीं।

–रीता डालमिया

मीरा बाई
(1498-1546)

मीरा बाई भक्ति कवि, आध्यात्मवादी व विद्रोहिणी थीं। राणा रतनसिंह की लाड़ली बेटी मीरा का जन्म मेवाड़ के गाँव कुर्की में हुआ था, पर जल्दी ही माता-पिता की मृत्यु के कारण उनका लालन-पालन उनके दादा (नाना?) राव डूडा ने मेवाड़ के दुर्ग नगर मेड़ता में किया। कहा जाता है कि जब मीरा पाँच वर्ष की थीं उन्हें एक साधु ने भगवान कृष्ण का एक *विग्रह* अर्थात् मूर्ति दी और यह विश्वास उनके मन में बैठ गया कि कृष्ण ही उनके पति हैं। राज परिवार की प्रथा अनुरूप 1516 में मीरा का विवाह, मेवाड़ के सिसोदिया वंश के राणा सांगा के पुत्र भोजराज से कर दिया गया। मीरा के लिए अपनी आध्यात्मिक कामनाओं के साथ अपनी सांसारिक भूमिका को निभाना आसान न था। वे अपने विश्वास के प्रति दृढ़ रहीं, हालाँकि उनके सामने कई बाधाएँ आईं, पर कोई भी उन्हें स्वनिर्धारित पथ पर बढ़ते जाने से रोक न पाई। उनका अधिकांश समय महल के मन्दिर में भजन गाते बीतता था।

1521 में भोजराज की मृत्यु हुई और जल्दी ही राणा सांगा की भी। मीरा ने राज परिवार की विधवा का एकाकी जीवन बिताने से इनकार कर दिया। वे पहले से भी अधिक उन्माद के साथ गाने और नाचने लगीं। उनकी खड़ताल और घुँघरुओं की ध्वनि शहर के बाहर स्थित मन्दिर में भी सुनी जाने लगी, जो सभी भक्तों के लिए खुला था। राज-परिवार में ऐसी अनुशासनहीनता पहले कभी देखी नहीं गई थी।

युवा राज विक्रम मीरा की बढ़ती लोकप्रियता और राजनीतिक सम्बन्धों से इतना जलता था कि उसने कई बार मीरा की हत्या का प्रयास किया। कहते हैं कि उसने एक बार उनकी फूलों की टोकरी में ज़हरीला साँप भिजवाया, पर जब मीरा ने टोकरी खोली तो उसमें कृष्ण की मूर्ति थी। एक बार उन्हें ज़हर का प्याला भेजा गया पर कृष्ण का नाम ले मीरा उसे पी गईं और चमत्कार से उन्हें कुछ न हुआ।

घृणा और षड्यंत्र से थक मीरा मेड़ता लौट गईं। पर जल्दी वे बेचैन हो उठीं और वृन्दावन को चल दीं। कहते हैं कि वृन्दावन में वे सन्त रैदास से मिलीं और उनसे प्रेरित हुईं। तब वे द्वारिका गईं, जो कृष्ण का राज्य था। किंवदंती के अनुसार विक्रमसिंह के उत्तराधिकारी राणा उदय सिंह ने उन्हें वापस बुलवाया। लौटने को अनिच्छुक मीरा ने एक रात रणछोड़जी (कृष्ण) के मन्दिर में बिताने की अनुमति माँगी। मान्यता यह है कि अगली सुबह उनकी आत्मा कृष्ण की मूर्ति में लीन हो गई और उनका जीवन शून्य शरीर उसके चरणों में पड़ा था।

मीरा की कविताएँ और गीत राजस्थानी, ब्रजभाषा और गुजराती में हैं और लोकोत्तर भावनाओं से ओतप्रोत हैं। विद्यापति, सूरदास तथा तुलसीदास के साथ मीरा भी अपने काल की उत्कृष्ट कवि थीं। उनकी रचना *राग गोविन्द* जो कृष्ण के प्रति उनके प्रेम

का वर्णन करती है, भक्ति आन्दोलन की वास्तविक भावना का उदाहरण है। उन्होंने 200 से 1300 भजनों की रचना की। जिस क्षेत्र में मीरा रहीं वहाँ की महिला किसानों के लिए व्यवस्थित राजसत्ता और पति की घरेलू तानाशाही के प्रति विद्रोह का वे प्रतीक थीं। श्री चिन्मॉय के शब्दों में मीरा उच्च, उच्चतर व उच्चतम स्तर की भक्त थीं। भारतीय सन्तों में मीरा अतुलनीय थीं। उन्होंने ईश्वर भक्ति भजनों की रचना की। मीरा बाई का प्रत्येक भजन उनकी प्रेरणा, महत्त्वाकांक्षा और निद्राहीन आत्म त्याग को अभिव्यक्ति करता है। **–रीता डालमिया**

मीरा मुखर्जी
(1923-1998)

मीरा मुखर्जी कलाकार, लेखिका और मूर्तिकार थीं। उनका जन्म कोलकाता में विजेन्द्रमोहन मुखर्जी तथा बीणापाणि देवी के घर हुआ था। 14 वर्ष की आयु में उन्होंने अबनीन्द्रनाथ ठाकुर की इंडियन सोसायटी ऑव ओरियंटल आर्ट्स की कला कक्षाओं में दाख़िला लिया। 1941 में अपने विवाह तक उन्होंने वहीं अध्ययन किया। विवाह ने उनकी पेशेवर जीवन को कुछ समय के लिए रोक दिया, पर यह सम्बन्ध तलाक में ख़त्म हुआ। तब उन्होंने पहले गवर्नमेंट स्कूल ऑव आर्ट, कोलकाता और तब दिल्ली पोलीटेकनिक में नामांकन करवाया और चित्रकला, ग्राफिक्स तथा मूर्तिकला में डिप्लोमा लिया। तब वे पश्चिम बंगाल में शान्ति निकेतन चली गईं जहाँ उन्होंने कुछ समय के लिए एफेन्डी नामक इंडोनेशियाई चित्रकार के तहत काम किया। 1953 में उन्हें म्यूनिख़ में अध्ययन के लिए छात्रवृत्ति मिली, जहाँ मीरा ने टोनी स्टाइलर तथा हानरिख़ किर्खनर के तहत काम किया। लौटने पर 1957 से 1959 तक मीरा ने कर्शियाँग स्थित डाउहिल स्कूल में कला शिक्षिका के रूप में काम किया, तब 1960 तक कलवन्ता के प्रैट मैमोरियल स्कूल में। 1960 से वे धातु कास्टिंग तकनीक पर शोध करने लगीं जो शास्त्रीय व लोक कला, दोनों परम्पराओं में की गई।

मीरा ने बस्तर के आदिवासियों के साथ काम प्रारम्भ किया और बिहार तथा मध्य प्रदेश के कांसा शिल्पियों से उनकी तकनीकें सीखने लगीं। उन्होंने अपनी पहली प्रदर्शनी 1960 में की। छठे दशक में उनके काम को पहचाना जाने लगा और 1968 में उन्हें धातु शिल्क के दक्ष कलाकार का राष्ट्रपति सम्मान मिला। 1969 से उन्होंने अपने खर्च पर मध्य प्रदेश की यात्राएँ प्रारम्भ कीं पर बाद में उन्हें भारतीय मानवशास्त्रीय सर्वे से दो वर्ष का अनुदान मिला ताकि वे अपनी शोध जारी रख सकें। उन्होंने 'सिरे पेरदू' या 'लॉस्ट वैक्स' विधि अपनाई और अपनी शैली बस्तर, मध्य प्रदेश, नेपाल तथा बंगाल के डोकरा शिल्पकारों पर आधारित की। बाद में उन्होंने बेंगलुरु के दक्षिण

भारतीय दक्ष शिल्पकारों के साथ काम किया। वे 1962 से 1964 तक भारतीय मानवशास्त्रीय सर्वे की वरिष्ठ शोधकर्ता रहीं और पूजा-अनुष्ठानों में काम आने वाले पात्रों तथा भारत व नेपाल के कांसे की वस्तुओं का दस्तावेज़ीकरण किया।

वे हरेक वस्तु पर महीनों लगातीं और साल भर में छह-सात से अधिक शिल्पों को नहीं बना पाती थीं। उन्होंने बड़ी व छोटी शिल्पकृतियाँ बनाईं। उनकी मूर्तियों में एक प्रकार की सौम्यता थी। उन्होंने आदि रूप आकृतियाँ जैसे शिकारी, तीरंदाज़, तथा मल्लाह के साथ रोज़मर्रा के जीवन की मूर्तियाँ भी बनाईं। कलकत्ता में बसी होने के बावजूद उन्होंने अपनी कृतियों की एकल प्रदर्शनियाँ दुनिया भर में लगाईं। उन्हें भारत सरकार की ओर से भी ऐमेटिस फैलोशिप भी दी गई। उनकी कृतियाँ कई भारतीय व विदेशी संग्रहों में सुरक्षित हैं।

उनकी प्रमुख कृतियों में 'कलिंग में अशोक' तथा 'पृथ्वी ढोने वाले' हैं। मीरा ने कई सालों तक हिन्दुस्तानी शास्त्रीय संगीत सीखा और अक्सर संगीतकार और नर्तक उनकी मूर्तियों का विषय रहे। वे बेहतरीन बाल लेखिका भी थीं और उन्होंने *कालो एंड दा कोयल*, *लिटिल फ्लावर शेफाली* एंड *अदर स्टोरीज़* आदि पुस्तकें लिखीं।

1968 में उन्हें दक्ष शिल्पकार का प्रेस पुरस्कार दिया गया, 1976 में कोलकाता महिला अध्ययन समूह पुरस्कार तथा 1981 में पश्चिमी बंगाल सरकार का अबनीन्द पुरस्कार दिया गया। 1984 से 1986 तक उन्हें संस्कृति मंत्रालय की फैलोशिप दी गई। उन्होंने भारत का *लोक धातु शिल्प* (1998), *भारत में धातु शिल्प* (1978) तथा *भारत के धातु शिल्पी* (1979), प्रकाशित कीं। कोलकाता के आसपास के उन गाँवों के निवासियों के साथ उनका तादातम्य था जहाँ वे अपनी मूर्तियाँ ढालती थीं।

मुक्ता बाई
(1279-1297)

मुक्ता बाई एक निबन्धकार थीं। उनके विषय में खास जानकारी नहीं है सिवाय इसके कि वे एक माँग जाति की स्त्री थीं, अस्पृश्य थीं। 14 वर्ष की आयु में 1855 में मुक्ता बाई ने इतिहास में इसलिए क़दम रखा क्योंकि *ध्यानोदय* नामक पाक्षिक पत्रिका में उन्होंने एक लेख लिखा जिसमें उन्होंने नये विज्ञानों तथा नैतिकता व संस्कृति से जुड़े मुद्दों की चर्चा की। सूज़ी थरूर तथा के. ललिता द्वारा सम्पादित पुस्तक *विमेन राइटिंग इन इंडिया : 600 बीसी टू द प्रेज़ेंट* (नई दिल्ली, ऑक्सफोर्ड यूनिवर्सिटी प्रेस, 1991) में संकलित यह आलेख अद्भुत मनोवेग तथा धाराप्रवाह भाषा अस्पृश्य माने जाने वाले स्त्री-पुरुषों के उत्पीड़न, भेदभाव तथा जातिद्वेष का वर्णन करता है। दुर्भाग्य से इस लेख के प्रकाशन के बाद मुक्ता बाई भावी पीढ़ियों की नज़र से ओझल हो जाती हैं।

मुथुलक्ष्मी एस. रेड्डी
(1886-1968)

मुथुलक्ष्मी एस. रेड्डी एक चिकित्सक और सामाजिक कार्यकर्ता थीं। वे पहली महिला थीं जिसे मद्रास मेडिकल कॉलेज में छात्रा के रूप में प्रवेश मिला, तथा पहली महिला थीं जिन्हें मद्रास विधान परिषद में नामित किया गया। जहाँ उन्हें उपाध्यक्ष चुना गया, वे भारतीय महिला संघ की संस्थापक अध्यक्ष थीं तथा मद्रास नगरपालिका की प्रथम महिला महापौर भी।

मुथुलक्ष्मी का जन्म पुदुकोट्टह रियासत में हुआ था। वे एस. नारायण स्वामी अय्यर की सबसे बड़ी पुत्री थीं, जो एक शिक्षाविद् थे और एक समय राज्य के महाराजा कॉलेज के प्राचार्य रह चुके थे। उनकी माता चन्दम्माल ऐसे परिवार से थीं जिसकी स्त्रियाँ परम्परागत रूप से मन्दिरों में नृत्य करती थीं। उन्होंने आग्रहपूर्वक मुथुलक्ष्मी को स्कूल भेजा। मुथुलक्ष्मी के शिक्षकों को पता लगा कि वे अपने उम्र के सामान्य बच्चों की क्षमता से परे विषयों को समझ लेती थीं। सो उन्होंने मुथुलक्ष्मी को पाठ्यक्रम के परे भी पढ़ाना शुरू किया। परन्तु वयःसंधि पर उन्हें स्कूल छोड़ना पड़ा और उनको घर में पढ़ाया जाने लगा। जब 18 वर्ष की आयु में उन्होंने महाराजा कॉलेज में दाखिले का आवेदन किया, तो कॉलेज प्रशासन में खलबली मच गई। अब तक किसी लड़की को प्रवेश नहीं दिया गया था और प्राचार्य का कहना था मुथुलक्ष्मी की उपस्थिति लड़कों का मनोबल गिराएगी। आख़िरकार स्वयं राजा को हस्तक्षेप करना पड़ा और मुथुलक्ष्मी को पढ़ने की अनुमति दी गई।

1914 में उनका विवाह डॉ. टी. सुन्दर रेड्डी एफआरसीएस, एक प्रतिभाशाली डॉक्टर से हुआ, जिन्हें स्वयं को स्थापित करने के लिए काफ़ी संघर्ष करना पड़ा। 1917 में मुथुलक्ष्मी मद्रास भारतीय महिला संगठन से जुड़ीं और उन्होंने महिलाओं के मताधिकार की पैरवी की। उन्होंने चिकित्सक के रूप में विधवा आवास में स्त्रियों और बच्चों की सेवा की और सोशल सर्विस लीग में भी अपनी सेवाएँ दीं। वे मुस्लिम लेडीज़ संघ की संस्थापकों में एक थीं और शारदा गृह, मद्रास, सेवा सदन तथा भारतीय महिला समाज सोसायटी से सम्बद्ध थीं। वे 1925 में सरकारी छात्रवृत्ति पर इंग्लैंड गईं और वहाँ महिला तथा बाल रोग में विशेषज्ञता प्राप्त की। 1926 में वे मद्रास विधान परिषद् की पहली महिला सदस्य बनीं और 1928 में मुथुलक्ष्मी को सर्वसम्मति से परिषद का उप-सभापति चुना गया। गांधी को बन्दी बनाने के विरोध में उन्होंने 1930 में इस पद से त्यागपत्र दिया।

1927 से 1930 के दौरान विधान परिषद् में उन्होंने कई सुधार क़ानूनों को दिशा दी, जिसमें शारदा एक्ट भी था, जिसने लड़कों व लड़कियों की विवाह की आयु बढ़ाई थी। उन्होंने देवदासी प्रथा के उन्मूलन में मदद की। 1930 में मुथुलक्ष्मी ने मद्रास में

वेश्यालयों को बन्द करवाने और अनैतिक व्यापार क़ानून को पारित करवाने में मदद की। उन्होंने पहला उद्धारगृह स्थापित किया और हरिजन बालिकाओं के लिए सरकारी छात्रवृत्ति प्रारम्भ करवाई।

मुथुलक्ष्मी ने देश की आज़ादी के लिए कई बैठकों को सम्बोधित किया तथा श्रीमती हामिद अली व राजकुमारी अमृत कौर के साथ भारतीय स्त्रियों की राजनीतिक मुक्ति सुनिश्चित करने का प्रयास किया। 1931 में उन्होंने लाहौर में आयोजित पंचम अखिल भारतीय महिला कॉन्फ्रेंस की अध्यक्षता की और 1935 तक उसकी अध्यक्ष व उपाध्यक्ष बनी रहीं। वे 1937 में मद्रास नगर निगम की प्रथम महिला महापौर बनीं और उन्होंने भिखारियों, शिक्षा तथा बाल कल्याण की समस्याओं में रुचि ली। उन्होंने बच्चों का एक अस्पताल स्थापित किया और स्कूलों में चिकित्सकीय जाँच को अनिवार्य बनाया। 1936 में उन्होंने कैंसर पर ध्यान दिया और कैंसर-रोधी आन्दोलन प्रारम्भ किया जिसके चलते अन्ततः अड्यार में कैंसर केन्द्र की स्थापना में मदद मिली।

आज़ादी के बाद उन्होंने पुनः मद्रास की विधान परिषद में 1952 से 1957 तक सेवाएँ दीं। वे 1954 से 1957 तक राज्य समाज कल्याण परामर्श बोर्ड की प्रथम अध्यक्ष रहीं। 1956 में उन्हें पद्मभूषण सम्मान दिया गया। उन्होंने अंग्रेज़ी तथा तमिल में कई पुस्तकें लिखीं। इनमें से कुछ रचनाएँ हैं उनकी *आत्मकथा, वर्क्स ऑव मिसेज़ मागरिट कज़िन्स* तथा *माय एक्सपीरियेन्सेस् एज़ अ लेजिस्लेटर*।

मुद्दुपलानी

(लगभग 1730-1790)

मुद्दुपलानी कवि व वेश्या थीं। उनकी कथा में न केवल उनका जीवन समाहित है बल्कि कालान्तर में उनके श्रृंगाररस के महाकाव्य *राधिका सन्तवनम्* के प्रकाशन का इतिहास भी शामिल है, जिसे न केवल पाश्चात्य प्राच्यविदों ने बल्कि आधुनिक भारत के उन अध्ययनकर्ताओं ने भी व्यवस्थित रूप से हाशिए पर धकेला और स्पष्टीकरण दे नज़रअंदाज किया है, जो अन्यथा भारत के अतीत को बचाने के प्रति कटिबद्ध होने का ढिंढोरा पीटते थे।

मुद्दुपलानी तंजौर (थंजवुर) के राजा प्रतापसिंह (1739-1763), नायक कुल के एक शासक, के दरबार की सदस्य थीं। नायक शासक उच्च शिक्षा प्राप्त किए हुए थे और उनके दरबार की स्त्रियाँ आठ भाषाओं में कविता रचना कर सकती थीं। ये महिलाएँ सामाजिक, यौनिक तथा आर्थिक रूप से पूर्णतः स्वतंत्र थीं और उन्हें सबका सम्मान भी प्राप्त था। मुद्दुपलानी का महाकाव्य एक युवा बालिका राधिका की यौन शिक्षा का वर्णन करता है, जो कृष्ण की चाची/मौसी देती हैं, जिनका ख़ुद भी कृष्ण

के साथ सम्बन्ध है। इसमें विस्तृत रूप से उस सब की चर्चा है जो स्त्रियाँ को यौनसुख देता है। एक भाग में राधिका पहल करती है और दूसरे में कृष्ण उसे अंग लगा और चूम कर उसके क्रोध को शान्त करते हैं। इस रचना के अशुद्ध संस्करण का उन्नीसवीं शताब्दी में प्रकाशन हुआ। पर बेंगलौर की नागरत्नम्मा जो स्वयं भी वेश्या थीं, ने 1911 में इसका एक प्रामाणिक संस्करण, सीधे मूल ग्रन्थ से प्रकाशित किया। नागरत्नम्मा का संस्करण निषिद्ध कर दिया गया, हालाँकि आज यह प्रतिबन्धित नहीं है, पर मुद्दुपलानी की रचना को पाना दुर्लभ है।

मुमताज़ महल

(1593-1631)

मुमताज़ महल मुग़ल साम्राज्ञी थीं। आरजूमन्द बानो बेगम नाम से जन्मीं थीं, वे खुदसिया बेगम भी कहलाती थीं। 1612 में उनका निकाह शाहजहाँ से हुआ और वे उनकी प्रिय पत्नी थीं। मुमताज़ महल की मृत्यु 1631 में मध्य प्रदेश स्थित बुरहानपुर में अपने चौदहवें बच्चे, शाहज़ादी गौहर बेगम, को जन्म देते समय हुई। मृत्यु शय्या पर उन्होंने अपने पति से अपनी आख़िरी इच्छा जताते हुए एक ऐसा स्मारक बनवाने को कहा जो उनके प्रेम का प्रतीक हो। ग़मज़दा बादशाह एकांत में शोक मनाता रहा, और पूरा राज्य भी अपनी प्रिय रानी के शोक में डूब गया। मुमताज़ को पहले जैनाबाद में दफनाया गया और चन्द सालों बाद उसके शव को आगरा ले जाया गया।

शाहजहाँ ने मुमताज़ की इच्छा दुनिया के सात अजूबों में एक, अद्भुत ताजमहल को बनवा कर पूरी की। यह शानदार इमारत मानव सभ्यता के इतिहास में आज तक प्रेम और पाकीज़गी का प्रतीक है। आगरा में सफ़ेद संगमरमर से बने इस स्मारक को बनाने में बीस वर्ष लगे, और मुमताज़ महल को उनके प्रेम के प्रतीक स्वरूप इस स्मारक में दफनाया गया।

मेबल अरोले

(1935-1999)

मेबल अरोले चिकित्सक थीं। उन्होंने वेल्लोर मेडिकल कॉलेज से स्वर्ण पदक के साथ चिकित्साशास्त्र का अध्ययन किया और ग्रामीण गरीबों के साथ काम करना चुना। कॉलेज में ही उनकी मुलाक़ात डॉ. रजनीकांत अरोले से हुई जिनसे उन्होंने बाद में विवाह किया। अनुभव प्राप्त करने के लिए उन्होंने दो वर्ष तक एक मिशन में काम

किया और तब 1962 में अहमदनगर के पास वाडाला में निजी कार्य प्रारम्भ किया। इस ग्रामीण इलाक़े में लगभग कोई डॉक्टर नहीं थी। आगामी चार वर्षों तक पति-पत्नी अपने सचल क्लिनिक से पूरे ज़िले का दौरा कर लोगों की सहायता और इलाज करते रहे पर उन्हें लगा कि यह सब बहुत कम है। इस पर दोनों सार्वजनिक स्वास्थ्य का अध्ययन करने अमरीका गए। मेबल ने छूत के रोगों तथा बाल स्वास्थ्य का अध्ययन किया जबकि उनके पति ने अस्थि रोग का। 1970 में वे जामखेड़ लौटे, इस छोटे से गाँव में उनके मित्र बंसीलाल कोठारी एक ग़ैर-सरकारी संगठन चला रहे थे। यहाँ उन्होंने फिर से काम शुरू किया। पहले उन्हें बहुत विरोध का सामना करना पड़ा, पर तब वे जानाबाई नामक स्थानीय स्त्री को अपने तरीक़ों के बारे में आश्वास्त कर सके मेबल ने जानाबाई के साथ कई हफ्ते बिताए, उन्हें माइक्रोस्कोप का उपयोग तथा बुनियादी स्वास्थ्य के सिद्धान्त सिखाए। कुछ माह में जानाबाई ने अपने गाँव को बदल डाला : टीकाकरण की दर 2 प्रतिशत से बढ़कर 80 प्रतिशत हो गई। 70 प्रतिशत महिलाओं ने नसबन्दी करवाई। एक अन्य घटना में एक स्त्री को साँप ने काटा पर, माहवारी के कारण उसे मन्दिर में घुसने नहीं दिया गया जहाँ साँप काटने पर झाड़-फूँक होती थी। वह तब मेबल के चिकित्सालय में आई और उसका सफल इलाज हुआ। इससे सर्पदंश के बारे में लोगों की सोच में भारी बदलाव आया।

मेबल तथा उनके पति ने *जामखेड़ : अ कॉम्प्रिहैन्सिव रूरल हैल्थ प्रोजेक्ट* नामक पुस्तक लिखी। दोनों डॉ. अरोले ने 1998 से डॉक्टर्स फॉर ग्लोबल हैल्थ की सलाहकार समिति में सेवाएँ दीं। बॉस्टन स्थित एक ग़ैर सरकारी-संस्था जॉन स्नो इन्कॉर्पोरेटेड ने मेबल की स्मृति में एक छात्रवृत्ति प्रारम्भ की जो किसी अमरीकी चिकित्सापूर्व छात्र को साल भर भारत में काम करने के लिए दी जाती है।

मेरी पूनने लुकोसे

(1886-1976)

मेरी पूनने लुकोसे भारत की प्रथम महिला सर्जन जनरल थीं। मेरी के पिता डॉ.टी.ई. पूनने केरल के प्रथम चिकित्सा स्नातक थे। उन्होंने यू.के के एबरडीन विश्वविद्यालय से डिग्री प्राप्त की थी और त्रैवेणकोर के शासक के चिकित्सक थे। मेरी भी अपनी पिता की तरह चिकित्सक बनना चाहती थीं। उन्होंने हाई स्कूल परीक्षा में प्रथम श्रेणी और स्वर्ण पदक प्राप्त किया, पर उन्हें तिरुवनन्थपुरम के महाराजा कॉलेज में प्रवेश नहीं दिया गया, क्योंकि वे महिला थीं। सो इसके बदले वे 1909 में मद्रास विश्वविद्यालय की प्रथम महिला कला स्नातक बनीं।

इसके बावजूद चिकित्सक बनने का उनका संकल्प दृढ़ रहा और वे विज्ञान का

अध्ययन करने लन्दन विश्वविद्यालय गईं। लन्दन विश्वविद्यालय के एमबीबीएस कोर्स की वे पहली भारतीय छात्रा थीं। 18 वर्ष की आयु में उन्होंने लन्दन संगीत परीक्षा भी पास की थी।

इसके बाद मेरी ने डबलिन के प्रसिद्ध रोटुंडा चिकित्सालय प्रसूति तथा स्त्री रोग में स्नातकोत्तर अध्ययन करना चुना तथा लन्दन के ग्रेट ऑरमन्ड स्ट्रीट स्थित बाल अस्पताल में बाल चिकित्सा का प्रशिक्षण लिया। इस दौरान उनके पिता की मृत्यु हो गई और वे 1915 में भारत लौटीं। 1916 में उन्हें महिला एवं बाल चिकित्सालय थाईकाडु, में प्रसूति विशेषज्ञ नियुक्त किया गया, वे पहली भारतीय थीं जो इस पद पर नियुक्त हुईं। वे वहाँ 1917 तक रहीं और उन्हें अक्सर लालटेन के प्रकाश में सीज़ेरियन विधि से प्रसव कराने पड़ते थे। दो वर्षों में उन्होंने ऐसे एक हज़ार से भी अधिक ऑपरेशन किए। उन्होंने नर्सों के लिए प्रशिक्षण केन्द्रों की स्थापना की। पहले प्रशिक्षण समूह में स्थानीय दाईयों की बेटियाँ इस कार्यक्रम से जुड़ीं। क्रमशः यह कार्यक्रम बेहद लोकप्रिय हुआ और प्रशिक्षण केन्द्रों का एक जाल बन सका। 1922 में मेरी राजनीति में उतरीं और त्रैवणकोर विधान सभा की पहली महिला विधायक बनीं। 1924 में उन्हें त्रैवणकोर राज्य स्वास्थ्य विभाग का प्रभारी बनाया गया। 1938 में मेरी न केवल भारत की वरन् समूचे विश्व की प्रथम महिला सर्जन जनरल बनीं। उन्होंने नागरकॉइल में तपेटिक सैनिटेरियम की स्थापना की। मेरी ने के.के. लुको से नामक एक वकील से विवाह किया। उन्हें चिथिरा थिरुनाल ने वैद्यशास्त्रकुशल की उपाधि दी। वे 50 वर्षों तक वायडब्ल्यूसीए की अध्यक्ष रहीं और भारत में गर्ल गाइड्स की मुख्य आयुक्त भी।

मेविस डन लिंगदोह

(1906-1962)

मेविस डन लिंगदोह पहली भारतीय स्त्री थीं जो कैबिनेट मंत्री बनीं। उनका जन्म 4 जून, 1906 को एच. डन तथा का हैलिबॉन लिंगदोह के परिवार में हुआ था, जो सीमित सामर्थ्य वाले प्रेसबाइटेरियन इसाई थे। उनके पिता के भाई एडवर्ड डब्ल्यू. डन को उनकी सिविल इंजीनियरिंग सेवाओं के कारण ब्रिटिश साम्राज्य का सदस्य बनाया गया था। मेविस ने शिलांग स्थित वैल्श मिशन द्वारा संचालित बालिका विद्यालय में, तथा उसके बाद डाओसेसन कॉलेज तथा कोलकाता के बेथ्यून कॉलेज में अध्ययन किया, जहाँ उन्होंने बी.टी. की डिग्री ली। कोलकाता में वे पहली बार महात्मा गांधी से मिलीं। वे खासी कबीले की पहली स्त्री थीं जिन्होंने गुवाहाटी के विश्वविद्यालय विधि कॉलेज से वकालत की डिग्री ली। उनका राजनीतिक जीवन 1937 में प्रारम्भ हुआ जब उन्हें आसाम विधानसभा के लिए स्वतंत्र उम्मीदवार के रूप में चुना गया,

वे पहली स्त्री थीं जो ऐसा कर सकीं। 1939 में सर मुहम्मद सयैद सादुल्ला ने उन्हें अपनी सरकार में कैबिनेट मंत्री बनने का न्यौता दिया। उन्होंने प्रस्ताव स्वीकारा और यों वे 33 वर्ष की आयु में यह पद पाने वाली पहली स्त्री बनीं। उनको स्वास्थ्य मंत्रालय सौंपा गया और वे सरकारी अस्पतालों में नर्सों के कई पद खोल सकीं ताकि सभी महिलाएँ जो सार्वजनिक या निजी संस्थानों द्वारा प्रशिक्षित हों उन्हें काम मिल सके। यह क़दम उत्तरपूर्व के लिए बहुत लाभदायक रहा क्योंकि वहाँ नर्सों के प्रशिक्षण के लिए राज्य द्वारा संचालित संस्थाएँ नहीं थीं।

1946 के चुनावों में मेविस हारीं और राजनीति से संन्यास लेने के बावजूद सामाजिक कार्य में सक्रिय रहीं। अपने राजनीतिक जीवन में वे दलगत राजनीति से दूर रहीं, इस कारण वे पार्टियों में उभरने वाले विवादों और उठा-पटक से बची रहीं, पर इसका यह अर्थ भी था कि वे राजनीतिक क्रिया-कलापों में हाशिए पर रहीं। आज़ादी के बाद भी वे आसाम सरकार के साथ सलाहकार की हैसियत से जुड़ी रहीं। जीवन अन्त होने के कुछ ही पहले उन्होंने पश्चिमी देशों का दौरा किया और अमरीका तथा यू.के. में भाषण दिए। वे लम्बी तथा आकर्षक थीं, उनकी जीवन शैली सुसंस्कृत, सुरुचिपूर्ण तथा आधुनिक थी। वे आजीवन अविवाहित रहीं और कार चलाने वाली पहली खासी महिला थीं। उनके उदाहरण ने आज़ाद भारत में यह उम्मीद जगाई कि हाशिए पर स्थित समुदायों की स्त्रियाँ भी आगे बढ़ सकती हैं और सार्वजनिक जीदन पर अपनी छाप छोड़ सकती हैं।

लेडी मेहरबाई टाटा

(1879-1931)

मेहरबाई टाटा सामाजिक कार्यकर्ता व लोकोपकारक थीं। उनके पिता शिक्षाविद् एच. जे. भाभा थे जिन्होंने स्वयं अपनी बेटी की शिक्षा-दीक्षा पर नज़र रखी और उन्हें यूरोपीय विचारों व व्यक्तियों से परिचित करवाया। वे ख़ूबसूरत और कुशल स्त्री थीं और उन्हें अंग्रेज़ी साहित्य तथा पियानो वादन से प्यार था। उन्होंने सर दोराबजी टाटा से विवाह किया जो सर जमशेदजी नौशेरवानजी टाटा के सबसे बड़े पुत्र और जे.आर. डी. टाटा के बड़े भाई थे। इस प्रकार मेहरबाई उस स्थिति में आईं जहाँ वे महिलाओं की स्थिति सुधारने के लिए कुछ कर सकती थीं, क्योंकि वे भारत के अग्रणी उद्योगपति परिवारों में से एक से जुड़ी थीं और यूरोप के बैठकखानों तथा भारत के महलों, दोनों में उनका आना-जाना था।

विवाह के छह वर्ष बाद, 1904 में मेहरबाई यूरोप के दौरे पर गईं और वहाँ की स्त्रियों की सामाजिक कार्य के प्रति कटिबद्धता से प्रभावित हुईं। उन्हें लगा कि

सम्पन्न भारतीय महिलाओं के लिए भी क्लबों का एक जाल होना चाहिए। 1905 में बम्बई में आयोजित उद्योग प्रदर्शनी में उन्होंने महिलाओं के शिल्पों की प्रदर्शनी लगाई। उन्होंने अपने देशवासियों से कहा कि वे आवासगृह और अनाथालय खोलने के बदले सामाजिक समस्याओं में भी सक्रिय रुचि लें, कच्ची बस्तियों में जाएँ और गरीब स्त्रियों से बातचीत करें।

1917 में मेहरबाई ने महिलाओं के शिष्टमंडल का नेतृत्व किया और उपनिवेशों में अनुबन्ध पर गए मजदूरों की स्थिति पर विरोध प्रदर्शित किया। एकजुट हो सामाजिक बदलाव ला पाने की स्त्रियों की अक्षमता के लिए वे पर्दा, जातिगत अन्तरों, तथा शिक्षा के अभाव को दोष देती थीं।

उनके संरक्षण में भारतीय महिला राष्ट्रीय परिषद का 1929 में गठन हुआ। जिन महिलाओं ने उनका साथ दिया, वे भी लेडी टाटा की ही तरह ऐसे पुरुषों की पत्नियाँ थीं, जो अपने पति के धन और सामाजिक रुतबे का उपयोग कर सकती थीं, परन्तु जिन्हें कच्ची बस्तियों की औरतों से सम्पर्क जोड़ने की ज़रूरत नहीं लगती थी। अतः भारतीय महिला राष्ट्रीय परिषद का काम 'यूरोप की सोसायटी' महिलाओं के काम जैसी शक्ल लेने लगा, हालाँकि लेडी टाटा के अपने विचार कुछ भिन्न ही थे।

मेहरबाई अच्छी खिलाड़ी भी थीं और उन्हें टैनिस खेलने और घुड़सवारी का शौक था। खेलते समय वे हमेशा साड़ी पहन कर खेलती थीं और पाश्चात्य कपड़ों में खेलने वाली स्त्रियों की खिल्ली उड़ाती थीं। 1912 में वे हवाई जहाज़ में उड़ने वाली पहली भारतीय स्त्री बनीं। वे स्वयं अपनी गाड़ी भी चलाती थीं। 1931 में ल्यूकीमिया से उनकी मृत्यु हुई। उनकी मृत्यु के कुछ समय बाद, सर दोराबजी ने लेडी टाटा स्मृति न्यास स्थापित किया ताकि रक्त रोगों पर शोध किया जा सके।

मैत्रेयी
(वैदिक काल)

मैत्रेयी ऋचा लेखिका थीं। ऋग्वेद में लगभग 1000 स्रोत हैं, जिनमें से 10 का श्रेय मैत्रेयी को दिया जाता है। विख्यात ऋषि और दार्शनिक याज्ञवल्क्य की दो पत्नियाँ थीं मैत्रेयी तथा कात्यायनी। बृहदारण्यक उपनिषद् के चौथे अध्याय में मैत्रेयी तथा याज्ञवल्क्य का संवाद दिया गया है। मैत्रेयी ब्रह्मवादिनी थीं, जबकि कात्यायनी साधारण स्त्री का सा ज्ञान रखती थी। जब याज्ञवल्क्य ने संसार त्याग वानप्रस्थ का निर्णय लिया उन्होंने अपनी सांसारिक सम्पत्ति को अपनी पत्नियों में बाँटना चाहा। यह सुन मैत्रेयी पति से पूछती है 'स्वामी अगर इस धरा की सारी सम्पदा मेरी होती, तो कहें, क्या वह मुझे अमरत्व दे सकती है?'

याज्ञवल्क्य ने उत्तर दिया, 'नहीं : तुम्हारा जीवन धनवान लोगों का सा होगा, पर धन से अमरत्व की आशा नहीं की जा सकती।'

इस पर मैत्रेयी ने कहा, 'जिससे मुझे अमरत्व नहीं मिल सकता, उसका मैं क्या करूँगी? जो स्वामी जानते हैं (अमरत्व के विषय में) वह मुझे बताएँ।'

इससे प्रसन्न हो याज्ञवल्क्य ने उन्हें आत्मा तथा अद्वैत ब्रह्म के अपने सिद्धान्त को समझाया, जो अमरत्व का माध्यम हैं तथा उपनिषद् की शिक्षा का सार है। क्योंकि अगर दो जीव हों, तब एक दूसरे को देखता है, वह सुनता है, अनुभव करता है तथा जानता है। परन्तु अगर एक ही दैवीय स्व इस सबका पूर्ण हो तो वह किसे या किसके माध्यम से देखे, सुने अनुभव करे या जाने?...यह जिसकी शिक्षा तूने देखी है, वही अमरत्व है। 1899 में शिकागो में आयोजित अन्तर्राष्ट्रीय धर्म सम्मेलन में मैत्रेयी के योगदान को स्वीकारा गया तथा उनकी प्रार्थना कि ईश्वर हमें अंधकार से प्रकाश की ओर, मृत्यु से जीवन की ओर तथा असत्य से सत्य की ओर ले जाए, गाई गई :

असतोमा सद्गमय
तमसो मा ज्योर्तिगमय
मृर्त्योमा अमृतमगमय
ऊँ शान्ति शान्ति शान्तिः।

मोगाबाई कुर्दीकर
(1904-2001)

मोगाबाई कुर्दीकर जयपुर-अतरौली घराने की हिन्दुस्तानी शास्त्रीसंगीत की गायिका थीं और किशोरी अमोनकर की माता। उनका जन्म 15 जुलाई को पुर्तगाल शासित गोवा के कुरर्दी गाँव में परम्परागत मनोरंजकों के परिवार में हुआ था। जब वे नौ या दस साल की थीं उनकी माँ जयश्री चन्द्रेश्वर भूतनाथ संगीत मंडली से जुड़ीं, जो घुमन्तू नाटक कम्पनी थी, और माँ-बेटी दोनों नाटकों में हिस्सा लेने लगीं। इसके कुछ समय बाद जयश्री की मृत्यु हो गई और मोगू दुनिया में अकेली रह गईं। कहते हैं कि मृत्यु शैय्या पर उन्होंने मोगू को यह सन्देश दिया था कि वह प्रसिद्ध गायिका बने अन्यथा उसकी माँ की आत्मा बेचैन रहेगी। कुछ समय बाद नाटक कम्पनी बन्द हो गई पर मोगू को उसकी प्रतिस्पर्धी सातारकर स्ट्रीट संगीत मंडली ने काम दे दिया। जल्दी ही वे महाकाव्य पर आधारित नाटक में सुभद्रा तथा *पुण्यप्रभव* में किंकणी की भूमिका के लिए प्रसिद्ध हो गईं।

परन्तु कम्पनी के दूसरे कलाकारों की होड़ ने मोगू को कम्पनी छोड़ने पर मजबूर किया। वे सांगली नामक क़स्बे में चली आई ताकि संगीत सीखने की अपनी इच्छा

पूरी कर सके, और वहाँ रामपुर-सहसवान घराने के इनायत ख़ान से कुछ समय तक संगीत सीखने में सफल हुईं। पर उन्होंने आगे सिखाने से मना कर दिया। सौभाग्य से उस समय विख्यात गायक अल्लादिया ख़ान भी सांगली में अपनी बीमारी का इलाज करवा रहे थे। उन्होंने एक दिन मोगाबाई को रियाज़ करते सुना और एक दिन उसके घर जा मोगाबाई को संगीत सिखाने की पेशकश की।

बाद में मोगाबाई इतनी विख्यात हो गईं कि एकल प्रदर्शन कर सकें पर वे चाहती थीं कि उन्हें अपने क्षेत्र में विशेषज्ञ के रूप में पहचाना जा सके। 1931 में उनकी बेटी का जन्म हुआ उन्होंने श्रेष्ठतम गायिका बनने के प्रयास दुगने कर दिए। आख़िरकार अल्लादिया ख़ान का उनकी दृढ़ता को स्वीकारना पड़ा और 1934 में वे उनके गुरु बने। आज़ादी के बाद मोगाबाई की ख्याति फैली, तथा उन्हें हिन्दुस्तानी शास्त्रीशैली में सबसे प्रमुख गायिका माना जाने लगा, उनके कई नामी-गिरामी शिष्य भी थे जिनमें एक उनकी बेटी किशोरी अमोनकर भी थीं। 1968 में मोगाबाई को संगीत नाटक अकादमी पुरस्कार दिया गया, 1974 में पद्मभूषण तथा 1980 में संगीत शोध अकादमी पुरस्कार।

मोल्ला अतुकुरी

(सोलहवीं शताब्दी)

मोल्ला जिनका कुलनाम अतुकुरी था रहस्यवादी कवि व गायिका थीं। उनका जन्म आन्ध्र प्रदेश के नैल्लोर ज़िले के गोपवरम गाँव में केशव के घर हुआ जो कुम्हार जाति के वीरशैव थे। उनकी माँ की मृत्यु कम आयु में हो गई। उनका नाम मोल्ला (चमेली) रखा गया क्योंकि उसे शिवजी का प्रिय फूल माना जाता है, उन्हें बासवी नाम से भी बुलाया जाता था। मोल्ला तेलुगू में रचना करती थीं और अन्नामाचार्य की पत्नी तल्लापाका तिरुमलम्मा के बाद तेलुगू में रचना करने वाली दूसरी महिला कवि थीं। मोल्ला रामायण का तेलुगू में अनुवाद किया, यह सामंजस्य कृत्य था क्योंकि राम, कृष्ण के ही अवतार थे। किंवदंती के अनुसार राज दरबार के कवि ने मोल्ला के गाँव को चुनौती दी कि वे पाँच दिनों में रामायण की रचना करें, यों पूरा गाँव ही शर्मसार होने की स्थिति में आ गया। मोल्ला ने गाँव के सम्मान की रक्षा के लिए महाकाव्य लिखने का प्रस्ताव रखा। वे मन्दिर में बैठीं और लगातार लिखने लगीं, और पाँच दिनों में कार्य पूरा कर दिया। दोहों में लिखी यह रचना लोकगत तेलुगू में थी जो रोज़मर्रा की भाषा थी और काव्य रचना के लिए अनुपयुक्त मानी जाती थी। मोल्ला की रचना प्रवाहमय है और उसमें आकर्षक ऊर्जा है। वह सीता के चरित्र पर अधिक केन्द्रित है जैसा अमूमन नहीं होता था उनकी काव्यात्मकता इन पंक्तियों में अभिव्यक्त होती है :

जैसे मधु
आसानी से मुख को मिठास से भरता है,
कविता को अपना अर्थ
तत्काल सम्प्रेषित करना चाहिए।

दुरुह ध्वनियाँ व अर्थ
मूक व बधिरों के वार्तालाप
से अधिक नहीं होते।

मृदुला साराभाई
(1911-1974)

मृदुला साराभाई स्वतंत्रता सेनानी थीं। अहमदाबाद के एक सम्पन्न उद्योगपति घराने में जन्मी मृदुला, अम्बालाल साराभाई तथा सरला देवी की आठ सन्तानों में एक थीं। बचपन से ही उनका परिचय गांधीजी व जवाहरलाल नेहरू से था हालाँकि बाद में मृदुला ने उनकी आलोचना भी की। उनके परिवार वाले उन्हें 'बॉस' कहते थे, और शराब बेचने वाली उन दुकानों के मालिकों ने, जिनके सामने उन्होंने धरना दिया था, उन्हें 'पठान' का नाम दिया था। उन्होंने 1927 में राजकोट में युवा सम्मेलन के आयोजन में मदद की थी। 1934 में उन्हें गुजरात से अखिल भारतीय कांग्रेस कमेटी के लिए चुना गया था। बाद में वे स्वतंत्र उम्मीदवार के रूप में खड़ी हुईं और अच्छे बहुमत से जीतीं।

विभाजन के दौरान उन्होंने व्यक्तिगत जोखिम उठा कर कई ऐसी लड़कियों को बचाने के लिए संघर्ष किया जिन्हें भीड़ द्वारा अगुवा कर लिया गया था, साथ ही मृदुला ने कई हिन्दू व मुसलमान शरणार्थियों को घायल होने या मार डाले जाने से बचाया। स्वतंत्रता के बाद नेहरू ने उन्हें संविधान गृह में कार्यालय दिया और 1946 से 1953 तक सीमा के दोनों ओर अगुवा कर ली गई स्त्रियों को बचा कर उनके परिवारों को सौंपना का कठिन काम मृदुला को सौंपा। वे ही एकमात्र व्यक्ति थीं जिनका इतना रुतबा था कि वे बिना व्यक्तिगत सुरक्षा की गारंटी के सीमा पार आ-जा सकती थीं। इन क्षेत्रों में उनके काम ने सीमा की राजनीति तथा वहाँ के लोगों की गहरी समझ दी, इन लोगों में शेख अब्दुल्ला तथा अब्दुल गफ्फार ख़ान भी शामिल थे। वे कांग्रेस की महिला शाखा की अध्यक्ष रहीं और संविधान सभा को महिला अधिकारों के विषय में परामर्श दिया।

1953 में भारत सरकार ने शेख अब्दुल्ला को गिरफ़्तार कर जेल में बन्द कर

दिया। मृदुला ने तत्काल इसका विरोध किया। उनका मानना था कि अब्दुल्ला ही एकमात्र लोकप्रिय नेता थे जो कश्मीर में लोकतंत्र स्थापित कर सकते थे, और उन्हें बन्दी बना सरकार, न केवल कश्मीरियों को नाराज़ कर रही थी बल्कि यह क़दम सरकार का पाखंड भी जताता था, क्योंकि भारत सरकार ने पाकिस्तान की तब आलोचना की थी जब उसने अब्दुल गफ़्फ़ार ख़ान को बन्दी बनाया था। 1953 से 1972 के बीच नेहरू ने मृदुला को सार्वजनिक रूप से कश्मीर पर कुछ भी कहने को मना किया था, अतः मृदुला ने पर्चे छापे और बाँटे, क्योंकि उनका विश्वास था कि अगर लोग वास्तविक तथ्य जान लेंगे तो स्थिति बदलेगी। 1958 में मृदुला को कांग्रेस की सदस्यता से बर्खास्त कर दिया गया और बिना अदालती कार्रवाई के तिहाड़ जेल में बन्दी बना दिया गया। नेहरू के लिए यह स्थिति शर्मनाक थी परन्तु उनकी गतिविधियाँ उस स्तर तक पहुँच गई थीं कि उन्हें अनदेखा करना भी कठिन था। हालाँकि कई लोग मृदुला के विचारों से असहमत थे परन्तु कोई भी उनकी निष्ठा पर शंका नहीं करता था। उन्होंने अहमदाबाद के गुजरात समाचार तथा नेशनल हैराल्ड के लिए 1946 में रिपोर्टर के रूप में भी काम किया।

1968 से 74 तक मृदुला एमनेस्टी इंटरनेशनल की भारतीय शाखा के सचिवों में एक रहीं। मृदुला साराभाई के विषय में अपर्णा बासु लिखित एक पुस्तक भी प्रकाशित हुई–*मृदुला साराभाई : रिबेल विद अ कॉज़*।

रंजबती सरकार

(1963-1999)

रंजबती सरकार मंजुश्री चाकी सरकार की पुत्री थीं। उनका जन्म नाइजीरिया में हुआ था, जहाँ नन्ही रंजबती को उसकी माँ अपनी पीठ पर ढोकर अपनी पहली नृत्यशाला ले जाया करती थीं। न्यूयॉर्क में रंजबती ने गम्भीरता से नृत्य प्रशिक्षण लेना प्रारम्भ किया। 1979 में जब रंजबती के माता-पिता कोलकाता लौटे तो वे भारतीय शास्त्रीनृत्य से भली भाँति परिचित थीं। जादवपुर विश्वविद्यालय से अंग्रेज़ी साहित्य में स्नातक तथा स्नातकोत्तर अध्ययन करते समय भी वे नृत्य सीखती रहीं और दोनों ही बार प्रथम श्रेणी व प्रथम स्थान प्राप्त किया। उन्होंने चार स्वर्ण पदक जीते और विश्वविद्यालय अनुदान आयोग की छात्रवृत्ति भी पाई। जादवपुर विश्वविद्यालय में उनकी मुलाक़ात समान्तक दास से हुई, जिनसे उन्होंने विवाह किया। विवाह के कुछ वर्षों बाद 1990 के दशक के प्रारम्भ में वे अलग हुए और बाद में उनका सम्बन्ध विच्छेद हो गया।

रंजबती 'डांसर्स गिल्ड' का हिस्सा थीं, जिस नृत्यदल की स्थापना उनकी माँ ने की थी। समूह का कार्य सचेतन रूप से नारीवादी व क्रान्तिकारी था। लोक कलाओं,

मिथकों, आख्यानों तथा विविध सन्दर्भों के तत्वों के संमिश्रण से दल ने नृत्य का अनूठा रूप रचा था जो नवनृत्य कहलाता था। रंजबती ने मद्रास में आयोजित कलानुभावमंजरी उत्सव में, 1993 में दिल्ली में आयोजित न्यू डारटेक्शंस, उत्सव में, 1994 में प्रदर्शन कलाओं के राष्ट्रीय केन्द्र में मुम्बई तथा 1996 में, कोलकता में संगीत नाटक अकादमी द्वारा आयोजित कोरियाग्राफी उत्सव में, 1996 में काराकास में आयोजित फेस्टिवल क्रियेडोरेस में 1991 में तथा वहीं आयोजित फेस्टिवल डान्ज़ा पॉर ला विडा में, 1992 में, लन्दन में आयोजित विवार्ता फेस्टिवल में, भाग लिया जो क्वीन एलिज़ाबेथ द्वितीय नामक जहाज़ पर आयोजित किया गया था। 1994 तथा 1995 में मागदलेना परियोजना के हिस्से के रूप में उन्होंने कारडिफ में, तथा काराकास में आयोजित फेस्टिवल वैलेरिन क्रियाडोर में, तथा उसी वर्ष न्यूयॉर्क में आयोजित मेज़ाँ देस कल्चर्स दूयु मॉन्डे में उन्होंने *वुन्डेड अर्थ* शीर्षक से नृत्य प्रस्तुति दी। उन्होंने डाकार में सेंटर कल्चरैल फ्राँकाइस में 1997 में, तथा एडिनबरा में आयोजित कॉमनवैल्थ फेस्टिवल में भी शिरकत की। उन्होंने डान्स अम्बरैला पुरस्कार भी जीता। रंजबती ने अपनी माता की मृत्यु के बाद 1999 में आत्महत्या कर ली।

रज़िया सुल्तान

(1205-1240)

रज़िया सुल्तान दिल्ली की सुल्तान थीं। उनका जन्म 1205 में हुआ था, वे ग़ुलाम वंश के तीसरे सुल्तान इल्तुत्मिश की बेटी थीं अतः तुर्की सेल्जुक वंश की थीं। वे अकेली स्त्री थीं जो साढ़े तीन वर्षों के लिए दिल्ली के तख़्त पर बैठी हो। इतिहासकार मिन्हाजुद्दीन, जिन्हें रज़िया ने *मदरसा-ए-नसीरिया* का प्रमुख बनाया जो रज़िया के शासनकाल में शिक्षा का केन्द्र बना, रज़िया का वर्णन करते हुए कहते हैं कि वे 'एक महान शासक, दूरदर्शी, न्यायपूर्ण, लोकोपकारी, विद्वानों को संरक्षण देने वाली, न्याय करने वाली, प्रजा रक्षक व युद्ध कुशल थीं, शासक के लिए आवश्यक सभी प्रशंसनीय गुणों व विशेषताओं से परिपूर्ण थीं।' इल्तुत्मिश ने अपनी पुत्री को उम्दा शिक्षा दी और उसे औपचारिक रूप से अपना वारिस घोषित किया, क्योंकि रज़िया के किसी भी भाई में वे चारित्रिक गुण नहीं थे जो दिल्ली के उथल-पुथल भरे दरबार का शासन चला सकते। रज़िया क़ुरान की ज्ञाता थीं और कई विज्ञानों की जानकारी रखती थीं वे 'शिरीन' के तख़ल्लुस से फ़ारसी में काव्य रचना भी करती थीं। इसके बावजूद तुर्की सामन्तों और राज्यपालों ने, जिनके हाथों वास्तविक सत्ता थी, ने रज़िया के भाइयों में से ही किसी एक का दावा प्रस्तुत करने की चेष्टा की, पर उसके कमज़ोर चरित्र के कारण सफल न हो सके।

इस खयाल से कि रज़िया को डरा-धमका वे अपनी बात मनवा सकेंगे, उन्होंने रज़िया को गद्दी पर बैठने दिया। हिन्दू धर्म के प्रति सहिष्णुता रखने के कारण बाद के मुस्लिम इतिहासकारों ने रज़िया की आलोचना भी की। रज़िया ने मदरसों, इदारों, शोध केन्द्रों और सार्वजनिक पुस्तकालयों की स्थापना की, जिनमें कुरान तथा मुहम्मद की परम्पराओं के अलावा प्राचीन दार्शनिकों की रचनाएँ भी शामिल थीं। विज्ञानों, दर्शन, खगोलशास्त्र तथा साहित्य सम्बन्धी हिन्दुओं द्वारा रचित पुस्तकें भी मदरसों व कॉलेजों में पढ़ाई जाती थीं। उन्होंने 'सुल्ताना' सम्बोधन को ठुकराया क्योंकि इसका मतलब सुल्तान की पत्नी या 'रखैल' होता था। वे सुल्तान सम्बोधन पर ही जवाब देती थीं।

रज़िया की शक्ति का मुख्य स्रोत थे उनकी सेना और जन सामान्य के प्रति उनका उदार दृष्टिकोण। उन्होंने अपने साहस का सबूत तब दिया जब उन्होंने अपने विरुद्ध उठ खड़े हुए बागियों को अकेले ही पछाड़ा। अपने शासन काल के दूसरे साल उन्होंने पर्दा त्यागा, लाल पोशाक धारण की और हर जुम्मे को जामा मस्जिद के पास अपनी प्रजा को दर्शन देने लगीं। जल्दी ही रज़िया ने बागियों की ताक़त पर लगाम लगाई। चालीस सदस्यों की उनकी प्रशासकीय परिषद के सदस्यों का मत कट्टरपन्थी था, अर्थात् उनकी नज़र में एक औरत द्वारा शासित होना वे घोर अपमान समझते थे। रज़िया ने एक शासक के रूप में हर क्षेत्र में उम्दा प्रदर्शन उन्हें ग़लत सिद्ध करने की कोशिश की। परन्तु अबीसीनिया के एक ग़ुलाम याक़ूत के प्रति स्नेह दर्शा उन्होंने ग़लती की। सम्भव है कि रज़िया ने ऐसा इसलिए किया हो क्योंकि वे तुर्कों के चंगुल से छूटना चाहती हों। परन्तु इससे लाहौर का प्रशासक उनके विरुद्ध बग़ावत कर बैठा। रज़िया ने बहादुरी से युद्ध किया पर अन्ततः तुर्कों ने उन्हें बन्दी बना लिया और उनके भाई बहराम शाह को गद्दी सौंप दी। हालाँकि इसके बावजूद तबरहिन्दा क़िले में क़ैद रज़िया ने हिम्मत नहीं हारी। उन्होंने अपने बन्दीकर्ता अल्तूनिया की असन्तोष की भावना को और भड़काया। अल्तूनिया को लगा था कि बग़ावत में उसकी जो भूमिका रही थी उसे देखते हुए उसे उचित पुरस्कार नहीं दिया गया है। रज़िया ने तुर्कों के विरुद्ध मदद की एवज़ में उससे निकाह करने का प्रस्ताव रखा। इल्तुत्मिश के दामाद बल्बन ने रज़िया व अल्तूनिया की फ़ौजों को परास्त कर दिया। रज़िया और उसके पति युद्ध क्षेत्र से भागे पर 1240 में कुछ हिन्दू ज़मींदारों ने उन्हें लूटने के बाद उनकी हत्या कर दी। रज़िया के शव को लुटेरों से बचा कर लाया गया और वह पुरानी दिल्ली के उस हिस्से में, जो बुलबुली खाना कहलाता है, एक सादे मकबरे में दफन है। दुर्भाग्य से उनके बाद आने वाले उत्तराधिकारियों ने रज़िया को शर्मिन्दगी का कारण माना। फिरोज़ शाह तुग़लक के काल में सुल्तानों की जो सूची बनाई गई उसमें रज़िया का नाम हटा दिया गया। **—रीना जैन**

रमा देवी

(1899-1985)

रमा देवी स्वाधीनता सेनानी थीं। उनका जन्म एक रईस ज़मींदार परिवार में हुआ था। उनकी माता बसन्त कुमारी देवी थीं और पिता कटक ज़िले के गोपाल बल्लभादास थे। 11 नवम्बर, 1914 को रमा का विवाह गोपबन्धु चौधुरी से हुआ जो श्री गोकुलनन्द चौधुरी के पुत्र थे। रमा की सास बड़ी कठोर थीं पर वे भी रमा को अधिक देर तक घर की सीमा में बाँधकर नहीं रख सकीं। 1921 में रमा के पति ने अपनी सरकारी नौकरी त्यागी, और कांग्रेस के लिए पूर्णकालिक काम करने निकल पड़े, रमा भी साथ गईं।

रमा के देवर (?) नबकृष्ण चौधुरी और उनकी पत्नी मालती चौधुरी भी कांग्रेस से जुड़े और चारों ही असहयोग आन्दोलन में कूद पड़े। उन्होंने नमक सत्याग्रह, स्वदेशी तथा खादी को प्रोत्साहित करने के आन्दोलनों, भूदान तथा ग्रामदान आन्दोलनों के लिए भी काम किया। 1930 में रमा देवी ने बालासोर ज़िले में स्थित ईंचुड़ी सत्याग्रह का नेतृत्व किया जिसमें हज़ारों स्त्री-पुरुषों ने भागीदारी की। मालती को गिरफ़्तार किया गया और भागलपुर जेल भेज दिया गया। कुछ महीनों बाद पुलिस रमा देवी के लिए भी आई। दोनों स्त्रियों को गांधी-इरविन संधि के बाद रिहा कर दिया गया। रमा देवी विरोध करती रहीं और 1932 में उन्हें फिर से गिरफ़्तार किया गया और हज़ारी बाग जेल में रखा गया। रिहाई के बाद 1934 में रमा देवी अस्पृश्यता निवारण समिति के मार्फत, जिसे बाद में हरिजन सेवा संघ नाम दिया गया, दलितों के अधिकारों के लिए काम करने लगीं। 1938 में उन्होंने उड़ीसा में कांग्रेस की बैठक के लिए चन्दा एकत्रित किया। कस्तूरबा की मृत्यु के बाद उन्हें कस्तूरबा गांधी न्यास के लिए काम करने को नियुक्त किया गया। उन्होंने बारी में एक आश्रम खोला जो गांधीवादी सिद्धान्तों पर चलता था। परन्तु 1942 में जब भारत छोड़ो आन्दोलन प्रारम्भ हुआ, पूरे चौधुरी परिवार को फिर से गिरफ़्तार कर लिया गया।

आज़ादी के बाद रमा देवी ने उत्कल खादी मंडल की स्थापना में सहायता की और रामचन्द्रपुर में एक शिक्षक प्रशिक्षण केन्द्र तथा एक बालवाड़ी की भी स्थापना की। 1950 में रमा देवी ने डुम्बुरुगेडा में एक आदिवासी कल्याण केन्द्र स्थापित किया। 1951 के अकाल के दौरान मालती तथा रमा कोरापुट में अकाल राहत कार्य में जुटे। इसके बाद से जब भी कोई प्राकृतिक विपदा आती रमा देवी हमेशा राहत कार्य की व्यवस्था करने और पीड़ितों को सांत्वना देने हमेशा मौजूद रहतीं। 1952 में रमा देवी ने पूरे उड़ीसा की पदयात्रा की ताकि वे लोगों को भूदान आन्दोलन के लिए अतिरिक्त भूमि दान देने की प्रेरणा दे सकें। 1962 में रमा ने भारत-चीन युद्ध से प्रभावित सैनिकों के लिए काम किया। आपातकाल के दौरान रमा ने स्वतंत्र अखबार निकाल अपना

विरोध दर्ज किया। उनके प्रकाशक ग्राम सेवक प्रेस को सरकार ने प्रतिबन्धित किया। रमा देवी ने कटक में बालकों के लिए एक कैंसर चिकित्सालय स्थापित किया।

उन्हें उत्कल विश्वविद्यालय ने मानद डॉक्टरेट से सम्मानित किया, उन्हें जमनालाल बजाज पुरस्कार भी दिया गया।

रमाबाई राणाडे

(1862-1924)

रमाबाई राणाडे सामाजिक कार्यकर्ता थीं। मात्र ग्यारह वर्ष की आयु में उनका विवाह वकील व सुधारक महादेव गोविन्द राणाडे से कर दिया गया। रमाबाई ने पति की स्वेच्छा से दी गई सहायता से अपनी प्रारम्भिक बाधाओं को लाँघने का काम शुरू किया। राणाडे स्वयं किसी विधवा से विवाह करना चाहते थे पर उनके परिवार ने रमाबाई से विवाह करने का दबाव डाला, अतः उनका प्रारम्भिक सम्बन्ध रमाबाई की ओर से घबराहट तथा राणाडे की ओर से इस व्यवस्था से उपजी निराशा से भरा था। परन्तु जब राणा डे ने अपनी बालिका पत्नी को पढ़ना-लिखना सिखाना शुरू किया तो रमाबाई ने स्वयं को लायक और सक्षम शिष्या भी सिद्ध किया।

1870 में रमाबाई ने सार्वजनिक जीवन में क़दम रखा, परन्तु 1901 में जस्टिस राणाडे के निधन के बाद ही वे भारत की नारियों के मुद्दे से स्वयं का तादात्म्य स्थापित कर पाईं। वे स्वेच्छा से येरावदा स्थित केन्द्रीय कारागार तथा मनोचिकित्सालय में जाने लगीं। वे नियमित रूप से जेल जातीं, महिला बन्दियों के साथ प्रार्थना करतीं, और उनकी आत्माओं को पुनः संचारित करने की चेष्टा करतीं। वे मनोचिकित्सालय की प्रबन्ध समिति की बैठकों में उपस्थित होतीं। वे सुधार शाला के लड़कों से मिलने जातीं, उनसे बातचीत करतीं और त्योहारों पर उन्हें मिठाइयाँ बाँटतीं।

रमाबाई ने जल्दी ही राणाडे के मामलों का प्रबन्धन करना सीख लिया था और 1901 में पति की मृत्यु के बाद उनके भाषणों और लेखन का सम्पादन कर उनका प्रकाशन किया। 1881 में वे प्रार्थना समाज की बैठकों में शिरकत करने लगीं। वे भारतीय स्त्रियों के मताधिकार अभियान में सक्रिय रहीं और फीजीद्वीप में भारतीय श्रमिकों की दुर्दशा की ओर ध्यान बँटाया। 1904, 1908, 1912 तथा 1920 में उन्होंने भारत महिला परिषद के सत्रों का सभापतित्व भी किया।

वे 1908 से मृत्युपर्यन्त रमाबाई बोम्बे सेवा सदन की अध्यक्ष रहीं तथा 1909 से पूना सेवा सदन की। उन्होंने ऐसे क्लाबों की स्थापना की जहाँ गृहणियाँ सिलाई, प्राथमिक चिकित्सा तथा मराठी व अंग्रेज़ी सीख सकें। सेवा सदन के लिए किए गए कार्यों में रमाबाई ने 1911 से डेविड सैसून अस्पताल में नर्सों के लिए एक छात्रावास

स्थापित किया, व उनके प्रशिक्षण की व्यवस्था की। 1912 में वे केन्द्रीय अकाल राहत कमेटी की सदस्या बनीं। उन्होंने मराठी में अपनी जीवनी *आमच्या आयुष्यातिल कन्हीं अठावानी,* लिखी जिसमें एक परम्परागत घर में प्रगतिशील पति के साथ बिताए जीवन का बेबाक वर्णन है। जहाँ उन्हें दोनों और की माँगों को सन्तुलित करते हुए जीना पड़ा जो आसान काम नहीं था। रमाबाई का सबसे महत्त्वपूर्ण योगदान था बालिकाओं के लिए अनिवार्य तथा निःशुल्क शिक्षा के लिए संघर्ष तथा बोम्बे प्रेसीडेंसी में 1921-22 में महिला मतदान अभियान चलाना।

रमाबाई राणाडे की जन्म शताब्दी 25 जनवरी 1962 में मनाई गई तथा उस अवसर पर एक डाक टिकट जारी किया गया।

रशीद जहाँ
(1905-1952)

रशीद जहान उर्दू की शायरा तथा प्रगतिशील लेखक समूह की सदस्या थीं। ज़मीनी वास्तविकता व समझौता न करने वाली दृष्टि से उपजे उनके लेखन ने इस्मत चुग़ताई को प्रेरणा दी थी। डाक्टरी पेशे के लिए प्रशिक्षित रशीद ने अपने कामकाजी जीवन में तमाम ऐसे दृष्टान्त देखे जिसमें स्त्री के प्रति पुरुष की क्रूरता को करीब से देखा। रशीद का जन्म व लालन-पालन अलीगढ़ में हुआ था। उनके पिता शेख अब्दुल्ला *खातून* नामक महिला पत्रिका का सम्पादन करते थे। रशीदा का परिवार शिक्षित था और उसमें महिला सरोकारों पर बहस होती थी। रशीद की तीनों बहनों ने व्यावसायिक प्रशिक्षण लिया था। दो शिक्षा के क्षेत्र में थीं और तीसरी अदाकारा थीं। रशीद ने लखनऊ में पढ़ाई की और तब लेडी हार्डिंग मेडिकल कॉलेज में। वहाँ वे महिलाओं के लिए साक्षरता कक्षाएँ और स्त्रियों के लिए निःशुल्क क्लिनिक चलाती थीं। 1931 में उन्होंने *अंगारे* नामक संकलन में एक नाटक और कहानी छपवा उर्दू साहित्य जगत में नाम कमाया। इस संकलन के अन्य लेखक भी प्रगतिशील थे, पर लोगों का ध्यान रशीद की रचनाओं पर केन्द्रित हुआ। रशीद के इस नाटक का शीर्षक था *पर्दे के पीछे,* इसमें गर्भपात व अन्य स्वास्थ्य सम्बन्धी मुद्दे उठाए गए थे जिनसे परम्परागत मुस्लिम समाज में नाराज़गी फैली। उनके विरुद्ध फतवे जारी किए गए और उन्हें चेतावनी दी गई कि वे बिना रक्षक के मरीज़ों की देखभाल करने शहर के गरीबतम और ख़तरनाक इलाक़ों में न जाएँ, जहाँ वे अमूमन जाया करती थीं। रशीद ने यह सुझाव दर-किनार कर दिया, और कहा कि एक चिकित्सक के रूप में यह उनका फ़र्ज़ बनता है कि वे उन पर निर्भर ज़रूरतमन्द मरीज़ों को निजी परामर्श देने जाएँ। रशीद *चिन्गारी* नामक पत्रिका सम्पादन भी करती थीं और उनका घर उनके प्रगतिशील मित्रों के लिए हमेशा

खुला रहता था। उन्होंने कई नाटकों में अभिनय किया, कई का निर्देशन भी। वे कम्युनिस्ट पार्टी के लिए काम करती रहीं और दूसरे विश्व युद्ध के दौरान भूमिगत हुए पार्टी सदस्यों की ज़िम्मेदारियाँ सँभालतीं व उनके परिवारों की मदद भी करतीं। उनकी मृत्यु योनि के कैंसर से मॉस्को में हुई। आज भी उन्हें उनकी लघु कथाओं के लिए याद किया जाता है।

रससुन्दरी देवी/रशसुन्दरी देवी

(1809-1900)

रससुन्दरी देवी ने अपनी आत्मकथा 'आमार जीबोन', 73 वर्ष की आयु में लिखी। यह किसी भी भारतीय महिला की स्मृतियों का सबसे पुराना उपलब्ध दस्तावेज़ है। एक वैष्णव परिवार की साधारण गृहिणी रससुन्दरी ने, अपने पुत्र की पुस्तक का एक पृष्ठ व सादे काग़ज़ का एक पन्ना चुरा, स्वयं को पढ़ना-लिखना सिखाया था। स्वशिक्षा का यह उपक्रम समूचे परिवार के सो जाने के बाद रसोईघर के धुएँ से काली हो चुकी दीवारों पर अक्षर उकेर कर चला था। उन्हें 12 बच्चों व एक विशाल परिवार की देखभाल करनी पड़ती थी, फिर भी उनका वृत्तान्त प्रवाहमय, परिष्कृत तथा विचलित कर देने की हद तक ईमानदार है। उनका रोज़मर्रा का कामकाज इतना कठिन था और उसमें इतना अधिक समय लगाना पड़ता था कि वे दिन और रात में अन्तर तक नहीं कर पाती थीं। इसके बावजूद सीखने की उनकी इच्छा इस कदर सशक्त थी, तथा आत्मनिरीक्षण की शक्ति इतनी मज़बूत, कि वे स्त्री के लिए निषिद्ध ज्ञान के विचार को चुनौती दे सकीं। उस युग में आम धारणा यह थी कि जो स्त्रियाँ पढ़ती-लिखती हैं उनके भाग्य में वैधव्य बदा होता है। रससुन्दरी वर्णन करती हैं कि किसी स्त्री के हाथों काग़ज़ का टुकड़ा तक देखने पर बड़ी-बूढ़ी औरतें बकझक करतीं, डाँटती-फटकारती थीं, 'फिर भी', वे कहती हैं 'मैं यह स्वीकार न सकीं।'

राज्यश्री

(सातवीं शताब्दी)

राज्यश्री हर्षवर्धन की बहन थीं और अपने भाई को बौद्ध धर्मावलम्बी बनाने में उनकी भूमिका थी। राज्यश्री तथा हर्षवर्धन, प्रभाकर वर्धन की सन्तानें थीं जो स्थान विश्वरा, अथवा आधुनिक हरियाणा स्थित थानेश्वर के राजा थे। प्रभाकर वर्धन सूर्य उपासक थे। उनका सबसे बड़ा पुत्र राज्यवर्धन 606 में सिंहासन पर आसीन हुआ था। लगता

है कि वह हीन यानी बौद्ध था। उसका छोटा भाई हर्ष प्रारम्भ में शैव था। राज्यश्री का विवाह कन्नौज के मौखरी राजा गृहवर्मन से हुआ था। उस समय कन्नौज तथा मगध, बौद्ध धर्म के सशक्त केन्द्र थे, और यहाँ राज्यश्री बौद्ध धर्म से परिचित हुईं और महायानी बौद्ध बनीं।

राज्यवर्धन के शासक बनने के कुछ माह बाद गृहवर्मन को मालवा के देवगुप्त ने युद्ध में हराया और उसकी हत्या कर दी। राज्यवर्धन ने देवगुप्त पर हमला किया तथा उसे परास्त किया। उसने अपनी बहन को छुड़ाया, पर बंगाल के गौड शासक शशांक ने उस पर आक्रमण किया और छल से राज्यवर्धन की हत्या कर दी। यों हर्ष सोलह वर्ष की आयु में थानेश्वर के सिंहासन पर बैठा। उसने कामरूप के भास्करवर्मन से सन्धि की और शशांक के विरुद्ध धावा बोला। शशांक पराजित हुआ पर भागने में सफल रहा। हर्ष, राज्यश्री को बचा कर थानेश्वर ले आया। राज्यश्री के प्रभाव में हर्ष महायान बौद्ध धर्म की ओर झुका, हालाँकि वह आजीवन समन्वयवादी बना रहा। हर्ष का नाटक *नागनन्दा* जिमुत वाहन की जातक कथा पर आधारित है, पर उस कथा में कई शैव अभिप्राय भी शामिल हैं। हर्ष प्रसिद्ध नाटककार व सफल शासक था।

हर्ष ने अपने पिता व भाई की तरह राज्य विस्तार की नीति ज़ारी रखी। उन्होंने कन्नौज जीता और उसे अपनी राजधानी बनाया। अपने चरम पर हर्ष का राज्य पंजाब, गुजरात, बंगाल, उड़ीसा तथा नर्मदा नदी के उत्तर में सम्पूर्ण गंगा की तराई वाले भू-भाग तक फैला था। उसका राज्य यहाँ समाप्त होता था क्योंकि वह कर्नाटक के शक्तिशाली चालुक्यों को नहीं हरा सका।

कहा जाता है बाद के जीवन में राज्यश्री, हर्ष को अपनी दरबारी शैली को अधिक सरल बनाने तथा त्याग की दिशा में प्रेरित कर सकीं। हर्ष बौद्ध धर्म का संरक्षक बना और उन्होंने नालन्दा विश्वविद्यालय को कई अनुदान दिए तथा विशाल बौद्ध वाद-विवाद आयोजित किए, जिसमें से एक प्रतियोगिता एक चीनी भिक्खु क्सुआन ज़ैंग (ह्वेनत्सांग) ने जीती, और उसने हर्ष के शासन काल का वर्णन भी किया। कहते हैं कि स्वयं राज्यश्री भी एक बौद्ध भिक्खुनी बनीं।

रानी रूपमती
(सोलहवीं सदी ईसवी)

रानी रूपमती मांडवगढ़ या मांडू की रानी थीं और प्रसिद्ध संगीतकार भी। वे नीमड़ से मांडू आईं, जिसकी प्रमुख नदी नर्मदा है और जिसे अधिष्ठाता देवी मान वे पूजती थीं। मांडू में वे मालवा के बाज़ बहादुर से मिलीं, जो स्वयं भी कुशल संगीतकार थे। संगीत कला के प्रति साझे प्रेम ने उन्हें एक दूसरे के प्रति आकर्षित किया। इन दोनों ने

मिलकर मांडू को संस्कृति तथा संगीत का केन्द बनाया। रूपमती जितनी सुन्दर थीं उतनी ही बुद्धिमान भी थीं पर राजकाज में सिर खपाने के प्रति उनकी रुचि नहीं थी वे अपना समय कविता, संगीत तथा नृत्य में लगाती थीं। उन्होंने संगीत के कई नये स्वरूप आविष्कृत किए जिसमें सबसे प्रसिद्ध है *ख़याल*। हालाँकि वे भूपकल्याण ख़याल के लिए जानी जाती हैं उनकी पसन्द *बाज़खान ख़याल* थी। रूपमती की प्रस्तुतियाँ पूरी तरह उनकी रचनाएँ हुआ करती थीं, वे स्वयं गीत लिखतीं, उनको संगीतबद्ध करतीं और नृत्य के माध्यम से उसका भावार्थ अभिव्यक्त करतीं। वे हिन्दी व राजस्थानी के साथ मालवा तथा नीमड़ की स्थानीय बोलियों में दक्ष थीं। वे इन सभी भाषाओं में लिखती थीं। हालाँकि उनके जीवनकाल में उनके गीत संकलित नहीं किए गए, परन्तु उनमें से कई अहमद-उल-लेमारी के संकलनों में सुरक्षित हैं। श्रेष्ठ संगीत केन्द्र के रूप में मांडू की जो ख्याति थी वह 1570 में अदम ख़ान के नेतृत्व में भेजी गई अकबर की सेना के हमले के बाद बच नहीं सकी। रानी रूपमती ने शत्रुओं के हाथ पड़ने से बचने के लिए आत्महत्या कर ली।

लेडी रानू मुखर्जी
(1906-2000)

वाराणसी में प्रीति अधिकारी के नाम से जन्मी रानू मुखर्जी, रवीन्द्रनाथ ठाकुर के अन्तिम वर्षों में उनकी प्रेरणा का स्रोत बनीं। ठाकुर ने रानू को उसके माता-पिता के घर में बचपन में देखा था, जब नन्ही रानू कवि का अभिवादन करने, अबोध निर्वस्त्रता में भागी आई थीं। जब वे रानू से फिर मिले तब तक वे पन्द्रह वर्ष की हो चुकी थीं और यौवन की दहलीज पर खड़ी एक अद्भुत सुन्दर किशोरी थीं। वे बेहद चंचल बालिका थीं, जो ठाकुरबाड़ी में होने वाले शौकिया नाटकों में अपनी आयु से कहीं परिपक्व भूमिकाएँ निभाती थीं। पर साथ ही उनमें एक मनमौजी खिलन्दड़ीपन भी था, जो वृद्ध कवि को स्फूर्तिदायक लगता था।

उन्होंने रवीन्द्रनाथ को 'भानूदा' का उपनाम दिया था, जो रवि ठाकुर की रचना *भानू सिंहरे पदाबनी* से प्रेरित था। सुनील गंगोपाध्याय ने एक उपन्यास *रानू ओ भानू* लिखा, जिसमें संकेत किया कि ठाकुर तथा लेडी रानू से प्रेरित प्रेमी थे। दोनों में एक दूसरे के प्रति आकर्षण था इस तथ्य को नकारा नहीं जा सकता। बीरेन मुखर्जी से रानू के विवाह के बाद भी, ठाकुर महत्त्वपूर्ण साहित्यिक मसलों को सलटाने के काम में रानू पर, पूरा भरोसा करते थे। वे भी ठाकुर के प्रति आकर्षित थीं, पर उनके बीच कुछ और भी घटा हो इसके कोई प्रमाण नहीं हैं। उन्होंने शान्तिनिकेतन में 13 वर्ष बिताए और नन्दलाल बोस से चित्रकला सीखी।

बाद के जीवन में लेडी रानू कला संरक्षिका बनीं और 1947 से उन्होंने ललित कला अकादमी के संचालन में मदद की।

रामी

(लगभग 1440)

रामी एक वैष्णव कवयित्री थीं और अनुश्रुति के अनुसार वैष्णव कवि चंडीदास की नीची जाति की प्रेमिका थीं। चंडीदास स्वयं भी एक विवादित व्यक्ति हैं, क्योंकि लगता यह है कि इस नाम के एक से अधिक कवि हुए थे। किंवदंती के अनुसार चंडीदास ने रामी को तालाब के घाट पर कपड़े धोते देखा तो वे इतने अविभूत हो गए कि गाँव द्वारा बहिष्कार को झेलने का दुस्साहस कर बैठे, उन्होंने पुजारी के रूप में अपनी चाकरी छोड़ दी और रामी के साथ वैष्णव शैली में प्रेम गीत गाते-सुनाते इधर-उधर भटकने लगे। इस किंवदंती को ऐतिहासिक जामा पहनाने के कई प्रयास किए गए हैं, जिसमें रामी की रचना माना जाने वाला एक संकलन भी तलाशा गया, परन्तु रामी के अस्तित्व का पुख्ता प्रमाण अब तक मिल नहीं पाया है। इस धोबन-कवयित्री को जिन प्रेम गीतों का श्रेय दिया जाता है वे स्पष्टवादी साहसिक तथा बेबाक हैं। उनकी कुछ पंक्तियाँ हैं :

क्या कहूँ बन्धु?
मेरे पास पर्याप्त शब्द ही नहीं हैं।
रोते-रोते यह कथा सुनाते हुए भी
मेरा श्रपित चेहरा हँस पड़ता है।
क्या दुष्ट पुरुषों की ढिठाई की कल्पना कर सकती हो?
उन्होंने देवी की पूजा ही बन्द कर दी है
और मेरी साख पर बट्टा लगाना शुरू कर दिया है।

राशमोनी, रानी

(1793-1861)

रानी राशमोनी दक्षिणेश्वर स्थित काली मन्दिर की संस्थापिका थीं। उनका जन्म 1793 में कोलकाता के पास एक छोटे ग्राम कोना में हुआ था। जन्म से वे एक शूद्र या अस्पृश्य जाति की थीं। उनके पिता हरेकृष्ण दास एक मज़दूर थे। जब राशमोनी 11वर्ष की थीं तब एक अत्यंत धनी व्यक्ति राजाचन्द्र दास उनके सौन्दर्य पर मोहित

हुए और उनसे विवाह किया। 1817 में राजाचन्द्र दास अपने पिता की विशाल सम्पत्ति के वारिस बने, पर उनकी भी मृत्यु 48 वर्ष की आयु में हो गई। वे अपने पीछे राशमोनी व उनकी तीन विवाहित कन्याओं को छोड़ गए। राशमोनी धार्मिक प्रवृत्ति की थीं परन्तु परिवार के भौतिक हितों के प्रति सजग भी थीं। उन्होंने बड़ी कुशलता से अपने दामाद मोहनदास बिस्वास की मदद से पारिवारिक सम्पत्ति का प्रबन्धन किया और बड़ी उदारता से दान भी देती रहीं। उनकी निर्भीकता को लेकर कई कहानियाँ हैं; एक बार जब नशे में धुत सैनिक उनका घर लूटने घुस आए तो वे तलवार ले घर के मन्दिर के दरवाज़े पर खड़ी हो गईं, जबकि शेष सदस्य जान बचाने पड़ोसियों के घर छिप गए थे।

राशमोनी के जीवन में बड़ा बदलाव तब आया जब 1847 में माँ काली के आदेश पर उन्होंने कलकत्ता के उत्तर में 4 मील दूर स्थित दक्षिणेश्वर में, मन्दिर निर्माण का कार्य प्रारम्भ किया। 1855 में एक शुभ दिन मूर्ति स्थापना के लिए तय किया गया। क्योंकि राशमोनी शूद्र थीं, वे कट्टरपन्थी ब्राह्मणों में से एक को भी इस अवसर पर पुरोहित बनने पर राज़ी न कर सकीं। उन्होंने कई ख्यातनाम विद्वानों से सलाह ली, उनमें से एक रामकुमार चट्टोपाध्याय ने उन्हें इस दुविधा से निकलने की राह सुझाई। राशमोनी ने मन्दिर अपने गुरु, जो ब्राह्मण थे, को भेंट कर दिया और उसके रख रखाव के लिए दीनापुर में भूमि खरीदी और उसकी आय मन्दिर के लिए उपलब्ध करवा दी। रामकुमार चट्टोपाध्याय मन्दिर के पुजारी नियुक्त किए गए और उनके बाद उनके भाई गदाधर को यह दायित्व सौंपा गया। गदाधर माँ काली के ध्यान में इस तरह तल्लीन हो जाते थे कि कई लोग उन्हें पागल ही समझते थे। रानी राशमोनी को सलाह दी गई कि वे गदाधर को पुजारी न बनाएँ, पर राशमोनी को सहज ही अन्तर्दृष्टि द्वारा अहसास हुआ कि गदाधर के विचित्र तौर-तरीक़े उसकी धार्मिक अतिरेक के लक्षण हैं।

एक बार पूजा के समय गदाधर, जो श्री रामकृष्ण भी कहलाते थे, को लगा कि राशमोनी का मन कारोबारी मामलों में अटका है उन्होंने राशमोनी की पीठ पर एक थप्पड़ जमा दिया। घटना से क्रूद्ध व स्तंभित लोगों ने माँग की कि पुजारी को हटाया जाए और सज़ा दी जाए। राशमोनी ने उन्हें यह कर मौन कर दिया कि देवी माँ ने श्री रामकृष्ण के माध्यम से उनके हृदय को आलोकित किया है। रानी राशमोनी ने तत्कालीन इम्पीरियल पुस्तकालय (जो अब भारतीय राष्ट्रीय पुस्तकालय है) को तथा हिन्दू कॉलेज (जो अब प्रेसीडेंसी कॉलेज है) को अनुदान दिए। उन्होंने गंगा के एक भाग पर जहाजी व्यापार को रोक दिया और अंग्रेज़ हुकूमत को बाध्य किया कि वह गंगा में मच्छीमारी पर लगाया गया वह कर हटाए, जो गरीब मछुआरों की आजीविका के लिए ख़तरा बन रहा था। जब अंग्रेज़ों ने शान्तिभंग का आरोप लगा पूजा यात्रा को रोका, तो राशमोनी ने इस आदेश को तोड़ा जिससे अंग्रेज़ सरकार आदेश वापस लेने पर बाध्य हुई। दक्षिणेश्वर मन्दिर के प्रांगण में राशमोनी का स्मारक बनाया गया। **–रीता डालमिया**

रुक्मिणी देवी अरुंडेल

(1904-1986)

रुक्मिणी देवी एक नृत्यांगना व नृत्य सैद्धान्तिक थीं। उन्होंने भरतनाट्यम को उसका मौजूदा स्वरूप दिया था। उनके पहले इस नृत्य शैली को देवदासियों की शैली माना जाता था, जो बचपन से मन्दिरों को सौंप दी जाती थीं, यह नृत्य सीखती थीं, और एक प्रकार की पवित्र वेश्यावृति को अपनाती थीं। बीसवीं शताब्दी के साथ मध्यम वर्ग के बीच देवदासी प्रथा को समाप्त करने का तथा मन्दिरों को 'स्वच्छ' करने का आन्दोलन ज़ोर पकड़ता गया। यह अभियान 'वेश्यावृत्ति विरोधी' अभियान के रूप में जाना जाता था, तथा ऐसे ही अन्य आन्दोलनों की तरह देवदासी प्रथा के दुखद पक्षों के साथ नृत्य को भी कलंकित करता था। 1947 में पारित मद्रास प्रिवेंशन ऑव डेडिकेशन ऑव देवदासीस् एक्ट (मन्दिरों को देवदासी दान निरोधी क़ानून) से इस प्रथा को ग़ैर-क़ानूनी घोषित कर दिया गया। इस भय से कि देवदासियों के साथ यह नृत्य शैली भी समाप्त हो जाएगी, रुक्मिणी देवी ने वेश्यावृत्ति से नृत्य शैली का सम्बन्ध तोड़ उसे नई मान्यता दिलाने की चेष्टा की। हालाँकि पुरातन परम्परा के अधिक निकट व्यक्तियों, जैसे टी बालसरस्वती ने इसे घोर धर्म-विरोधी कृत्य माना।

रुक्मिणी देवी का जन्म एक कट्टर ब्राह्मण परिवार में, 29 फरवरी, 1904 को हुआ था। उनके पिता नीलकण्ठ शास्त्री एक विद्वान् व्यक्ति थे जिन्होंने थियोसाफिकल सोसायटी से जुड़ अपने समुदाय को स्तब्ध कर दिया था। रुक्मिणी देवी की मार्गदर्शिकाओं में एक एनी बेसेंट थीं। रुक्मिणी ने एक अंग्रेज़ जॉर्ज सिडनी अरुंडेल से विवाह किया जो सेंट्रल हिन्दू कॉलेज, वाराणसी में शिक्षक थे। रुक्मिणी ने भरतनाट्यम तब सीखा जब वे लगभग 30 वर्ष की हो चुकी थीं, और इस शैली को समाज के हाशिए से उठा ऐसी शैली में तब्दील कर दिया जिसे समाज के प्रतिष्ठित लोग अपनी बेटियों को सिखाने को प्रस्तुत हों। रुक्मिणी तथा उनके पिता ने विश्व भर में इस नृत्य शैली के राजदूतों के रूप में भ्रमण किया। इसके अतिरिक्त जॉर्ज ने ऐसी राष्ट्रीय शिक्षा को प्रोत्साहित करने के प्रयास किए जिसकी जड़ें भारतीय संस्कृति में हो। 1935 में ई. कृष्णा अय्यर की मदद से रुक्मिणी प्रख्यात भरतनाट्यम गुरु पंदनल्लूर मीनाक्षीसुन्दरम पिल्लई के दामाद छोक्कलिंगम पिल्लई को नृत्य सिखाने पर राज़ी कर सकीं। गुरु के अन्य शिक्षकों ने भी रुक्मिणी देवी के संस्थान में नृत्य सिखाया।

नर्तकों के एक कुलीन, ग़ैर-पेशेवर वर्ग के उदय होने के साथ रुक्मिणी देवी ने भरतनाट्यम के विकास के लिए अपने केन्द्र की स्थापना की। अड्यार में जहाँ थियोसॉफिकल सोसायटी का मुख्यालय था, कलाक्षेत्र की स्थापना हुई। उन्होंने परम्परागत संगीतज्ञ परिवारों के बाहर संगीतकार तलाशे जिनमें कौशल हों और वे नृत्य निर्देशन के प्रयोग करने लगीं।

जिन संगीतकारों ने कलाक्षेत्र को अपनी सेवाएँ दीं उनमें से कुछ थे टाइगर वरदचारी, पापनासम सिवन, बुदलूर कृष्णमूर्ति सस्त्रीगल, तथा एम.डी. रामनाथन। उनकी व्यापक विदेश यात्राओं के दौरान कलाक्षेत्र के सामान्य संचालन में पीटर हॉफमैन जैसे थियोसोफिस्टों ने सहायता की। उन्होंने परम्परागत मुद्राओं व वस्त्रों में परिवर्तन किया, उन्होंने गीतों के शब्दों को परिवर्तित किया ताकि वे स्वीकार्य अर्थों की परिभाषा में समा सकें। उन्होंने बैगपाइप तथा क्लैरिनेट की जगह वीणा व बांसुरी का उपयोग किया, तथा नटराज, शिव के नर्तक अवतार, की मूर्ति मंच पर स्थापित कर नृत्य करने की परम्परा प्रारम्भ की। रुक्मिणी देवी के क्रान्तिकारी परिवर्तन, जो आज से मात्र पचास वर्ष पूर्व ही हुए थे, अब भरतनाट्यम परम्परा का हिस्सा माने जाने लगे हैं। प्रत्येक वर्ष सर्दियों में जब थियोसॉफिकल सोसायटी का वार्षिक सम्मेलन आयोजित हुआ करता था, रुक्मिणीदेवी नृत्य उत्सव भी आयोजित करतीं, इस प्रकार उनके मार्गदर्शन में कलाक्षेत्र की गतिविधियों में वैविध्य आने लगा।

रुक्मिणी देवी ने भरतनाट्यम को केवल शास्त्रीय अंग-संचालन के प्रदर्शन से विस्तृत कर ऐसी शैली में बदल डाला जिसमें नृत्य नाटक भी प्रस्तुत किए जा सकें। उन्होंने कथाकली व अन्य सम्बन्धित शैलियों के तत्त्व ले भरतनाट्यम की एक अधिक ऊर्जावान शैली में बदल डाला जिसमें हनुमान तथा राम जैसे पात्र भी प्रस्तुत किए जा सकें। शीघ्र ही कलाक्षेत्र आवासीय परिसर में बदला जहाँ भारतीय शास्त्रीय प्रदर्शन कलाओं का पाँच वर्षीय पाठ्यक्रम सीखा जा सकता था। प्रारम्भिक दो दशकों के बाद रुक्मिणी देवी ने नृत्य से सेवानिवृत्ति ले ली और अपना पूरा समय केन्द्र के प्रबन्धन में लगाने लगीं। केरला कूथाम्बलम की तर्ज पर एक रंगमंच निर्मित करने का उनका स्वप्न पूरा हुआ।

रुक्मिणी देवी को 1956 में पद्म भूषण तथा 1967 में संगीत नाटक अकादमी की फैलोशिप प्रदान की गई।

रुख्माबाई
(1864-1955)

रुख्माबाई बाल्यावस्था में विवाहित स्त्री थीं जिन्होंने अपने पति के साथ रहने से इनकार कर दिया। बाद में वे एक डॉक्टर बनीं। उनका मामला 1880 के दशक में मुम्बई में बाल विवाह के औचित्य-अनौचित्य पर छिड़े विवाद का मसला बना। रुख्माबाई के अधिकारों की पैरवी स्वयं पंडिता रमाबाई ने की थी।

रुख्माबाई की माता ने भी बाल विवाह की प्रथा के कारण काफ़ी दुख उठाया था। उनका विवाह चौदह वर्ष में कर दिया गया था, वर्ष भर बाद उनकी पुत्री रुख्मा

का जन्म हुआ था और सत्रह वर्ष की आयु में वे विधवा हो गई थीं। परन्तु सात वर्ष बाद उन्होंने एक चिकित्सक तथा मुम्बई स्थित ग्रांट मेडिकल कॉलेज के वनस्पतिशास्त्र के प्रोफेसर सखाराम अर्जुन से पुनर्विवाह किया। रुख्माबाई की माँ ने सामाजिक दबावों के समक्ष झुकते हुए उसका विवाह ग्यारह वर्ष की उम्र में दादाजी भीखाजी से किया, जो उस समय उन्नीस वर्ष के थे। रुख्माबाई अपने पति के साथ रहने नहीं गईं बल्कि अपने पीहर में ही रहती रहीं और स्कूल पढ़ाई करती रहीं। 1884 में उनके पति ने माँग रखी कि वे साथ रहने आएँ। रुख्माबाई ने इनकार कर दिया, अदालत में उन पर मुक़दमा चला और उन्हें पति के वैवाहिक अधिकारों से वंचित रखने के जुर्म में क़ैद की सजा सुनाई गई। पंडिता रमाबाई इस घटना से ग़ुस्से से फट पड़ीं, केवल ऐसा फैसला सुनाने वाले औपनिवेशिक शासकों की बेवकूफी और सुविधापरस्ती के कारण नहीं, बल्कि समाज के उस तबके के नज़रिए के कारण भी जो बाल गंगाधर तिलक के नेतृत्व में इस फैसले को उचित मान, हामी में सिर हिला रहा था। रुख्माबाई ने अपने बचाव में अंग्रेज़ी क़ानून की दुहाई दी जिसके तहत उन्हें अपनी इच्छा के विरुद्ध, पति के साथ वैवाहिक सम्बन्ध बनाने पर बाध्य नहीं किया जा सकता था। उन्होंने यह दावा भी किया कि उनके पति वित्तीय लाभ की मंशा से उन्हें साथ रहने पर बाध्य करना चाहते हैं। बाल विवाह, बालिकाओं व महिलाओं की शिक्षा के अभाव के मुद्दे लन्दन के अखबारों में सुर्खियों में छपे और यह विवाद महीनों तक *टाइम्स* के पृष्ठों पर छाया रहा कि क्या अंग्रेज़ी क़ानून को हिन्दू क़ानून को निरस्त नहीं कर देना चाहिए। रुख्माबाई केवल इसलिए सज़ा पाने से बच सकीं क्योंकि महारानी विक्टोरिया ने एक घोषणा से उनके विवाह को निरस्त किया और उनकी सज़ा को निरस्त कर दिया।

कामा महिला चिकित्सालय की डॉ. एडिथ पेचीफिप्सन ने एक कोष एकत्रित किया ताकि रुख्माबाई लन्दन में मेडिकल शिक्षा पा सकें। 1894 में रुख्माबाई लन्दन स्कूल ऑव मेडिसन से योग्यता पा भारत लौटीं और पुणे के एक अस्पताल की प्रमुख बनीं। कालान्तर में रुख्माबाई सूरत तथा राजकोट के अस्पतालों की मुख्य चिकित्सा अधिकारी बनीं और लगातार पर्दे तथा ज़नाने के जीवन का स्त्रियों पर पड़ने वाले दुष्प्रभावों के विषय में लिखती रहीं। उन्होंने पुनर्विवाह नहीं किया और हालाँकि उनके पति ने अन्ततः वित्तीय मुआवजा ले, अपने दावे को त्याग दिया, परन्तु हिन्दू क़ानून के तहत रुख्माबाई की क़ानूनी स्थिति न तो विवाहित स्त्री की थी, न ही अविवाहित स्त्री की। इक्यानवे वर्ष की आयु में 1955 में रुख्माबाई का देहावसान हुआ।

रानी रुद्रमा देवी

(1259-1289)

रानी रुद्रमा काकतीय वंश की रानी थीं और आधुनिक आन्ध्र प्रदेश के कुछ हिस्सों पर राज्य करती थीं। वे अपने पिता गणपति देवा की उत्तराधिकारी बनीं और तीन दशकों तक सुचारु रूप से शासन किया, इस दौरान उनका राज्य व्यापार और कलाओं के शिखर तक पहुँचा। गणपति देवा का कोई पुत्र न था और राज्य अपने ही कुल में बनाए रखने की मंशा से उन्होंने रुद्रमा को राजगद्दी का उत्तराधिकारी घोषित किया। उन्होंने उसे रुद्रदेव महाराज नाम दिया और उसकी शिक्षा-दीक्षा में विशेष रुचि ली। उन्होंने अपने शासन के अन्तिम वर्षों में रुद्रमा को व्यवहारिक प्रशासनिक प्रशिक्षण देने के लिए राजकाज से जोड़ा। रुद्रम्ब व उनकी छोटी बहन गणपम्बा बुद्धिमान व असाधारण रूप से क्षमता सम्पन्न थीं। गणपम्बा का विवाह पड़ोस में स्थित कोटा के शासक से हुआ था तथा उसकी मृत्यु के बाद गणपम्बा ने कोटा राज्य का 40 वर्षों से भी अधिक अवधि तक निर्विरोध शासन किया। 1262 में गणपति देवा की मृत्यु के बाद रुद्रमा सिंहासन पर बैठीं, हालाँकि सभी सामन्तों ने उन्हें शासक नहीं स्वीकारा। दक्षिणी आन्ध्र के सामन्तों को, जिन्हें कुछ समय पहले परास्त किया गया था, लगा कि विद्रोह कर स्वतंत्र बनने का यह अच्छा अवसर है। ठीक उसी समय देवगिरी के यादव शासक महादेव ने आंतरिक कठिनाइयों का लाभ उठाने के लिए काकतीय राज्य के पश्चिमी भाग पर धावा बोला। रुद्रमा के मंत्रियों तथा अधिकारियों की रुद्रमा में पूरी आस्था थी, वे स्वामिभक्त थे, अतः रुद्रमा न केवल विद्रोह का दमन का सकीं, वरन् उसने यादव शासक को भी परास्त किया।

रुद्रमा ने तालाबों, नहरों व कुओं का निर्माण करवाया ताकि किसानों को सिंचाई के लिए जल उपलब्ध हो सके। व्यापार तथा कुटीर उद्योगों को प्रोत्साहित करने के लिए उन्होंने व्यापारियों को छूट दी। मलकापुरम से 1261 की तिथि का एक अभिलेख मिला जिसमें रुद्रमा के दान का उल्लेख है। अभिलेख के अनुसार रुद्रमा ने अपने पिता की इच्छानुसार पाशुपत सम्प्रदाय के प्रमुख राज गुरु विश्वेश्वर शंभु को मन्दरम ग्राम दान में दिया था।

रुद्रमा ने अन्य दान भी दिए : उन्होंने मन्दरम में एक मन्दिर बनवाया जिसके आसपास एक क़स्बा बस गया। इस क़स्बे में विभिन्न प्रदेशों से आए ब्राह्मण, शिल्पकार, संगीतकार, नर्तक, साधारण नागरिक व सेवक बसे जिनके बीच दान में दी गई भूमि बाँटी गई थी। नगर में एक अस्पताल व महाविद्यालय स्थापित किया गया व एक सार्वजनिक रसोईघर भी जिसमें सभी सम्प्रदायों व जातियों के लोग भोजन पाते थे। रुद्रमा स्वयं आस्थावन शैव थीं, पर अन्य सम्प्रदायों के प्रति सहिष्णु भी थीं। सम्भव है कि वेनेशिया का प्रसिद्ध यात्री मार्को पोलो रुद्रमा के काल में आन्ध्र राज्य से गुज़रा

हो, या फिर उसकी बहन गणपम्बा के राज्य से। मार्को पोलो प्रदेश में विदेशी व्यापार व घरेलू उद्योगों, खासकर हीरों के उद्योग की अच्छी स्थिति का वर्णन करते हैं।

रुद्रमा का विवाह, चालुक्य वंश के क्षत्रिय शासक विदर्भ से हुआ था। उनकी दो पुत्रियाँ मुम्मदम्मा तथा रुय्यम्मा थीं। मुम्मदम्मा का विवाह भी एक चालुक्य शासक से हुआ और उसका एक पुत्र प्रतापरुद्र था। रुद्रमा ने प्रतापरुद्र को गोद लिया तथा उसे 1289 में अपना वारिस बनाया। रुद्रमा की मृत्यु विद्रोही सामन्त अम्बादेव से लड़ते-लड़ते हुई।

रेणुका राय
(1904-1997)

रेणुका राय स्वाधीनता सेनानी थीं। वे एक आईसीएस अधिकारी सतीश चन्द्र राय तथा चारुलता मुखर्जी की पुत्री थीं, जो एक सामाजिक कार्यकर्ता तथा अखिल भारतीय महिला कॉन्फ्रेंस की सदस्या भी थीं। बचपन में रेणुका कुछ वर्षों तक लन्दन में रहीं और कैन्सिंगन हाई स्कूल में पढ़ीं। तब उन्होंने लन्दन स्कूल ऑव इकोनोमिक्स से बी. ए. किया। वहाँ उनके शिक्षकों में हैरल्ड लास्की, विलियम बेवरिज, क्लीमेंट एटली, आइलीन पावर तथा अन्य शामिल थे। 16 वर्ष की आयु में वे गांधीजी से मिलीं, और इस मुलाक़ात का उन पर गहरा प्रभाव पड़ा। उन्होंने सत्येन्द्रनाथ राय से विवाह किया। 1934 में, अखिल भारतीय महिला कॉन्फ्रेंस के क़ानूनी सलाहकार के रूप में उन्होंने एक दस्तावेज़ प्रस्तुत किया जिसका शीर्षक था : *लीगल डिसएबिलिटीज़ ऑव विमेन इन इंडियाः ए प्ली फॉर ए कमिशन ऑव एन्क्वायरी।'* दस्तावेज़ अखिल भारतीय महिला कॉन्फ्रेंस की शारदा क़ानून के प्रति निराशा अभिव्यक्त करता था और यह माँग करता था कि भारत में क़ानून की दृष्टि से महिलाओं की स्थिति की समीक्षा की जाए। रेणुका ने समान व्यक्तिगत क़ानून संहिता के लिए, यह कहते हुए तर्क किया कि भारत में महिलाओं की स्थिति दुनिया में सबसे असमान है।

उसी वर्ष रेणुका झारिया कोयला पट्टी की सात कोयला खदानों में गईं जहाँ औरतें काम करती थीं। वहाँ स्थितियाँ इतनी भयवाह थीं कि रेणुका तथा उनके सहकर्मियों ने अपनी रिपोर्ट में आग्रह किया कि स्त्रियों को इस खतरनाक पेशे को अपनाने की अनुमति नहीं दी जाए, तथा अखिल भारतीय महिला कॉन्फ्रेंस तत्काल उनके लिए वैकल्पिक रोज़गार तलाशने की ज़िम्मेदारी ले। कॉन्फ्रेंस के सदस्यों ने सोचा था कि यह काम आसान होगा। 1943 से 1946 तक रेणुका केन्द्रीय विधान सभा की, तत्पश्चात् संविधान सभा व अन्तरिम संसद की सदस्या रहीं। 1952 से 1957 तक वे पश्चिमी बंगाल विधान सभा की सदस्या बन राहत व पुनर्वास मंत्री

रहीं। 1957 तथा 1962 में वे मालदा से लोकसभा के लिए चुनी गईं। 1952 में रेणुका अखिल भारतीय महिला कॉन्फ्रेंस की अध्यक्ष, योजना आयोग की सदस्य व शान्तिनिकेतन स्थित विश्व भारतीय विश्वविद्यालय की प्रबन्ध परिषद की सदस्या रहीं। उन्होंने राहत व पुनर्वास मंत्री के रूप में अपनी सेवाएँ दीं। उन्होंने अखिल बंगाल महिला यूनियन तथा महिला समन्वय परिषद की स्थापना की। उनका संस्मरण *माय रेमेनिसेन्सस* (1982) शीर्षक से छपा।

रौकिया सखावत होसैन

(1880-1932)

रौकिया एक शिक्षाविद् तथा समाज सुधारक थीं। उनका जन्म व लालन-पालन पोइराबन्द, जो अब बांग्लादेश में है, के एक कट्टरपन्थी परिवार में हुआ। इस परिवार की बच्चियों को बिलकुल बुनियादी कौशलों के अलावा कुछ भी सीखने की इजाजत नहीं थी। बंगाली को 'दूसरों की भाषा' यानी हिन्दुओं या निचले तबके के मुसलमान बंगालियों की भाषा मान दूर रखा जाता था। उच्च वर्गीय शरीफ खानदान केवल उर्दू, फ़ारसी तथा अरबी पढ़ते-लिखते थे ताकि विदेशी होने का भ्रम पाले रख सकें। जब यह पता चला कि रौकिया की बड़ी बहन करीमुनेस्सा ने न केवल ख़ुद को बंगाली पढ़ना सिखा दिया है बल्कि उसे बंगाली में लिखी किताबें पढ़ने में मजा भी आता है, तो उसे फौरन रक्षकों के साथ दादा-दादी के पास पहुँचाया गया और फौरन उसका निकाह कर दिया गया। परन्तु छोटी बहन रौकिया को अपने शिक्षित भाइयों में सहायक मिल गए। रौकिया के भाई इब्राहिम ने जो कलकत्ता में पढ़ चुका था, रौकिया की रक्षा की और उसे देर-रात को, सबके सो जाने के बाद गुपचुप अंग्रेज़ी और बंगाली सीखने में मदद की।

18 वर्ष की उम्र में रौकिया का निकाह ख़ान बहादुर सैयद सखावत होसैन से कर दिया गया, जो विधुर थे और बिहार के ज़िला मैजिस्ट्रेट थे। वे इब्राहिम के दोस्त थे और इब्राहिम ने इस उम्मीद से यह रिश्ता तय किया था कि रौकिया को पढ़ने व विकसित होने का मौक़ा मिल सकेगा। सखावत महिला शिक्षा की आवश्यकता में विश्वास करते थे, उन्होंने अपनी युवा पत्नी को अंग्रेज़ी सिखाई और लिखने को प्रोत्साहित किया। तीन वर्षों बाद रौकिया महिला मुद्‌दों पर लेख लिखने लगीं व प्रकाशित होने लगीं। एक बार जब सखावत बाहर गए हुए थे, रौकिया ने अंग्रेज़ी में *सुल्तानास् ड्रीम* शीर्षक से एक कहानी लिखी। लौटने पर कहानी पढ़ सखावत ने मज़ाक में टिप्पणी की कि उन्हें अपनी पत्नी की उपेक्षा करने की सही सज़ा मिली है और रौकिया की कहानी *'पुरुषों से क्रूर बदला है।'* 1909 में सखावत की मृत्यु के बाद रौकिया ने उनके

द्वारा दान के लिए छोड़ी गई राशि का उपयोग महिलाओं की शिक्षा के लिए भागलपुर में बालिकाशाला खोलने से किया। यह स्कूल अन्ततः अपने दामाद के साथ सम्पत्ति के झगड़े के कारण बन्द करना पड़ा और रौकिया कलकत्ता लौटीं। उन्होंने सम्पत्ति के बँटवारे के पितृसत्तात्मक तरीक़े पर तीखी आलोचना लिखी। उन्होंने फिर शून्य से प्रारम्भ कर 16 मार्च, 1911 को सखावत स्मृति बालिका विद्यालय की शुरुआत मात्र आठ छात्राओं और स्वाल्प पूँजी से की। कठोर परिश्रम से रौकिया ने स्कूल को पैरों पर खड़ा किया, घर-घर जा मुस्लिम परिवारों से बेटियों को पढ़ने भेजने की मिन्नत की। उन्होंने परिवारों से कड़े पर्दे का वादा किया और इसे रेखांकित करने को स्वयं भी बुर्का पहनने लगीं। कई अन्य मुस्लिम महिलाओं की तरह रौकिया भी *परदा,* जो स्वेच्छा से लज्जावश पहना जाता था, तथा *अवरोध* में अन्तर करती थीं और *अवरोध* को *परदे* की पितृसत्तात्मक विकृति मानती थीं।

1916 में रौकिया *अंजुमन-ए-खवातीन-ए-इस्लाम* (मुस्लिम महिला संघ) की संस्थापक सदस्य बनीं और 1926 में उन्होंने कलकत्ता में आयोजित बंगाल महिला शिक्षा सम्मेलन की अध्यक्षता की। 1932 में रौकिया ने अलीगढ़ में आयोजित अखिल भारतीय महिला कॉन्फ्रेंस के एक सत्र का सभापतित्व किया। यह विडम्बना ही थी कि बंगाली की श्रेष्ठ लेखिका होने के बावजूद उन्हें बंगाली मुस्लिम समुदाय के साथ लम्बी व कड़ी जंग लड़नी पड़ी ताकि वे बालिकाओं को बंगाली पढ़ाने के लिए उन्हें मना सकें। उनके विद्यालय में पढ़ाई का माध्यम उर्दू था और स्थापना के 14 वर्षों बाद भी उसमें बंगाली माध्यम की कोई कक्षा न थी। इस बात का कोई प्रमाण तो नहीं मिलता कि उन्होंने वॉलस्टोनक्राफ्ट को पढ़ा हो, परन्तु उन्होंने अपनी जिस अन्तिम पुस्तक पर काम करना प्रारम्भ किया उसका शीर्षक था, *'नारी अधिकार'* (स्त्री के अधिकार)। अपने एक लेख *अवरोधबाशिनी* (शाब्दिक अर्थ, घेराबन्दी के बीच निवास) में वे परदे के फरेब के बारे में लिखती हैं। रौकिया स्वयं पाँच वर्ष की आयु से कड़े परदे में रहती रही थीं, उन्होंने परदे को कार्बन मोनोक्साइड की तरह एक मूक हत्यारा कहा। रौकिया हमेशा यह भी कहती थीं कि वे अज्ञान के *परदे* को हटाने के प्रति कटिबद्ध हैं।

रोहिणी भाटे

(1924-2008)

रोहिणी भाटे भरतनाट्यम तथा कथक नर्तिका थीं। उनका जन्म पटना में हुआ था और स्कूली पढ़ाई पुणे में। 1946 में फर्ग्यूसन कॉलेज से उन्होंने स्नातक किया तथा 1947 में पुणे में नृत्यभारती कथक नृत्य अकादमी की स्थापना की। कॉलेज में पढ़ने के दौरान गुरु पावर्ती कुमार के माध्यम से उनका परिचय भरत नाट्यम से हुआ।

उन्होंने केशवराव भोले तथा वसन्ताराव देशपांडे से हिन्दुस्तानी संगीत का प्रशिक्षण भी लिया। वे अपनी नृत्य प्रस्तुतियों के लिए अक्सर स्वयं संगीत भी रचती थीं। उन्होंने कथक में डॉक्टरेट भी की। उन्होंने कथक नृत्य विधा, पंडित लच्छू महाराज तथा पंडित मोहन राव कल्याणपुरकर से सीखी। भरतनाट्यम तथा कथक नृत्य शैलियों का गहरे ज्ञान ने उनके नृत्य को एक अनूठा व समृद्ध गुण प्रदान किया। विद्वान् व कलाकार रोहिणी ने अपने संस्मरण मराठी में *माझी नृत्यसाधना* शीर्षक से लिखी तथा *आई इज़ाडोरा,* जो *इज़ाडोरा डन्कन* की आत्मकथा थी, का मराठी में अनुवाद *मी, इज़ाडोरा* शीर्षक से किया। उन्होंने संस्कृत अनुदेशिका अभिनय दर्पण का अनुवाद तथा सम्पादन *कथक दर्पण दीपिका* शीर्षक से किया। वे खैरागढ़ विश्वविद्यालय तथा पुणे विश्वविद्यालय के ललित कला केन्द्र को कथक व अन्य नृत्य शैलियों के शिक्षण पर परामर्श भी देती रहीं।

उन्हें 1977 में कालिदास सम्मान तथा महाराष्ट्र राज्य पुरस्कार, 1979 में संगीत नाटक अकादमी पुरस्कार तथा 1990 में महाराष्ट्र गौरव पुरस्कार से सम्मानित किया गया। 2006 में रोहिणी संगीत नाटक अकादमी की फैलो बनीं और 2007 में उन्हें अकादमी रत्न पुरस्कार से नवाज़ा गया। उन्होंने अपने केन्द्र में सैकड़ों नर्तकों को प्रशिक्षण दिया, परन्तु अपने जीवन के अन्तिम वर्षों में वे पार्किन्सन्स रोग की शिकार हुईं, व रोग से उपजी जटिलताओं के कारण उनकी मृत्यु हुई।

लक्ष्मी एन. मेनन

(1899-1994)

लक्ष्मी एन. मेनन एक शिक्षिका वकील, राजनेता व सक्रियकर्मी थीं। उनका जन्म तिरुवनन्तपुरम् में राम वर्मा थम्पन तथा माधवीकुट्टी अम्मा के घर हुआ। 1930 में उनका विवाह प्रोफेसर वी.के. नन्दन मेनन के साथ हुआ, जो एक शिक्षाविद् थे, और त्रैवेणकोर तथा पटना विश्वविद्यालयों के उप-कुलपति तथा भारतीय सार्वजनिक प्रशासन संस्थान के निदेशक रहे। लक्ष्मी ने मद्रास, लखनऊ, तथा लन्दन में अध्ययन किया और शिक्षाविद् बनने के लिए ऊँची डिग्रियाँ हासिल कीं। उन्होंने मद्रास स्थित क्वीन मेरीज़ कॉलेज से काम प्रारम्भ किया और वहाँ 1926 तक पढ़ाया। इसके बाद लक्ष्मी ने लखनऊ में गोखले मेमोरियल गर्ल्स स्कूल व इसाबेला थोबर्न कॉलेज में अध्यापन कार्य किया। तत्पश्चात् उन्होंने 1935 तक वकालत की। वे जवाहरलाल नेहरू, सरोजिनी नायडू तथा मार्गरेट काज़िन्स की साथी थीं और इन मित्रताओं ने उनके मन में भी भारत के लिए कुछ करने की इच्छा जगाई।

वे अखिल भारतीय महिला कॉन्फ्रेंस की संस्थापक सदस्यों में एक थीं और उन्होंने

इसके सचिव तथा अध्यक्ष के रूप में भी सेवाएँ दीं, वे संस्था की पत्रिका रोशनी की सम्पादक भी रहीं। आज़ादी के बाद वे कुछ समय तक पटना शिक्षक प्रशिक्षण महाविद्यालय की प्राचार्य रहीं। परन्तु जवाहरलाल नेहरू ने उन्हें राज्य सभा की सदस्यता स्वीकारने पर राज़ी कर लिया। अपनी प्रारम्भिक हिचक दूर होने के बाद उन्होंने इस पद पर बेहतरीन सेवाएँ दीं तथा आगे चलकर कई बार भारत के वैकल्पिक प्रतिनिधि के रूप में संयुक्त राष्ट्र संघ भी गईं। 1949-1950 में वे संयुक्त राष्ट्र के महिला तथा बालकों की स्थिति विभाग की प्रमुख रहीं।

भारत लौटने पर वे 1952 वे 1957 तक विदेश मंत्रालय में संसदीय सचिव रहीं 1957 से 1962 तक उप-मंत्री तथा, 1962 से 67 तक राज्यमंत्री रहीं। उन्होंने भारत की ओर से कई बार विश्व के दौरे किए और इनमें से एक के दौरान चीन से तनाव के बारे में भारत की स्थिति स्पष्ट की। 1967 में राजनीतिक सेवा से सेवानिवृत्त ले वे सामाजिक कार्यों तथा लेखन की दिशा में मुड़ीं। अन्य आलेखों के अलावा उन्होंने भारतीय मामलों की ऑक्सफोर्ड पैम्फलेट श्रृंखला के लिए भारतीय नारी पर एक पुस्तक भी लिखी। उन्होंने भारत में विश्वविद्यालयीय महिलाओं के फेडरेशन की स्थापना में मदद की। उनकी सेवाओं को स्वीकारते हुए देश ने 1957 में उन्हें पद्म भूषण प्रदान किया।

लक्ष्मीबाई, झाँसी की रानी

(1835-1858)

झाँसी की प्रतिशासक लक्ष्मीबाई ब्रिटिशरों के विरुद्ध 1857 में हुए युद्ध की योद्धा थीं और बाद में जो स्वाधीनता संग्राम छिड़ा उसकी प्रेरणा प्रतीक। मोरापंत ताम्बे तथा भागीरथी बाई के घर मणिकर्णिका अथवा मनु नाम से उनका जन्म हुआ था। प्रसव के समय ही माता की मृत्यु हो गई, अतः मनु का लालन-पालन बिठूर के बाजी राव, द्वितीय के दरबार में अन्य बालिकाओं से भिन्न हुआ। उन्हें संस्कृत तथा मराठी सिखाई गई तथा हिन्दू ग्रन्थों की शिक्षा दी गई, वे मराठा नायकों की कथाओं पर मुग्ध थीं। उन्होंने विभिन्न हथियारों को चलाने में महारत हासिल की, वे शरीर से हृष्ट-पुष्ट तथा घुड़सवारी में कुशल थीं। उनके बचपन के साथी थे नाना साहिब, जो पेशवा की जागीर के उत्तराधिकारी थे तथा उनके दो भाई राव साहिब एवं बाला। 1857 के एक नेता तात्या टोपे भी बिठूर दरबार के सदस्य थे।

1842 में उनका विवाह झाँसी के शासक राजा गंगाधर राव से हुआ, जो उस वक़्त 40 वर्ष के थे। विवाहोपरान्त उनका नाम लक्ष्मीबाई रख दिया गया। गंगाधर ने लक्ष्मीबाई को शस्त्र अभ्यास तथा घुड़सवारी जारी रखने की अनुमति दी। वे सुसंस्कृत

पुरुष थे और नाटकों में रस लेते थे और प्रशंसनीय नाटकों की प्रस्तुति करते थे जिनमें वे स्त्री पात्रों का बख़ूबी अभिनय करते थे। लक्ष्मीबाई ने क्रमशः झाँसी की स्त्रियों को अस्त्र-शस्त्र का उपयोग सिखाया क्योंकि उन्हें लगा कि उथल-पुथल के दौर में यह ज़रूरी था। गंगाधर तथा लक्ष्मीबाई ने दामोदर राव नामक बालक को गोद लिया था। गंगाधर राव की मृत्यु के बाद ब्रिटिश सरकार ने इस बहाने दामोदर राव को झाँसी का उत्तराधिकारी मानने से इनकार कर दिया कि वह गंगाधर का प्राकृतिक पुत्र नहीं था, हालाँकि पूर्व संधि के अनुसार उन्हें दत्तक पुत्र का अधिकार स्वीकारना चाहिए था। उन्होंने लक्ष्मीबाई को गुज़ारा भत्ता देने का प्रस्ताव रखा, जिसे लक्ष्मीबाई ने ठुकरा दिया। इसी वार्ता के दौरान झाँसी की रानी ने अपनी प्रसिद्ध घोषणा की 'मैं अपनी झाँसी नहीं दूँगी।' परन्तु 1857 की घटनाओं के बाद ही वे अपने संकल्प पर अमल कर सकीं। अंग्रेज़ विद्रोह दबाने में जुटे थे और वे झाँसी का राजकाज स्वयं चला रही थीं, हालाँकि उन्हें गद्दी को दी गई दो चुनौतियाँ का सामना करना पड़ा। इनमें पहली चुनौती सदाशिव खोंडेकर की ओर से थी जिसने दावा किया कि उसे झाँसी का शासक बनना चाहिए। दूसरी चुनौती नाथे ख़ान की ओर से थी जिसने 20 हज़ार सैनिकों के साथ झासी पर हमला किया। हालाँकि अंग्रेज़ों ने उनके अस्त्र-शस्त्र ज़ब्त कर लिए थे, रानी बेहद प्रवीण रणनीतिज्ञ थीं और उन्होंने हमलावरों को करारी शिकस्त दी। लक्ष्मीबाई ने युद्ध की तैयारियाँ प्रारम्भ कीं जिसमें झाँसी की सेना का प्रशिक्षण तथा उसे अस्त्र-शस्त्र से लैस करना शामिल था। उन्होंने दुर्गा दल बनाया जो महिला सैनिकों का विशेष दल था, जिसकी कई सदस्यों ने युद्ध में वीरता का प्रदर्शन किया जैसे झलकारी बाई।

20 मार्च, 1858 को जनरल रोज़ ने अपनी सेना के साथ झाँसी के बाहर शिविर डाला। जो युद्ध हुआ वह घमासान था और झाँसी के लोग अद्भुत शौर्य के साथ लड़े। परन्तु अंग्रेज़ों की सेना के पास बेहतर अस्त्र-शस्त्र थे तथा तात्या टोपे के परास्त होने के बाद झाँसी की सेना अकेले अधिक देर तक टिक नहीं सकी। झाँसी की पराजय के बाद लक्ष्मीबाई कालपी निकल भागी, जहाँ वे तात्या टोपे की सेना से जा मिलीं। इधर झलकारी बाई ने रानी का वेश धरा और सप्ताह भर अंग्रेज़ी सेना को छकाने में सफल रहीं, यों लक्ष्मीबाई को कीमती समय मिल सका। विरोधियों ने फिर से ब्रिटिश सेना को ललकारा और अपने सहयोगियों के हारने के बावजूद रानी अद्भुत रणनीति अपना अपनी सेना को अंग्रेज़ों के बिछाए जाल से बचा सकीं। कालपी के पतन के बाद लक्ष्मीबाई और पेशवा गोपालपुर में इकट्ठे हुए। रानी के सुझाव पर उन्होंने ग्वालियर के गढ़ पर कब्ज़ा कर लिया, परन्तु जब अंग्रेज़ सेना निर्णयात्मक युद्ध की तैयारी कर रही थी, पेशवा की सेना मौज-मस्ती में डूबी रही। रानी स्वयं बेहद अनुशासित रहीं और उनकी स्वामिभक्त सेना जो *लालकुर्ती* कहलाती थी, में स्त्री-पुरुष दोनों शामिल थे।

18 जून को रानी ने आख़िरी युद्ध लड़ा। पुरुष वेश में वे अद्‌भुत लग रहीं थीं, दोनों हाथों से तलवार चलाती रानी ने घोड़े की रास अपने दाँतों में थामी हुई थी। पराजय के बाद जब लेफ्टिनेंट वॉकर उनके पीछे आए तो वे उन्हें छका कर बच निकलीं। एक दूसरी टुकड़ी ने उनका पीछा किया, लक्ष्मीबाई ने सोनेरेख नहर पार करने की कोशिश की जो उनकी योजना के लिए बेहद ज़रूरी थी, पर उनका घोड़ा अड़ गया। अंग्रेज़ सेना ने जल्दी ही उन्हें घेर लिया, वे लड़ते-लड़ते वीरगति को प्राप्त हुईं। जनरल रोज़ ने उनके बारे में कहा–'वे उन सबमें सर्वाधिक साहसी थीं।' लक्ष्मीबाई यह समझ सकी थीं कि औपनिवेशिक सत्ता के विरुद्ध युद्ध में सभी समुदायों, जातियों व धार्मिक समूहों को जोड़ना ज़रूरी है। वे भारतीय इतिहास के उन चन्द नेताओं में थीं जिन्हें यह अहसास था कि स्त्रियाँ युद्ध क्षेत्र में भी योगदान दे सकती हैं। झाँसी की महिलाओं ने सामरिक मामलातों के प्रत्येक क्षेत्र में महत्त्वपूर्ण योगदान दिया, इस तथ्य की पुष्टि विष्णु राव गोडसे ने भी की है जो एक मराठी लेखक थे और लक्ष्मीबाई के शासन काल में झाँसी आए थे।

लक्ष्मीबायम्मा उन्नावा

(1882-1950)

लक्ष्मीबायम्मा उन्नावा आन्ध्र प्रदेश की सामाजिक सक्रियकर्मी व गांधीवादी थीं। उनका जन्म 1882 में गुंटूर ज़िले के अमीनाबाद गाँव में एक मध्यवर्गीय नियोगी ब्राह्मण परिवार में हुआ था। परिवार में सबसे छोटी होने के कारण उनकी परवरिश उदारता से हुई और उन्हें परम्परागत शिक्षा-दीक्षा दी गई। दस वर्ष की आयु में उनका विवाह उन्नावा लक्ष्मीनारायण से हुआ जो एक लेखक और दार्शनिक थे। उनके विचारों का लक्ष्मीबायम्मा पर गहन और स्थायी प्रभाव पड़ा और उनके सार्वजनिक भाषणों में उनके ही विचारों को लक्ष्मीबायम्मा ने अभिव्यक्त किया। गांधी का भी उन पर असर पड़ा। उन्हें प्रेरणा देने वाले अन्य लोगों का भी उन पर गहरा प्रभाव रहा। उन्हें प्रेरणा देने वाले अन्य लोगों में सुब्बायम्मा दुव्वूरी, पोंका कनकम्मा तथा यामिनीपूर्णा भी थीं। ये सभी असहयोग आन्दोलन के दौरान उनकी घनिष्ठ सहयोगी थीं।

1910 में लक्ष्मीबायम्मा विधवा पुनर्विवाह जैसे मुद्‌दों पर काम करने लगीं और आगामी वर्ष पृथक आन्ध्र प्रान्त की माँग के आन्दोलन से जुड़ उन्होंने प्रांतीय राजनीति में प्रवेश किया। 1921 में उन्होंने असहयोग आन्दोलन में हिस्सेदारी निभाई। 1911 से 1942 के बीच उन्हें छह बार नमक सत्याग्रह तथा भारत छोड़ो आन्दोलन में भाग लेने के कारण गिरफ़्तार किया गया।

सामाजिक सुधारक के रूप में उनकी परिकल्पना स्त्रियों के लिए एक स्कूल स्थापित

करने की थी, ताकि ग़रीब विधवा तथा अनाथ स्त्रियों की सामाजिक स्थिति बेहतर हो सके। 1923 में उन्होंने सारदा निकेतन की स्थापना की जो समाज के सभी तबकों की स्त्रियों के लिए आवासीय स्कूल था। यह स्कूल *सहिति* तथा *विदुषी* की डिग्रियाँ देता था तथा बाद में आन्ध्र विश्वविद्यालय से सम्बद्ध हुआ। सामाजिक गतिविधियों के अलावा वे राजनीति में सक्रिय थीं। उन्होंने समूचे प्रदेश की यात्रा की, जगह-जगह सार्वजनिक भाषण दिए और लोगों से आग्रह किया कि वे भी स्वतंत्रता संग्राम से जुड़ें। भारत छोड़ो आन्दोलन के समय उन्होंने नैल्लोर के टाउन हॉल में एक अविस्मरणीय भाषण दिया। 1921 में उन्होंने जंगल आन्दोलन में भी शिरकत की। आज़ादी के बाद उन्होंने राजनीति से संन्यास लिया क्योंकि अस्वस्थता और वृद्धावस्था के कारण वे पहले की तरह श्रम नहीं कर सकती थीं।

लम्बी बीमारी के बाद लक्ष्मीबायम्मा का 1950 में निधन हो गया। सारदा निकेतन, जिसकी वे न्यासी तथा अभिभावक थीं, से जुड़े विवाद उनका अन्तिम समय तक पीछा करते रहें। इसके बावजूद वे एक अविस्मरणीय हस्ती हैं।

लतिका घोष
(1902-1987)

लतिका घोष ऑक्सफोर्ड में शिक्षित शिक्षिका और स्वतंत्रता सेनानी थीं। 1928 में सुभाषचन्द्र बोस की प्रेरणा से उन्होंने महिला राष्ट्रीय संघ की शुरुआत की। संघ का लक्ष्य था स्त्रियों को राजनीतिक कार्य के लिए उत्प्रेरित कर आज़ादी की लड़ाई लड़ना। लतिका के प्रयासों के कारण ही साइमन कमीशन का विरोध आयोजित हुआ जिससे बोस बेहद प्रभावित हुए। उन्होंने कहा कि अगर उनके पास लतिका जैसी दस स्त्रियाँ होतीं तो स्त्रियों के मुद्दे को सौ वर्ष आगे बढ़ा पाते।

लतिका लोगों को उत्प्रेरित करने और उनकी कल्पना को भड़काने वाले प्रदर्शनों को प्रस्तुत कर उन्हें किसी मुद्दे के लिए लड़ने को लामबन्द करने में माहिर थीं। उन्होंने महिला राष्ट्रीय संघ की अध्यक्षा के रूप में बसन्ती देवी को चुनने का विरोध किया जो असहयोग आन्दोलन से जुड़ी थीं और सुभाष बोस की माता प्रभावती को नाम मात्र का अध्यक्ष बनाना पसन्द किया क्योंकि बंगाल के सबसे विख्यात सक्रियकर्मी की माँ से संस्था की प्रतिष्ठा बढ़ती और बंगाल की साधारण गृहिणियों से अपील करने में भी आसानी होती। महिला राष्ट्रीय संघ शक्ति मन्दिरों या कार्यकारी इकाइयों से गठित था जो बंगाल की सामान्य स्त्रियों की चेतना जगाने का अभियान चलाती थीं। स्थापना के वर्ष संघ से जुड़ी स्त्रियाँ लाल किनार वाली हरी साड़ियाँ तथा सफ़ेद ब्लाउजों में पुरुषों के साथ कतारबद्ध 'कर्नल' लतिका नेतृत्व में कोलकाता में आयोजित कांग्रेस

के वार्षिक अधिवेशन के उद्घाटन में शामिल हुईं। इस दृश्य ने मध्यवर्गीय बंगाली समुदाय पर भारी प्रभाव डाला, क्योंकि लतिका के लेफ्टिनेंट सुशिक्षित, उच्च जातीय व प्रतिष्ठित परिवारों से थीं। बीना दास जिसने बाद में बंगाल के गवर्नर को गोली मारने की कोशिश की उनकी ही एक अधिकारी थीं। लतिका, सरोज नलिनी दत्त स्मृति संघ की भी संस्थापक सदस्य भी थीं जो गुरुसदय दत्त ने अपनी पत्नी की स्मृति में स्थापित किया था।

लल्ला डेड
(चौदहवीं शताब्दी)

लल्ला कश्मीर की घुमन्तु शैव योगिनी थीं। एक ग़रीब कश्मीरी ब्राह्मण परिवार में जन्मी लल्ला का विवाह कम उम्र में एक ऐसे परिवार में कर दिया गया जहाँ उनकी सास उससे क्रूर बर्ताव करती थीं। लल्ला से कहा गया कि वह भारतीय परम्परा के अनुसार अपने पति को भगवान माने, उसने उत्तर दिया कि वह शिव के सिवाय किसी देवता के समक्ष नहीं झुकेगी। इस घोषणा और बाँझपन के कारण लल्ला को ससुराल से निकाल दिया गया। यों लल्ला तांत्रिक शैव परम्परा के अनुसार शिव भक्ति में लीन होने को मुक्त हो गईं, जिसमें उसे मन्दिरों में जाने या मूर्तियों की पूजा करने की मनाही थी। वे योगिनी बनीं और गाँव-नगर की यात्राएँ कर यौगिक सिद्धान्त का उपदेश देने लगीं, यह बताने लगीं कि सर्वोच्च शक्ति में विलय का यही मार्ग है। लगता है कि वे ग्रन्थों का स्वयं अध्ययन कर तथा शैव दर्शन सिखाने वाले गुरुओं को सुन स्वयं ही सन्त बनीं और इस प्रक्रिया में अद्वैत दर्शन की गहरी समझ उनमें उपजी। उन्होंने कुंडलिनी ध्यान की विशेष विधियों का अभ्यास किया तथा साधना से स्वयं अपने ही अंदर अपने आराध्य को तलाशा।

शुरुआत में न्यूनतम वस्त्रों में उन्हें घूमते देख और सामान्य कर्मकांड तथा मूर्तिपूजा में उनका अविश्वास देख उनकी ख़ूब आलोचना हुई। इसकी प्रतिक्रिया उनकी कविताओं में नज़र आती है। पर समय के साथ स्थिति बदली और लल्ला शैव तथा सूफ़ी सन्तों की श्रद्धा व प्रेम का पात्र बनीं। उनका कहना था कि सच्चा सन्त अपने विनय और स्नेहमय करुणा से मानवता का सेवक होता है। लल्ला के प्रेम, अध्यात्म व बुद्धिमानी के चलते लोगों ने उन्हें 'डेड' या दादी उपाधि दी। उनके दोहे आधुनिक समय में *लल्ला वाक्यानि* शीर्षक से एशियाटिक सोसायटी ने प्रकाशित किए। कश्मीर में उनके समकालीनों के बीच उनका कितना महत्त्व व प्रभाव यह भी इन दोहों से पता चलता है। बहुत वृद्धावस्था में बिजबेहारा के आश्रम में उनका निधन हुआ। उनके एक पद में वे परमेश्वर की इच्छा पर मनुष्य की निर्भरता का वर्णन इस प्रकार करती हैं :

चाहे उसका पाप दुर्भाग्य हो, या अपराध बोध,
चाहे राख हो, या हों पुष्प,
हे भगवान, तू उसे ही आशीषता है जिसे तू चाहता है,
भगवान तेरी शक्तियाँ कितनी अद्‌भुत हैं!

–रीता डालमिया

ललिथाम्बिका अन्थेरजानम

(1909-1987)

ललिथाम्बिका एक लेखिका थीं जिन्होंने केरल की उच्च जाति नम्बूदरियों की संस्कृति को जगजाहिर किया। उन्होंने स्वयं के लिए 'अन्थरेजानम' का कुलनाम चुना जिसका अर्थ होता है 'वह जो अंदर रहती है।'

ललिथाम्बिका की सबसे बड़ी उपलब्धि थी नम्बूदरी समाज में स्त्रियों के प्रति व्याप्त पाखंड, हिंसा और अन्याय का पर्दाफाश करना और उसे नष्ट करना। नम्बूदरी परिवार के केवल सबसे बड़े बेटे को ही अपनी जाति की स्त्री से विवाह की छूट होती है, शेष बेटों को मातृवंशी बायरों में विवाह करना पड़ता है। फलतः कई नम्बूदरी स्त्रियाँ आजीवन अविवाहित रह जाती हैं और ऐसे बन्धन झेलती हैं मानों उन्हें बामशक्कत क़ैद की सज़ा सुनाई गई हो। उनकी कुण्ठा और दुर्दशा को ललिथाम्बिका ने अपने मलयाली उपन्यास *अग्निसाक्षी* में प्रस्तुत किया। 1926 में किसान नारायण नम्बूदरी से विवाहित ललिथाम्बिका ने स्वयं को एक ऐसे घर में प्रतिरोपित पाया जहाँ कठोर श्रम और सतत् आंतरिक अंधकार था, परन्तु वे फिर भी लिखती रहीं। दिन भर के कठोर श्रम के बाद अपने बच्चों को सुला वे किवाड़ भेड़तीं और एक नन्हे से दीपक के सान्निध्य में लिखने बैठतीं। इसका प्रभाव उनके स्वास्थ्य पर पड़ा और जब उनकी आँख की तकलीफ़ असहनीय हो जाती तो वे आँखें मूँदकर लिखतीं। उनके लेखन में उस अन्याय के प्रति रोष भरा है जो वे अपने आसपास प्रतिदिन देखती थीं।

उनकी रचनाओं में एक कथा संकलन, *आद्याथे कथकल (पहली कहानियाँ)* (1937), *तकर्ण तालामुरा (नष्ट पीढ़ी)* (1949), *किलिवादिलूदे (कबूतर का दड़बा)* (1950), *कोड्डुनकटिल निन्नु (चक्रवात से)* (1951), *मुदुपदाथिल (घूँघट के पीछे)* (1955) तथा *अग्नि पुष्पगल (अग्निपुष्ण)* (1960) शामिल हैं। उन्होंने 1972 में हिन्दू महाकाव्यों की 13 स्त्रियों पर टीकाएँ भी लिखीं जिसका शीर्षक था *सीथा मुथल सत्यवथी वाटे* (सीता से सत्यवती तक)।

लियाक़त अली बेगम ख़ान

(1905-1990)

बेगम लियाक़त राजनेता और कॉलेज शिक्षिका थीं। वे उत्तर प्रदेश की एक प्रतिष्ठित मुस्लिम परिवार से थीं और उनकी शिक्षा-दीक्षा लखनऊ तथा कोलकाता में हुई थी। वे दिल्ली के इन्द्रप्रस्थ महिला महाविद्यालय में अर्थशास्त्र पढ़ाती थीं। 1939 में उन्होंने उत्तर प्रदेश के विधायक लियाक़त अली ख़ान से विवाह किया और 1947 में जब वे पाकिस्तान के प्रधानमंत्री बने तो वे सीमा पार कर नये देश में जा बसे।

विभाजन के तुरंत बाद बेगम ने महिलाओं का संघ बनाया जिसकी सदस्याओं ने नये देश में नर्सों, शिक्षिकाओं तथा प्रशासकों की भूमिका निभाई। संगठन बढ़ा और 1949 तक इसने अखिल पाकिस्तान महिला संघ की शक्ल अख़्तियार कर ली तथा महिला पुनर्वास तथा उत्थान की दिशा में उम्दा काम किया। 1951 में लियाक़त अली ख़ान की रावलपिंडी में हत्या कर दी गई, परन्तु बेगम पति की मौत के बाद भी राजनीति में सक्रिय रहीं। 1954 में उन्हें दूत बना कर नीदरलैंडस् तथा बेल्जियम भेजा गया और बाद में इटली तथा ट्यूनीसिया भी। उन्होंने संयुक्त राष्ट्र संघ तथा अन्तर्राष्ट्रीय श्रम संगठन के साथ काम किया और वे कराची विश्वविद्यालय की उपकुलपति रहीं। 1973 में उन्हें सिंध का गवर्नर बनाया। 1978 में उन्हें संयुक्त राष्ट्र ने मानवाधिकार पुरस्कार से सम्मानित किया।

लीला चिटनिस

(1909-2003)

लीला चिटनिस मराठी तथा हिन्दी सिनेमा के प्रारम्भिक चरण की रंगमंच व फ़िल्म अभिनेत्री थीं। दक्षिण भारत में कर्नाटक के धारवाड़ ज़िले में जन्मी लीला अंग्रेज़ी के प्रोफेसर की पुत्री तथा स्वयं सुशिक्षित स्त्री थीं। प्रारम्भ में वे नाट्यमनवन्तर से जुड़ी मंच कलाकार थीं। नाट्यमनवन्तर एक अग्रगामी मराठी नाट्य समूह था जिसकी स्थापना केशव नारायण काले, लेखक अनंत केलकर तथा एस.वी. वर्तक, संगीत निर्देशक केशवराव वामन भोले अभिनेता केशवराव दाते ने की थी। केवशराव भोले की पत्नी ज्योत्सना भोले तथा पद्मा वर्तक जो लेखक एस.वी. वर्तक की पत्नी थीं, भी नाटकों में अभिनय करती थीं। यों नाट्यमनवन्तर ने 'अच्छी' पृष्ठभूमियों से आई स्त्रियों को मंच पर उतार कर मंच को नई दिशा दी। इस समूह नाटक आधुनिक रंगमंच से, अर्थात् हैनरिक इब्सन, जॉर्ज बनार्ड शॉ तथा कॉन्स्टान्टिन स्टानिस्लाव्स्की के कार्य से प्रभावित थे। काले ने स्टानिस्लाव्स्की के सुप्रसिद्ध नाटक *एन एक्टर प्रिपेसर्स* का मराठी में

अनुवाद किया। लीला ने हास्य नाटक *उसना नवरा* में 1934 में अभिनय किया, जिसके साल भर बाद यह नाट्य समूह बन्द हो गया। कुछ समय बाद लीला ने अपने नाट्य समूह नाट्यसाधना की स्थापना की, परन्तु उनके तलाक के कारण उनके चारों बच्चों की ज़िम्मेदारी अकेले लीला पर आ गई और उन्हें फ़िल्मों में काम शुरू करना पड़ा।

उन्होंने सागर मूवीटोन में बतौर एक्स्ट्रा काम शुरू किया और कुछ धार्मिक फ़िल्मों में अभिनय किया जो उस समय बेहद लोकप्रिय थीं। राम दरयानी ने उन्हें अपनी मारधाड़ वाली फ़िल्मों में मौका दिया और लीला ने उनकी फ़िल्म *जेन्टलमैन डाकू* (1937) में पुरुष वेश में एक चोर का पात्र निभाया। इस समय तक वे साल भर पूर्व *छाया* नामक फ़िल्म में अभिनय के लिए नाम कमा चुकी थीं। *छाया* में उन्होंने एक ऐसी स्त्री की भूमिका अदा की थी जो एक पुरुष को इसलिए अस्वीकार करती है क्योंकि उसका पिता मर रही पत्नी के लिए दवा लाने को चोरी करता है और इस अपराध में जेल जाता है। लीला एक से दूसरे स्टूडियो में, जहाँ भी उन्हें काम मिलता जाती रहीं। उन्होंने पुणे में प्रभात पिक्चर्स में तथा रणजीत मूवीटोन में काम किया जहाँ उन्होंने *सन्त तुलसीदास* (1939) में रत्नावली का पात्र निभाया, और तब बॉम्बे टॉकीज़ के लिए स्थायी रूप से काम करने लगीं। देविका रानी ने बॉम्बे टॉकिज़ छोड़ा ही था और लीला ने उनकी कमी पूरी की और अशोक कुमार की मुख्य अभिनेत्री बनीं। उन्होंने अशोक के साथ चार फ़िल्में कीं : *कंगन* (1939), *आज़ाद बन्धन* (1940) तथा *झूला* (1941) और ये सभी सफल रहीं। अशोक कुमार का कहना था कि उन्होंने लीला की अभिनय शैली से बहुत कुछ सीखा था। लीला इतनी सफल हुईं कि उन्हें लक्स साबुन के विज्ञापन के लिए आमंत्रित किया गया। वे पहली हिन्दी फ़िल्म अभिनेत्री थीं जिसे किसी अन्तर्राष्ट्रीय ब्रैंड को विज्ञापित करने को कहा गया था। 1942 में उन्होंने *किसी से ना कहना* का निर्माण किया और 1955 में *आज की बात* का निर्देशन किया। उन्होंने रंगमंच से भी अपना जुड़ाव बनाए रखा और सौमरसेट मॉम की कृति *द सेकरेड फ्लेम* पर आधारित नाटक *एक रात्रि अर्ध दिवस* का लेखन तथा निर्देशन किया।

1940 के दशक के अन्त तक लीला ने मुख्य अभिनेत्री के रूप में अभिनय करना बन्द कर दिया और चरित्र अभिनेत्री के रूप में काम करने लगीं, जहाँ रंगमंच का अनुभव उनके ख़ूब काम आया। 1948 में वे *शहीद* में एक दुखियारी माँ के रूप में उतरीं और तत्पश्चात् नायकों की एक समूची पीढ़ी के लिए इसी रूढ़ रूप में माँ की भूमिका निभाती रहीं। सफ़ेद कपड़ों में, झुकी और दर्द और गरीबी के बोझ से दबी माँ, लीला खाँसते-खंखारते अपनी भूमिका अदा करते अनेकों सितारों की माँ बनीं *आवारा* (1951), *माँ* (1952), *जमुना* (1961) तथा *गाइड* (1965)। उनकी मृत्यु अमरीका के कैनेटिकर राज्य में स्थित डेनबरी में हुई। उनकी आत्मकथा का *चांदेरी दुनिया* शीर्षक से 1981में प्रकाशन हुआ।

लीला नायडू
(1940-2009)

लीला नायडू हिन्दी सिनेमा की अभिनेत्री थीं। उन्होंने 1959 में फेमिना मिस इंडिया तथा 1955 में मिस वर्ल्ड का खिताब जीता था। महारानी गायत्री देवी के साथ लीला का नाम भी वोग ने दुनिया की दस सर्वश्रेष्ठ सुन्दरियों में शामिल किया था।

भारतीय पिता रामैया नायडू जो वैज्ञानिक थे तथा आइरिश माता की वे औलाद थीं। उनकी पहली फ़िल्म *अनुराधा* थी जिसका निर्देशन हृषिकेश मुखर्जी ने किया था। उन्होंने कमला देवी चट्टोपाध्याय द्वारा खींची गई उनकी तस्वीर देखी और घोषणा की कि उन्हें उनकी अनुराधा मिल गई है। इस फ़िल्म में लीला प्रतिभाशाली गायिका की भूमिका अदा करती हैं जो अपने डॉक्टर पति की नौकरी के कारण अपना पेशा छोड़ गाँव चली आती हैं। फ़िल्म में रवि शंकर ने संगीत दिया था और उसके गीतों में *जाने कैसे सपनों में खो गई अखियाँ* तथा *कैसे बीते दिन कैसी बीती रतियाँ* शामिल थे। यह फ़िल्म बेहद प्रशंसित हुई और इसने 1961 में सर्वश्रेष्ठ फ़िल्म का राष्ट्रीय पुरस्कार जीता तथा बर्लिन फ़िल्म समारोह में गोल्डन बेअर पुरस्कार के लिए नामित की गई। लीला ने इसके बाद नितिन बोस की फ़िल्म *उम्मीद* (1962) में काम किया। उन्हें नानावटी केस पर आधारित फ़िल्म ये रास्ते हैं *प्यार के* (1963) में अभिनय के लिए याद किया जाता है। इस मामले में के.एम.नानावटी नामक नौ सेना अधिकारी पर 'प्रेम अहूजा नामक व्यक्ति को गोली मारने का आरोप लगा था जिसका नानावटी की अंग्रेज़ पत्नी सिल्विया के साथ प्रेम सम्बन्ध था। इस मामले के बाद भारत में जूरी व्यवस्था समाप्त हो गई थी। इस विवादास्पद चरित्र को निभाने से 1960 के दशक की कई अभिनेत्रियों ने मना कर दिया था परन्तु लीला नायडू ने साहस के साथ यह भूमिका अदा की।

लीला ने शशि कपूर के साथ जेम्स आइवरी तथा इस्माल मर्चेंट की पहली फ़िल्म *हाउस होल्डर* में विद्रोहिणी युवा बहू का पात्र निभाया था। इस फ़िल्म को देख सत्यजित राय अपनी अंग्रेज़ी फ़िल्म *द जर्नी* में लीला को मार्लिन ब्रांडो तथा शशि कपूर के साथ उतारना चाहते थे परन्तु यह फ़िल्म कभी बन ही नहीं पाई। फ़िल्म *गाइड* जो इसी शीर्षक से आर.के. नारायण के उपन्यास पर आधारित थी, में लीला के बदले वहीदा रहमान को लिया गया क्योंकि लीला नाचना नहीं जानती थीं। 1969 में लीला ने *द गुरु* में अतिथि अभिनेत्री के रूप में काम किया, परन्तु इसके बाद उन्होंने तिलक राज ओबेरॉय नामक व्यवसायी से विवाह किया जो ओबेरॉय समूह की होटल शृंखला के संस्थापक मोहनसिंह के पुत्र थे, तिलक से लीला की दो पुत्रियाँ हुईं। बाद में तलाक ले लीला ने कवि डॉम मोरेस से शादी की जिनसे वे बचपन में परिचित थीं और एक साझे मित्र मारिओ मिरांडा के घर फिर से मिली थीं। उन्होंने डॉम मोरेस के साथ

हाँगकाँग में दस से अधिक साल बिताए। वहाँ रहते हुए भी उन्होंने रेडियो पर काम किया और कुछ फ़िल्में भी बनाईं, इनमें से एक को चीनी सरकार ने प्रतिबन्धित कर दिया क्योंकि उसमें सरकार की आलोचना थी। अपनी बेटियों के अभिभावक बनने की क़ानूनी लड़ाई हारने के बाद लीला प्रख्यात दार्शनिक जे. कृष्णमूर्ति के प्रभाव में आईं। 1985 में उन्होंने श्याम बेनेगल की फ़िल्म *त्रिकाल* में माँ का अभिनय किया। उनकी अन्तिम फ़िल्म *इलेक्ट्रिक मून* (1992) थी जिसका निर्देशन प्रदीप किशन ने किया था।

लीला मजूमदार
(1908-2007)

लीला मजूमदार एक शिक्षिका तथा बंगाली बाल साहित्य की अग्रणी लेखिका थीं, जिनकी कहानियाँ लड़कियों तथा लड़कों दोनों को आकर्षक लगती थीं। यह विरल उपलब्धि थी क्योंकि बंगाली बाल साहित्य एकतरफ़ा लिंग झुकाव से ग्रस्त था। लीला राय नाम से उनका जन्म शिलौंग में हुआ था, इस जगह ने उन पर स्थायी प्रभाव डाला। वे उपेन्द्र किशोर रॉय चौधुरी के छोटे भाई की बेटी थीं, जिन्होंने उस विख्यात राय परिवार की स्थापना की जिसके सुकुमार तथा सत्यजित राय सदस्य थे। अतः वे सुकुमार राय की चचेरी बहन तथा सत्यजित रॉय की बुआ थीं और एक ऐसे परिवार की सदस्या थीं जिसने बाल साहित्य को समृद्ध बनाया। 1919 में यह परिवार कलकत्ता आया। लीला प्रतिभावान छात्रा थीं और उन्होंने बी.ए. तथा अंग्रेज़ी साहित्य में एम. ए. में कलकत्ता विश्वविद्यालय में प्रथम स्थान पाया था। वे 1931 में दार्जिलिंग स्थित महारानी गर्ल्स स्कूल में पढ़ाने लगीं; जिसके बाद कुछ समय शान्ति निकेतन में पढ़ाया और अन्ततः आशुतोष कॉलेज, कलकत्ता में अध्यापन किया। परन्तु उन्हें पढ़ाना रास नहीं आया, सो शिक्षण कार्य छोड़ वे पूर्णकालिक लेखिका बन गईं। कुछ सालों तक उन्होंने ऑल इंडिया रेडियो में निर्माता के रूप में भी काम किया।

उन्होंने अपनी पहली कहानी के चित्र भी स्वयं बनाए और अपने ताऊजी की पत्रिका *सन्देश* के लिए 1922 में भेजे। उपेन्द्र किशोर राय चौधुरी ने *सन्देश* की स्थापना 1913 में की थी (सन्देश का अर्थ एक प्रकार की मिठाई और समाचार दोनों होता है)। 1915 में उपेन्द्र किशोर की मृत्यु के बाद कुछ समय तक इसका सम्पादन सुकुमार ने किया। दुर्भाग्य से सुकुमार की भी कुछ समय बाद मृत्यु हो गई इसका प्रकाशन बन्द हो गया। सत्यजित रॉय ने इसे फिर से शुरू किया और 1994 तक लीला मजूमदार इसके सम्पादन से जुड़ी रहीं। उनकी कई कहानियाँ इसी पत्रिका के लिए लिखी गई थीं।

1933 में लीला ने सुधीर मजूमदार से विवाह किया। 1934 में उनके पुत्र रंजन तथा 1938 में पुत्री कमला का जन्म हुआ। उनका साहित्यिक जीवन उनके विवाह के बाद ही शुरू हुआ, और उन्हें घरेलू और पारिवारिक ज़िम्मेदारियों के बीच लेखन का समय निकालना पड़ता था। वे इसका उल्लेख अपना संस्मरण *पाकडांडी* में करती हैं। उनकी पहली प्रकाशित पुस्तक थी *बोद्दी नाथेर बाड़ी* (1939), परन्तु उनकी दूसरा कथा संकलन *दिन दुपुरे* (1948) ने उन्हें ख्याति दी। अपने हास्य के लिए प्रसिद्ध लीला विविध प्रकार का लेखन कर सकती थीं और उन्होंने जासूसी कहानियाँ, भूत-प्रेत की कहानियाँ और फंतासी की विधाओं में लिखा। उन्होंने पाक कला पर एक पुस्तक, रवीन्द्रनाथ ठाकुर की जीवनी भी लिखी और स्विफ्ट तथा हैमिंग्वे की रचनाओं का बंगाली में अनुवाद भी किया। साथ ही उन्होंने वयस्क सम्बन्धों पर कुछ उपन्यास लिखे जिसमें *श्रीमती* तथा *चिने लॉन्थान* शामिल थे। *पोदी पिशिर बोर्मी बाक्शो* बालकों के लिए उनकी सर्वाधिक प्रसिद्ध रचना है। सत्यजित राय इस पर फ़िल्म बनाना चाहते थे, पर यह सम्भव न हुआ और 1972 में दूसरे ही हाथों से यह फ़िल्म बनी। ऑल इंडिया रेडियो में उनके काम के सिलसिले में उन्होंने *मणिमाला* की रचना की जो महिलाओं के कार्यक्रम के दौरान, जिसे वे संचालित करती थीं, पढ़ा जाने वाला पत्रात्मक उपन्यास था। 1984 में वे विधवा हुईं।

उनकी पुस्तक *होल्दे पाखीर पालोक* को पश्चिम बंगाल बाल साहित्य का राज्य पुरस्कार दिया गया, *बक बध पाला* को संगीत नाटक पुरस्कार, *आर कोनखाने* को रवीन्द्र पुरस्कार दिया गया। उन्हें सुरेश स्मृति पुरस्कार, विद्यासागर पुरस्कार, आजीवन उपलब्धि के लिए भुवनेश्वरी पदक तथा आनन्द पुरस्कार से सम्मानित किया गया। विश्व भारती विश्वविद्यालय ने उन्हें देशिकोत्तमा पुरस्कार दिया। उन्होंने 125 से भी अधिक पुस्तकें लिखीं जिसमें एक कथा संकलन, पाँच अन्य लेखकों के साथ साझी रचनाएँ 9 अनुदित किताबें तथा 19 सम्पादित पुस्तकें शामिल हैं।

लीला रॉय

(1900-1970)

लीला रॉय क्रान्तिकारी सक्रियकर्मी और शिक्षिका थीं। गोपालपुर, आसाम में लीला का जन्म अक्तूबर 1900 में हुआ था। पिता गिरिशचन्द्र नाग सहायक न्यायाधीश थे और माता कुंजलता शिक्षित थीं। पिता राष्ट्रीय आन्दोलन और स्वदेशी के विचार से सहानुभूति रखते थे। लीला ने ईडन हाई स्कूल से पढ़ाई की तथा 1921 में बैथ्यून कॉलेज से स्नातक किया वे अपनी कक्षा में प्रथम आईं और उन्हें पद्मावती स्वर्ण पदक दिया गया। उसी वर्ष वे अखिल बंगाल महिला मताधिकार समिति की सह-सचिव बनीं और

स्त्रियों के अधिकार माँगने के लिए कई बैठकें आयोजित कीं। 1923 में उन्होंने ढाका विश्वविद्यालय से अंग्रेज़ी में एम.ए. किया। वे उस समय विश्वविद्यालय में अकेली महिला छात्रा थीं। उसी वर्ष अपने मित्रों के साथ उन्होंने दीपाली संघ की स्थापना की और स्कूल खोले जो राजनीतिक चर्चा के केन्द्र बनें, नामी गिरामी नेताओं ने इन चर्चाओं में भाग लिया। बाद में, 1926 में उन्होंने ढाका तथा कोलकाता की महिला छात्राओं के साथ छात्री संघ की स्थापना की।

वे बालिकाओं को कौशल तथा हस्तशिल्प सीखने को प्रोत्साहित करती थीं और उनकी दस्तकारी, संघ द्वारा संचालित स्कूलों में प्रदर्शित की जाती थी। स्त्रियों पर घटने वाली हिंसा की समस्या के प्रति सचेत लीला ने 1927-28 में महिला आत्मरक्षा कोष की स्थापना की ताकि आत्मरक्षा के पाठ्यक्रम चलाए जा सकें। 1930 में उन्होंने कोलकाता में छात्री भवन खोला, जो उन छात्राओं के लिए छात्रावास था जिन्हें उनके ब्रिटिश विरोधी रुझान के चलते कहीं और प्रवेश नहीं मिल पाता था। ढाका महिला सत्याग्रह संघ की स्थापना में लीला का हाथ था, संघ ने नमक कर विरोधी आन्दोलन में सक्रिय भूमिका निभाई। वे *जयश्री* नामक पत्रिका की सम्पादक भी बनीं, जिसे रवीन्द्रनाथ ठाकुर का आशीर्वाद मिला था।

1925 में लीला श्री संघ से जुड़ीं, जो ढाका की एक क्रान्तिकारी संस्था थी। 1929 में उन्होंने अनिल बरन रॉय से विवाह किया जो उनके पुराने सहपाठियों में एक थे तथा श्री संघ के नेता थे। 1930 में रॉय की गिरफ़्तारी के बाद लीला ने संघ का संचालन किया तथा बाद में गिरफ़्तारी दी। 1937 में जेल से छूटने के बाद वे कांग्रेस से जुड़ीं तथा आगामी वर्ष उन्होंने बंगाल प्रादेशिक कांग्रेस महिला संगठन की स्थापना की। वे सुभाषचन्द्र बोस द्वारा स्थापित महिला उप-समिति की सदस्या भी बनीं। बाद में वे फॉरवर्ड ब्लॉक की केन्द्रीय कार्यकारिणी की सदस्या भी बनीं। 1940 में जब सुभाष जेल गए तो उन्हें फॉरवर्ड ब्लॉक साप्ताहिक का सम्पादक नामांकित किया गया। भारत छोड़ने के पूर्व नेताजी ने पार्टी की समस्त गतिविधियों की ज़िम्मेदारी अनिल तथा लीला रॉय को सौंप दी।

1946 में लीला को बंगाल से भारतीय संविधान सभा के लिए चुना गया। उन्होंने कोलकाता दंगा पीड़ितों के लिए काम किया तथा नोआखली में बचाव व राहत कार्य के लिए राष्ट्रीय सेवा संस्था का गठन किया। 1947 में लीला ने जातीय महिला संघाती की स्थापना की जो पश्चिमी बंगाल का महिला संगठन था। 1960 में वे एक नये दल की अध्यक्षा बनीं जो फॉरवर्ड ब्लॉक (सुभाष गुट) तथा प्रजा सोशलिस्ट पार्टी के विलय से बनी थी, पर वे उसके काम से निराश हुईं। दो वर्ष बाद उन्होंने सक्रिय राजनीति से संन्यास ले लिया। लम्बी बीमारी के बाद जून, 1970 में उनकी मृत्यु हुई।

—मंजिरा मजूमदार

लीलावती
(बारहवीं शताब्दी)

लीलावती गणितज्ञ तथा अपने पिता भास्कराचार्य की शिष्या थीं। भास्कराचार्य मध्ययुगीन गणितज्ञ थे जिन्होंने भारतीय गणित की संहिता बनाई तथा शून्य के संचालन का वर्णन किया। भास्कराचार्य के काम का प्रभाव अरब गणितज्ञों पर पड़ा जो इस विज्ञान को यूरोप ले गए। उनकी रचना *सिद्धान्त शिरोमणि* के पहले भाग को, जो *पाटींगणित* अथवा *अंक गणित* से सम्बन्धित है, अक्सर उनकी पुत्री के नाम पर 'लीलावती' कहा जाता है। इसमें भास्कराचार्य के सिद्धान्त उनकी पुत्री से संवाद के रूप में प्रस्तुत किए गए हैं, और पाठ से स्पष्ट है कि लीलावती स्वयं अपने बलबूते कुशल गणितज्ञ थी। किंवदंती के अनुसार लीलावती अल्पायु में ही विधवा हो गई थी, और भास्कराचार्य जिन्होंने ज्योतिष के सहारे उसके वैधव्य को रोकना चाहा था, उसे दिलासा देने के लिए अपना कौशल उसे सिखाया था। भास्कर के सिद्धान्त समकालीन यूरोपीय विचार से कहीं आगे थे और अठारहवीं शताब्दी के बाद ही यूरोप उनके आगे बढ़ सका।

लीलावती मुंशी
(1899-1978)

लीलावती मुंशी स्वतंत्रता सेनानी तथा राजनीतिज्ञ थीं। उनका जन्म एक जैन परिवार में हुआ तथा 14 वर्ष की आयु में लालभाई त्रिकमलाल शेठ से उनका विवाह कर दिया गया। यह विवाह सफल नहीं रहा और लीलावती ने 1926 में पति की मृत्यु के बाद समाज को सकते में डालते हुए एक शैव ब्राह्मण तथा विधुर, कन्हैयालाल मुंशी से विवाह कर लिया। 1920 से वे स्वाधीनता संग्राम में जुड़ीं और यह जुड़ाव बढ़ता गया। 1930 में लीलावती नमक सत्याग्रह में तथा 1932 तथा 1940 में सविनय अवज्ञा आन्दोलन में सक्रिय रहीं। 1931 से ही उन्होंने महाराष्ट्र प्रदेश कांग्रेस समिति तथा अखिल भारतीय कांग्रेस समिति (1931-34) में, तथा बॉम्बे प्रदेश कांग्रेस समिति (1935-37) में सेवाएँ दीं। वे बॉम्बे सरकार की स्वदेशी खरीद समिति की सदस्या थीं, बम्बई नगर निगम की (1935-45) सदस्या, बम्बई विधान सभा (1936-52) की सदस्या, बम्बई विश्वविद्यालय के सिनेट (1937-46) की सदस्या, अध्यक्ष हरीजन सेवक संघ (1943-52), अध्यक्ष हिन्दी विद्यापीठ तथा उपाध्यक्ष, राष्ट्रभाषा प्रचार समिति तथा 1952 से 58 तक राज्य सभा की सदस्य भी रहीं।

बम्बई नगर निगम के सेवाकाल में वे *चिल्ड्रंस् एंड सोसायटी*, बम्बई शिशु कल्याण सोसायटी, पश्चिमी भारत बाल सुरक्षा सोसायटी, उमरखादी स्थित महिला उद्धार गृह,

गुजराती स्त्री मंडल, एडम वायली अस्पताल, भगिनी समाज सेवा मन्दिर आदि से सम्बद्ध रहीं। वे बॉम्बे महिला संघ की (1947-48) अध्यक्ष, नेशनल काउंसिल ऑव विमेन इन इंडिया की उपाध्यक्ष (1948-53), भारतीय स्त्री सेवा संघ की अध्यक्ष (1948-49), नर्सिंग संघ की अध्यक्ष (1952-57), महिला आश्रम, मोती नगर, लखनऊ की अध्यक्ष (1953-57) भी रहीं। भारतीय विद्या भवन तथा उससे सम्बद्ध संस्थानों की स्थापना से लीलावती जुड़ीं रहीं। 1964 में वे अन्तर्राष्ट्रीय यूखास्टि कांग्रेस के मेहमनवाज़ी की समिति से जुड़ीं। गुजराती में उनकी रचनाओं में *रेखा चित्रो अणे बीजा लेखे* (रेखाचित्र व अन्य लेख, 1925), *कुमार देवी* (एक ऐतिहासिक नाटक, 1929), *जीवनमांथी जडेली* (जीवन से प्राप्त, 1932), *रेखाचित्रो-जूणे अणे नवा* (रेखाचित्र नये व पुराने, 1935) शामिल हैं।

लोपामुद्रा
(वैदिक काल)

ऋग्वेद में (1179-2) हमें लोपामुद्रा तथा उनके पति ऋषि अगस्त्य का संवाद मिलता है जिसे वृहद्देवता उद्धृत करते हैं। महाभारत के अनुसार लोपामुद्रा अगस्त्य द्वारा रचित थीं और विदर्भ के राजा को पुत्री के रूप में दी गई थीं। विदर्भ के राज दम्पती इससे प्रसन्न हुए और उन्होंने लोपामुद्रा को श्रेष्ठतम सांस्कृतिक शिक्षा दी। ऐश्वर्य के बीच उनका लालन-पालन हुआ। विवाह योग्य आयु होने पर अगस्त्य ने, जिन्होंने ब्रह्मचर्य व दारिद्र्य का व्रत धारण किया हुआ था, उनको वापस माँगा। लोपामुद्रा सहमत हुईं, उन्होंने सांसारिक सम्पत्ति को त्याग और पति के साथ आश्रम चली गईं। लगता है कि उन्हें इस विवाह में कोई विरोधाभाव नहीं लगा।

लोपामुद्रा को एक स्तुति में दो ऋचाओं का श्रेय दिया जाता है जो प्रेम को समर्पित है व जिसमें, विचित्र संवाद प्रस्तुत किया गया है। पति के संयमित व मर्यादित जीवन से थक उसकी पत्नी जो लम्बे समय तक पूरे समर्पण से उसकी सेवा करती रही है, स्वयं को उपेक्षित पाती है और उसके प्रेम और सान्निध्य की याचना करती है। लोपामुद्रा लिखती हैं :

विगत में कई वर्षों तक दिन तथा रात,
और प्रातःकाल मैंने आपकी सेवा से स्वयं को क्लान्त किया है;
मेरे अंगों का सौन्दर्य अब क्षय हो रहा है;
फिर क्या हो? पतियों को पत्नियों के निकट आने दो।
प्राचीन ऋषि, जो सत्य को प्राप्त कर चुके हैं,
जिन्होंने स्वयं देवताओं से सत्य चर्चा की है,

उन्होंने भी सन्तानोत्पत्ति की, पर अपना व्रत नहीं तोड़ा।
इसलिए पतियों को पत्नियों के पास आना चाहिए।

इन पंक्तियों में मनोवेग की जो स्पष्टवादिता है वह काल्पनिकता के पीछे एक वास्तविक स्त्री की पीड़ा को अभिव्यक्त करती है।

एम.एल. वसंत कुमारी

(1928-1990)

एम.एल. वसंत कुमारी कर्नाटक संगीत गायिका थीं जिन्होंने कई भारतीय भाषाओं में फ़िल्मी गीत गाए थे। डी.के. पट्टम्माल तथा एम.एस. सुब्बुलक्ष्मी के साथ वे कर्नाटक संगीत की महिला त्रिमूर्ति की तीसरी सदस्या थीं। वसंत कुमारी के पिता कुथनूर अय्यर तथा माता ललिथांगी प्रख्यात संगीतज्ञ थे। वसंत कुमारी की पढ़ाई-लिखाई चेन्नई में हुई और उन्होंने जिस समय चिकित्साशास्त्र का अध्ययन प्रारम्भ करना था, उस समय कर्नाटक संगीत के उस्ताद जी.एन. बालसुब्रमणियम ने उनका गायन सुना और उन्हें अपनी शिष्या बनने के लिए राज़ी कर लिया। बाल सुब्रमणियम स्वशिक्षित कलाकार थे और उन्होंने अपने नवाचार वसंत कुमारी को सिखाए। वे विभिन्न रागों को उस समय की स्वीकृत गति से अधिक तेज़ी से गाया करते थे, और उन्होंने वसंत कुमारी को भी स्वर तथा लय के साथ प्रयोग करने को प्रोत्साहित किया। 1940 में मात्र बारह वर्ष की आयु में वसंत कुमारी ने शिमला सम्मेलन में, जहाँ उनकी माँ ललिथांगी ने संगीत प्रदर्शन किया था, पहली बार मंच पर गाया। दो वर्ष बाद वसंत कुमारी ने बैंगलोर में एकल प्रस्तुति दी। जब उनका पहला 78 आरपीएम का रिकॉर्ड आया तो उसने सनसनी फैला दी। किसी एक प्रस्तुति के दौरान सहजता के साथ राग बदल पाने के कौशल के लिए वे विख्यात हुईं। अपनी माता के समान वे पुरंदरदास के गीत गाती थीं और अपनी वरिष्ठ समकालीन कलाकार डी.के. पट्टम्माल के समान वे भी *रागम थानम पल्लवी* गाया करती थीं। भारत की स्वतंत्रता के बाद वसंत कुमारी ने पार्श्वगायिका के बतौर यश कमाया और *मनमगल* (1951) के साथ विख्यात हुईं।

वसंत कुमारी ने हास्य अभिनेता कृष्णमूर्ति से विवाह किया, बाद में कृष्णमूर्ति को चेहरे का पक्षाघात हुआ और वे काम करने में असमर्थ हो गए। गुज़र बसर चलाने के लिए वसंत कुमारी ने अनेक सम्मेलनों में भाग लेना प्रारम्भ किया। उनकी सन्तानों में उनकी पुत्री के श्रीविद्या ने भी अपनी माँ की कला सीखी और दस वर्ष की आयु में अपना प्रथम मंच प्रदर्शन दिया। वसंत कुमारी की कई शिष्याएँ थीं जिन्हें उन्होंने कर्नाटक संगीत का प्रशिक्षण दिया। वे ऋषि वैली स्कूल में भी संगीत सिखाती थीं।

1976 में मैसूर विश्वविद्यालय ने उन्हें मानद् डिग्री से सम्मानित किया तथा भारत सरकार ने तीसरे श्रेष्ठतम नागरिक सम्मान पद्‌म भूषण से नवाज़ा। 1977 में उन्हें संगीत कलानिधि पुरस्कार से सम्मानित किया गया जो कर्नाटक संगीत का सर्वोच्च सम्मान है।

ए. कन्याकुमारी जो दो दशकों तक वायलिन पर वसंत कुमारी की संगत करती रही थीं, कहती हैं 'एमएलवी-अक्का तेज़ मस्तिष्क व पैनी स्मृति की धनी थीं, और मैंने उन्हें किसी संगीत सभा के पहले किसी भी रागम् या गीत का अभ्यास करते नहीं देखा, रागम् तानम् पल्लवी तक का नहीं। संगीत तो उनके लहू में रचा-बसा था।'

वायलेट आल्वा
(1908-1969)

वायलेट आल्वा राजनेता थीं तथा पहली स्त्री जो भारतीय राज्य सभा की उपाध्यक्ष पद पर निर्वाचित की गई थीं। वे भारत में वकालत करने वाली पहली स्त्री थीं जिन्होंने 1944 में उच्च न्यायालय की सम्पूर्ण बेंच के समक्ष एक मामले की जिरह की थी। साथ ही वे पहली स्त्री थीं, जिन्हें अखिल भारतीय समाचार पत्र सम्पादकों के सम्मेलन की स्थायी कमेटी में निर्वाचित किया गया था। एक प्रोटेस्टेंट परिवार में 24 अप्रैल, 1908 में उनका जन्म वायलेट हरि नाम से हुआ था। उनकी शिक्षा-दीक्षा मुम्बई के सेंट जेवियर्स कॉलेज तथा सरकारी विधि कॉलेज में हुई। विधि महाविद्यालय में वायलेट जोकिम आल्वा से मिलीं जो कैथोलिक थे। उन्होंने विवाह किया और वायलेट सामाजिक कार्यों, पत्रकारिता तथा स्वाधीनता संग्राम में भागीदारी करने लगे। 1942 में भारत छोड़ो आन्दोलन के दौरान वायलेट अपने शिशु के साथ जेल गईं। 1944 में उन्होंने एक महिला पत्रिका बेगम प्रारम्भ की जिसका नाम बाद में *इंडियन विमेन* कर दिया गया। 1945 से 1953 तक वे मुम्बई के अगरीपारा रेहवासी सेवामंडल की सचिव रहीं। 1946 से 47 तक वे मुम्बई नगर निगम की उपाध्यक्ष थीं। 1947 में मुम्बई की मानद मैजिस्ट्रेट के रूप में उन्होंने सेवाएँ दीं। 1948 से 1954 तक वे मुम्बई की किशोर अदालत की अध्यक्ष रहीं।

वायलेट कई सामाजिक संगठनों से सक्रिय रूप से जुड़ी थीं, जैसे यंग विमेन्स क्रिश्चयन एसोसियेशन, बिजनेस एंड प्रोफेशनल विमेन्स एसोसियेशन तथा महिला वकीलों का अन्तर्राष्ट्रीय मंच। 1952 में उन्हें राज्य सभा के लिए चुना गया। वे 1957 से 62 तक जवाहरलाल नेहरू के प्रधानमंत्रीत्व काल में संघीय गृह उपमंत्री रहीं। 1962 से 1966 तक वायलेट ने राज्य सभा के उपाध्यक्ष के रूप में सेवाएँ दीं। 17 नवम्बर,

1969 को उन्होंने राज्य सभा से त्याग पत्र दिया और 20 नवम्बर को हृदयाघात से उनका देहावसान हो गया।

2007 में जोकिम तथा वायलेट आल्वा, जो प्रथम सांसद दम्पती थे के चित्रों का संसद में अनावरण किया गया। नवम्बर, 2008 को वायलेट की जन्मशती के अवसर पर राष्ट्रपति प्रतिभा देवीसिंह पाटिल ने जोकिम व वायलेट आल्वा का स्मारक डाक टिकट जारी किया। उनकी पुत्र वधू मार्गरेट आल्वा कांग्रेस की महत्त्वपूर्ण नेता हैं।

विजय राजे सिन्धिया
(1919-2001)

विजय राजे सिन्धिया का जन्म का नाम लेखा दिव्येश्वरी था, ग्वालियर के अन्तिम महाराजा से विवाह के बाद वे विजय राजे नाम से जानी जाने लगीं। 1970 तक वे ग्वालियर की राजमाता के नाम से सम्बोधित की जाती थीं, और मृत्यु तक व्यक्तिगत स्तर पर इसी सम्बोधन का प्रयोग उनके लिए किया जाता रहा। वे ठाकुर महेन्द्रसिंह की, प्रथम पत्नी चूड़ा दिव्येश्वरी द्वारा सबसे बड़ी सन्तान थीं। उनकी माता की मृत्यु उनके प्रसव के दौरान हो गई थी। उनके पिता सागर के डिप्टी कलेक्टर थे, जो अब मध्य प्रदेश में हैं। उनकी माँ नेपाल के राणा राज परिवार की एक शाखा से सम्बन्धित थीं, जिसे भारत निर्वासित कर दिया गया था। लेखा की माता की मृत्यु के बाद उनका लालन-पालन ननिहाल में हुआ, हालाँकि वे सम्पन्न नहीं थे। लेखा के पिता ने पुनर्विवाह कर लिया था और अपने पितृ परिवार से लेखा का सम्पर्क बहुत कम था। बचपन में नानी, रानी धन कुमारी, जो एक कट्टर व धार्मिक स्त्री थीं, का लेखा के जीवन पर सर्वाधिक प्रभाव रहा। उनकी परवरिश राजसी के बदले मध्यवर्गीय परिवार की ही अधिक थी। उनको घर में ही पढ़ाया-लिखाया गया और पढ़ाई में वे इतनी अच्छी रहीं कि बनारस स्थित वसन्त कॉलेज तथा लखनऊ के इज़ाबेल थोर्बन कॉलेज में प्रवेश पा सकीं। अध्ययन के लिए उन्हें छात्रावासों में रहना पड़ा जिससे उन्हें अधिक आज़ादी भी मिली। यह 1930 के दशक की बात है जब स्वाधीनता संग्राम अपने चरम पर था, लेखा गांधीवाद से प्रभावित हुईं। पर वे सक्रियता पर उतरतीं इसके पूर्व ही 1941 में उनके मामा उनके लिए रिश्ता तलाशने में सफल हुए। सियाजीराव सिन्धिया के परिवार की इस रिश्ते में रुचि थी। परन्तु कुछ लोगों के मन में इस बात को लेकर शंका थी कि लेखा मराठी नहीं है। विवाह के बाद लेखा को विजयराजे का नाम दिया गया और उन्हें परिवार में स्वीकृति पाने के लिए कठिन प्रयास करने पड़े।

आज़ादी के बाद 1957 में विजय राजे राजनीति में आईं और मध्य प्रदेश से कांग्रेस पार्टी की उम्मीदवार बनीं। 1962 में उन्हें गुना चुनाव क्षेत्र से लोक सभा के

लिए चुना गया, तब पुनः 1989, 1991, 1996 तथा 1998 में भी चुना गया। बीच में (1967 से 1971) वे मध्य प्रदेश विधान सभा के लिए भी निर्वाचित हुईं और तब राज्य सभा के लिए (1978-89) भी चुनी गईं। सच तो यह है कि विजय राजे जिस भी चुनाव में खड़ी हुईं, उसे जीतीं। 1967 में उन्होंने कांग्रेस से त्याग पत्र दिया और जन संघ में शामिल हुईं, क्योंकि उन्होंने स्वयं को जनसंघ की विचारधारा के अधिक निकट पाया। उनकी एक पुत्री पद्मावती राजे थी, जिसका विवाह त्रिपुरा के अन्तिम शासक कीर्ति देव बर्मन से हुआ, पर बीस वर्ष की आयु में उसकी मृत्यु हो गई। विजय राजे की दूसरी पुत्री उषा राजे थीं जिनसे नेपाल के राणा पशुपति शमशेर सिंह से विवाह किया। उनकी तीसरी सन्तान माधव राव सिन्धिया थे जो 1977 में आपात्काल हटने के कुछ समय बाद कांग्रेस पार्टी से जुड़ गए। राजमाता ने इसे गद्दारी माना, क्योंकि वे आपातकाल के दौरान तिहाड़ जेल में क़ैद रही थीं। राजमाता जनसंघ में ही बनी रहीं और 1980 के दशक में भाजपा से जुड़ीं। विजय राजे की दो छोटी बेटियों में वसुंधरा राजे, राजस्थान की पूर्व मुख्यमंत्री हैं, और यशोधरा राजे अपनी माँ के पदचिह्नों का अनुसरण करते हुए दक्षिणपन्थी राजनीति से जुड़ीं। विजय राजे अयोध्या में राम मन्दिर निर्माण के भाजपाई अभियान की समर्थक थीं।

1956 में जब बालिका शिक्षा का विषय गौण माना जाता था, विजय राजे ने सिन्धिया कन्या विद्यालय की नींव डाली। वे सागर विश्वविद्यालय की प्रति-कुलपति थीं। उन्होंने दो पुस्तकें लिखीं। मनोहर मलगाँवकर के साथ लिखी उनकी आत्मकथा का शीर्षक था *द लास्ट महारानी ऑव ग्वालियर* तथा हिन्दी में लोक पथ से राज पथ। उनके पोते तथा माधवराव के पुत्र ज्योतिरादित्य सिन्धिया भी कांग्रेसी नेता हैं।

विजयलक्ष्मी पंडित

(1900-1990)

विजयलक्ष्मी पंडित स्वाधीनता सेनानी तथा राजनेता थीं। उनका जन्म 18 अगस्त, 1900 में हुआ था, वे राष्ट्रवादी नेता पंडित मोतीलाल नेहरू की पुत्री और भारत के प्रथम प्रधानमंत्री जवाहरलाल नेहरू की बहन थीं। परिवार की परम्परा निभाते हुए विजयलक्ष्मी राष्ट्रीय आन्दोलन की ऐसी कर्मठ कार्यकर्ता बनीं, जिन्हें ब्रिटिश सरकार ने तीन बार गिरफ़्तार किया। उत्तरप्रदेश की विधानसभा की सदस्या तथा स्थानीय स्वायत्त शासन व सार्वजनिक स्वास्थ्य मंत्री (1937-1939) बनने से पूर्व विजयलक्ष्मी इलाहाबाद नगर प्रशासन की सदस्या बनीं, और यों उस स्तर पर कैबिनेट पद पाने वाली पहली महिला बनीं। अखिल भारतीय महिला कॉन्फ्रेन्स में उनकी भूमिका महत्त्वपूर्ण थी और वे 1940 से 1942 तक उसकी अध्यक्ष रहीं। 1921 में विजयलक्ष्मी रणजीतसिंह

पंडित से विवाह किया, जो कांग्रेस में उनके सहकर्मी थे। 1944 में रणजीतसिंह का देहावसान हो गया। 1945 में सैन फ्रेंसिस्को में संयुक्त राष्ट्र संघ की स्थापना के दौरान विजयलक्ष्मी ने अपने भाषणों के माध्मय से भारत में ब्रिटिश राज की स्पष्ट छवि विश्व के समक्ष रखी। अपनी बेटियों से मिलने के लिए की गई यात्राओं के बहाने वे भारत तथा स्वयं अपनी ओर से भारत की स्थिति पर प्रकाश डालती रहीं। उनकी सबल व सुस्पष्ट नीति के चलते न केवल उनका यश बढ़ा वरन् बाद में उन्हें संयुक्त राष्ट्र संघ में भी पद मिला।

आज़ादी के बाद विजयलक्ष्मी ने कूटनीतिज्ञ के रूप में काम किया। संयुक्त राष्ट्र में भारतीय शिष्टमंडल का उन्होंने 1946-48 तथा 1952-53 नेतृत्व किया। वे 1947 से 49 तक सोवियत रूस में तथा 1949 से 52 तक संयुक्त राज्य अमरीका में भारत की राजदूत रहीं। 1953 में संयुक्त राष्ट्र आम सभा की अध्यक्ष चुनी गईं, वे इस पद पर चुनी जाने वाली प्रथम स्त्री थीं। 1954 से 1961 तक वे लन्दन में भारतीय उच्चायुक्त रहीं तथा 1958 से 1961 तक स्पेन की उच्चायुक्त रहीं। 1962 से 1964 तक वे महाराष्ट्र की राज्यपाल नियुक्त की गईं। 1964 से 1968 तक वे फूलपुर से संसद सदस्य चुनी गईं जिसका प्रतिनिधित्व पहले उनके भाई ने किया था। बाद में नेहरू परिवार से उनके रिश्तों में तनाव आया और इन्दिरा गांधी के प्रधानमंत्रित्व काल में तो उसमें खटास तक आ गई।

1977 में उन्होंने कांग्रेस पार्टी छोड़ी और कांग्रेस फॉर डेमोक्रेसी में चली गईं जिसका कालान्तर में जनता पार्टी में विलय हो गया। 1978 में उन्हें संयुक्त राष्ट्र मानवाधिकार आयोग में भारतीय प्रतिनिधि नियुक्त किया गया। 1979 में विजयलक्ष्मी ने *द स्कोप फॉर हैपिनेस : अ पर्सनल मैमुआ* प्रकाशित किया। उनके जीवन के अन्तिम वर्ष देहरादून में बीते। उन्हें विश्व के विभिन्न विश्वविद्यालयों ने 15 मानद डिग्रियों से सम्मानित किया। मानवता की सेवा के लिए उन्हें डॉरथी श्लॉत्ज़र स्वर्ण पदक दिया गया तथा भारत सरकार ने उन्हें पद्म विभूषण से नवाज़ा। उनकी तीन पुत्रियाँ थीं, जिनमें से एक नयनतारा सहगल जानी-मानी लेखिका हैं।

विद्या गौरी नीलकंठ

(1876-1958)

विद्या गौरी नीलकंठ समाज सुधारक, शिक्षाविद् तथा लेखिका थीं। वे गुजरात की उन दो पहली स्त्रियों में एक थीं जिसने स्नातक डिग्री पाई हो। उनकी पुत्री विनोदिनी नीलकंठ भी लेखिका बनीं। विद्या गौरी का जन्म 1 जून, 1876 को अहमदाबाद में हुआ वे एक कनिष्ठ न्यायिक अधिकारी गोपीलाल ध्रुव तथा बालाबेन की पुत्री थीं।

उनके पिता का तबादला गुजरात के विभिन्न छोटे क़स्बों में होता रहा, जबकि परिवार अहमदाबाद में रहा ताकि विद्या गौरी तथा शारदा, स्कूल में पढ़ सकें। विद्या गौरी ने सातवीं कक्षा तक अहमदाबाद में पढ़ाई की, पर तब शिक्षा जारी रखने का कोई उपाय न पावे और उनकी बहन ने महालक्ष्मी शिक्षक प्रशिक्षण कॉलेज में एंग्लो-वर्नेक्युलर कक्षाओं में प्रवेश लिया। स्कूली पढ़ाई के दौरान ही उनका विवाह रमणभाई से हुआ जो उनसे नौ वर्ष बड़े थे। पति-पत्नी ने साथ-साथ लेख व पुस्तकें लिखीं और *ज्ञानसुधा* नामक पत्रिका का सम्पादन भी किया। उन्होंने मैट्रिक की परीक्षा दी और उसके तीन वर्ष बाद गुजरात कॉलेज में प्रवेश लिया। बोम्बे विश्वविद्यालय की कला वर्ग की इंटरमीडियेट परीक्षा में विद्या गौरी को तर्क शास्त्र में प्रथम स्थान मिला। विद्या गौरी को नैतिक दर्शन व तर्क शास्त्र में बी.ए. करने में आठ वर्ष लगे। 1901 में वे पूरे विश्वविद्यालय में प्रथम आईं और उन्हें गुजरात कॉलेज की छात्रवृत्ति दी गई। वे तथा उनकी बहन शारदा मेहता गुजरात की प्रथम स्त्रियाँ बनीं जो स्नातक बन सकीं।

विद्या गौरी अहमदाबाद की लेडीस् क्लब की सदस्या बनीं जिसमें हिन्दू, पारसी, मुस्लिम तथा ईसाई समुदाय की स्त्रियाँ सदस्य थीं। इससे वे सार्वजनिक मंच में आ सकीं। जब अहमदाबाद में राष्ट्रीय कांग्रेस का वार्षिक अधिवेशन आयोजित हुआ तो विद्या गौरी और उनकी बहन ने मंच से 'वंदे मातरम्' गाया। राष्ट्रीय भारतीय संघ के सहयोग से विद्या गौरी ने गरीब मुस्लिम महिलाओं के लिए सिलाई कक्षाएँ प्रारम्भ कीं। उन्होंने प्रौढ़ शिक्षा की कक्षाएँ आयोजित कीं और प्रथम विश्वयुद्ध के दौरान वॉर रिलीफ फंड के लिए कई गतिविधियाँ की। इस कारण उन्हें एमबीई (मेम्बर ऑव द ब्रिटिश एम्पायर) बनाया गया तथा स्टार ऑव इंडिया पुरस्कार दिया गया। नमक सत्याग्रह के समय गांधी की गिरफ़्तारी पर विद्या गौरी ने यह पुरस्कार लौटा दिया। उन्होंने अखिल भारतीय महिला कान्फ्रेरेंस की अहमदाबाद शाखा प्रारम्भ की। वे कई वर्षों तक इस शाखा की अध्यक्ष रहीं तथा उसके लखनऊ में आयोजित सत्र का सभापतित्व भी किया। वे कई शिक्षण संस्थानों से जुड़ी रहीं, जैसे मगनभाई करमचन्द गर्ल्स हाई स्कूल, दिवालीबाई कन्या हाई स्कूल, रणछोड़ छोटालाल कन्या हाईस्कूल तथा वनिता विश्राम, जो उन स्त्रियों को उच्च माध्यमिक शिक्षा उपलब्ध करवाता था जो विधवा हो गई हों या जिन्हें विवाह हो जाने के कारण स्कूल छोड़ना पड़ा हो। उन्होंने अहमदाबाद में लालशंकर उमिया शंकर महिला पाठशाला की स्थापना की जो कालान्तर में एएसएनडीटी (कर्वे) विश्वविद्यालय से सम्बद्ध हुआ। इस कॉलेज में उन्होंने अंग्रेज़ी, मनोविज्ञान तथा दर्शन का अध्यापन किया। वे महिपतराम रूपाराम अनाथ आश्रम की मानद सचिव तथा बाद में अध्यक्ष रहीं जो उनके ससुर के नाम पर खोला गया था। वे विक्टोरिया जुबली अस्पताल, रणछोड़लाल औषधालय तथा कई अन्य धर्मार्थ व परोपकारी संगठनों की सदस्य रहीं। गुजरात साहित्य परिषद के पन्द्रहवें अधिवेशन का उन्होंने सभापतित्व किया। उन्होंने प्रचुर लेखन किया और *गुणसुन्दरी,*

स्त्रीबोध, शारदा जैसी महिला पत्रिकाओं में योगदान दिया। अपनी बहन के साथ उन्होंने आर.सी. दत्त के द *लेक ऑव पाल्मस* का अनुवाद किया।

विद्योत्तमा
(चौथी-पाँचवीं शती)

विद्योत्तमा अपने युग की सर्वाधिक बहुश्रुत तथा प्रतिभावान महिला थीं। हालाँकि उनके विषय में उपलब्ध जानकारियाँ किंवदंतियाँ ही हैं, परन्तु फिर भी उनकी विलक्षणता उनके पति कालिदास की रचनाओं से ऐतिहासिक रूप से स्थापित होती है। कालिदास प्राचीन भारत के महान कवि थे जिनका जीवन एक सरल गड़ेरिए के रूप में प्रारम्भ हुआ था। इक्कसवीं शताब्दी में कालिदास के जीवन तथा रचनाओं में विद्योत्तमा की भूमिका को नारीवादी नज़रिए से देखने का ताज़ा प्रयास किया जा रहा है।

विद्योत्तमा, उज्जैन के प्रख्यात शासक विक्रमादित्य की पुत्री थीं। उनके माता-पिता ने उसका नाम गुणमंजरी रखा तथा आचार्य वराहरुचि को उसे पढ़ाने व ज्ञान देने के लिए गुरु नियुक्त किया था। गणदास को कलाओं, विशेषकर नृत्य तथा संगीत में उसकी प्रतिभा विकसित करने का दायित्व सौंपा गया था। मात्र बारह वर्ष की आयु में गुणमंजरी ने अपने गुरुओं से सब कुछ सीख लिया। ज्ञान या ललित कलाओं का कोई भी क्षेत्र ऐसा न था जिसमें वह श्रेष्ठ न हो। यों वह विद्योत्तमा (विद्या में उत्तम) कहलाईं। उनकी उपलब्धियों ने देश भर के राजाओं व राजकुमारों को आकर्षित किया और वे विवाह में उसका हाथ चाहने लगे। परन्तु विक्रमादित्य ने घोषणा की कि विद्योत्तमा का विवाह उसी से होगा जो विद्योत्तमा से अधिक विद्वान् सिद्ध होगा—यह शर्त कभी पूरी ही नहीं हो पाई।

कहा जाता है कि विद्योत्तमा बेहद घमंडी थी और उसने अपने गुरु वराहरुचि तक की हँसी उड़ाई थी। इस अपमान से क्रुद्ध वराहरुचि ने उसे श्राप दिया कि उसका पति एक पशुपालक से बेहतर व्यक्ति न होगा। विद्योत्तमा के पाठ पढ़ाने के लिए वराहरुचि ने साज़िश रची और उसका विवाह कालिदास नामक एक निपट निरक्षर से करवा दिया। उन्होंने कालिदास से कहा कि वह अपनी पत्नी से केवल संकेतों में बात करेगा। इससे कुछ समय तक छल का भेद नहीं खुला; पर कुछ ही समय बाद विद्योत्तमा ने पति को अपनी रचना *शृंगारोदय* की पांडुलिपि, सुधारने को दी। जब पता चला कि कालिदास पढ़-लिख तक नहीं सकते तो विद्योत्तमा पूरी तरह बिखर गई। कालिदास विद्योत्तमा से वास्तव में प्रेम करते थे और समझ गए थे कि वे ही विद्योत्तमा के दुःख का कारण हैं। अतः एक रात वे चुपचाप महल से निकल गए। आगामी दस वर्षों तक

कालिदास ने कई विख्यात गुरुओं से उस युग में शिक्षा ली जिसमें ज्ञानी जन अपना ज्ञान गुप्त रखते थे। अन्ततः कालिदास उज्जैन लौटे और अपने प्रसिद्ध काव्यों की रचना की, कम से कम अनुश्रुति यही कथा कहती है। जब विद्योत्तमा ने *कुमारसम्भव* के कामुक वर्णनों पर आपत्ति कर उन्हें हटाने को कहा तो कालिदास ने विनम्रता से सुझाव अस्वीकार किया। जब वे हठ करने लगीं तो कालिदास उज्जैन छोड़ चले गए और कभी न लौटे, यह काव्य अधूरा ही रहा। कालिदास की मृत्यु के बाद विद्योत्तमा ने *कुमारसम्भव* को पूरा किया। स्वामिभक्ति तथा शौर्य का जो सार इस काव्य में स्पष्टता से मिलता है वह कालिदास की अन्य रचनाओं में नहीं मिलता। विद्योत्तमा ने *रघुवंश* का भी सम्पादन किया तथा उसे उसका शौर्य दिया। कहावत है कि जो कुछ वाल्मीकि ने अधूरा छोड़ा उसे कालिदास ने पूरा किया, तथा कालिदास में जो कमज़ोरियाँ थीं, या जो उन्होंने अधूरा छोड़ा था उसे विद्योत्तमा ने अमर बनाया। *कुमारसम्भव* को पूर्ण कर विद्योत्तम अपनी सखी प्रियंवदा के साथ तीर्थ के लिए कैलाश पर्वत गईं। **–डॉ. नलिनी लैंगर**

विनोदिनी नीलकंठ

(1907-1987)

विनोदिनी नीलकंठ, विद्या गौरी नीलकंठ की पुत्री थीं। वे एक लेखिका तथा स्वाधीनता सेनानी थीं। उनके माता-पिता अहमदाबाद के समाज की जानी-मानी हस्तियाँ थे और वे एक प्रबुद्ध व सामाजिक सक्रियता के परिवेश में पली-बढ़ी थीं। 18 वर्ष की आयु में उन्होंने धरसाना के सत्याग्रह में भागीदारी की। 1929 में 21 वर्ष की आयु में एन आर्बर स्थित मिशिगन विश्वविद्यालय में लिबरल आर्ट्स में एम.ए. करने गईं। 1931 विनोदिनी भारत लौटीं।

1930 (?) में वे मुम्बई के म्युनिसिपल बालिका विद्यालय की प्रधानाध्यापिका बनीं, जहाँ वे 1934 तक अध्यापन करती रहीं। 1932 में सविनय अवज्ञा आन्दोलन के तहत उन्होंने कांग्रेस के झंडे थामे सक्रियकर्मियों का एक जुलूस आयोजित किया। 1934 में उन्होंने श्रीलंका, बर्मा, जापान तथा चीन का दौरा किया। कॉलेज अध्ययन के काल से ही वे मनुभाई पारीख से परिचित थीं, तथा दोनों ने धरसाना सत्याग्रह में साथ-साथ काम भी किया था। 1934 में विनोदिनी ने मनुभाई से विवाह किया, हालाँकि मनु पहले से विवाहित थे और उनके दो बच्चे भी थे। ब्रिटिश भारत में हिन्दुओं का तलाक ग़ैर-क़ानूनी था, अतः दम्पती ने सिख धर्म अपनाया। इसकी काफ़ी निन्दा हुई पर विनोदिनी ने अपने लेखन को बाधित नहीं होने दिया, वह लगातार चलता रहा। 1949 में विनोदिनी ने गुजरात समाचार के लिए स्तम्भ *घरघरनी ज्योत* लिखना प्रारम्भ

किया जो कई वर्षों तक चला। अपने स्तम्भ में वे गुजरात की स्त्रियों को सम्बोधित करतीं, उन्हें अपने स्वयं के लिए खड़े होने को, जिस समाज में वे जी रही थीं उसे बदलने को, उत्प्रेरित करती थीं।

उनके निबन्धों का प्रथम संकलन *रसद्वार* 1928 में प्रकाशित हुआ। भारत लौटने के बाद वे अंग्रेज़ी से मराठी में अनुवाद करने लगीं और 1934 में चार्ल्स हॉर्टन कूली की *ह्यूमन नेचर एंड द सोशल ऑर्डर* अनूदित की। 1942 में गुजरात वर्नाक्युलर सोसायटी के लिए उन्होंने गुजराती इतिहास लिखा। उन्हें आलोचनात्मक सफलता 1946 में अपने उपन्यास *कदलीवन* के प्रकाशन के साथ मिली। उन्होंने बाल कथाओं के दो संग्रह भी प्रकाशित किए।

अपर्णा बासु तथा शैलजा केलकर पारीख ने विनोदिनी नीलकंठ की जीवनी, *द रोड लेस ट्रैवल्ड : द लाइफ एंड राइटिंग्स ऑव विनोदिनी नीलकंड* की रचना की है।

विभावरी शिरूरकर
(1905-2001)

मालती बेडेकर मराठी लेखिका थीं जो विभावरी शिरूरकर के छद्म नाम से लेखन करती रहीं। बालूताई अनंत खारे नाम से जन्मीं विभावरी, 1940 के दशक में मराठी लेखक विश्राम बेडेकर की दूसरी पत्नी बनीं और उन्होंने मालती बेडेकर का नाम स्वीकारा। मालती लेखक अनंत खारे की पुत्री थीं और उन्होंने अपने आत्मकथात्मक उपन्यास *खारे मास्टर* में अपने पिता के विषय में लिखा है। अनंत खारे भविष्य की दृष्टि रखने वाले ऐसे विचारक थे, जिन्होंने अपनी पुत्री को विधवाओं के संस्थान में शिक्षित होने के लिए भेजा था। वे अपनी बेटियों से उम्मीद रखते थे कि वे स्वयं कुछ बन सकें।

मालती की पहली पुस्तक *कल्याञ्ची निश्वास* (कलियों की निश्वास) का प्रकाशन 1933 में हुआ और उस पर विवाद छिड़ा। यह युवा स्त्रियों सम्बन्धी लघु कथाओं का संग्रह था। इसकी कुछ युवतियाँ नौकरीपेशा थीं और अपने पिता के परिवार से मुक्ति चाहती थीं, कुछ का विवाह होने वाला था और वे दहेज की ख़िलाफ़त कर रही थीं। तीसरे दशक के भारत के दमघोंटू सामाजिक परिवेश में ये कहानियाँ यौन, पैसा, शोषण तथा पितृसत्ता को लेकर चौंकाने वाली स्पष्टवादिता दर्शाती थीं। ये कहानियाँ इस क़दर चुभने वाली थीं कि विभावरी शिरूरकर को कई जानलेवा धमकियाँ दी गईं (हालाँकि उस वक़्त लेखिका की पहचान सार्वजनिक नहीं हो पाई थी) मालती ने उसी वर्ष, अर्थात् 1933 में ही *हिंडोल्यावर* (हिंडोला) प्रकाशित की और 1935 में *विरलेले स्वप्न* (बदरंग हुए स्वप्न)। कुछ वर्षों के अन्तराल के बाद जिस दौरान मालती ने

1946 में संस्कृत में पी-एच.डी. की, उन्होंने अपना असली नाम जाहिर किया। 1950 में उन्होंने *बलि* का प्रकाशन किया। 1956 में *खारे मास्टर* तथा आत्मकथ्यात्मक *शबरी* प्रकाशित हुई, जो विवाह में फंसी एक स्त्री की कथा कहती है। 1964 में उन्हें महाराष्ट्र राज्य पुरस्कार से सम्मानित किया गया।

विशाखा

(छठी शताब्दी ई.पू.)

विशाखा साकेत के श्रेष्ठि की पुत्री थीं और अपने रूप व उपलब्धियों के लिए प्रख्यात थीं। उनका विवाह श्रावस्ती के श्रेष्ठी मिगरा के निकम्मे पुत्र से कर दिया गया। मिगरा का परिवार जैन था परन्तु विशाखा स्वयं बुद्ध की भक्त थीं। कालान्तर में विशाखा अपने ससुराल वालों की आस्था बुद्ध में जगा सकीं। विशाखा के ससुर उसकी बुद्धिमानी व चरित्र से इतने प्रभावित हुए कि वे उसे 'मिगरामाता' कहने लगे। विशाखा उदारता से संघ को दान देतीं, मठों के निर्माण व उनके रख-रखाव का व्यय वहन करतीं। बुद्ध धर्म के प्रारम्भिक काल की वे एक महत्त्वपूर्ण गृहस्थ शिष्या थीं।

विश्ववरा

(वैदिक काल)

स्त्रियों द्वारा रचित वैदिक ऋचाओं में हमें कई बार उन रचनाकारों के घरेलू जीवन के अन्तरंग आनन्द व दुःखों की उन्मुक्त अभिव्यक्ति भी नज़र आती है। यह तथ्य न केवल यह दर्शाता है कि उन कवयित्रियों को इतना ऊँचा दर्जा प्राप्त था कि ऋचाओं में इतने साधारण विषय स्थान पा सके, बल्कि यह उस युग की नारियों की अन्तरंग झलक भी प्रस्तुत करता है। छह पदों की एक ऋचा का श्रेय अत्रि कुल की विश्ववरा को दिया जाता है। प्रतीत यह होता है कि वे एक विवाहित स्त्री थीं; वे पूर्वाभिमुख हो प्रातःकाल प्रज्वलित अग्नि की ओर बढ़ती हैं, देवताओं को आहुति देती हैं तथा वैवाहिक जीवन में प्रेम व आनन्द की प्रार्थना करती हैं। वे ऋचा में कहती हैं–

पूर्णतः प्रज्वलित अग्नि, व्योम के विपरीत चमकती है
उषा के सम्मुख, दूर-दूर तक प्रकाशित होती है
विश्ववरा पूर्व की ओर बढ़ प्रणाम करती है
नैवेद्य और घृत के साथ देवताओं की स्तुति करती है...

इस स्तुतिगान से हम यह कयास लगा सकते हैं कि विश्ववरा के युग की नारियाँ देवताओं को स्वतंत्र रूप से नैवेध अर्पित कर सकती थीं, पर यह अधिकार बाद में उनसे छिन गया।

विष्णुप्रिया
(सोलहवीं शताब्दी)

विष्णुप्रिया वैष्णव सन्त चैतन्य की दूसरी पत्नी थीं। विश्वम्भर मिश्र जब प्रबुद्ध हो गए तो उन्हें 'चैतन्य' नाम से सम्बोधित किया जाने लगा। चैतन्य एक घुमन्तू वैष्णव सन्त थे, उनके गीतों व दृष्टि के कारण बंगाल में वैष्णव धर्म की पुनर्स्थापना हुई। चैतन्य की पहली पत्नी लक्ष्मी का देहावसान साँप के काटने से हुआ था। हालाँकि चैतन्य उस समय संसार त्यागने की दिशा में काफ़ी आगे बढ़ चुके थे, फिर भी उन्होंने अपनी वृद्ध और दुखियारी माँ को एक साथी उपलब्ध कराने की इच्छा से पुनः विवाह किया। विष्णुप्रिया एक उच्च पदाधिकारी व प्रतिष्ठित राज पंडित की बेटी थीं। उनके लिए अपनी सास शची के साथ ग़रीबी की कठोर ज़िन्दगी से समझौता करना बेहद कठिन रहा होगा। विष्णुप्रिया कट्टर थीं और परिवार के सदस्यों के अलावा किसी के सामने आना उन्हें पसन्द न था। चैतन्य के भक्तों के सामने वे एक ऐसे पर्दे के पीछे ही आतीं जिससे सिर्फ़ उनके पैर ही नज़र आ सकते थे। वे स्वयं को एक अभागी स्त्री मानती थीं और ईश्वर के नाम जपते सद्गुणी बनने की चेष्टा में रत रहती थीं। वे माला और चावलों के दानों के सहारे नाम जाप करतीं और जाप पूरा होने पर उन्हीं चावलों की छोटी-सी ढेरी को अपने खाने के लिए उबाल लेती थीं।

शकुन्तला परांजपे
(1906-2000)

शकुन्तला परांजपे एक अभिनेत्री, लेखिका तथा सामाजिक कार्यकर्ता थीं। वे शिक्षाविद् व कूटनीतिज्ञ श्री आर.पी.परांजपे की पुत्री थीं, जो पहले भारतीय थे जिन्होंने कैम्ब्रिज में गणित के वरिष्ठ विवादक की योग्यता पाई थी, तथा 1944 से 1947 तक ऑस्ट्रेलिया में भारत के उच्च आयुक्त रहे थे। शकुन्तला पहले अपने पिता के पदचिह्नों पर चलीं और 1929 में कैम्ब्रिज से ट्राईपॉस (गणित की एक डिग्री) किया। अगले वर्ष उन्होंने लन्दन विश्वविद्यालय से शिक्षा में डिप्लोमा किया। 1930 के देश में उन्होंने अपना समय मुम्बई में फ़िल्मों के काम करते तथा जिनेवा स्थित अन्तर्राष्ट्रीय श्रम संगठन में

काम करते बिताया। 1933 में उन्होंने महाराष्ट्र के गाँवों में यात्राएँ कर गर्भ निरोध का सन्देश प्रसारित किया।

उनकी पहली फ़िल्म थी *सैरंध्री* (1933)। 1937 में वी. शान्ताराम की *दुनिया न माने* में उनकी भूमिका सर्वाधिक चर्चित रही। अल्प समय के लिए वे रूसी चित्रकार योरा स्लैप्टज़ॉफ से विवाहित रहीं, जिससे उनकी एक पुत्री सई का 1938 में जन्म हुआ। पर यह सम्बन्ध अधिक समय तक नहीं टिक सका। सई परांजपे बाद में मुम्बई में जानी-मानी फ़िल्म निर्देशिका बनीं। शकुन्तला ने 1955 तक अभिनय जारी रखा। परन्तु जैसे-जैसे अभिनेत्री के रूप में उनका काम उतार की ओर बढ़ा उन्होंने लेखन तथा राजनीति पर ध्यान दिया। 1951 में उन्होंने अपने संस्मरण *थ्री इयर्स इन ऑस्ट्रेलिया* प्रकाशित किए, तथा 1970 में ओरियंट लॉगमैन ने उनकी पुस्तक *सेंस एंड नॉनसेंस* प्रकाशित की। अपने बाद के वर्षों में उन्होंने मराठी में लेखन किया। वे 1958 से 1964 तक महाराष्ट्र विधानसभा की सदस्य रहीं तथा 1964 से 1970 तक उन्हें राज्य सभा का सदस्य चुना गया। 1991 में भारत सरकार ने उन्हें उनके अग्रणी कार्यों के लिए पद्म भूषण सम्मान से नवाज़ा।

शम्सुन्हार महमूद
(1908-1964)

शम्सुन्हार शिक्षिका थीं जिन्हें आजीवन शिक्षित होने व आज़ाद रहने के लिए संघर्ष करना पड़ा था। उनका जन्म गुथूमा ग्राम में एक तुलनात्मक रूप से आज़ादख़याल परिवार में हुआ था। उनके पिता के सम्बन्धियों में फज़लुल करीम भी शामिल थे जो बंगाल के प्रथम मुस्लिम स्नातकों में एक थे। शम्सुन्हार की माँ के पक्ष के लोगों में भी सुधारवादी व शिक्षाविद् थे। इसके बावजूद शम्सुन्हार कड़े पर्दे में पली-बढ़ीं।

शुरुआत में शम्सुन्हार चित्तगोंग स्थित डॉ. खस्तगीर की बालिका शाला में पढ़ीं और उनका उन बंगाली हिन्दू लड़कियों के साथ मेलजोल रहा जो कालान्तर में क्रान्तिकारी बनीं। अपने संस्मरण *आमी जॉखोन छात्री छिलाम* (जब मैं छात्रा थी) में वे इस समय को तलाश के उत्तेजक काल के रूप में याद करती हैं। नौ वर्ष की आयु में ज़ब वे छठी कक्षा में थीं उन्हें स्कूल से हटा परदे में डाल दिया गया।

उनका अध्ययन घर में मोटे पर्दे के पीछे जारी रहा, जो उन्हें उनके हिन्दू पुरुष शिक्षकों से अलग करता था। उन्होंने उम्दा अंकों के साथ मैट्रिक परीक्षा उत्तीर्ण की। अगले वर्ष शम्सुन्हार का निकाह डॉ. वहीदुद्दीन महमूद से कर दिया गया जिन्होंने उन्हें अपनी शिक्षा के लिए संघर्ष जारी रखने की प्रेरणा दी। तब उनके संघर्ष का अगला चरण प्रारम्भ हुआ जिसके विषय में कवि नज़रूल इस्लाम ने उन्हें दोस्ताना व

संवेदन के भाव से लिखा, 'तुम्हारा क्या होगा नहीं जानता, मुझे लगता है कि जो तुम्हारा अभिभावक होगा उसे बीसवीं शताब्दी का प्रकाश नहीं छुएगा। शायद इसीलिए तुम्हें कॉलेज में पढ़ने की अनुमति पाने के लिए मिन्नतें करनी पड़ेंगी और रोना पड़ेगा।' शम्सुन्हार को अन्ततः कॉलेज में पढ़ने की अनुमति मिली ज़रूर पर निकाह हो जाने के पहले नहीं। उन्होंने इस समय तक अपनी कविताएँ भी प्रकाशित करना प्रारम्भ कर दिया था। उनकी पहली कविता थी *अंगूर* जो किशोरों की पत्रिका में छपी थी। 1920 के दशक की शहरी युवतियों के लिए शम्सुन्हार बुर्के में लिपटी एक विचित्र जीव थीं, परन्तु शम्सुन्हार ने उनकी खिल्ली को तब अचरज में तब्दील कर दिया जब कलकत्ता विश्वविद्यालय की इंटरमीडिएट कला परीक्षाओं में उन्होंने बीसवाँ स्थान पाया। अपने छात्रावस्था में उन्होंने *नौरोज* तथा *आत्मशक्ति* पत्रिकाओं के महिला भाग का सम्पादन भी किया। उन्होंने *पुण्यमयी* (1925) की रचना की, और नज़रूल ने अपनी पुस्तक *सिन्धु हिन्डोल* (1927) को *'बहर तथा नहर'* अर्थात् शम्सुन्हार तथा उसके भाई को समर्पित की।

1928 में वे डिस्टिंक्शन के साथ स्नातक बनीं और रौकिया सखावत हुसैन ने उन्हें इस अवसर पर सम्मानित किया। 1939 जब लेडी ब्रेबॉन कॉलेज स्थापित किया गया, शम्सुन्हार ने वहाँ शिक्षिका का पद स्वीकारा। 1942 में जब द्वितीय विश्वयुद्ध अपने चरम पर था शम्सुन्हार ने निजी छात्रा के रूप में एम.ए. की परीक्षा दी। नज़रूल के साथ अपने जुड़ाव के विषय में उन्होंने *नज़रूल जेमोन देखेछी* (नज़रूल, जैसा मैंने उन्हें देखा) में लिखा है। वे निखिल बंग मुस्लिम महिला समिति की सचिव थीं और 1961 में शम्सुन्हार ने विकलांग बालकों के पुनर्वास का एक केन्द्र स्थापित किया। 1962 में उन्हें राष्ट्रीय परिषद में चुना गया। 1933 से अपने भाई हबीबुल्ला बहर के साथ उन्होंने कोलकाता में *बुलबुल* नामक पत्रिका का सम्पादन किया। उनकी बंगाली रचनाओं में *फूलबगीचा* (1935), *बेगम महल* (1937) जो रौकिया की जीवनी थी, व कई यात्रा वृत्तान्त तथा *शिशुर शिक्षा* (1939) शामिल थे।

शरत कुमारी चौधुरानी
(1861-1920)

शरत कुमारी बंगाली लेखिका थीं। उनका जन्म तथा लालन-पालन लाहौर में हुआ था, जहाँ उनके पिता शशिभूषण बासु काम करते थे। उनके समय में उनकी लघु कथाएँ बेहद लोकप्रिय थीं। रवीन्द्रनाथ ठाकुर भी इन कथाओं को पसन्द करते थे। दस वर्ष की आयु में उनका विवाह अक्षय कुमार चौधुरी से हुआ, जिनकी ठाकुर परिवार से घनिष्ठता थी।

वे मूलतः पत्रकार थीं और उनकी कथाओं का केवल एक ही संकलन प्रकाशित हो सका था, जिसका शीर्षक *शुभ विवाह* था। उनकी सबसे विख्यात कथा थी *आदोरेर ना अनादौरेर* (प्रेम या अप्रैल 1891) यह कथा इस तथ्य का सशक्त चित्रण करती है कि किस प्रकार स्त्रियाँ बिना सोच-विचार किए पुरुष पूर्वग्रहों को आत्मसात् करती हैं और उन्हें प्रक्षेपित करती हैं। उनका लेखन केन्द्रित व धारा-सम था, यह तकनीक लघु कथाओं के लिए खासतौर से उपयुक्त थी, पर लम्बी कहानियों के लिए नहीं। शायद इसी कारण उन्होंने लघु कथा को चुना था। उन्होंने महिला मुद्दों पर भी लेख लिखे, जैसे *एकल ओ एकलेरमेय*। इनमें से कई लेख स्वर्ण कुमारी देवी की पत्रिका *भारती* में प्रकाशित हुए।

शरदिनी दहानुकर
(1945-2002)

शरदिनी अरुण दहानुकर एक नैदानिक औषध शास्त्री व आयुर्वेदिक शोधकर्ता थीं। उनका जन्म मुम्बई में हुआ था और वे स्कूल में अच्छी छात्रा रही थीं। उन्होंने सेठ जी. एस. मेडिकल कॉलेज में प्रवेश लिया और 1969 में चिकित्सा में स्नातक बनीं। उन्होंने नैदानिक औषधिशास्त्र में विशेषज्ञता पाने का निर्णय लिया तथा अमरीका में एम.डी. किया, जहाँ वे अपने पति के साथ इसलिए गई थीं क्योंकि वे वहाँ अध्ययन कर रहे थे। अमरीका में उनकी मुलाक़ात वैद्य बेनी माधव शास्त्री जोशी के बच्चों से हुई, जिन्होंने शरदिनी को अपने पिता की आयुर्वेद में शोध की बात बताई। वे भारतीय पेड़-पौधों के औषधीय गुणों को जाँचने-परखने के विचार से प्रेरित हुईं और वैद्य जोशी जी से पाँच वर्षों तक आयुर्वेद का प्रशिक्षण लिया। इसके बाद उन्होंने आधुनिक चिकित्सा के क्षेत्र में इन वनस्पतियों के उपयोग पर पीएचडी की, जिसमें *मेनिस्पेरमम ग्लाबरूम* का *हीमेटोपोइसिस* (रक्तरोग) पर प्रभाव भी शामिल था। 1989 में उन्होंने किंग एडवर्ड मेमोरियल अस्पताल में आयुर्वेद शोध केन्द्र स्थापित किया तथा 2001 में बी.वाय.एल. नायर धर्मार्थ अस्पताल में आयुर्वेदिक शोध केन्द्र स्थापित किया। वे टोपीवाला राष्ट्रीय मेडिकल कॉलेज तथा बीवायएल नायर धर्मार्थ अस्पताल में नैदानिक औषधशास्त्र की विभागाध्यक्ष तथा डीन भी रहीं। शोध मार्गदर्शक के रूप में उन्होंने अपने शोधकर्ताओं से उनकी खोज के सटीक दस्तावेज़ीकरण की माँग रखी। उनके अनेक शोध प्रकाशनों के अलावा उन्होंने आयुर्वेद पर कई लोकप्रिय पुस्तकें भी लिखीं जिनमें *आयुर्वेद अनरैवल्ड, आयुर्वेद रीविज़िटेड तथा हील बाय हर्ब्स* (1995) भी शामिल हैं। उन्होंने मराठी में ख़ूब लिखा। सेठ जी.एस. मेडिकल कॉलेज ने उनकी स्मृति में सर्वश्रेष्ठ शिक्षक तथा सर्वश्रेष्ठ शोधकर्ता पुरस्कार स्थापित किए हैं। चिकित्सा ज्ञान में अपने योगदान के लिए शरदिनी

को डॉ. वसन्त पाई पुरस्कार दिया गया तथा बनारस हिन्दू विश्वविद्यालय के राष्ट्रीय भारतीय चिकित्सा अकादमी द्वारा सम्मानित किया गया। उन्हें महिला गौरव पुरस्कार तथा वनिता समाज गौरव पुरस्कार से भी नवाज़ा गया।

शान्ता आप्टे

(1916-1964)

शान्ता आप्टे मराठी सिनेमा की अभिनेत्री थीं। महाराष्ट्र के दूधनी में जन्मीं शान्ता आप्टे पंढरपुर में बड़ी हुईं, और छोटी-सी उम्र से उन्होंने गायन सीखा।

मराठी फ़िल्मों में अभिनय उन्होंने 1932 में *श्यामसुन्दर* से प्रारम्भ किया, और एक अरसे तक वे मराठी फ़िल्मों में सर्वाधिक वेतन पाने वाली अभिनेत्री रहीं। कुछ वर्षों बाद उन्हें हिन्दी फ़िल्मों में काम करने का अवसर 1934 में *अमृत मंथन* के साथ मिला। 1937 में वी.शान्ताराम की *दुनिया ना माने* में अपने अभिनय के साथ उन्होंने नाम कमाया। इसमें शान्ता निर्मला नामक एक युवती की भूमिका निभाई, जो स्थापित मान्यताओं को तोड़ने वाला पात्र था। निर्मला एक अनाथ बालिका थी जिसका विवाह एक धनी वृद्ध से होता है, वृद्ध का पात्र केशवराव दाते ने निभाया था। निर्मला उसे उसकी भूल का अहसास करवाती है और आख़िरकार वह ग्लानिवश आत्महत्या कर लेता है। अपने अन्तिम पत्र में वह निर्मला को पुनर्विवाह का सुझाव देता है क्योंकि विधवा का जीवन एक ख़राब वैवाहिक जीवन से भी अधिक कष्टकारी है। फ़िल्म में शान्ता ने एच.डब्ल्यू.लॉगफैलों के *'सामस् ऑव लाइफ'* का रूपान्तर गाया भी था।

इसी वर्ष शान्ता ने *कुंकु* में भी अभिनय किया और 1940 के दशक में उन्हें लगातार फ़िल्में मिलती रहीं। उनकी अन्तिम फ़िल्म थी *राम भक्त विभीषण* जो 1958 में बनी थी। शान्ता अपने गीत स्वयं गाती थीं, जैसा उस युग के अन्य अदाकार भी करते थे। मराठी में लिखी गई उनकी आत्मकथा का शीर्षक है *जाउ मी सिनेमात।*

शान्ता गांधी

(1917-2002)

शान्ता कालिदास गांधी रंगमंच की अभिनेत्री, लेखिका व नर्तक थीं। उनका जन्म गुजरात के आदिवासी इलाक़े अमरेली में हुआ था, जहाँ उनके पिता इंजीनियर थे।

उनकी छोटी बहन दीना पाठक भी अभिनेत्री थीं।

उन्होंने बच्चों को संगीत, नाटक, नृत्य और कथा वाचन के माध्यम से शिक्षित करने के उपाय तलाशने प्रारम्भ किए। कुछ वर्षों बाद उन्होंने अमरेली छोड़ा और अहमदाबाद स्थित बी.एम. इन्स्टिट्यूट में बाल मनोविज्ञान में शोध करने चली गईं। 1950 के दशक के आख़िरी सालों में वे नेशनल स्कूल ऑव ड्रामा में प्राचीन भारतीय नाटक की प्रोफेसर बनीं और, उन्होंने एशियन थियेटर इंस्टिट्यूट की स्थापना में भी मदद की। उन्होंने एनएसडी में भवई जैसी लोक नाट्य विधा का उपयोग भी प्रारम्भ किया। उन्होंने लोक नाटकों से प्रेरणा ले कई नाटक भी लिखे जिसमें *अमर सिंह राठौर* तथा *जसमा ओडन* भी शामिल थे। उन्होंने नुक्कड़ नाटकों पर भी काम किया और *मुखड़ा देखो दर्पण में* का निर्माण किया। वे बाल भवन तथा राष्ट्रीय बाल संग्रहालय की निदेशक भी रहीं। उन्हें 1984 में पद्मश्री तथा 2001 में संगीत नाटक अकादमी पुरस्कार से सम्मानित किया गया।

शान्तला देवी
(बारहवीं शताब्दी)

शान्तला द्वारसमुद्र के होयसाल राजा विष्णुवर्धन की पटरानी थीं। उन्होंने जिन विख्यात मन्दिरों का निर्माण करवाया उनमें हलेबिद के मन्दिर भी शामिल हैं। हलेबिद शब्द की व्युत्पत्ति 'हलेबिद' से है, जिसका अर्थ है पुरानी राजधानी। इन मन्दिरों के निर्माण में 103 वर्ष लगे और वे पत्थरों पर उकेरी गई नक्काशी के लिए विख्यात हैं।

शान्तला निष्ठावान जैन थीं। उदार व प्रबुद्ध वातावरण में पलने-बढ़ने के कारण कवियों ने उनका वर्णन करते हुए कहा कि वे 'विवेक में बृहस्पति के, व प्रत्युपन्नमति में वाचस्पति (वाचा का स्वामी, यह उपाधि परीक्षा से जीती जाती थी) के समान थीं...' तथा गायन, वाद्य वादन तथा नृत्य की विशेषज्ञ थीं। 1117 में उनका पट्ट महादेवी के रूप में अभिषेक हुआ। उनके महल में कला व साहित्य के अनुकूल वातावरण था। 1123 में उन्होंने अपने गुरु प्रभाचन्द्र को सवाति-गंधर्वन(स्वाति?) बस्ती व अन्य अनुदान दिए। बेलूर के कप्पे-चेन्नगिरया मन्दिर में उन्होंने मूर्ति स्थापना की तथा स्वयं अपनी व अपने पति की मूर्तियाँ भी लगवाईं। धार्मिक मामलों में उनके व्यापक दृष्टिकोण का परिचय यह घटना देती है। उन्हें 'सत्धर्म चूड़ामणि' तथा 'जैन धर्म प्रवार्द्धष्णु' के विरुद अर्जित किए। अपने पति के लिए वे 'युद्ध में विजय की देवी' तथा 'शान्ति में सम्पदा व यश की देवी' थीं। विष्णुवर्धन का पुत्र न होने के कारण उन्होंने एक लड़के को अपने उत्तराधिकारी के रूप में गोद लिया। 1131 में युवा राजकुमार की मृत्यु हो गई, दुखी शान्तला देवी ने शिवगंगा के पास एक चट्टान से कूदकर आत्महत्या कर

ली। विष्णुवर्धन उसके अवसान से दुखी हुए, हालाँकि उन्होंने पुनः विवाह किया, पर उस शून्य को कोई नहीं भर सका।

शारदा बेन मेहता

(1882-1970)

शारदा बेन मेहता गांधीवादी सामाजिक कार्यकर्ता थीं। उनका जन्म 1882 में गुजरात के एक उच्च जाति के परिवार में हुआ था। 1898 में उनका विवाह डॉ. सुमन्त मेहता से कर दिया गया। शारदा के पति उनकी शिक्षा के पक्ष में थे अतः 1901 में अपनी बहन के साथ शारदा भी स्नातक बनीं, और दोनों बहनें यों गुजरात की उन प्रथम स्त्रियों में शामिल हुईं जिन्होंने स्नातक स्तर तक अध्ययन किया था। शारदा गांधी जी से बेहद प्रभावित थीं। 1917 में उन्होंने लोगों को बलात् मज़दूरी की गिरमिटिया व्यवस्था के विरुद्ध एकजुट किया। 1919 में उन्होंने गांधी जी के राष्ट्रीय साप्ताहिक *नवजीवन* के लिए काम किया। उनका विश्वास था कि अगर नारी सशक्तिकरण होना है तो स्त्रियों को आर्थिक रूप से स्वावलम्बी भी बनना होगा। अपनी जाति के लोगों को नाराज़ करते हुए शारदा बेन ने एक हिन्दू बाल विधवा का पालन-पोषण किया। 1930 में उन्होंने एक *खादी मन्दिर* की स्थापना की और अहमदाबाद के पास अपने पति के आश्रम का संचालन सँभाला। 1934 में उन्होंने एक अग्रणी सहकारी दुकान खोली जिसका नाम था *आपणा घर नी दुकान*। 1934 में ही उन्होंने ज्योति संघ की भी स्थापना की जो महिला कल्याण गतिविधियों के लिए बनाया गया था। उन्होंने कई महत्त्वपूर्ण पदों पर काम किया व गुजराती में कई पुस्तकें लिखीं, जिनमें फ्लोरेंस नाइटेंगेल की जीवनी भी थी। इसके अलावा उन्होंने कई पुस्तकों का अनुवाद भी किया।

शारदा माँ

(1853-1920)

शारदा माँ एक आध्यात्मिक स्त्री थीं जो अपने पति रामकृष्ण परमहंस के सम्प्रदाय में प्रमुख थीं। उनका जन्म 22 दिसम्बर, 1853 में पश्चिम बंगाल के बाँकुड़ा जिले के जयरामबती में रामचन्द्र मुखोपाध्याय तथा श्यामसुन्दरी के परिवार में हुआ था। यद्यपि उन्होंने कोई औपचारिक शिक्षा नहीं पाई थी धैर्य और उत्साह के चलते वे बाद के वर्षों में हिन्दू शास्त्रों को पढ़ने लगी थीं, हालाँकि वे अपने हस्ताक्षर तक नहीं कर सकती थीं। छह वर्ष की आयु में 1859 में उनका विवाह गदाधर चट्टोपाध्याय से हुआ, जो

कालान्तर में रामकृष्ण परमहंस कहलाए। विवाह के बाद वे अपने पैतृक परिवार लौटीं और 14 वर्ष की आयु तक वहीं रहती रहीं। गदाधर ने हिन्दू संन्यासी बन ब्रह्मचर्य का व्रत धारण कर लिया था। 1867 में गदाधर उनसे फिर मिले और उनके आध्यात्मिक प्रेम ने शारदा को प्रभावित किया। 1872 में वे दक्षिणेश्वर गईं, वहाँ उनके निवास के दौरान उनके पति ने पूछा कि क्या शारदा उन्हें सांसारिक धरातल पर खींचकर नीचे गिराने आई हैं। शारदा ने सम्मान व विश्वास के साथ उत्तर दिया–'मैं तुम्हें नीचे क्यों खींचूँगी? मैं तुम्हारी सेवा के लिए आई हूँ ताकि तुम अपने चुने हुए पथ पर आगे बढ़ सको।' शारदा अपनी प्रतिज्ञा को श्री रामकृष्ण के जीवन के अन्त तक निभाती रहीं। रामकृष्ण ने इस महान त्याग को पहचाना और स्वीकारा। उन्होंने अपने एक शिष्य से कहा कि 'अगर इसकी वृत्ति भिन्न होती तो न जाने मैं कितना भटक जाता।' शारदा ज़रूरत पड़ने पर अपने पति को डाँट भी सकती थीं। वे प्रतिदिन दोपहर को पति का भोजन स्वयं ले जाती थीं; एक दिन एक वेश्या ने विनती की कि उसे भोजन ले जाने दिया जाए। वह भोजन लाई पर रामकृष्ण ने उसे छुआ तक नहीं। उन्होंने शारदा को बुलाया और कहा कि वे वादा करें कि भोजन सदा वे ही लाया करेंगी। शारदा ने वादा तो किया, पर साथ ही यह भी कहा कि 'अगर कोई मुझे 'माँ' कह सम्बोधित करे और यह सम्मान माँगे, तो मैं मना नहीं कर सकूँगी, फिर चाहे वह कोई भी क्यों न हो। तुम्हें भी याद रखना चाहिए कि तुम केवल मेरे स्वामी नहीं हो, वरन् सबके स्वामी हो।'
1886 में लम्बी अस्वस्थता के बाद श्री रामकृष्ण का अवसान हो गया। शोककाल में शारदा देवी ने पति के दर्शन किए जिन्होंने उन्हें विधवा का वेश धारण न करने और विधवाओं-सा आचरण न करने की आज्ञा दी। कट्टर होने के कारण शारदा ने आजीवन पति की इच्छाओं का पालन किया और लाल पाड़ की साड़ी, सोने की चूड़ियाँ व बंगाल की सधवा स्त्रियों के अन्य लक्षण नहीं त्यागे। एक चर्चित घटना वह भी थी जिसमें उन्होंने एक मुसलमान पुरुष अमजद, जो लुटेरा था, को अपने घर भोजन करने की अनुमति दी। इस पर उनके साथ रहने वाली अन्य विधवाओं ने घोर निन्दा की, माँ शारदा ने अपने हाथों उसका पत्तल हटाया और उस जगह की सफ़ाई कर दी। रामकृष्ण की मृत्यु के बाद वे साल भर कामारपुकुर में रहती रहीं पर बाद में अपने भक्तों के आग्रह पर कलकत्ता चली आईं। शोक की अशुभ अवधि में भी उन्होंने अपने एक शिष्य को दीक्षा लेने से नहीं रोका। उन्होंने कहा कि 'आत्मा और शरीर का कोई सम्बन्ध नहीं है। मृत्यु के कारण अपवित्रता की बात कहना अर्थहीन है।' वे रामकृष्ण की शिक्षा के साथ अपने व्यावहारिक दर्शन को भी जोड़ती थीं। 1898 में उनकी भेंट पहली बार सिस्टर निवेदिता से हुई और उन्होंने निवेदिता स्कूल का उद्घाटन किया। 1901 में उन्होंने बेलूर मठ में दुर्गा पूजा की परिपाटी डाली। **–रीता डालमिया**

शाश्वती

(वैदिक काल)

शाश्वती ऋचाकार थीं। कहा जाता है कि ऋग्वेद की एक ऋचा की रचना (1.179.6) उन्होंने की थी। यह ऋचा शाश्वती के पति असंग प्लेयोगी की लैंगिक शक्ति के पुनर्जीवन का उत्सव मानती है। शाश्वती को नारी भी कहा जाता था, जिसका निहितार्थ है कि उन्हें श्रेष्ठ नारी माना जाता था। ऋचा की स्पष्टवादिता व खुलेपन तथा उसे धार्मिक शास्त्र में दिए गए प्रमुख स्थान से आभास होता है कि प्राचीन युग में स्त्रियों की यौनिकता को स्वीकारा जाता था।

शीला धर

(1929-2001)

शीला धर संगीतकार तथा लेखिका थीं। वे अपने रोचक व स्मरणीय संस्मरण *हियर इज़ समवन आई वुड लाइक यू टू मीट* (1995) तथा पाक शास्त्र व संगीत कलाओं के सम्बन्धों पर लिखी गई अपनी रचना *द कुकिंग ऑव म्यूज़िक* के लिए विख्यात हैं। चरित्रों का शब्द चित्रण उनकी ख़ूबी थी, और शास्त्रीय हिन्दुस्तानी संगीत की शख़्सियतों में उन्हें लेखन के लिए अनेक उपयुक्त पात्र मिले। बॉस्टन विश्वविद्यालय से अंग्रेज़ी साहित्य में एम.ए. शीला का विवाह अर्थशास्त्री व अधिकारी पी.एन. धर से हुआ। इसने शीला को राजनीति, प्रशासनिक सेवाओं तथा संगीत के सामाजिक जगत की उच्छृंखलता का क़रीब से अवलोकन करने का मौक़ा दिया। वे संगीत नाटक अकादमी के प्रबन्ध मंडल तथा भारतीय सांस्कृतिक सम्बन्ध परिषद की परामर्श समूह में रहीं। उनकी अन्य पुस्तकों में *ए चिल्ड्रंस हिस्ट्री ऑव इंडिया* (1961), *दिस इंडिया* (1973), तथा *राग एन जोश : स्टोरीज़ फ्राम ए म्यूज़िकल लाइफ* (2005) शामिल हैं।

शीला धर की प्रमुख प्रतिभा तथा उनकी सौम्यता का स्रोत था लोगों में उनकी रुचि। उनकी टिप्पणी थी 'मेरे संगीत में उस सबका स्वाद रचा-बसा है जो कुछ मेरे साथ कभी भी घटा है, और वे सारे भावनात्मक परिदृश्य भी जहां मैंने यात्रा की हो।'

शिला महादेवी

(आठवीं शताब्दी)

शिला महादेवी राष्ट्रकूट वंश के शासक तथा राजा ध्रुव की पत्नी थीं। वे अपने पति के साथ उस भू-भाग की अधिपति थीं जो उत्तर में विन्ध्य पर्वत के परे तथा दक्षिण में पल्लवों के राज्य तक विस्तृत था। राजा ध्रुव ने पल्लव राज्य को अपने राज्य में जोड़ा तथा उनके दक्षिण में स्थित राजा गंगा को परास्त किया। शिला महादेवी केवल नाम मात्र की नहीं बल्कि वास्तव में सह-शासिका थीं। वे शक्तिशाली राजा वित्तरस, जिनकी पहचान पूर्वी चालुक्य वंश के राजा विष्णुवर्धन चतुर्थ के रूप में की गई है, की पुत्री थीं। उनके शासन काल का एक शिलालेख सुझाता है कि वे स्वयं, साधिकार ऋषियों व विद्वानों को भारी दान दे सकती थीं। इस शिलालेख में उनका उल्लेख 'परमेश्वरी' तथा 'परमभट्टारिका' के विरुदों से किया गया है। राजशेखर (देखें अवन्तिसुन्दरी) भी एक शिला-भट्टारिका का उल्लेख करते हैं जो पांचाली शैली में लेखन में बाण के समकक्ष थीं। 'भट्टारिका' की उपाधि सम्भवतः राजकीय पद का संकेत करती है और यह उल्लेख इसी शिला महादेवी का अन्यथा कन्नौज की शीला का हो सकता है जो भोज राजा की पत्नी थीं।

शोभना समर्थ

(1915-2000)

शोभना समर्थ फ़िल्म अभिनेत्री थीं। उनका जन्म नाम सरोज शिलोत्री था। उनके पिता पी.एस. शिलोत्री जाने-माने बैंकर थे और माँ रतन बाई अभिनेत्री थीं। शोभना के पिता की मृत्यु उस समय हो गई जब वे काफ़ी छोटी थीं और शोभना के काका परिवार के मुखिया बने। वे अभिनय के ख़िलाफ़ थे और उनकी आलोचना ने सरोज को गुपचुप अभिनय करने पर मजबूर किया, हालाँकि स्वयं काका की पुत्री, नलिनी जयवन्त भी बाद में फ़िल्मों में उतरीं। सरोज के काका को डर था कि अगर शोभना मंच पर अभिनय करती देखी जाएँगी तो उसका विवाह नहीं हो सकेगा, सो उसकी माँ दूर के रिश्तेदार, कुमारसेन समर्थ का रिश्ता लाईं, जो हाल ही में जर्मनी से सिनेमेटोग्राफी का अध्ययन कर लौटे थे। पहले तो सरोज ने कुमारसेन के लिए साफ़ इनकार कर दिया, पर जब वे उससे मिलीं तो उनके रंग-रूप और सौम्य आचरण से आकर्षित हो मान गईं। कुमारसेन ने उन्हें उनका फ़िल्मी नाम, शोभना समर्थ दिया।

शोभना ने शुरुआत मराठी फ़िल्म *विलासी ईश्वर* से 1934 में की और 1935 में अपनी पहली हिन्दी फ़िल्म *निगाहें नफरत* बनाई। शोभना को उर्दू नहीं आती थी, सो

वे सही उच्चारण से अपने संवाद रट लिया करती थीं, जिससे फ़िल्म क्रू के सदस्यों को बड़ा मज़ा आता था। अगले वर्ष उनकी पुत्री नूतन का जन्म हुआ। आगामी कुछ वर्षों तक वे हर साल औसतन दो फ़िल्मों में काम करती रहीं और *राम राज्य* (1943) में उन्होंने सीता की भूमिका अदा की। उनकी अन्तिम फ़िल्म 1991 में आई जिसका शीर्षक था *वस्तुहारा*।

उनकी दो पुत्रियाँ नूतन बहल तथा तनूजा समर्थ भी फ़िल्म अभिनेत्रियाँ बनीं। शोभना ने उनकी प्रथम फ़िल्मों का निर्माण किया, हालाँकि बाद में नूतन से रुपए-पैसों के मामले पर शोभना की अनबन हो गई। 1991 में कैंसर से नूतन की मृत्यु के कुछ साल पहले ही उनका सम्बन्ध सुधर पाया। इसके बाद शोभना ने किसी फ़िल्म का निर्माण नहीं किया और लोणावला में अपने कॉटेज में रहने लगीं। उनकी तीसरी पुत्री चतुरा, एक कलाकार हैं। शोभना और कुमारसेन के बीच भी कई मतभेद उभरे और कुछ वर्षों बाद उनका सौहार्दपूर्ण तरीक़े से सम्बन्ध विच्छेद हो गया। शोभना का अभिनेता मोतीलाल से तूफ़ानी रिश्ता जारी रहा। 2000 में शोभना की मृत्यु कैंसर से हुई।

श्रीविद्या

(1953-2006)

श्रीविद्या तमिल तथा मलयालम फ़िल्मों की अभिनेत्री थीं। वे माँ की भूमिका निभाने में माहिर थीं। उनका जन्म 1953 में चेन्नई में हुआ था। उनके पिता हास्य अभिनेता थे परन्तु जिस वर्ष श्रीविद्या का जन्म हुआ उन्हें चेहरे का पक्षाघात हुआ और उन्हें अभिनय त्यागना पड़ा। उनकी माता विख्यात कर्नाटक संगीत गायिका एम.एल. वसंत कुमारी को, परिवार पालने के लिए देर-देर तक काम करना पड़ता था, और कभी-कभी तो अपने बच्चों को स्तनपान करवाने तक की फुर्सत उन्हें नहीं मिल पाती थी। परिवार की आर्थिक स्थिति सुधारने के लिए श्रीविद्या ने कम उम्र में ही फ़िल्मों में काम शुरू कर दिया। वे प्रशिक्षित शास्त्रीय गायिका थीं और पी. सुब्रह्मण्यम की मलयालम फ़िल्म *कुमारसम्भवम्* में उन्होंने नृत्य भी किया था। उन्हें चत्तम्बिकावाला में पहली मुख्य भूमिका मिली। वे फ़िल्मों के लिए और संगीत समारोहों में भी गाती थीं।

ए.विन्सेंट निर्देशित *चेन्दा* से उन्हें ख्याति मिली और *सोल्लाथान निनाक्किरेन* जैसी तमिल फ़िल्मों में भूमिकाएँ भी मिलने लगीं। 1975 में के.बालचन्देर की फ़िल्म अपूर्व *रागंगल* में वे रजनीकांत की ऐसी पत्नी की भूमिका में आईं, जिसका कमल हासन से प्रेम सम्बन्ध था। कथा ने सच्चाई का रूप ले लिया और उन्होंने लगभग

कमल हासन से विवाह कर डाला, परन्तु यह सम्बन्ध अधिक समय नहीं टिका। बाद में उन्होंने जॉर्ज थॉमस से विवाह किया, जो 1978 में उनकी मलयालम फ़िल्म *तीक्कानाल* के सहायक निर्देशक थे, और श्रीविद्या परिवार की इच्छा के विरुद्ध ईसाई बन गईं।

श्रीविद्या फ़िल्मों में काम बन्द करना चाहती थीं, पर यह इच्छा इसलिए पूरी न हो सकी क्योंकि जॉर्ज पर्याप्त कमा नहीं रहे थे। जल्दी ही श्रीविद्या को यह अहसास हुआ कि पति उनका शोषण कर रहे हैं। लम्बी क़ानूनी लड़ाई के बाद, जिसके लिए उन्हें सर्वोच्च अदालत तक जाना पड़ा, उनका तलाक़ हो सका। उन्होंने चेन्नई छोड़ा और त्रिवेन्द्रम चली गईं। तब उनके जीवन का वह चरण प्रारम्भ हुआ जिसमें वे चरित्र अभिनय के लिए मशहूर हुईं। वे अमूमन एक दुखियारी माँ का पात्र निभाती थीं। यह विडम्बना ही थी कि मणिरत्नम की *थलपथि* (1991) में वे रजनीकांत की माँ की भूमिका में उतरीं। उन्होंने कई सफल टी.वी. सीरियलों में भी अभिनय किया। 1990 में श्रीविद्या की माता का अवसान हुआ जो श्रीविद्या का मुख्य सहारा थीं। वे अवसादग्रस्त हुईं और 2003 में पता चला कि उन्हें स्तन का कैंसर है जो काफ़ी फैल चुका है। तीन साल तक इलाज चला, परन्तु अन्ततः उनका देहावसान हो गया। उनकी अन्तिम फ़िल्म *लन्दन* (2005) थी।

संघमित्रा

(282-203 ई.पू.)

संघमित्रा बौद्ध भिक्खुनी व ज्ञानी थीं। उनका जन्म 282 ई.पू. में देवी तथा अशोक के परिवार में हुआ, जो मौर्य साम्राज्य के राजा व बाद में भारत के सम्राट बने। संघमित्रा व उसके भाई महेन्द्र पर पिता के बौद्ध रुझानों का प्रभाव पड़ा और उन्होंने अपना जीवन बौद्ध धर्म को समर्पित कर दिया।

268 ई.पू. में संघमित्रा का विवाह अग्नि ब्रह्म से हुआ और उन्होंने एक पुत्र सुमन को जन्म दिया। अग्नि ब्रह्म 266 में बौद्ध धर्म में दीक्षित हुए थे और दो वर्ष बाद पिता अशोक ने संघमित्रा से जानना चाहा कि क्या वे भी दीक्षित होने को तैयार हैं, संघमित्रा ने हामी भरी। उन्हें अयपाली नाम दिया गया। उन्होंने संसार त्यागा और संघ की सदस्य बन गईं।

252 ई.पू. में अशोक ने श्रीलंका के शासक देवानामपिय तिस्स के दरबार में एक शिष्टमंडल भेजा जिसका नेतृत्व संघमित्रा के पुत्र सुमन व भाई महेन्द्र ने किया। यह यात्रा सफल रही और कई श्रीलंकावासी बौद्ध बने। इसके बाद तिस्स के विशेष अनुरोध पर अशोक ने संघमित्रा को श्रीलंका भेजा। संघमित्रा बोधि वृक्ष की एक

टहनी साथ लेती गईं और वहाँ की स्त्रियों को बौद्ध धर्म की शिक्षा दी। अपने भाई के साथ संघमित्रा भी आजीवन धर्म प्रसार में लगी रहीं व अनेक स्त्रियों को बौद्ध धर्म में दीक्षित किया जिसमें राजपरिवार की स्त्रियाँ भी थीं। उन्होंने वहाँ भिक्खुनियों का संघ स्थापित किया व उन्हें प्रशिक्षण दिया। कहा जाता है कि उनकी मृत्यु पर श्रीलंका के शासक ने स्वयं उनकी अन्त्येष्टि कर उन्हें सम्मानित किया।

संयोगिता
(बारहवीं शताब्दी)

संयोगिता, जिनका नाम संयुक्ता भी लिखा जाता है, कन्नौज के राजा जयचन्द की बेटी थीं। वे अपने पिता के शत्रु पृथ्वीराज चौहान के साथ भाग गई थीं। जयचन्द ने अपनी पुत्री के लिए स्वयंवर आयोजित किया था जिसमें कन्या से विवाह के इच्छुक एकत्रित होते हैं और वह किसी एक को वरमाला पहना अपने चयन का संकेत देती है। जयचन्द को आगाह कर दिया गया था कि पृथ्वीराज स्वयंवर में बाधा डाल अपने शत्रु को अपमानित कर सकते हैं, अतः जयचन्द ने पृथ्वीराज की मूर्ति बना उसे प्रहरी के रूप में द्वार के बाहर खड़ा कर दिया था। संयोगिता ने वरमाला इसी मूर्ति के गले में डाल दी। संकेत पा पास ही छिपे पृथ्वीराज आगे बढ़े और संयोगिता को घोड़े पर बैठा ले भागे, कम से कम गाथा और आख्यान तो यही कथा कहते हैं। संयोगिता की कथा *पृथ्वीराज रासो* में आती है जिसकी रचना चन्दबरदाई ने की थी।

जब पृथ्वीराज गोर के मुहज़ुद्दीन मुहम्मद के सामने तराइन में दूसरी बार युद्ध लड़ने वाले थे, जो उनके लिए घातक सिद्ध होना था, संयोगिता ने उनसे कहा–'मृत्यु केवल मनुष्य नहीं वरन् देवताओं की भी नियति है : सभी पुरातन वस्त्र त्यागने की इच्छा रखते हैं, परन्तु सम्मान से मरना चिरकाल जीने के समान है।' पृथ्वीराज ने बहादुरी के साथ युद्ध किया, पर वे हारे और रणभूमि में ही मारे गए। संयोगिता उनकी चिता पर सती हुईं। राजस्थान के कई लोकगीत इस कथा को बखानते हैं।

रानी सदा कौर
(1762-1832)

सदा कौर दो अन्य लोगों के साथ पंजाब के एक बड़े भाग की प्रतिशासक थीं। वे दसौंध सिंह गिल की पुत्री थीं और उनका विवाह कन्हैया वंश के नेता जय सिंह के पुत्र गुरबक्ष सिंह से हुआ था। उस समय पंजाब छोटे-छोटे इलाक़ों में बँटा था जो

मिस्ल कहलाते थे, और जिन पर सामन्तों का राज था। इनमें अधिक प्रभावशाली इलाक़ों में बटाला तथा कन्हैया थे जो सदा कौर के ससुर के तहत थे। तीसरा प्रभावशाली इलाक़ा या मिस्ल सुखरेचकिया गुजराँवाला के माहा सिंह के तहत थे। 1785 में एक मुठभेड़ में माहा सिंह ने सदा कौर के पति को मार डाला। तब, सदा ने जोड़-तोड़ से अपनी बेटी मेहताब कौर की सगाई, पाँच साल के रणजीत सिंह से करवा दी, जो 1792 में अपने पिता की मृत्यु के बाद शासक बना। पर रणजीत सिंह हाल में स्थापित प्रतिशासन परिषद द्वारा शासित था। 1796 में विवाह सम्पन्न हुआ और सदा कौर अपनी बेटी के साथ गुजराँवाला आईं। वे राजकुमार रणजीत सिंह के लिए बनाई गई तीन सदस्यों वाली प्रतिशासन परिषद की सदस्य बनीं। शेष दो सदस्यों में रणजीत सिंह की माता माई राज कौर (जो माई मलवैन नाम से लोकप्रिय थीं) और दीवान लखपत राय थे जो रणजीत सिंह के मंत्री थे। माई मलैवन की रहस्यमयी रूप से मृत्यु हो गई और लखपत राय छत्ताओं के विरुद्ध एक अभियान में मारे गए। अब सदा कौर अकेली प्रतिशासक थीं और इस बीच कन्हैयाओं की प्रमुख भी बन चुकी थीं। उन्होंने रणजीत सिंह को उनके अभियानों में मदद की जो लाहौर, अमृतसर, चिनिऔत, कसूर तथा काँगड़ा के विरुद्ध छेड़े गए थे। शाह ज़मन के नेतृत्व में जब अफ़गानों ने हमले किए तो दो बार सदा कौर ने रणजीत सिंह को सामरिक सहायता दी। रणजीत सिंह की विजयों ने उसे पंजाब का महाराजा बनाया।

बहरहाल रणजीत सिंह व मेहताब कौर का वैवाहिक जीवन सुखी नहीं था। मेहताब की पहली सन्तान की मृत्यु हो गई और रणजीत सिंह ने दूसरा विवाह किया, दूसरी पत्नी के पुत्र उसके वारिस बने। बाद में मेहताब के दो पुत्र शेर सिंह तथा तारा सिंह हुए, पर वे गद्दी पाने के अधिकारी नहीं थे। इससे रणजीत सिंह और सदा कौर के सम्बन्धों में कड़वाहट आई।

शेर सिंह के वयस्क होने पर रणजीत सिंह ने आग्रह किया कि सदा कौर अपने प्रदेश का प्रशासन उसे सौंप दे। उन्होंने इनकार किया और धमकी दी कि वे वाधिनी का क़स्बा अंग्रेज़ों को दे देंगी। रणजीत सिंह ने सदा कौर को समझा-बुझाकर लाहौर बुलाया जहाँ उन्हे नज़रबन्द कर दिया। सदा कौर एक बार पालकी में छुपकर निकल भागने में सफल रहीं, पर उन्हें फिर से गिरफ़्तार कर लिया गया। कन्हैयाओं की सम्पत्ति ज़ब्त कर ली गई, हालाँकि बटाला को जागीर के बतौर शेर सिंह को दिया गया। सदा कौर की मृत्यु 1832 में बन्दीगृह में हुई।

सत्यवती देवी
(1906-1945)

सत्यवती देवी कामगारों के यूनियनों की कार्यकर्ता तथा सामाजिक कार्यकर्ता थीं। उनका जन्म पंजाब के तलवान गाँव में हुआ था। उनकी माँ वेद कुमारी जी, समाज सुधारक व सक्रियकर्मी थीं और पिता वकील थे। परिवार आर्य समाज से जुड़ा था। जब सत्यवती 16 वर्ष की हुईं उनकी माँ ने बलभद्र विद्यालंकर से उनका अन्तर्जातीय विवाह करवाया। विवाह समारोह सादा था, वधू खादी के वस्त्रों में थी। सत्यवती मार्क्सवाद से प्रभावित थीं उन्होंने धर्म त्यागा, धर्म के कुत्सित स्वरूपों को वे भारतीय समाज का सबसे बड़ा अभिशाप मानती थीं। उनका सपना था कि भारत कामगारों और किसानों का आदर्श देश (यूटोपिया बने) अतः वे धार्मिक कुरीतियों के विरुद्ध अथक संघर्ष करती रहीं। उन्होंने दिल्ली स्थित बिरला कारख़ानों में हड़ताल आयोजित की, जहाँ उनके पति ऊँची तनख़्वाह वाली नौकरी करते थे। कच्ची बस्तियों की स्थितियाँ बेहतर बनाने के मकसद से वे वहाँ भी काम करती रहीं। लाहौर जेल में अपनी अन्तिम क़ैद के दौरान वे गम्भीर रूप से बीमार पड़ीं और उन्हें रिहा कर दिल्ली टी.बी. अस्पताल में भेज दिया गया। गांधी, जिन्होंने सत्यवती को *तूफ़ानी बहन* का उपनाम दिया था, ने चेष्टा की कि वे मृत्युशय्या पर 'राम' का नाम उच्चारित करें, पर सत्यवती ने ऐसा करने से इनकार किया और वैसे ही मृत्यु पाई जैसे वे जीती रही थीं।

बेगम समरू
(1753-1836)

बेगम समरू सरधाना की शासक थीं। उनका जन्म मेरठ के पास कुटाना के कुलीन लुत्फ अली ख़ान के परिवार में ज़ेबुन्निसा नाम से हुआ था। छह वर्ष की आयु में उनके पिता की मृत्यु हो गई और उनकी माँ दिल्ली चली आईं, यहाँ समरू एक अद्‌भुत सुन्दर स्त्री बनीं। उस युग की अनेक संरक्षणहीन, स्वतंत्र, सुन्दर व ओजस्वी स्त्रियों की तरह उन्हे भी तवायफ़ बनने पर मजबूर होना पड़ा। जनरल वॉल्टर राइनहार्ट की नज़र उन पर पड़ी और 1765 में उन्हें जनरल के हरम के लिए बेच दिया गया। राइनहार्ट एक साहसिक था जिसे उसके उदास चेहरे के कारण 'समरू' कहा जाता था। उसे मुग़ल बादशाह से सरधाना की जागीर मिली थी जिससे उसे छह लाख रुपयों की सलाना आय प्राप्त होती थी। बेगम समरू चतुर स्त्री थीं और जल्दी ही उन्होंने जागीर अपने कब्ज़े में कर ली और जब 1778 में 'समरू साहिब' की मृत्यु हुई वे शाह आलम को इस बात पर मना सकीं कि उन्हें समरू का उत्तराधिकारी मान लिया जाए और जागीर

की आय तथा फ़ौज का नियंत्रण उसे दे दिया जाए। 1781 में बेगम और उनके सौतेले बेटे ज़फ़र याब ने ईसाई धर्म स्वीकारा और बेगम ने योआना का नया नाम अपना लिया। जॉर्ज थॉमस नामक एक अन्य साहसिक बेगम की सेवा में भर्ती हुआ। कहा जाता है कि बेगम समरू ने शाह आलम को रोहिल्ला के ग़ुलाम क़ादिर द्वारा किए गए हत्या के प्रयास से बचाया था। परन्तु पुरुषों के प्रति कमज़ोरी बेगम के लिए भारी पड़ी। 1790 में एक फ्रांसीसी व्यक्ति जे.लेवास्सॉल्ट उनकी सेना में भर्ती हुआ और बेगम की मेहरबानी से जल्दी ही तरक़्क़ी पा सका। इससे थॉमस को ईर्ष्या हुई और वह और कई दूसरे बेगम की सेवा छोड़ गए। बेगम के प्रति नाराज़गी इतनी बढ़ी कि उन्हें लेवास्सॉल्ट के साथ भागना पड़ा पर दोनों पकड़ लिए गए। लेवास्सॉल्ट ने दुश्मनों के हाथों पड़ने से बचने के लिए आत्महत्या कर ली, पर बेगम को बन्दी बना लिया गया और सात दिनों तक बन्दूक-गाड़ी से बाँधकर रखा गया।

तब उनके एक पुराने अधिकारी ने उन्हें छोड़ दिया। अपनी जागीर और साख को फिर से पाने में बेगम को समय लगा। उन्होंने जागीर में दख़लन्दाज़ी न करने के बदले ब्रिटिशरों का साथ दिया। जीवन के अन्तिम साल बेगम ने सरधाना और मेरठ में भव्य गिरजाघरों का निर्माण करते बिताए।

पुरानी दिल्ली में चाँदनी चौक में बेगम समरू का महल आज भी खड़ा है। पहले दिलख़ुश कोठी नाम से विख्यात यह महल बेगम ने 1822 में बनवाया था। सुन्दर सीढ़ियाँ इसके दरवाजे तक जाती हैं, जो अन्दर काफ़ी बड़े अहाते में खुलता है। 75 एकड़ में बने इस महल में आज सेंट चार्ल्स कॉलेज चलता है।

स्वर्णकुमारी देवी

(1855-1932)

स्वर्णकुमारी देवी बंगाली की लेखिका थीं। वे देवेन्द्रनाथ ठाकुर तथा रवीन्द्रनाथ ठाकुर की बहन की दसवीं सन्तान थीं। अपने पिता, भाइयों, एक यूरोपीय शिक्षिका, तथा कुछ चुनिन्दा विद्वानों के मार्गदर्शन में उनकी शिक्षा घर में हुई। इस दौरान वे भारतीय तथा पाश्चात्य साहित्य से परिचित हुईं। 1867 में उनका विवाह जानकीनाथ घोषाल से हुआ जो एक ज़िला मजिस्ट्रेट तथा भारतीय राष्ट्रीय कांग्रेस के नेता थे। जब उनके पति इंग्लैंड गए वे अपने पिता के साथ रहीं और मात्र तेरह वर्ष की आयु में उन्होंने लेखन प्रारम्भ कर दिया।

स्वर्णकुमारी ने उपन्यास, लेख, गीत, कविताएँ, नाटक तथा गीतिकाव्यों की रचना की। उनका प्रथम बंगाली उपन्यास *दीपनिर्वाण* को एक उत्कृष्ट कृति माना गया, परन्तु स्वर्णकुमारी की श्रेष्ठतम रचना सम्भवतः उनका उपन्यास *काहाके?* (1898) है, जिसका

अनुवाद स्वयं उन्होंने *द अनफिनिश्ड साँग* के शीर्षक से किया था। वे बंगाल की पहली लेखिका थीं जिन्हें कलकत्ता विश्वविद्यालय ने जगत्तारिणी स्वर्ण पदक दिया। उन्होंने सखी समिति की स्थापना की, जिसका गठन स्त्रियों में मुक्त वैचारिक आदान-प्रदान के लिए किया गया था तथा उन्होंने स्त्रियों व अनाथ बालकों की भी सहायता की। वे 1882 से 1886 तक लेडीज़ थियोसॉफिकल सोसायटी की अध्यक्ष रहीं तथा विधवा शिल्प आश्रम की भी, जो विधवा कल्याण के लिए कार्यरत था। 1888 में बेथ्यून गर्ल्स स्कूल के उद्‌घाटन के समय सखी समिति ने एक प्रदर्शन आयोजित किया जहाँ रवीन्द्रनाथ ने अपने नाटक *मायार खेला* का पहली बार मंचन किया, जिसकी रचना स्वर्णकुमारी के सुझाव पर की गई थी। स्वर्णकुमारी भारतीय राष्ट्रीय कांग्रेस के षष्ठम अधिवेशन में सम्भागी के रूप में शामिल हुईं तथा उनकी रुचि राष्ट्रीय उद्योगों में थी।

1929 में उन्हें कोलकाता में आयोजित बंगाली साहित्य सम्मेलन का सामान्य अध्यक्ष चुना गया। वे 30 वर्षों से अधिक समय तक बंगाली मासिक *भारती* की सम्पादक रहीं। इस पत्रिका ने बंगाली स्त्रियों के बीच विज्ञान तथा उसके निहितार्थ लोकप्रिय बनाने का काम किया, जिनकी वैज्ञानिक साहित्य तक पहुँच नहीं थी। उनकी साहित्यिक शैली में शुद्ध बंगाली व संस्कृत के साथ बोलचाल की बंगाली के शब्दों का प्रयोग भी था, जिससे एक अनूठी बोली की रचना हो सकी थी। उनकी साहित्यिक रचनाओं में *छिन्नमुकुल, हुगलीर इमामबारी, बिरोध, स्नेहलता* तथा एक गीति नृत्य नाटिका *बसन्त उत्सव, देब कौतुक निवेदिता* तथा *गाथा* एवं *कविता ओ गान* जैसी कविताएँ शामिल हैं।

सरला देवी चौधुरानी

(1872-1945)

सरला देवी एक शिक्षाविद् व नारीवादी थीं। वे रवीन्द्रनाथ ठाकुर की बड़ी बहन स्वर्ण कुमारी देवी तथा जानकीनाथ घोषाल की पुत्री थीं। ठाकुर परिवार में पलने के कारण उन्हें उस वातावरण के सांस्कृतिक व राजनीतिक परिवेश का लाभ मिला। उनकी शिक्षा पहले तो घर में ही हुई, पर बाद में वे बेथ्यून स्कूल व कॉलेज में पढ़ीं, जहाँ उनकी मुलाक़ात कामिनी राय व लेडी अबला बोस से हुई। प्रतिभावान गायिका व संगीतज्ञ, सरला, कॉलेज के दिनों से ही कांग्रेस से जुड़ीं और उन्होंने देश-प्रेम के गीतों की एक पुस्तक *शतोगान* (शतगीत) प्रकाशित की। 1905 में सरला ने रामभुज चौधुरी से विवाह किया जो लाहौर के पंजाबी ब्राह्मण थे। वे उर्दू में छपने वाले राष्ट्रवादी समाचार-पत्र *हिन्दुस्तान* के सम्पादक थे, अतः उन पर अक्सर राज की निगरानी रहती थी। उनका एक पुत्र दीपक, हुआ।

सरला देवी ने लाहौर के आसपास के इलाक़े में महिला उत्थान का काम किया और पर्दे में रहने वाली स्त्रियों की शिक्षा के लिए एक योजना प्रस्तावित की। वे शारीरिक संस्कृति की आवश्यकता में विश्वास करती थीं, अतः उन्होंने बीरस्तमी उत्सव, जो खेलकूद और व्यायाम का उत्सव था, प्रारम्भ किया। 1904 में उन्होंने स्वदेशी की एक दुकान खोली जो 'लोक्खीर भंडार' कहलाती थी। स्वदेशी को प्रोत्साहत करने के उनके प्रयासों के चलते भारतीय राष्ट्रीय कांग्रेस ने उन्हें स्वर्ण पदक दिया। 1910 में सरला ने भारत स्त्री महामंडल की पहली बैठक आयोजित की जो किसी स्त्री द्वारा स्थापित पहला प्रमुख भारतीय महिला संगठन था। ऐसा उन्होंने इसलिए किया क्योंकि उनका मानना था कि महिला मुक्ति के लिए काम करने वाले पुरुष स्वयं 'मनु की छाया में' जी रहे हैं। महामंडल ने *पर्दा* को स्त्रियों के लिए सबसे बड़ा अवरोध माना और यह निर्णय किया कि शिक्षिकाओं को ज़नाना में घुस स्त्रियों को बुनियादी कौशल सिखाने के लिए प्रशिक्षित किया जाए। 1930 में सरला देवी ने कोलकाता में भारत स्त्री शिक्षा सदन नामक स्कूल खोला। अपने जीवन के अन्तिम वर्ष में उन्होंने आध्यात्मिक तलाश तथा ध्यान में बिताए।

सरला देवी चौधुरानी की रचना *जीबोनेर झरा पाता* (जीवन के झरे हुए पात) एक ऐसे अनुभूत जीवन का दस्तावेज़ है, जो उनक युग में कम ही स्त्रियों का हो पाता था। पारिवारिक पत्रिका *भारती* में भी उन्होंने योगदान दिया था।

सरजू बाला देवी
(1912-1994)

सरजू बाला देवी एक अभिनेत्री थीं। वे मुख्यतः मंच पर अभिनय करती थीं और उनकी उपस्थिति मात्र इतनी दमदार थी कि वे जल्दी ही 'नाट्य समराग्गी' अर्थात् कोलकाता रंगमंच की साम्राज्ञी के नाम से प्रसिद्ध हो गईं। इसके बावजूद मूक फ़िल्मों में अपने काम के कारण ही उन्होंने अपने अभिनय की छाप छोड़ी। तब 1931 में वे *ऋषिर प्रेम* के साथ बोलती फ़िल्मों में उतरीं। पर उन्हें जल्दी ही अहसास हुआ कि उनकी प्रतिभा मंच पर अभिनय के लिए ही उपयुक्त है, जहाँ वे कई वर्षों तक क्षेत्र के श्रेष्ठतम अभिनेताओं के साथ काम करती रहीं। उन्होंने काज़ी नज़रूल इस्लाम, के. सी. डे तथा भीष्मदेव चैटर्जी से संगीत भी सीखा। उन्हें 1970 में संगीत नाटक अकादमी पुरस्कार दिया गया।

सरोज पाठक

(1929-1989)

सरोज पाठक मराठी की लेखिका थीं, जिन्होंने अधिकतर लघु कथाएँ लिखी थीं। 1929 में एक कट्टर भाटिया परिवार में जन्मीं सरोज ने अपने माता-पिता की इच्छा के विरुद्ध रमणलाल पाठक से विवाह किया जो ब्राह्मण, लेखक व साम्यवादी विचारों वाले व्यक्ति थे। अपनी शिक्षा पूरी करने में सरोज को कठिनाई आई क्योंकि उनके मन में परीक्षाओं का भारी भय बैठा हुआ था। फिर भी अन्ततः उन्होंने गुजराती में स्नातकोत्तर डिग्री पाई। उन्होंने ऑल इंडिया रेडियो तथा रूसी दूतावास के लिए काम किया।

लगता है कि वे और उनके पति दोनों ही मैनिक अवसाद सिंड्रोम से पीड़ित थे। एक बार तो रमणलाल को इसका इतना गम्भीर दौरा पड़ा कि वे कुछ सालों तक घर से निकल ही न सके। इस दौरान सरोज ने ही पति और बेटी को सहयोग दिया। जीवन के अन्तिम 19 वर्ष वे अकेली रहीं। वे एक शिक्षिका के रूप में काम करतीं और सप्ताहान्त में पति से मिलतीं। त्रासदी है कि उनकी मृत्यु ठीक उस दिन हुई जिस दिन वे सेवानिवृत्त होने वाली थीं। सम्भव है कि काम छोड़ने के विचार ने उन्हें इतना अवसादग्रस्त कर दिया हो कि उन्होंने आत्महत्या कर ली। उनकी कथाओं में भी जो कुछ घटता है वह वास्तविक जगत में घटने के बदले पात्रों के मनोमस्तिष्क में ही घटता है। अधिकांश कथाओं में स्त्रियाँ अटपटे या प्रेम शून्य विवाहों में उलझी होती थीं उस सरोज का विवाह सफल विवाह होने का आभास देता है, जिसमें पति-पत्नी दोनों मिलजुलकर बच्चे की देखभाल और घरेलू कामकाज सँभालते थे, एक-दूसरे पर उनका विश्वास था और वे एक-दूसरे को उस हद तक सब कुछ बताते थे जो बिरले ही होता है। उनकी लेखन शैली अप्रत्यक्ष व घुमावदार थी, जो पात्रों के मस्तिष्क बाहर व अन्दर तत्त्वमीमांसात्मक संवाद की रचना करती थी।

सरोजिनी नायडू

(1879-1949)

सरोजिनी नायडू कवयित्री व स्वाधीनता सेनानी थीं। उनका जन्म 13 फरवरी, 1879 को हैदराबाद में हुआ था। सरोजिनी के पिता अघोरनाथ चट्टोपाध्याय एक विलक्षण वैज्ञानिक, भाषाविद् व विद्वान् थे। अघोरनाथ ने 1878 में निज़ाम्स कॉलेज की स्थापना की जो महिला शिक्षण संस्थाओं में अग्रणी संस्था थी। सरोजिनी ने ग्यारह वर्ष की आयु में लेखन प्रारम्भ कर दिया था। उन्होंने बारह वर्ष की आयु में मैट्रिक पास किया तथा पहले लन्दन के किंग्स कॉलेज व तदनन्तर कैम्ब्रिज स्थित गिर्टन कॉलेज में अध्ययन

किया। अपने तथाकथित उदारवादी परिवार की इच्छाओं के विरुद्ध सरोजिनी ने डॉ. गोविन्दराजालु नायडू से 1898 में ब्राह्मो विवाह क़ानून के तहत विवाह किया। नायडू ग़ैर ब्राह्मण थे। दम्पती के चार बच्चे हुए और वे हैदराबाद में अपने प्रसिद्ध घर 'द गोल्डन थ्रशहोल्ड' में रहते थे। उनकी बेटी पद्मजा नायडू थीं।

इंग्लैंड में मताधिकार अभियान का अनुभव लेने के बाद वे कांग्रेस तथा असहयोग आन्दोलन की ओर आकर्षित हुईं। 1908 में उन्होंने मद्रास में विधवा पुनर्विवाह सम्मेलन को सम्बोधित किया। एनी बेसेंट के साथ सरोजिनी नायडू ने समूचे भारत में यात्रा की और युवा कल्याण, श्रम का सम्मान, नारी मुक्ति तथा राष्ट्रवाद पर भाषण दिए। उनके जीवन के मुख्य उद्देश्य थे हिन्दू-मुस्लिम एकता तथा धर्मनिरपेक्ष भारत। एक सार्वजनिक व्यक्तित्व के रूप में उनके जीवन का सर्वाधिक हलचल भरा चरण 1917 से 1919 का रहा। इस दौरान उन्होंने मोंटेग्यू-चेम्सफोर्ड सुधारों, ख़िलाफ़त मुद्दे, राउलैट या 'काले क़ानूनों', साबरमती समझौता व सत्याग्रह व्रत जैसे मुद्दों के अभियानों में शिरकत की। जब 6 अप्रैल, 1919 में गांधी ने सविनय अवज्ञा आन्दोलन छेड़ा, वे गांधी की सबसे भरोसेमन्द सहयोगी थीं। गांधी को बन्दी बनाए जाने के बाद भी उन्होंने यह आन्दोलन जारी रखा इसके बावजूद वे गांधी के अव्यावहारिक विचारों की आलोचना भी करती थीं। प्लेग की महामारी के दौरान उनके असाधारण काम के लिए ब्रिटिश सरकार ने उन्हें जो 'कैसरे हिन्द' पुरस्कार दिया था, उसे सरोजिनी ने लौटा दिया। 1924 में वे दक्षिण अफ्रीका गईं ताकि साथी भारतीयों के हितों की देखभाल कर सकें। 1925 में सरोजिनी कांग्रेस की अध्यक्ष बनीं। उनकी ब्रिटिश विरोधी गतिविधियों के लिए उन्हें 1930 से 32 तक बन्दी रखा गया क्योंकि राज द्वारा कांग्रेस को ग़ैर-क़ानूनी संस्था घोषित किए जाने के बावजूद वे पुनः कांग्रेस की अध्यक्ष चुनी गई थीं। 1942-43 में उन्हें पुनः बन्दी बनाया गया। 1931 में वे अनिर्णायक द्वितीय गोलमेज़ बैठक के लिए गांधी के साथ लन्दन गईं। वे शान्ति संस्थापिका थीं। 1940 में उन्होंने 'राष्ट्रीय सप्ताह' आयोजित किया, और इस चरण में लगभग अकेले ही सम्पूर्ण कांग्रेस अभियान का संचालन किया।

1945 में संविधान परिषद में बिहार की सदस्य के रूप में उन्होंने अपनी सेवाएँ दीं। आज़ादी के बाद उन्हें उत्तर प्रदेश का राज्यपाल बनाया गया। 1947 में उन्होंने एशिया सम्बन्ध सम्मेलन की अध्यक्षता की। 70 वर्ष की आयु में उनका देहावसान लखनऊ में अपने पद पर रहते हुए हुआ। उनकी प्रथम काव्य संग्रह *द गोल्डन थ्रेशहोल्ड* का प्रकाशन 1905 में हुआ था। इसके बाद *द बर्ड ऑफ टाइम* (1912), *द ब्रोकन विंग* (1917), *द सेप्टर एंड द फ्लूट* (1928) तथा *द फेदर ऑव द डॉन* (1961) प्रकाशित हुए। 1914 में उन्हें रॉयल सोसायटी ऑव लिटरेचर का फेलो चुना गया था।

—रीना जैन

स्मिता पाटिल
(1955-1986)

स्मिता पाटिल एक अभिनेत्री थीं और युवावस्था में अपनी दुःखद मृत्यु तक वैकल्पिक हिन्दी सिनेमा का प्रधान आधार रहीं। कॉलेज में अध्ययन के दौरान ही उन्होंने पुणे की छात्र फ़िल्मों में तथा टी.वी. में समाचार पढ़ने का काम प्रारम्भ कर दिया था। रजत पटल पर महिलाओं की कैसी छवि वे प्रस्तुत करेंगी, इस विषय पर उनके निश्चित विचार थे। उनकी पहली महत्त्वपूर्ण फ़िल्म श्याम बेनेगल की *मंथन* (1975) थी, जिसके उपरान्त 1977 में उनकी फ़िल्म *भूमिका* आई जो हंसा वाडेकर के जीवन पर आधारित थीं। इसके बाद उन्हें कई फ़िल्मों के प्रस्ताव मिले, पर उन्होंने उन सारी फ़िल्मों में अभिनय करने से इनकार कर दिया जो उन्हें शोषणकारी या रूढ़िवादी छवि प्रस्तुत करने वाली लगती थीं। 1980 के दशक में वे मुख्यधारा की भूमिकाओं को स्वीकारने के विचार के प्रति कुछ खुलीं। स्मिता महिला मुद्दों के लिए भी संघर्ष करती रहीं और मुम्बई में उन्होंने एक महिला आश्रम स्थापित किया। अपनी दो व्यावसायिक फ़िल्मों *अर्ध सत्य* तथा *उम्बर्थ* से उन्होंने शोहरत कमाई। लोग उनके काम के प्रति आकर्षित हुए तथा वैकल्पिक सिनेमा के बारे में जाना। 1983 में *मंडी* तथा *राओवन* (1984) ने उन्हें ख्याति दी। स्मिता ने *भीगी पलकें, शक्ति, नमक हलाल* तथा *चक्र* जैसे लोकप्रिय फिल्मों में भी काम किया। *अर्थ* में दूसरी स्त्री के सशक्त चित्रण ने उन्हें अपने अभिनय कौशल को प्रदर्शित करने का अवसर दिया। मृत्यु के पहले स्मिता की अन्तिम फ़िल्म केतन मेहता की *मिर्च मसाला* थी। उनकी अभिनय शैली अनूठी थी, अतिशयोक्तिहीन फिर भी ज़मीनी। वे बॉलीवुड की उन चन्द अभिनेत्रियों में थीं जो निचले तबके व निचली जातियों की स्त्रियों की भूमिका उतनी ही सहजता तथा विश्वसनीयता से निभा पाती थीं, जितनी पारम्पारिक भूमिकाएँ।

उन्होंने राज बब्बर से विवाह किया और उनसे उत्पन्न उनका पुत्र प्रतीक हुआ। 1977 में स्मिता पाटिल ने सर्वश्रेष्ठ अभिनेत्री का राष्ट्रीय पुरस्कार हिन्दी फ़िल्म *भूमिका* में उनके अभिनय के लिए जीता। वे श्याम बेनेगल, गोविन्द निहलानी तथा मृणाल सेन जैसी नामी-गिरामी निर्देशकों के बीच बेहद लोकप्रिय थीं।

सावित्रीबाई फुले
(1831-1899)

सावित्रीबाई फुले समाज सुधारक महात्मा ज्योतिबा राव फुले की पत्नी व स्वयं अपने बलबूते भी एक सक्रियकर्मी थीं। 1840 में 9 वर्ष की आयु में सावित्रीबाई का विवाह

ज्योतिबा राव से कर दिया गया था। उनके पति उन्हें शिक्षित करना चाहते थे, पर इस परियोजना का ज्योतिराव के परिवार के सदस्यों ने भी घोर विरोध किया। परन्तु इससे भी वे डगमगाए नहीं, उन्होंने पैतृक गृह छोड़ा ताकि सावित्रीबाई बिना रोक-टोक स्कूल जा सकें। 1847 में एक मुस्लिम स्त्री फातिमा शेख के साथ सावित्रीबाई का अध्ययन पूर्ण होने पर उन्होंने और उनके पति ने 1848 में बालिकाओं के लिए पुणे में एक स्कूल प्रारम्भ किया, जिसमें विभिन्न जातियों की नौ बालिकाओं ने प्रवेश लिया। सावित्रीबाई जब प्रतिदिन पढ़ाने को स्कूल जातीं कट्टरपन्थी पुरुषों के दल उनका पीछा करते, ताने कसते, और उन पर गन्द व पत्थर फेंकते। सावित्रीबाई हतोत्साहित होतीं, पर उनके पति उन्हें डटे रहने का हौसला बँधाते। उन्होंने सावित्रीबाई को दो साड़ियाँ दीं, एक सस्ती जिस पर समाज रास्ते में गन्दगी फेंके और एक बेहतर साड़ी जिसे वे स्कूल में बदलकर अपना काम कर सकें। एक दिन आख़िरकार सावित्रीबाई का धैर्य टूटा और उन्होंने पलटकर सताने वालों में से एक को चाँटा जड़ दिया। अगले दिन से उन्हें किसी ने नहीं सताया।

सावित्रीबाई और उनके पति स्कूल खोलते गए। सावित्रीबाई ने विधवाओं के साथ होने वाले दुर्व्यवहार का भी विरोध किया, विधवाओं का सिर मूँड़ने वाले नाइयों से आग्रह किया कि वे 'हड़ताल' करें। उस समय कुओं को विभिन्न जातियों के लिए अलग रखा जाता था, सो सावित्रीबाई व उनके पति ने अपना कुआँ मुहल्ले के अछूतों के लिए खोल दिया। एक बार ज्योतिबा राव ने एक गर्भवती स्त्री को आत्महत्या करने से रोका और वादा किया उसके शिशु के जन्म के बाद वे उसे अपना नाम देंगे। बाद में सावित्रीबाई व ज्योतिबा राव ने उस शिशु को गोद ले लिया, यह शिशु कालान्तर में चिकित्सक बना। उन्होंने एक आश्रय खोला जहाँ गर्भवती स्त्रियाँ बच्चों को बिना पूर्व इतिहास सम्बन्धी प्रश्नों के अपनी प्रसूति करवा सकती थीं। इस आश्रम का नाम 'बालहत्या प्रतिबन्धक गृह' था। अपने सुधारवादी कृत्यों के लिए फुले दम्पती को समाज के गहरे पूर्वग्रहों और आक्रोश का सामना करना पड़ा। पति की मृत्यु के बाद सावित्रीबाई ने काम जारी रखा। 1897 में मुम्बई में प्लेग की महामारी के दौरान सावित्रीबाई ने स्वयं को राहत कार्यों में झोंक दिया, पर उन्हें भी रोग ने जकड़ा जिससे उनका अवसान हो गया।

सावित्रीबाई मराठी कवयित्री भी थीं। उनके दो संकलन प्रकाशित हुए, 1834 (तारीख?) में *काव्य फुले* तथा 1882 में *बवन काशी सुबोध रत्नाकर*। 1996 में महाराष्ट्र सरकार ने उनके नाम से एक पुरस्कार की स्थापना की जो सामाजिक मुद्दों के लिए संघर्ष करने वाली स्त्रियों को दिया जाता है। उनकी जयन्ती पर डाक एवं तार विभाग ने उनकी स्मृति में एक डाक टिकट जारी किया।

सिद्धेश्वरी देवी

(1908-1977)

सिद्धेश्वरी देवी बनारस की शास्त्रीय हिन्दुस्तानी शैली की गायिका थीं। उन्होंने बनारसी शैली में ठुमरी, टप्पा, दादरा, पूर्वी, होली, चैती, कजरी व अन्य गीतों को लोकप्रिय बनाया। वे कोठेवालियों की लम्बी परम्परा से थीं जिन्हें विविध प्रकार की अभिव्यक्तियों, खासकर ख़याल गायकी के कारण प्रसिद्धि मिली थी। प्रौढ़ावस्था में सिद्धेश्वरी ने यह तथ्य याद किया कि कोई सौ-डेढ़ सौ साल पहले उनकी पूर्वज रतिबाई बनारस आई थीं और उन्होंने स्वयं को वहाँ एक गायिका तथा कोठेवाली के रूप में स्थापित किया था। उनकी मृत्यु के बाद रति बाई की गद्दी उनकी भान्जी मैना बाई ने सँभाली, जिनकी पुत्री चन्दाबाई, सिद्धेश्वरी देवी की माँ थीं। सिद्धेश्वरी की माता उनके शैशव में ही चल बसीं और उनके पिता श्याम जी की मृत्यु तब हो गई जब वे मात्र ग्यारह वर्ष की थीं।

सिद्धेश्वरी का लालन-पालन उनकी मौसी राजेश्वरी ने किया पर एक दिन झगड़े के बाद राजेश्वरी ने उन्हें तन पर पहने कपड़ों में ही घर से निकाल दिया। सिद्धेश्वरी एक झोंपड़ी में दो रुपए मासिक किराए पर रहने लगीं और एक गायिका विद्याधरी के रहम पर आश्रित हुईं जिनसे सिद्धेश्वरी उनका पखावज उधार लेती थीं। क्रमशः सिद्धेश्वरी के मुरीद बने और उनका नाम हुआ। वे बनारस के वेश्या पाड़े में रहती रहीं। सिद्धेश्वरी में तात्कालिकता की शक्ति थी और वे एक ही *बोल* का बारीकी से विस्तार कर सकती थीं। उन्होंने उस्ताद सियाजी, देवास के रज़ब अली ख़ान, लाहौर के इनायत ख़ान के अलावा बनारस के बड़े ग़ुलाम अली ख़ान से तब संगीत सीखा, जब वे प्रसिद्ध शास्त्रीय संगीत गायिका बन चुकी थीं। उन्होंने उषा सिनेटोन कम्पनी की कई फ़िल्मों में गीत गाए।

अपने जीवन के अन्तिम वर्षों में सिद्धेश्वरी दिल्ली चली आईं और उन्हें भारतीय कला केन्द्र में ठुमरी सिखाने का पद मिला। 1967 में उन्हें पद्मश्री से सम्मानित किया गया और तत्पश्चात् विश्व भारती विश्वविद्यालय ने उन्हें डी.लिट्. की उपाधि से नवाज़ा। उन्होंने 'ठुमरी साम्राज्ञी' की उपाधि अर्जित की। उनकी पुत्री सविता देवी ने 1977 में अपनी माता की स्मृति में *श्रीमती सिद्धेश्वरी देवी भारतीय संगीत अकादमी* की स्थापना की।

सीतादेवी (रीनी स्मिथ)

(1905-1983)

सीता देवी एक अभिनेत्री थीं। एंग्लो इंडियन परिवार में रीनी स्मिथ नाम से जन्मीं सीता देवी उस समय अभिनेत्री बनीं जब हिमांशु राय ने उन्हें *प्रेम संन्यास* (1925) में अपने साथ मुख्य महिला भूमिका के लिए चुना। इस फ़िल्म का अंग्रेज़ी शीर्षक था *लाइट ऑव एशिया,* व यह एडविन अरनॉल्ड की कविता पर आधारित फ़िल्म थी। हिमांशु राय ने उन्हें सीता देवी नाम दिया। वे मदन थियेटर के एल्फिन्स्टन थियेटर की अभिनेत्री थीं, जहाँ उन्होंने सबसे पहले धीरेन गांगुली के साथ अभिनय किया। 1920 के दशक में प्रियनाथ गांगुली ने जो मदन थियेटर के लिए फ़िल्में बनाईं उनमें सीता देवी ने काम किया था।

इसके बाद वे फ़िल्म *शिराज़* (1928) में नज़र आईं जहाँ उन्होंने 'दूसरी औरत' का किरदार निभाया। यह फ़िल्म *ताजमहल* की कहानी पर आधारित थी। उन्होंने *प्रपंच पाश* (1929) में भी अभिनय किया जिसके अंग्रेज़ी शीर्षक *अ थ्रो ऑव डाइस* था और जो महाभारत पर आधारित थी। ये तीनों फ़िल्में जर्मन फ़िल्म निर्देशक फ्रांज़ ऑस्टन तथा एक बवेरियन कम्पनी एमेल्का के सहयोग से बनाई गई थीं। परन्तु जर्मनी में नाज़ियों के सत्ता में आने पर यह सहयोग समाप्त हो गया। कहा गया है कि रीनी स्मिथ और उनकी बहन पर्सी स्मिथ दोनों ही उन फ़िल्मों में अभिनय करती थीं जिनमें सीता देवी नायिका की भूमिका में थीं। उनकी तीन अन्य फ़िल्में *कृष्णकान्तेर विल* (1926), *दुर्गेश नंदिनी* (1927) तथा *कपाल कुंडला* (1929) बंकिमचन्द्र चैटर्जी के उपन्यासों पर आधारित थीं। वे *लव्स ऑव अ मुग़ल प्रिंस* (1928) में भी उतरीं जिसका उर्दू शीर्षक *अनारकली* तथा पंजाबी शीर्षक *राजमहल नी रमणी* था। उनकी अन्तिम फ़िल्म थी *काल परिणय* (1930)। 1940 में हिमांशु राय की मृत्यु से उनके फ़िल्मी कैरियर को भारी नुकसान हुआ।

सुचेता कृपलानी

(1908-1974)

सुचेता कृपलानी स्वाधीनता सेनानी थीं। वे स्वतंत्र भारत में उत्तर प्रदेश की प्रथम महिला मुख्यमंत्री बनीं और अन्तरिम संसद तथा लोकसभा की सदस्य भी रहीं। उनका जन्म अम्बाला में हुआ जहाँ उनके पिता डॉ. एस.एन.मजुमदार चिकित्सा अधिकारी थे। वे उदारवादी ब्राह्मो थे जिनका घर स्वाधीनता सेनानियों के लिए खुला रहता था। उनसे तथा बंगाली साहित्य, विशेषकर बंकिमचन्द्र चट्टोपाध्याय के उपन्यासों से प्रेरित

हो सुचेता में राष्ट्रप्रेम और आज़ादी की भावना विकसित हुई। उन्होंने दिल्ली में सेंट स्टीफेन्स कॉलेज से स्नातक किया और लाहौर के सर (श्री?) गंगाराम हाईस्कूल में तथा कालान्तर में 1929 में बनारस हिन्दू विश्वविद्यालय में बतौर प्रोफेसर अध्यापन किया। वहीं उनकी भेंट आचार्य जी.बी. कृपलानी से हुई जिनसे 1936 में उन्होंने विवाह किया। उनके विवाद ने उनके देशप्रेम को और पुख़्ता किया क्योंकि उनके पति भी उनकी तरह ही सक्रियकर्मी थे और भारत के लिए अथक कार्य करते थे। हालाँकि उन्होंने राजनीति में प्रवेश किया था परन्तु उनकी अभिरुचि मूलतः अकादमिक थी।

वे रूस की क्रान्ति से बेहद प्रभावित थीं और बाद में, 1936 के बाद गांधीवादी दर्शन से। 1939 से उन्होंने डॉ. राजेन्द्र प्रसाद के साथ बाढ़ व भूकम्प राहत का काम किया। उसी वर्ष सुचेता ने कांग्रेस की महिला शाखा की स्थापना की और उसकी सचिव बनीं। भारत छोड़ो आन्दोलन के दौरान उन्होंने महिलाओं को लामबन्द किया और 1940 तथा 1944 में जेल गईं। 1941 से 1942 के दौरान वे अखिल भारतीय कांग्रेस कमेटी से जुड़ी रहीं तथा विभिन्न स्तरों पर कार्यरत रहीं।

1945 में सुचेता कस्तूरबा गांधी राष्ट्रीय स्मृति न्यास की समन्वयक बनीं। उन्होंने जयप्रकाश नारायण, राम मनोहर लोहिया तथा अरुणा आसफ अली के साथ काम किया। विभाजन की अव्यवस्था और पीड़ा ने तथा बँटवारे को रोक पाने में गांधी की असमर्थता से उपजे कष्ट ने, उन पर गहरा असर डाला। सुचेता ने गांधी जी के साथ दौरे किए और रक्तपात रोकने की चेष्टा में लगीं। वे सबसे गड़बड़ी वाले स्थानों पर जाने से भी नहीं हिचकिचाईं। कहा जाता है कि वे हमेशा अपने साथ आर्सेनिक ज़हर की शीशी रखती थीं ताकि आवश्यकता पड़ने पर स्वयं अपनी जान ले लें। परन्तु ऐसी आवश्यकता नहीं पड़ी और वे विभाजन की उथल-पुथल से बची रह पाईं।

1945 से 1951 तक सुचेता कांग्रेस कार्य समिति की सदस्य रहीं और 1958 से 1960 तक उसकी अध्यक्ष। वे 1950 में सुचेता संविधान सभा की सदस्या बनीं। 1949 में वे संयुक्त राष्ट्र संघ की आम सभा को भेजे गए भारतीय शिष्टमंडल की सदस्य थीं तथा 1954 में तुर्की भेजे गए शिष्टमंडल की भी। 1956 में संयुक्त राष्ट्र ने जब एशियाई महिला सम्मेलन आयोजित किया तो सुचेता ने भारतीय शिष्टमंडल का नेतृत्व किया। 2 अक्टूबर, 1963 को वे भारत की पहली महिला मुख्यमंत्री बनीं और उत्तर प्रदेश में प्रभावी प्रशासकीय व्यवस्था बनाने के लिए उन्हें घोर परिश्रम करना पड़ा। वे 1967 तक इस पद पर रहीं।

उनका वैवाहिक जीवन सुखद था और राजनीति में उन्हें लाने का श्रेय वे अपने पति को ही देती थीं क्योंकि उनकी प्राथमिक रुचि तो संगीत तथा सामाजिक कार्यों में थी। यह इच्छा वे बाद में लोक कल्याण समिति व अन्य संगठनों से जुड़ने पर पूरी कर पाईं। उनका अवसान 1974 में हुआ, तब तक वे राजनीति की दिशा से दुखी थीं

तथा दलगत राजनीति से उनका मोहभंग हो चुका था, हालाँकि आज़ादी तथा लोकतंत्र के व्यापक मुद्दों के प्रति उनकी कटिबद्धता फिर भी बनी रही थी।

सुधा ताई जोशी

(1918)

सुधा जोशी, जिन्हें 'सुधाताई' नाम से सम्बोधित किया जाता था, स्वतंत्रता सेनानी थीं और 1955 में गोवा के मुक्ति संघर्ष में आपने योगदान के लिए याद की जाती हैं। उनका जन्म गोवा के प्रियोल ग्राम में एक मध्यवर्गीय चितपावन ब्राह्मण के घर हुआ था। हालाँकि उनको कोई औपचारिक शिक्षा नहीं दी गई, उनके पिता ने उन्हें घर पर 13 वर्ष की आयु में एक विधुर महादेव शास्त्री जोशी से विवाह होने के पहले तक पढ़ना- लिखना सिखाया। अपनी ससुराल में सुधा को अपनी दो सौतेली बेटियों व सास की देखभाल करनी पड़ी, इसके बावजूद वे रामायण, महाभारत व मराठी सन्तों व कवियों की रचनाएँ पढ़ने का समय निकालती थीं। क्रमशः उनका दृष्टिकोण व्यापक होने लगा और उन्होंने कट्टरता त्याग सुधार का मार्ग अपनाया।

महादेव शास्त्री जोशी की महान कृति थी *भारतीय संस्कृति कोष*। वे प्रतिबन्धित गोवा राष्ट्रीय कांग्रेस के सदस्य थे और स्वाधीनता संग्राम की प्रगति में रुचि लेते थे। वे सत्याग्रह आन्दोलन की अग्रिम पंक्ति में नेतृत्व करना चाहते थे। परन्तु सुधाताई ने उन्हें पीछे रह अपनी पुस्तक पर काम करने का सुझाव दिया और उन्होंने मोर्चे पर स्वयं पति का स्थान लिया।

6 अप्रैल, 1955 को गोवा राष्ट्रीय कांग्रेस की अध्यक्ष सुधा जोशी के नेतृत्व में मपूसा में सत्याग्रह आयोजित किया गया। इस सत्याग्रह में कुमुदिनी पाईगुनिकर शालिनी लोलीएनकर तथा 70 वर्षीय अम्बिका बाई दांडेकर ने भी भागीदारी की। सुधाताई उस दिन मपूसा में एक आमसभा को सम्बोधित करने वाली थीं, सरकार को इस बात की पूर्व सूचना थी। सरकार ने सीमाबन्दी कर सुधाताई को हिरासत में लेने का बन्दोबस्त किया, पर वे घेराबन्दी से बच निकलीं और सभा को सम्बोधित करने लगीं। सुधाताई ने शुरुआत की ही थी कि पुलिस ने लोगों को तितर-बितर कर उन्हें गिरफ़्तार किया, उन पर मुक़दमा चला और उन्हें 12 वर्षों की क़ैद की सज़ा सुनाई गई। जेल में सुधाताई ने प्रदर्शनकारियों को राजनीतिक बन्दियों का दर्जा देने का अभियान छेड़ा। पुर्तगाली सरकार पर भारतीय सरकार तथा अन्य संगठनों का दबाव आया और सुधाताई को 1959 में रिहा कर दिया गया। इसके बाद उन्होंने अपने पति की शोधों व पुस्तकों के प्रकाशन पर ध्यान केन्द्रित किया।

सुनयनी देवी
(1875-1962)

सुनयनी चट्टोपाध्याय चित्रकार थीं। सुनयनी देवी नाम से लोकप्रिय सुनयनी का जन्म जोरासांको में, प्रतिष्ठित ठाकुर परिवार में हुआ था। उन्होंने रजनी मोहन चट्टोपाध्याय से विवाह किया जो वकील थे। बचपन में उन्हें अपने भाइयों गंगेन्द्रनाथ, स्मरणेन्द्रनाथ तथा अबनीनन्द्रनाथ की तरह कला का औपचारिक प्रशिक्षण नहीं दिया गया। फिर भी चित्र बनाने की इच्छा उनमें बलवती थी। वे अपने भाइयों को काम करते देखतीं और तकनीक सम्बन्धी गुर समझ लेतीं। यों उन्होंने अल्पायु से ही स्वयं को चित्रकला का प्रशिक्षण दिया। विवाहोपरान्त भी वे अपने बच्चों की शैशवावस्था के दौरान भी शौकिया चित्रकारी करती रहीं, हालाँकि गम्भीर चित्रकारी उन्होंने तीस वर्ष की होने के बाद ही प्रारम्भ की। इंडियन सोसायटी फॉर ओरियंटल आर्ट्स ने एकाधिक बार यूरोप में उनके चित्रों को प्रदर्शित किया। उनकी रचनाओं को उस युग के प्रतिष्ठित संस्थानों ने खरीदा जैसे श्री चित्रालय म्यूज़ियम, त्रिवेन्द्रम, जगमोहन पैलेस, मैसूर, रवीन्द्र भारती सोसायटी आदि। सुनयनी ने कला भारती नाम से कला शिक्षण संस्थान की स्थापना की।

उनका मुख्य माध्यम काग़ज़ पर जल रंग रहा और उनके विषय पौराणिक कथाओं से लेकर स्त्री जीवन के सीमित घरेलू स्थान तक से लिए गए थे। यह स्पष्ट है कि अपनी दृश्य भाषा को उन्होंने परम्परागत स्रोतों तथा लोक कला से गढ़ा था। उनके चित्र लयात्मक संवेदना से सराबोर हैं। चाहे बंसी बजाते कृष्ण हों, या कोई घरेलू काम करती कोई स्त्री, सुनयनी देवी इन आकृतियों में घनिष्ठता का स्नेह भाव तथा सरलता का सहज आनन्द भर देती थीं।

सुनीति देवी
(1864-1932)

सुनीति देवी कूच विहार के जीतेन्द्र नारायण की माता, इन्दिरा राजे की सास तथा गायत्री देवी की दादी थीं। वे प्रतिष्ठित ब्राह्मो नेता व बंगाल के समाज सुधारक केशव चन्द्र सेन की पुत्री थीं। उनका विवाह महाराजा नृपेन्द नारायण भूप बहादुर के साथ हुआ था। कूच विहार के राज परिवार में सशक्त नारियों की परम्परा रही थी। उनके पति नृपेन्द्र नारायण दस माह के शिशु के रूप में सिंहासन के उत्तराधिकारी घोषित हुए थे और तीन महिलाओं ने उनकी ओर से प्रतिशासक के रूप में राजकाज सँभाला था; कामतेश्वरी देवी, बृन्देश्वरी देवी तथा निस्तारिणी देवी। सुनीति का विवाह 1878 में हुआ, जिसके तत्काल बाद उनके जिम्मे काम सौंप नृपेन्द्र नारायण उच्च अध्ययन के

लिए इंग्लैंड चले गए। सुनीति शिक्षित स्त्री थीं और उन्होंने अपने राज में तथा बंगाल में चारों ओर जनता के लिए स्कूलों तथा अन्य संस्थाओं की स्थापना की। 1901 में एडवर्ड सप्तम के राज्याभिषेक के समय उन्हें *इम्पीरियल ऑर्डर ऑव द क्राउन ऑव इंडिया* का सम्मान दिया गया। उन्होंने अपनी आत्मकथा *ऑटोबायोग्राफी ऑव एन इंडियन प्रिंसेस* शीर्षक से1920 में लन्दन में प्रकाशित की। यह किसी भारतीय रानी द्वारा अंग्रेज़ी में लिखी आत्मकथाओं में पहली आत्मकथा है।

सुब्बुलक्ष्मी

(1916-2004)

मदुरई शन्मुखावादिवु (एम.एस.) सुब्बुलक्ष्मी शास्त्रीय कर्नाटक संगीत गायिका थीं। उनका जन्म 16 सितम्बर, 1916 के मदुरई में, प्रसिद्ध मीनाक्षी मन्दिर के पास हुआ था। उनका परिवार और वे मन्दिर के संगीतज्ञों को संगीत का रियाज़ करते सुन सकते थे। सुब्बुलक्ष्मी के पिता शन्मुखावादिवु, जाने-माने वीणा वादक थे और उनकी दादी अक्कमाल वायलिन वादिका रह चुकी थीं। सुब्बुलक्ष्मी की माता सुब्रमणिया अय्यर वकील व संगीतकार थीं और बाद के वर्षों में सुब्बुलक्ष्मी, जिनके घर का नाम कंचम्मा था, बचपन में माँ के रियाज़ को सुनने की बात याद करती थीं। सुब्बुलक्ष्मी ने केवल पाँचवीं कक्षा तक पढ़ाई की और स्कूल छोड़ने के बाद पूरा समय संगीत अध्ययन में लगाया।

उन्होंने कर्नाटक शैली की संगीत गुरु मदुरई सेम्मानगुड़ी श्रीनिवास आयंगार से सीखना प्रारम्भ किया, पर उनका शिक्षण गुरु की मृत्यु से अचानक रुक गया। सुब्बुलक्ष्मी का कंठ बेहद सुरीला था और वे बिना संगत के गा सकती थीं। वे बाल प्रतिभा के रूप में विख्यात हुईं और एच.एम.वी. के लिए पहली रिकॉर्डिंग सत्र मात्र दस वर्ष की आयु में किया। रिकॉर्ड करने वाले तकनीकी व्यक्ति उनके स्वर विस्तार से भौचक रह गए। 1933 में सुब्बुलक्ष्मी ने मद्रास संगीत अकादमी में प्रथम प्रदर्शन दिया। उन्होंने पंडित नारायण राव व्यास से शास्त्रीय हिन्दुस्तानी संगीत सीखा। कुम्बकोणम में आयोजित महामहम उत्सव में उन्होंने पहला सार्वजनिक प्रदर्शन दिया, और इसके बाद मद्रास संगीत अकादमी में। युवती के रूप में 1930 के दशक में वे कोलकाता गईं और वहाँ द्विजेन्द्रलाल रॉय से ख़याल तथा ठुमरी गायन सीखा।

वे भजन गायन में दक्ष हो गईं और महात्मा गांधी अक्सर उनसे किसी खास भजन को गाने का अनुरोध किया करते थे। उनकी मुलाक़ात अपने भावी पति स्वतंत्रता सेनानी व कांग्रेस राजनेता थ्यागराज सदाशिवम् से हुई, जिनसे उन्होंने 1940 में विवाह किया। 1938 से 1945 तक सुब्बुलक्ष्मी ने कई फ़िल्मों में काम किया, जिसमें *मीरा* भी शामिल थी, इन फ़िल्मों का निर्माण थ्यागराज ने ही किया था। सुब्बुलक्ष्मी कन्नड़, तमिल, मलयालम, तेलुगु, हिन्दी, संस्कृत, बंगाली, गुजराती आदि अनेक भाषाओं में

गा सकती थीं। उन्हें 1954 में कर्नाटक संगीत की सेवा के लिए पद्म भूषण पुरस्कार दिया गया। 1968 में संगीत अकादमी के मद्रास में आयोजित सम्मेलन का सुब्बुलक्ष्मी ने सभापतित्व किया, वे प्रथम महिला थीं जिन्हें यह सम्मान दिया गया था। 1974 में उन्हें रैमॉन मैगासेसे पुरस्कार दिया गया तथा अगले वर्ष पदम विभूषण। अपने समय की महान शास्त्रीय गायिका एम.एस. ने कई वर्षों तक धर्मार्थ सहायता देने के लिए गाया। उन्हें संगीत नाटक अकादमी पुरस्कार, विश्व भारती विश्वविद्यालय द्वारा *देशिकोत्तम* पुरस्कार तथा संगीत अकादमी द्वारा *संगीत कलानिधि* पुरस्कार से नवाज़ा गया। कर्नाटक संगीत को उनके योगदान के लिए कई विश्वविद्यालयों ने उन्हें डी. लिट से सम्मानित किया। थ्यागराज उत्सव में नियमित रूप से कई वर्षों तक प्रदर्शन के कारण उन्हें 'सप्तगिरि संगीत विद्वानमणि' की उपाधि दी गई।

1982 में जब लन्दन में भारत उत्सव आयोजित किया गया, सुब्बुलक्ष्मी ने उसके उद्घाटन समारोह में गायन किया। उन्होंने टोक्यो, बैंकाक, हांगकांग, मनीला, सिंगापुर तथा मलेशिया में भी संगीत प्रदर्शन किया। 1963 में उन्होंने अन्तर्राष्ट्रीय कला उत्सव में, 1966 में संयुक्त राष्ट्र दिवस पर संयुक्त राष्ट्र आम सभा के समक्ष, तथा न्यूयॉर्क स्थित कार्नेगी हॉल में तथा ब्रिटेन में रॉयल एल्बर्ट हॉल में भी अपनी कला का प्रदर्शन किया।

1998 में वे पहली संगीतज्ञ बनीं जिन्हें भारतरत्न से सम्मानित किया गया, जो भारत का सर्वोच्च नागरिक पुरस्कार है। इस घोषणा को सुन सुब्बुलक्ष्मी ने कहा कि वे 'पूरी विनम्रता के साथ' इस सम्मान को स्वीकार रही हैं। परन्तु आनन्द का यह पल उनके लिए दुःखद भी था क्योंकि चन्द माह पूर्व ही उनके पति थ्यागराज सदाशिवम् का देहावसान हुआ था।

उन्होंने अपने मित्र, दार्शनिक तथा मार्गदर्शक, अपने पति के लिए कहा कि 'मेरे पति की आत्मा मुझे दिए गए सम्मान से स्वर्ग में आह्लादित हो रही होगी।' सन्तूर के उस्ताद पंडित शिव कुमार शर्मा ने सुब्बुलक्ष्मी को 'राष्ट्र की आवाज़' कहा था। उनकी टिप्पणी थी कि 'वे जीती-जागती अनुश्रुति हैं, जिनके संगीत ने चार पीढ़ियों पर अपनी छाप छोड़ी है। उन्हें सम्मानित कर भारत सरकार ने भारतीय शास्त्री संगीत का उपकार किया है।'

सुब्बमा दुव्वूरी

(1887-1964)

सुब्बमा दुव्वूरी स्वाधीनता सेनानी थीं। उनका जन्म वैदिकी सम्प्रदाय के एक निम्न मध्यवर्गीय ब्राह्मण परिवार में हुआ था। बचपन में उनकी कोई शिक्षा-दीक्षा नहीं हुई

और अल्पायु में ही एक गरीब व्यक्ति से उनका विवाह करवा दिया गया। एक दशक बाद पति की मृत्यु ने सुब्बमा को विपन्न स्थिति में डाला। वे निःसन्तान थीं, रूपवान भी और दुनिया में उनका कोई भी मित्र न था।

सौभाग्य से उनके इलाक़े के लोकप्रिय कवि तिरुपति वेंकट शास्त्री उनके रिश्तेदार थे। उन्होंने सुब्बमा को शास्त्रीय साहित्य की शिक्षा दी। तब राष्ट्रवाद ने उन्हें प्रेरित किया और वे गांधी जी की अनुगामिनी बन गईं। सुब्बमा ने नमक सत्याग्रह तथा भारत छोड़ो आन्दोलनों में 1947 तक भाग लिया। आन्ध्र प्रदेश में उन्होंने व्यापक दौरे किए और आम लोगों के बीच ब्रिटिश राज की भर्त्सना की और राष्ट्रीयता के मुद्दे के प्रति सहानुभूति जगाई। इस समय वे पोनका कनकम्मा तथा उन्नाव लक्ष्मीबायम्मा के साथ काम करती रहीं। वे आन्ध्र प्रदेश की पहली महिला राजनेत्री थीं जिन्हें राजनीतिक गतिविधियों के लिए बामशक्कत क़ैद की सज़ा सुनाई गई थी। उन्होंने कांग्रेस के सभी अधिवेशनों में हिस्सा लिया और 1921 में आन्ध्र कांग्रेस की महिला शाखा की स्थापना की। वे मद्रास से अलग आन्ध्र प्रदेश की स्थापना के लिए संघर्ष करती रहीं। 1924 में उन्होंने राजमुंदरी में महिलाओं के लिए एक स्कूल सनातन स्त्री विद्यालय की स्थापना की जिसमें विधवाओं के लिए स्थान आरक्षित थे।

सुभद्रा कुमारी चौहान
(1904-1948)

सुभद्रा कुमारी चौहान कवयित्री तथा स्वाधीनता सेनानी थीं। उनका जन्म 1904 में इलाहाबाद के पास निहालपुर गाँव में, एक मध्यवर्गीय राजपूत परिवार में हुआ था। उनका लालन-पालन रूढ़िवादी परिवेश में हुआ जहाँ अस्पृश्यता आचरण संहिता का हिस्सा थी और कठोर पर्दा प्रथा निभाने का रिवाज़ था। उनके पिता ठाकुर रामनाथ सिंह कठोर अनुशासन लागू करते थे। पर सुभद्रा के बड़े भाई राज बहादुर सिंह ने पारिवारिक परम्पराओं को चुनौती दे सुभद्रा का दाख़िला इलाहाबाद के क्रॉसथ्वेट गर्ल्स स्कूल में करवा दिया। यहाँ वे महादेवी वर्मा से वरिष्ठ छात्रा थीं और उनकी मित्र ने भी सुभद्रा और महादेवी को साहित्य साधना को प्रोत्साहित किया। 15 वर्ष की आयु में सुभद्रा का विवाह खांडवा के ठाकुर लक्ष्मण सिंह से कर दिया गया। जल्दी ही उन्हें माध्यमिक स्तर के अध्ययन के लिए छात्रवृत्ति मिली। सुभद्रा के पति जबलपुर में रहते थे जहाँ वे असहयोग आन्दोलन से जुड़े थे। सुभद्रा ने वाराणसी स्थित थियोसॉफिकल स्कूल में दाख़िला लिया, पर अध्ययन छोड़ वे जबलपुर लौट गईं और स्वाधीतना संग्राम में अपने पति की सहायता में जुट गईं।

1923 में जब वे मात्र 19 वर्ष की थीं उन्होंने सरकारी आदेशों की उपेक्षा करते

हुए कांग्रेस के तिरंगे के साथ एक जुलूस निकाला। पुलिस ने पहले इस झंडे को उतार उसे पैरों तले रौंद चुकी थी। इस घटना पर देश भर में आक्रोश फैला। सुभद्रा तथा उनके पति ने तय किया कि वे जबलपुर से सत्याग्रहियों की टुकड़ी का नेतृत्व करेंगे। यह सुभद्रा के राजनीतिक जीवन की शुरुआत थी। 1930 के दशक में उन्होंने राज्य कांग्रेस कमेटी की महिला शाखा की अध्यक्षता की तथा चौथे दशक के प्रारम्भिक वर्षों में वे सविनय अवज्ञा आन्दोलन से जुड़ीं और अपने छोटे बच्चों को छोड़, गोद के शिशु को साथ ले जेल गईं। बाद में 1936 तथा 1946 में उन्हें बिहार विधानसभा के लिए निर्विरोध चुना गया। अपनी गिरफ़्तारी का विनीत पर मज़ाकिया वर्णन करते हुए सुभद्रा ने कहा कि जेल के रास्ते में उन्हें इतनी मालाओं से सम्मानित किया गया कि वे अपनी कोठरी में उनका तकिया बना सकती थीं जहाँ वे उन्हें उनकी वैवाहिक सेज की याद दिला सकती थीं। उनके राजनीतिक सिद्धान्त अहिंसा, असहयोग और असाम्प्रदायिकता गांधीवादी दर्शन पर आधारित थे।

सुभद्रा की पहली कविता 1913 में प्रकाशित हुई जब वे मात्र नौ वर्ष की बालिका थीं। उन्हें अल्पायु में ही पहचाना जाने लगा था और *कविता कौमुदी* में उनकी रचना अन्य विख्यात कवियों के साथ छपने के बाद वे प्रतिष्ठित हो गईं। सुभद्रा खड़ी बोली में सरल व स्पष्ट शैली में लिखती थीं। छोटी आयु से ही वे कई कवि सम्मेलनों में भाग लेने लगी थीं। ज्वलंत देशप्रेम, गहन मानवीयता व सामाजिक बन्धनों, खासकर स्त्रियों पर लगाए जाने वाले बन्धनों के प्रति गहरी असहिष्णुता, दलितों के प्रति वास्तविक करुणा से उनकी रचनाएँ ओतप्रोत थीं। प्रेमचन्द, माखनलाल चतुर्वेदी व अन्य लेखकों से प्रभावित उनकी देशप्रेम की रचनाएँ एक ओर जहाँ, उस युग में समूचे देश भर में उठी राष्ट्रवाद की लहर का जीवन्त वर्णन हैं, वहीं दूसरी ओर उनकी रचनाओं की शक्ति ने जनमानस को कुछ करने को उद्वेलित भी किया। उनके गाथा गीत *झाँसी की रानी* को अब भी देश के दूर-दराज़ की बसावटों में सुना जा सकता है : 'ख़ूब लड़ी मर्दानी वो तो झाँसी वाली रानी थी...' उनकी सबसे विख्यात रचनाओं में उनका कविता संकलन *मुकुल* (1930), और कथा संग्रह *बिखरे मोती* (1932) को अखिल भारतीय हिन्दी साहित्य सम्मेलन में सेकसरिया पुरस्कार दिया गया। उन्होंने कई बाल कविताएँ भी रचीं, जो मुख्यतः पत्रिकाओं में छपीं और 1933 में *सभा के खेल* (?) शीर्षक के तहत संकलित की गईं। 1934 में उन्होंने *उन्मादिनी* की रचना की। उनके लेखन ने हिन्दी साहित्य पर अमिट छाप छोड़ी। 44 वर्ष की आयु में एक कार दुर्घटना से आई चोटों से उनका निधन हुआ। उनकी पुत्री सुधा चौहान ने उनकी जीवनी लिखी है।

सुमति भिडे
(1932-1999)

सुमति भिडे कैन्सर विशेषज्ञ तथा भारतीय विद्या भवन के स्वामी प्रकाशानन्द आयुर्वेदिक शोध केन्द्र की अकादमिक निदेशक थीं। वे भारतीय महिला वैज्ञानिक संघ की प्रथम अध्यक्ष तथा बाद में उसकी सचिव रहीं। भारतीय कैंसर शोध संस्थान में उन्होंने तम्बाकू के सेवन से मानव में आने वाले कैन्सर-पूर्व परिवर्तनों पर तथा भोजन व प्राकृतिक उत्पादों के कैन्सर रोधी प्रभावों पर अग्रणी शोध की। उन्होंने इस विषय पर अनेक लेख प्रकाशित किए और उन्हें विश्व भर में उद्धृत किया गया।

हल्दी के कैन्सर रोधी प्रभाव पर उनकी शोध को राष्ट्रीय तथा अन्तर्राष्ट्रीय पहचान मिली। उन्हें *एथनोमेडिसिन* पत्रिका के एशिया का सम्भागी सम्पादक बनाया गया। सुमति के पुत्र अमर एक जाने-माने अर्थशास्त्री बने तथा पुत्री गौरी, अमरीका में नैदानिक ऑन्को लॉजिस्ट (कैंसर विशेषज्ञ) हैं।

सुमति मोरारजी
(1909-1998)

सुमति मोरारजी एक व्यापारी थीं। उन्हें भारतीय पोत-परिवहन की प्रथम महिला कहा जाता था। सुमति मुम्बई के वस्त्र उद्योगपति मथुरादास गोकुलदास की एकमात्र पुत्री थीं। 13 वर्ष की आयु में सुमति का विवाह शान्तिकुमार से हुआ जो अग्रणी व्यापारी नरोत्तम मोरारजी के एकमात्र पुत्र थे। शान्ति कुमार मोरारजी ने अपने प्रतिष्ठान की प्रबन्ध एजेन्सी में सुमति को मनोनीत किया। 1929 में शान्ति कुमार की मृत्यु के बाद कम्पनी के कारोबार पर ही सुमति का पूरा ध्यान केन्द्रित हो गया।

प्रारम्भ में 1923 सुमति सिंधिया स्टीम नैविगेशन कम्पनी के संचालन से जुड़ीं। 1942 और 1946 में उन्होंने गांधी के सामीप्य के कारण स्वाधीनता संग्राम में भाग लिया। वे भारतीय जहाज़ मालिक संघ की 1957, 1964 तथा 1970 में अध्यक्ष रहीं। 1970 में उन्हें विश्व पोत-परिवहन फेडरेशन का उपाध्यक्ष चुना गया, जिसका मुख्यालय लन्दन में था। 1979 से 1987 तक वे सिंधिया स्टीम नैविगेशन कम्पनी की मुखिया रहीं, जब तक कि कम्पनी 104 अरब रुपए के घाटे में उलझ न गई और उसे भारतीय शिपिंग क्रेडिट एंड इन्वेस्टमेंट निगम ने न ले लिया। बाद में सुमति को 1992 तक कम्पनी का अध्यक्ष व सेवा मुक्त (एमेरिटस) प्रबन्ध निदेशक बनाया गया। उन्होंने कम्पनी के जहाज़ों की बिक्री को रोकने की तमाम चेष्टाएँ कीं, जिन्हें वे अपनी बेटियाँ कहती थीं, पर असफल रहीं। मुम्बई के सिंधिया हाउस में उन्होंने पोत-परिवहन का अनूठा सन्दर्भ पुस्तकालय बनाया और 1973 में नरोत्तम मोरारजी पोत-परिहवन संस्थान

स्थापित किया। वे नाथद्वारा मन्दिर की प्रबन्धकारिणी की उपाध्यक्ष भी रहीं। सुमति केन्द्रीय राहत कोष की प्रबन्ध न्यासी तथा वर्ल्ड वाइड फंड फॉर नेचर की आजीवन सदस्य थीं। उन्होंने विभाजन के बाद सिंधियों को भारत लाने में अहम भूमिका निभाई। सुमति को 1971 में पद्म विभूषण से सम्मानित किया गया।

सुरैया
(1929-2004)

सुरैया अभिनेत्री और गायिका थीं। उनका जन्म पंजाब के गुजराँवाला में, जो अब पाकिस्तान में है, हुआ और उन्हें सुरैया जमाल शेख का नाम दिया गया। वे अपने माता-पिता की इकलौती सन्तान थीं, और उनकी अभिव्यक्तिमय आँखों के अलावा उन्हें परम्परागत अर्थों में सुन्दर भी नहीं कहा जा सकता था। संगीत में प्रशिक्षित न होने के बावजूद सुरैया फ़िल्मों की सफल गायिका बनीं। उनका बचपन बम्बई में बीता और *उसने क्या सोचा* (1937) में वे पहली बार बाल-कलाकार के रूप में आईं। उनके चाचा (मामा?) ज़हूर फ़िल्मों के लोकप्रिय खलनायक थे। 1941 में स्कूल की छुट्टियों के दौरान सुरैया ज़हूर के साथ नानूभाई वकील निर्मित *ताजमहल* की शूटिंग देखने मोहन स्टूडियो गईं। वकील ने बारह वर्षीय सुरैया को देखा और उन्हें किशोरी मुमताज़ महल की भूमिका के लिए चुन लिया। संगीत उस्ताद नौशाद में उन्हें मार्गदर्शक मिला, जिन्होंने सुरैया को आकाशवाणी पर गाते सुना था। नौशाद ने उन्हें *शारदा* (1942) की युवा अभिनेत्री मेहताब के लिए गीत गाने के लिए चुना। उस समय वे इतनी छोटी थीं कि उन्हें फ़िल्म के लिए 'पंछी जा' गीत गाने के लिए स्टूल पर खड़ा होना पड़ा। गा पाने की क्षमता ने उन्हें अपनी समकालीन अभिनेत्रियों से बेहतर स्थिति में प्रदान की। तब उन्हें *हमारी बात* (1943) में अभिनय का अवसर मिला।

शुरुआत में वे सहयोगी भूमिकाओं में के. आसिफ की *फूल* (1944), महबूब की *अनमोल घड़ी* (1946) तथा *दर्द* (1947) जैसी फ़िल्मों में आईं। तब के.एल. सहगल की *तदबीर* (1945) में मुख्य भूमिका के लिए उनका नाम सुझाया गया। सुरैया ने *उमर ख़ैयाम* (1946) तथा *परवाना* (1947) में सहगल के साथ अभिनय किया।

1947 के बाद कई विख्यात फ़िल्म अभिनेत्रियाँ जैसे नूरजहाँ तथा खुर्शीद पाकिस्तान चली गईं, जिससे सुरैया के लिए मैदान ख़ाली हो गया और आगामी कुछ सालों तक उन्होंने ख़ूब तरक़्क़ी की। *प्यार की जीत* (1948), *बड़ी बहन* तथा *दिल्लगी* (1949) की सफलता के बाद वे अपने समय की सर्वाधिक भुगतान पाने वाली अभिनेत्री बनीं। पर उनकी लोकप्रियता कुछ ही समय टिक पाई और 1950 के दशक में वह घटने लगी। 1954 में *वारिस* तथा *मिर्ज़ा ग़ालिब* के साथ उन्हें फिर से शोहरत मिली, पर इसके बाद एक लम्बा अन्तराल आया। उनकी आख़िरी फ़िल्म थी *रुस्तम सोहराब* (1963)।

सुरैया देव आनन्द के साथ प्रेम सम्बन्ध में जुड़ी थीं जिनसे उनकी मुलाक़ात तब हुई जब सुरैया उन्नीस वर्ष की थीं। इन दोनों कलाकारों ने 1948 से 1951 के बीच छह फ़िल्मों में साथ काम किया–*विद्या* (1948), *जीत* (1949), *शायर* (1949), *अफसर* (1950), *निलि* (1950), तथा *दो सितारे* (1951)। कहा जाता है कि उनका रिश्ता उस घटना से प्रारम्भ हुआ जिसमें विद्या के एक गीत के फ़िल्मांकन के दौरान नाव पलट गई और देव आनन्द ने सुरैया को डूबने से बचाया। परन्तु सुरैया की दादी जो हमेशा उनके साथ होती थीं, को यह रिश्ता नापसन्द था। कहा जाता है कि उन्होंने देव आनन्द द्वारा सुरैया को भेंट की गई हीरे की अँगूठी उन्होंने दरिया में फेंक दी थी और उनके सारे ख़त सुरैया की आँखों के सामने ही जला दिए थे। 1951 में देव आनन्द ने कल्पना कार्तिक से शादी कर ली, पर इस जोड़े को लेकर लगातार अफवाहें उड़ती रहीं। सुरैया ने विवाह नहीं किया।

सुले सनकव्वा

(बारहवीं शताब्दी)

सुले सनकव्वा कन्नड़ की कवयित्री थीं और उनकी केवल एक कविता ही हम तक पहुँच सकी है। इस कविता से स्पष्ट होता है कि वे एक भक्ति कवि थीं, पर साथ ही वेश्या भी थीं। सुले इस पेशे की एकमात्र उदाहरण हैं (और वे बहुत उच्च श्रेणी की वेश्या भी नहीं प्रतीत होतीं) जिन्होंने भक्ति मार्ग को अपनाया था। उनकी कविता का शीर्षक है *मेरे वेश्यावृत्ति के धन्धे में*। कविता वर्णन करती है कि शिव उसके पास आते हैं, पर वह उन्हें मना करती है क्योंकि वह किसी अन्य पुरुष से पैसे ले चुकी है। शिव एक 'अपवित्र' पथिक के रूप में उसके समक्ष हैं और अगर सुले उनसे सहवास करती है तो उसे समाज द्वारा यातना और दंड दिया जाएगा। कविता की विडम्बना शिव के देवत्व तथा उनकी अपरम्परागत वेशभूषा से उपजी घृणा, अस्वीकार तथा कर्मकांडी अपवित्रता की विषमता में स्थित है, जिसका सामना उसे शिव के साथ जाने पर करना होगा।

सुलेखा सान्याल

(1928-1962)

सुलेखा सान्याल लेखिका व सक्रियकर्मी थीं जो बंगाल के इतिहास के सर्वाधिक उथल-पुथल भरे युग की साक्षी बनीं, और उस समय जिस प्रकार स्त्रियों के जीवन छिन्न-भिन्न तथा पुनर्व्यवस्थित हुए, उसका उन्होंने दस्तावेज़ीकरण भी किया। वे क्रान्तिकारी तथा वामपन्थी थीं। आधुनिक बांग्लादेश में स्थित कोरकांडी क़स्बे में स्थित उनके घर में तमाम

क्रान्तिकारियों ने शरण ली थी उन्होंने सुलेखा को बंगाल में चल रहे आन्दोलनों से जुड़ने की प्रेरणा दी। उनके शुरुआती जीवन को प्रभावित करने वालों में ब्राह्मो दार्शनिक रामतनु लाहिरी थे। 1948 से 1956 के दौरान वे विवाहित रहीं, पर यह सम्बन्ध असफल रहा। उनकी प्रमुख रचना *नवांकुर* (1956) है, जिसमें एक युवती का मार्मिक चित्रण है जो पितृसत्ता की वास्तविकताओं के बीच बढ़ती और उन्हें झेलती है।

सुलेखा ने तीस लघु कथाओं की भी रचना की जिनमें पहली *पंकोतिलोक* (1946) में प्रकाशित हुई। उनकी लघु कथा *सिन्दुरे मेघ* कोलकाता के साहित्य प्रेमियों में विख्यात हुई क्योंकि उस पर एक फ़िल्म आधारित की गई। उनकी स्मरणीय कहानियों में *जीबोनायोन, अन्तोराई, फोल्गू, जॉन्माष्टोमी, छोटोमाशी, खैलना, कीट, सोनघाट, बिबॉर्तोन, छेलेटा, एकटी मामूली गॉल्पो, उलूकार, किशोरी, पॉरोस्पॉर, खोला चिठी, शॉक थेरेपी* आदि हैं। उनकी पुस्तक *देवाल फूल* का प्रकाशन उनकी मृत्यु के बाद हुआ। ल्युकेमिया रोग उनकी अकाल मृत्यु से हुई।

सुलोचना (रूबी मेयर्स)
(1907-1983)

सुलोचना अभिनेत्री थीं। रूबी मेयर्स नाम से जन्मीं सुलोचना के पुरखे यहूदी थे पर यह स्पष्ट नहीं कि वे अश्केबाज़ी अथवा बेने इस्रायली परिवार से थीं या दोनों से। गोल-मटोल, भूरी आँखों वाली रूबी, पुणे में पली-बढ़ीं और वहीं एक टेलीफ़ोन ऑपरेटर के रूप में काम करती थीं, जब उनसे कोहिनूर फ़िल्मस के मोहन भवनानी ने सम्पर्क किया। शुरुआत में अभिनय के सामाजिक कलंक के डर से रूबी ने मना किया। पर भवनानी ने रूबी का पीछा न छोड़ा और अन्ततः वे मान गईं। रूबी अन्ततः देश की सबसे अधिक कमाने वाली अभिनेत्री बनीं, जिन्हें पाँच हज़ार रुपए मासिक का वेतन मिलने लगा (जो बम्बई के राज्यपाल से भी अधिक था।) वे शहर में 1935 की शेवरले गाड़ी में घूमा करती थीं। उन्होंने *टाइपिस्ट गर्ल* (1926), *बलिदान* (1927) तथा *वाइल्ड कैट ऑव बॉम्बे* (1927) में अभिनय किया। जिसमें उन्होंने आठ चरित्रों की भूमिकाएँ अदा कीं; बागवान, पुलिसवाला, हैदराबादी भद्र पुरुष, सड़क का छोकरा, केले बेचने वाला और एक यूरोपीय सुन्दरी। 1929 में आर.एस. चौधरी के निर्देशन में निर्मित उनकी तीन फ़िल्में सफल हुईं; *माधुरी, अनारकली* तथा *इन्दिरा बी.ए.*। बोलती फ़िल्मों का आना सुलोचना के लिए समस्या बना क्योंकि उनकी हिन्दी ख़राब थी। उन्होंने साल भर काम बन्द किया और भाषा सीखी और उच्चारण सुधारे तथा 1932 में वे माधुरी के बोलते संस्करण के साथ लौटीं। उनकी कई मूक फ़िल्मों के बोलते संस्करण बने। वे कोहिनूर स्टूडियो छोड़ इम्पीरियल स्टूडियो में काम करने लगीं जहाँ दिनशॉ बिलिमोरिया के साथ जोड़ी में 1933 से 1939

तक उन्होंने काम किया। 1930 के दशक के मध्य में सुलोचना ने रूबी पिक्स नाम से फ़िल्म निर्माण कम्पनी स्थापित की। 1973 में उन्हें आजीवन योगदान के लिए दादा साहेब फाल्के पुरस्कार से सम्मानित किया गया। इस्माइल मर्चेन्ट ने *महात्मा एंड द बैड बॉय* (1974) में सुलोचना को श्रद्धांजलि अर्पित की।

सुशीला गोपालन

(1929-2001)

सुशीला गोपालन राजनेता थीं। उनका जन्म मुहम्मा ने चीरप्पन चीरा के एक प्रतिष्ठित ईझावा परिवार में हुआ जो अपने कलारी या सामरिक नृत्यशाला के लिए विख्यात था। उनकी शिक्षा-दीक्षा अलप्पुझा तथा त्रिवेंद्रम में हुई। वे कम्युनिस्ट पार्टी की सदस्य बनीं और उन्होंने ए.के. गोपालन से विवाह किया जो पार्टी नेता थे और जिनसे उनकी मुलाक़ात तब हुई थी जब वे भूमिगत थे। गोपालन ने सीपीआई (एम) का 1947 से 1977 में अपनी मृत्यु तक लगातार पाँच बार संसद में प्रतिनिधित्व किया। सुशीला 1965 में अलप्पुझा ज़िले के मराइकुलम क्षेत्र से विधानसभा के चुनाव में जीतीं और बाद में केरला सरकार की उद्योग मंत्री बनीं। 1971 में स्थापना से लेकर अपनी मृत्यु तक सुशीला केरला कॉयर मज़दूर केन्द्र की अध्यक्ष रहीं। 1996 में सीपीआई (एम) ने उन्हें मुख्यमंत्री पद का उम्मीदवार नहीं स्वीकारा और ई.के.नायनार का नाम प्रस्तावित किया। वे नायनार के मंत्रिमंडल में उद्योग तथा समाज कल्याण मंत्री रहीं। वे अपनी मृत्युपर्यंत सीपीआई (एम) के राज्य सचिवालय की सदस्य रहीं। सुशीला एलडीएफ (वाम लोकतांत्रिक फ्रंट) के कई पदों पर कार्यरत रहीं।

सुशीला नय्यर

(1914-2001)

सुशीला नय्यर एक चिकित्सक तथा स्वाधीनता सेनानी थीं। वे महात्मा गांधी के सचिव प्यारेलाल नय्यर की छोटी बहन थीं। सुशीला गांधी की निजी चिकित्सक व करीबी सहयोगिनी भी थीं। जिस समय वे लेडी हार्डिंग कॉलेज में चिकित्सा का अध्यक्ष कर रही थीं, तब वे गांधीवाद के मुद्दों पर सक्रिय रही थीं। चिकित्साशास्त्र में स्नातक बनने के कुछ ही समय बाद वे अपने भाई के साथ सेवा ग्राम में रहने चली आईं और 1939 से गांधी जी की देखभाल करने लगीं जो उच्च रक्तचाप व अन्य रोगों से पीड़ित थे। उसी वर्ष क्षेत्र में हैजा फैला और गांधी की परामर्श से सुशीला ने

लगभग अकेले ही स्थिति पर काबू पा लिया। उनके साहस और धैर्य से गांधीजी प्रभावित हुए और यों वे गांधी के सहयोगियों के अन्दरूनी वृत्त में शामिल हो गईं। गांधी जी व सुशीला का पत्राचार गांधी के निजी जीवन के विषय में सूचनाओं का एक प्रमुख स्रोत है। 1942 में सुशीला ने एमडी की डिग्री ली और सेवाग्राम लौटीं जहाँ वे सविनय अवज्ञा आन्दोलन में कूद पड़ीं और महात्मा व उनके दल के साथ आगा ख़ान महल में क़ैद रहीं। 1940 के दशक में गांधी पर हुए कई जानलेवा हमलों की वे गवाह रहीं तथा 1944 में पंचगनी में नाथूराम गोडसे द्वारा गांधी के हत्या के प्रयास के बाद उन्होंने कपूर आयोग के समक्ष गवाही दी। सेवाग्राम में उनका छोटा सा कामचलाऊ दवाख़ाना इतना बड़ा हो गया कि उससे अन्य आश्रमवासियों को दिक़्क़त होने लगी। 1945 में दवाख़ाना पास ही स्थित अतिथिगृह में ले जाया गया जो बिड़ला परिवार ने दान दिया था। यही कालान्तर में कस्तूरबा गांधी स्मृति अस्पताल बना। 1948 में गांधी की हत्या के बाद उन्होंने कुछ समय जॉन हॉपकिन्स विश्वविद्यालय में बिताया और वहाँ से सार्वजनिक स्वास्थ्य की डिग्री हासिल की। 1950 में वे भारत लौटीं और उन्होंने दिल्ली के पास फरीदाबाद में कमला देवी चट्टोपाध्याय के मॉडल टाउन स्थित आवास में क्षयरोग केन्द्र स्थापित किया। वे गांधी मेमोरियल लेपरसी फाउंडेशन की प्रमुख भी बनीं।

आज़ादी के बाद सुशीला नय्यर दिल्ली विधानसभा के लिए निर्वाचित की गईं और 1952 से 1955 तक जन स्वास्थ्य की यूनियन मंत्री रहीं। अगले वर्ष उन्हें दिल्ली विधान सभा का अध्यक्ष चुना गया। 1957 से 1971 तक वे लोकसभा की सांसद चुनी गईं और 1962 से 1967 तक स्वास्थ्य मंत्री रहीं। 1977 से 1979 तक आपातकाल के दौरान वे फिर से सांसद रहीं। 1979 में राजनीति से संन्यास ले उन्होंने महात्मा गांधी चिकित्सा विज्ञान संस्थान पर ध्यान दिया जिसकी स्थापना उन्होंने 1969 में की थी। उन्हें डॉ. बी.सी.रॉय पुरस्कार तथा विश्व भारती विश्वविद्यालय द्वारा *देशिकोत्तमा पुरस्कार* (1995) में दिया गया। 1996 में असम सरकार ने उन्हें *अमल प्रभादास पुरस्कार* से सम्मानित किया। वे *कस्तूरबा, वाइफ ऑव गांधी* (1948), *कस्तूरबा गांधी : अ पर्सनल रेमिनिसेंस* (1960), *फेमिली प्लानिंग* (1963) तथा *रोल ऑव विमेन इन प्रोहिबिशन* (1977) की लेखिका हैं।

हब्बा ख़ातून 'जूनी'

(1554-1609)

हब्बा ख़ातून जूनी कवयित्री व सोलहवीं शताब्दी की कश्मीर की रानी थीं। उन्हें 'जूनी' अथवा चाँद का उपनाम दिया गया था।

हब्बा के पिता कश्मीर घाटी में श्रीनगर के पास चन्द्रहारा गाँव के ग़रीब किसान थे। हब्बा बाल प्रतिभा थीं, जिन्होंने बचपन में ही उद्वेलित करने वाले पदों की रचना की। वयःसन्धि पर उनका विवाह एक ग़रीब किसान से किया गया, पर वे ख़ुश नहीं थीं। चकवंश के शासक यूसुफ शाह ने उनके बारे में सुना और ख़ुद उनके गीत सुनने आए और उसकी आवाज़ पर मोहित हो गए। उन्होंने उसे तलाक़ दिलवाया और उन्हें अपनी रानी बना लिया। कुछ समय बाद मुग़ल सम्राट अकबर ने राज्य पर धावा बोला और उसे जीतकर 1587 में अपने साम्राज्य में मिला लिया। हब्बा बच निकलीं और कश्मीर के प्रदेशों में लोगों को अपने गीतों से रिझाते घूमने लगीं। उन्हें जूनी नाम से पुकारा जाने लगा। उन्होंने *लोलों* की रचना की जो कश्मीर के परम्परागत छोटे गीत होते हैं, और वे इन रचनाओं को वाद्य के साथ गाती थीं। फ़िल्म उमराव जान के प्रसिद्ध निर्देशक मुज़फ़्फ़र अली ने बीसवीं शताब्दी के अन्त में जूनी पर एक फ़िल्म बनानी शुरू की परन्तु कई अड़चनों के कारण यह पूरी न हो सकी।

हंसा वाडकर
(1923-1972)

हंसा वाडकर मराठी सिनेमा की प्रारम्भिक दौर की अभिनेत्री थीं, जिन्हें अल्पायु में स्वयं के भरण-पोषण के लिए मनोरंजन उद्योग से जुड़ना पड़ा और उनका परिवार उनकी आय पर जीवन-यापन करने में सफल रहा।

11 वर्ष की आयु में फ़िल्म उद्योग से जुड़ी हंसा ने मराठी फ़िल्मों में काम कर अपने शराबी पिता को सहारा दिया व अपने भाई को पढ़ाया। 1936 में उनकी पहली फ़िल्म *विजयाची लग्ने* (विजया का विवाह) ने तत्काल सफलता पाई। 14 वर्ष की उम्र में उनका विवाह पड़ोसी के बेटे जगन्नाथ भंडारकर से कर दिया गया, जो लगातार उनके पीछे पड़ा रहा था। हंसा ने यह रिश्ता प्रेम के कारण नहीं बल्कि हार-थक कर स्वीकार लिया था। हंसा का जीवन इस परिवार में भी बदला नहीं; पति ने भी उसका ठीक वैसे ही शोषण किया। वे अपनी आत्मकथा *सांगत्या आईका* (मैं कहती हूँ, सुनो, 1970) में बताती हैं कि वे कई बार अपने पति से भागीं, एक बार तो तीन वर्षों तक एक अमीर ज़मींदार के घर पर पर्दे तक में रहीं, पर तब मजबूरन उन्हें भंडारकर को बुलाना पड़ा। मराठी सिनेमा की अभिनेत्री के रूप में उनकी आत्मकथा उनके अनुभवों का बेबाक वर्णन है, जिससे काफ़ी तहलका मचा क्योंकि कई प्रभावशाली लोग हंसा से जुड़े रहे थे, हालाँकि उनके नामों का कोई उल्लेख हंसा ने नहीं किया था। श्याम बेनेगल की फ़िल्म *भूमिका,* जिसमें स्मिता पाटिल ने अभिनय किया था, हंसा के जीवन पर आधारित थी।

हंसा मेहता
(1897-1995)

हंसा मेहता एक सक्रियकर्मी व राजनीतिज्ञ थीं। उनका जन्म 3 जुलाई, 1897 में सूरत के एक प्रगतिशील नागर परिवार में हुआ था। उनके पिता बड़ौदा तथा बीकानेर दोनों रियासतों के दीवान थे। युवावस्था में ही वे समाज सुधारक अरबिन्दो घोष व बड़ौदा के प्रगतिशील शासक सायाजी राव, तृतीय से प्रभावित हुईं। 1918 में उन्होंने बड़ौदा कॉलेज से दर्शनशास्त्र में ऑनर्स के साथ स्नातक अध्ययन पूरा किया, तथा आगामी वर्ष पत्रकारिता तथा समाजशास्त्र का अध्ययन करने इंग्लैंड गईं। वहाँ वे सरोजिनी नायडू तथा राजकुमारी अमृत कौर से मिलीं। 1924 में भारत लौटने पर उन्होंने अपनी जाति से बाहर विवाह किया–उनके पति जीवराज मेहता मुम्बई के बेहद होनहार चिकित्सक थे।

उनसे प्रोत्साहन व प्रेरणा पा हंसा ने 1926 में मुम्बई नगर निगम के स्कूलों की समिति की सदस्य के रूप में काम प्रारम्भ किया। वे भगिनी समाज की अध्यक्ष भी रहीं। साईमन आयोग का उन्होंने विरोध किया और विदेशी वस्तुओं व शराब की दुकानों के आगे धरना दिया। वे भारतीय राष्ट्रीय कांग्रेस में सक्रिय थीं तथा 1930 में जब वे मुम्बई विधानसभा की सदस्य बनीं तो उनकी असाधारण प्रतिभा व मूल्यवान अनुभव उनके काम आया। संविधान सभा में उन्होंने मुम्बई से कांग्रेस का प्रतिनिधित्व किया। वे मुम्बई विश्वविद्यालय तथा एसएनडीटी विश्वविद्यालय की फेलो रहीं। 1945 से वे बड़ौदा विश्वविद्यालय से जुड़ीं तथा 1949 में उन्हें महाराजा सायाजी राव विश्वविद्यालय बड़ौदा का संस्थापक कुलपति बनाया गया, जिस पद पर वे कई वर्षों तक बनी रहीं। बड़ौदा विश्वविद्यालय के गृह विज्ञान विभाग का शिक्षक समूह भारत में अपनी तरह का पहला समूह था। बाद में गृह विज्ञान के लेडी इरविन कॉलेज की स्थापना का श्रेय हंसा मेहता को दिया जाता है।

अपने व्यस्त कार्यक्रम के बावजूद हंसा ने महिला कल्याण में जुटीं कई संस्थाओं को सहयोग दिया। वे राष्ट्रीय महिला आयोग की सचिव रहीं तथा अखिल भारतीय महिला कॉन्फ्रेंस की अध्यक्ष तथा इन्टरनेशनल एलायन्स फॉर विमेन की उपाध्यक्ष भी रहीं। 1947 से 1952 तक उन्होंने संयुक्त मानवाधिकार आयोग में भारत का प्रतिनिधित्व किया तथा 1950 में वे इसकी अध्यक्ष बनीं। 1958 में हंसा यूनेस्को की कार्य समिति की सदस्य बनीं। उन्होंने शोध के बाद महिलाओं व बच्चों की समस्याओं पर केन्द्रित 20 पुस्तकों की रचना की, इनमें से 16 गुजराती में थीं। उन्होंने शेक्सपियर के कुछ नाटकों तथा वाल्मीकि रामायण के कुछ भागों का भी गुजराती में अनुवाद किया। कई विश्वविद्यालयों ने उन्हें भारत में शिक्षा के विकास में अभूतपूर्व योगदान के लिए डी.लिट्. की मानद उपाधि दे सम्मानित किया। 1958 में भारत सरकार ने उन्हें पद्मभूषण सम्मान से नवाज़ा। **–रीता डालमिया**

हज़रत महल
(1820-1879)

हज़रत महल अवध (अब उत्तर प्रदेश में) के नवाब वाजिद अली शाह की पत्नियों में एक थीं। ब्रिटिश सरकार ने 1856 में अवध को साम्राज्य में मिला लिया। हज़रत महल ने युद्ध कर अपना राज्य वापस पाने का साहसिक पर निष्फल प्रयास किया, उन्हें बन्दी बनाया गया और नेपाल में निर्वासित कर दिया गया। उनका जन्म नाम मुहम्मदी ख़ानम था, शाही हरम में दाख़िल होने के बाद उन्हें हज़रत महल का नाम दिया गया। उनके प्रारम्भिक जीवन के विषय में अधिक जानकारी नहीं है, पर सम्भव है कि उन्हें नवाब की खिदमत में बेचा गया हो, जैसी उस युग की प्रथा थी। नवाब हुनरमन्द औरतों को, जिन्हें महल की परियाँ कहा जाता था, इकट्ठा करने का शौकीन था। लगता है कि प्रशिक्षित गायिका और नर्तकी हज़रत महल ने शाही हरम में कुछ शिक्षा भी पाई होगी। कहा जाता है कि वे आकर्षक थीं और उनमें निश्चित रूप से व्यवस्था व नेतृत्व की क्षमता थी।

युद्ध छिड़ने के नौ वर्ष पूर्व ही अवध को ब्रिटिश सरकार को अर्पित कर दिया गया था। हज़रत महल और उसके बेटे बिर्जिस कादर ने लखनऊ में ही बने रहने का निर्णय लिया, जबकि वाजिद अली शाह अपना दरबार कलकत्ता ले गए थे। 1857 में जब लोगों ने विद्रोह किया तो उन्होंने कादर, जो उस वक़्त दस वर्ष का था, को गद्दी पर बैठाया और हज़रत महल को प्रतिशासक घोषित किया। जितने समय तक वे राज्य का शासन कर पाईं उस दौरान उन्होंने कई चतुर निर्णय लिए और हिन्दुओं व मुसलमानों, दोनों को ऊँचे पदों पर नियुक्त किया। परन्तु कुछ ही महीनों में ब्रिटिश सेना अवध में आ पहुँची, और जल्दी ही हताश अवध सेना पर जीत हासिल की। हज़रत महल ने अपनी सेना का हौसला बढ़ाने को ख़ुद हाथी पर सवार हो उसका नेतृत्व किया। अवध की सेना सँभली और ब्रिटिशरों को वाराणसी व इलाहाबाद के पीछे धकेल सकी। परन्तु इससे उनकी सेना एक बड़े क्षेत्र में छितर गई और कुछ समय में ब्रिटिश फिर हावी होने लगे। आख़िरकार विरोध बिखरा और हज़रत महल और उनका बेटा कुछ सेवकों के साथ नेपाल भाग निकले।

ब्रिटिश हुकूमत ने समर्पण की शर्तें रखते हुए घोषणा की–'किसी शाही ख़ानदान के सदस्यों का जैसा लिहाज़ रखा जाता है, वैसे उनका भी रखा जाएगा, पर उन्हें कभी राजनीतिक शक्ति नहीं दी जाएगी, जल्द से जल्द समर्पण करना उनके लिए समझदारी होगी, ताकि उन्हें उदार व्यवहार और जीवन भर के लिए सम्मानजनक पद मिल सके।' हज़रत महल ने इन शर्तों का तिरस्कार कर ठुकरा दिया। जब इंग्लैंड की महारानी ने 'ग़दर' की समाप्ति की घोषणा की तो हज़रत महल ने भी जवाबी घोषणा की। महारानी की घोषणा के सुन्दर शब्दों व विनीत मुहावरों की निर्मम आलोचना करते हुए हज़रत

महल ने कहा, 'अंग्रेज़ों के लिए विश्वास (छल का) अपरिवर्तित पर्दा है, और (उनकी प्रवृत्ति) किसी भी ग़लती को कभी माफ़ करने की नहीं है, चाहे वह ख़ता छोटी हो या बड़ी।' उन्होंने नेपाल की सरकार से शरण चाही जो उसे दी गई, हालाँकि कहा जाता है कि उन्हें मात्र 400 रुपए प्रतिमाह का भत्ता दिया गया। कहते हैं कि उन्होंने गुज़ारे के लिए अपने गहने बेच डाले। ब्रिटिश सरकार ने उन्हें भारत लौटने की अनुमति नहीं दी और 1879 में निर्वास के दौरान ही उनकी मृत्यु हुई।

10 मई, 1984 को भारत सरकार ने बेगम हज़रत महल की स्मृति के सम्मान में एक डाक टिकट जारी किया।

हेलेना पेट्रोवना ब्लावात्सकी

(1831-1891)

हेलेना पेट्रोवना ब्लावात्सकी एक स्व-घोषित द्रष्टा, आध्यात्मिक नेता थीं। हेलेन हान्ह की पुत्री थीं, जो महिला अधिकारों की पैरवी करने वाली लेखिका थीं। हेलेना ने 17 वर्ष की आयु में काउन्ट निकिफॉर वी. ब्लावात्सकी से विवाह किया, जो उनसे 40 वर्ष बड़े थे। पर जल्दी ही उनसे अलग हुईं और यूरोप में यायावर का जीवन बिताने लगीं। अध्यात्म तथा गुप्त विधा में उनकी गहरी रुचि उत्पन्न हुई। 1867 तथा 1870 वे हिमालय के क्षेत्र में यात्रा करने लगीं, परन्तु ब्रिटिश सरकार को रूसी हमले का भय था, अतः उन्होंने हेलेना को यात्राएँ रद्द करने पर बाध्य किया।

उनका दावा था कि वे मोर्या नामक गुरु से, जो उन्हें गुप्त विधा के रहस्यों का ज्ञान देता है तथा तिब्बत के एक समूह से मनो-सम्पर्क में हैं। इन गुरुओं की सहायता से वे चमत्कारों का दावा करती थीं, हालाँकि कई लोग उनकी शक्तियों के प्रति शंकालु थे। 1873 में वे संयुक्त राज्य अमरीका गईं और दो वर्ष बाद 1875 में उन्होंने कर्नल हेनरी स्टील ऑलकॉट व अन्य लोगों के साथ थियोसॉफिकल सोसायटी की स्थापना की। 1875 में उन्होंने माइकल बेटनेली से कुछ समय के लिए विवाह किया, पर जल्दी ही उनसे अलग हो गईं; उनका तलाक़ 1878 में आधिकारिक रूप से हो गया। उनके द्वारा स्थापित सोसायटी इस सिद्धान्त को मानती थी कि दुनिया का आध्यात्मिक ज्ञान तथा प्राचीन गुप्त विधा परम्पराएँ युग-युगांतर से दक्ष गुरुओं के समूह द्वारा अगली पीढ़ियों को प्रसारित की जाती हैं। इस सिद्धान्त में प्राचीन मिश्र, चाल्डियान, तिब्बत व हिन्दू व अन्य संस्कृतियों का रहस्यवादी ज्ञान मिश्रित था।

1878 में हेलेना कर्नल एच.एस. ऑलकॉट के साथ थियोसॉफिकल सोसायटी का मुख्यालय मद्रास के पास अड्यार में स्थापित करने आईं। उनके दो साथियों ने बाद

में उनके चमत्कारों का पर्दाफ़ाश करते हुए बताया कि वे 'चमत्कार' उनकी सहायता से किए जाते थे। परन्तु उनके व्यक्तित्व का आकर्षण लोगों को उनके पन्थ के प्रति आकर्षित करता रहा। वे निश्चित रूप से गुप्त विधा की ज्ञाता थीं और प्राचीन ग्रन्थों को उद्धृत और उन पर व्यापक टिप्पणी भी कर सकती थीं।

उनकी सबसे प्रसिद्ध रचना *द सीक्रेट डॉक्ट्रिन* थी जो 1888 में प्रकाशित हुई। बाद के वर्षों में उन्होंने अपने सिद्धान्तों पर कुछ पुस्तकें लिखीं जिनमें *आइसिस अनवेल्ड* तथा *द की टू थियोसॉफी* शामिल थीं। कहा जाता है कि उनकी मृत्यु के समय उनके एक लाख अनुयायी थे। ऐनी बेसेंट को भारत लाने का श्रेय हेलेना को जाता है। जो हेलेना के बाद भारत में थियोसॉफिकल सोसायटी की प्रमुख बनीं।

होमवती देवी
(1906-1951)

होमवती हिन्दी कथा लेखिका व कवयित्री थीं। 20 नवम्बर, 1906 को उनका मेरठ में जन्म हुआ तथा वे कम आयु में विधवा हो गईं। उनके चार कथा संग्रहों *धरोहर, स्वप्नभंग, अपना घर* तथा *गोटे की टोपी* के कई संस्करण छपे। हिन्दी फ़िल्म निर्देशक किशोर साहू ने उनकी प्रसिद्ध कहानी *सिन्दूर* पर अनधिकृत रूप से फ़िल्म बनाने की चेष्टा की पर होमवती ने उन्हें ऐसा करने की अनुमति नहीं दी और उन पर लेखक के अधिकारों का हनन करने का दावा ठोंका।

होमवती ने महिलाओं पर होने वाले सामाजिक अन्याय का व इसके विरुद्ध स्त्रियों के मूक विरोध का चित्रण किया है। उनके अधिकांश मुख्य स्त्री पात्र मध्यम वर्ग से हैं जो अपनी सामाजिक सीमाओं के प्रति संवेदनशील हैं, साथ ही वे उन नई स्त्रियों का प्रतिनिधित्व करती हैं जो सामाजिक पाबन्दियों पर सवाल उठाती हैं और अपने अधिकारों की माँग करती हैं। उनके लेखन ने हिन्दी साहित्य में एक नये युग की शुरुआत की। उन्हें अब हिन्दी कथा लेखन में अग्रदूत माना जाता है। उनकी मृत्यु के बाद विख्यात हिन्दी लेखक अज्ञेय ने उनकी स्मृति में *पत्रिका* का एक विशेषांक छापा जिसमें होमवती को श्रद्धांजलि दी गई। उन्होंने दो कविता संग्रह *उद्गार* तथा *अर्धी* भी लिखे थे।

उपसंहार

स्त्रियों के लिए तथा उनके विषय पर रचे गए जीवनकथात्मक कोष केवल इसलिए महत्त्व नहीं रखते कि वे स्मृति को स्पंदित करते हैं, बल्कि इसलिए भी कि वे पारम्परिक ऐतिहासिक तौर-तरीक़ों की बुनियादी कमज़ोरियों को भी उजागर करते हैं। बीसवीं शताब्दी के एक इतिहासकार ने 'इतिहासकारों के तर्क दोष' को पहचान टिप्पणी की थी कि 'इतिहास की विषयवस्तु हमेशा अन्य पुरुषों से घिरे पुरुष ही होते हैं–समूहों में तथा दलों में पुरुष।[1] गर्डा लर्नर जिस वृत्ति को युगों से मान्य नारियों की उपेक्षा कहतीं, वह प्रवृत्ति हालिया समाज में आंशिक रूप से स्वीकारी गई है और इतिहासकारों के शिल्प के परम्परागत तौर-तरीक़े और दृष्टिकोणों को अधिकाधिक ध्यान से जाँचा जा रहा है, उन पर सवाल उठाए जा रहे हैं। फलतः 1970 के दशक से स्त्रियाँ क्रमशः इतिहास की छायाओं से क्रमशः निकलने लगी हैं।

मानव अस्तित्व के प्रारम्भ से ही 'इतिहास के नाटक' में औरतें केवल मंच पर झलक दिखा 'गुज़र जाने वाली' नहीं वरन् वास्तविक अभिनेत्रियाँ रही हैं। पाषाण युग तथा नव-पाषण युग में भी स्त्रियों ने प्रमुख भूमिका अदा की थी। पुरानृशास्त्र ने दर्शाया है कि इनसान की प्रवृत्ति को महज परजीवी होने से प्रकृति का सहचर बनाने में जो प्रारम्भिक नवाचार महत्त्वपूर्ण रहे थे, वे स्त्रियों द्वारा ही किए गए थे, वे स्त्रियों की ही सांस्कृतिक सम्पदा हैं। गार्डन चाइल्ड ने अपनी रचना *व्हॉट हैपंड इन हिस्ट्री* में दर्शाया है कि नवपाषाण युग में बीज बोने, फल एकत्रण, टोकरियाँ बनाने, तथा बाद में मृदभांड बनाने, कताई करने की गतिविधियाँ, जो आदिम मानव समूहों में क्रान्ति ला सकी थीं, वे सभी स्त्रियों की ही कृतियाँ थीं। परन्तु जब निजी सम्पत्ति का विचार विकसित हुआ, जब पितृत्व ज्ञान बढ़ने लगा, जब युद्ध कौशल प्रभावी हुआ और स्थायी जीवन शैली विकसित हुई, दोनों लिंगों के सामाजिक सम्बन्धों में क्रान्तिकारी बदलाव आया। जब कबिलाई सूक्ष्म राजनीति में सम्पत्ति के उत्तराधिकार तथा सामाजिक रुतबा महत्तर प्रश्न बने तो स्त्रियों को क्रमशः दोयम स्थिति में धकेल दिया गया। इन चेष्टाओं के बावजूद स्त्रियाँ इतिहास में सिर्फ़ 'छिप गईं' उन्हें मिटाया नहीं जा सका।

1. डेविड हैकेट फिशर, *हिस्टोरियंस फैलेसीस : टुवड्र्स अ लॉजिक ऑव हिस्टॉरिकल थॉट*, (न्यूयार्क : हार्पर एंड रो, 1970) पृ. 217

मौजूदा संकलन ने इस दावे का समुचित प्रदर्शन किया है। यह रचना भारत के इतिहास में महिलाओं की उपस्थिति तथा उनके सक्रिय योगदान को प्रभावी रूप से स्थापित करती है। एक ही खंड में यह कृति, विभिन्न युगों में भारत की महान उपलब्धियाँ प्राप्त करने वाली स्त्रियों के विषय में जानकारी देती है। यह पुस्तक इस तथ्य को उजागर करती है कि भेदभाव बरतने वाले विविध नज़रियों द्वारा लगाए गए सामाजिक प्रतिबन्धों के बावजूद भारत की नारियाँ अपने लिए स्थान तराश सकीं। उन्होंने पुरुषों के खेल को न केवल पुरुषों की शर्तों के अनुरूप खेला और उसमें कमाल हासिल किया, बल्कि उसके भी परे जा उन्होंने समाज के क्रियाकलापों व उसकी व्यवस्था पर महत्त्वपूर्ण तथा बुनियादी सवाल भी उठाए। वैदिक युग की ब्रह्मवादिनियाँ ज्ञान तथा बोध के क्षेत्र में मुक्त विचरण कर सकीं। घेरियों अथवा बौद्ध संन्यासिनों, जिनको महाप्रजापति गौतमी के हठी आग्रह के कारण झिझक के साथ संघ में प्रवेश मिला था, वे भारत तथा भारत के बाहर बौद्ध धर्म की प्रभावी राजदूत बनीं। इनमें संघमित्रा जानी-मानी उदाहरण हैं। बौद्ध तथा जैन धर्म में मल्लिनाथ, आम्रपाली तथा विशाखा जैसी स्त्रियों के मुक्त विचारों के ऊँचे स्तर को देखना हमें मोहित करता है। स्थापित व्यवस्था पर प्रश्न उठाने में उनकी प्रगति, तथा घरेलू काम-काज के बन्धनों से मुक्त हो संसार त्यागने के साथ मिली स्वतंत्रता का उत्सव मानने की उनमें असाधारण क्षमता थी। तो फिर क्या वे आज की नारीवादियों की, जो सामाजिक सम्बन्धों पर वही बुनियादी सवाल उठा रही हैं, पूर्व माताएँ थीं?

कला तथा साहित्य महिलाओं की गतिविधियों के पारम्परिक क्षेत्र रहे हैं। सूज़ी थरू तथा के.ललिता ने, दो खंडों में प्रकाशित कृति *विमेन राइटिंग इन इंडिया* में महिलाओं के लेखन को छठी शताब्दी ई.पू. तक चिह्नित किया है।[1] उन्होंने यह साबित किया है कि इन लेखिकाओं ने न केवल साहित्य में उल्लेखनीय योगदान किया, वरन् अपने विचारों तथा अभिगम में इन नारियों के प्रयासों ने उस जगत को भी आकार दिया जो विरासत में हमें मिलना था। अतः वे इतिहास को प्रभावित कर रही थीं, सत्ता के इतिहास को नहीं' वरन् विवाद तथा समाघात के इतिहास को। यह काम आसान न था, यह इस बात से ज़ाहिर होता है कि अपनी कलात्मक स्वाधीनता को बचाए रखने के लिए उन्हें अक्सर संन्यासिन गायिका बनना पड़ा, वे सायास गन्दी और अव्यवस्थित रहती थीं ताकि पुरुषों की लोलुपता से बची रह सकें, जैसा लल्ला डेड, अक्का महादेवी तथा अव्वैयार ने किया था। जानाबाई जैसी स्त्रियाँ तो ऐसी आज़ादी का स्वप्न मात्र देख सकीं, जबकि कुछ अन्य स्त्रियों जैसे मुद्दुपालानी को राजदरबार में संरक्षण मिला जहाँ उनकी प्रतिभा सराही गई। पर इससे भी व्यापक जगत में उसकी

1. सूज़ी थारू तथा के. ललिता, सम्पादित, *विमेन राइटिंग इन इंडिया : 600 बीसी टू द प्रेज़ेन्ट* (नई दिल्ली : ऑक्सफोर्ड यूनिवर्सिटी प्रेस, 1993) खंड-प्रथम, पृ. 36

चारित्रिक साख बच सकेगी का कोई आश्वासन न था। बीसवीं शताब्दी तक इस्मत चुगताई जैसी लेखिकाएँ उन विषयों पर, बिना सार्वजनिक नैतिक हमले के, लिख नहीं सकीं जिन पर मुद्दुपालानी ने अपनी रचनाओं में लिखा था।

प्रशासन जैसे तथाकथित सार्वजनिक, पर पारम्परिक रूप से पुरुषों के वर्चस्व वाले क्षेत्र तक में नारी शासकों ने अमिट छाप छोड़ी है। जिस भाग को विगत युगों की उल्लेखनीय रानियाँ कहा जाए उसमें भी तमाम ऐसी मलिकाएँ, महारानियाँ मिलेंगी, जो अब तक भारतीय इतिहास के हाशिए पर रहीं, जैसे कृपी, चाँद बीबी, रानी दुर्गावती, जो केवल नाममात्र की रानियाँ या शाही उत्तराधिकारियों की माताएँ मात्र नहीं थीं, बल्कि अपनी सोच रखती थीं तथा सत्ता सम्पन्न थीं, राजाज्ञाएँ देती थीं। जिस नियमितता तथा सहजता से भारतीय राजनीतिक परिदृश्य में नारी शासिकाएँ उभरती हैं वह इस धारणा पर सन्देह जगाता है कि उपनिवेश-पूर्व भारतीय समाज में सार्वजनिक तथा निजी क्षेत्रों में वह कठोर अन्तर दरअसल मौजूद था जिसका दावा पाश्चात्य विद्वान् करते हैं। आधुनिकता के आगमन तथा जनसत्ता की अवधारणा के इतने विस्तृत होने पर कि जिसमें लोकतांत्रिक कर्म व कृतित्व शामिल हो, स्त्रियों ने भी सूरज तले अपना स्थान पाने का संघर्ष किया। शिक्षा ने उन्हें अपने अधिकार माँगने के अस्त्र-शस्त्र दिए, हालाँकि उस शिक्षा को पाने तक के लिए रससुन्दरी देवी तथा रौकिया जैसी असंख्य स्त्रियों को अपने 'संरक्षकों' से संघर्ष करना पड़ा। और तो और मातंगिनी हाज़रा तथा बिनोदिनी दासी जैसी अशिक्षित स्त्रियों ने भी इस बाधा के बावजूद अपने आसपास के जगत पर अपनी इच्छाशक्ति की छाप छोड़ी। बीसवीं शताब्दी में भारतीय नारियों ने पश्चिम के बारे में जाना, और इस तुलना ने स्वतः ही उन्हें पारम्परिक नियमों व रीजि-रिवाजों के तहत भारतीय स्त्रियों के साथ होने वाले व्यवहार पर उन्हें नई तरह से सोचने पर मजबूर किया।

अब आमतौर पर यह स्वीकार लिया गया है कि पितृसत्ता का केवल एक रूप नहीं होता बल्कि अनेकों पितृसत्ताएँ होती हैं, तथा वह बुनियादी व्यवस्था विभिन्न स्थानीय/सांस्कृतिक विशिष्टताओं में भिन्न-भिन्न प्रकार से काम करती है। ऐसी प्रत्येक स्थिति में स्त्रियों के लिए जिस स्थान का प्रावधान किया जाता है उसकी प्रकृति तथा व्यापकता में भी अन्तर होता है। अर्थात् उनके बीच अगर सीधी-सादी तुलना मात्र की जाए तो वे मात्र आधी कहानी ही सुनाते हैं। यह उचित होगा कि भारतीय स्थिति का विश्लेषण किया जाए ताकि पता चले के भारतीय स्त्रियाँ किस प्रकार के स्थान में काम करती रहीं और वह क्या था जिसने उनमें से कुछ को उन तमाम नियम-कायदों को लाँघने की क्षमता दी जो खासतौर से इसलिए रचे गए थे कि स्त्रियाँ अधीन ही रहें। अगर यह पुस्तक शोधकर्ताओं में ऐसे अध्ययन प्रारम्भ करने और उस माध्यम से नारियों का इतिहास रचने की इच्छा जगा सकें तो इसका औचित्य स्वतःसिद्ध हो जाएगा। ऐसा उपक्रम मात्र शोध के विषय के रूप में स्त्रियों को केन्द्रित नहीं करेगा

बल्कि प्रासंगिक प्रश्न पूछेगा कि उन्होंने जो किया वह क्यों किया, कैसे किया और उनके शब्दों व मौनों को जाँच कर इतिहास में स्त्रियों की भूमिका को समझने का प्रयास करेगा। इससे नये ज्ञान का सृजन होगा और भारतीय समाज की एक अधिक समग्र छवि उभर सकेगी।

–डॉ. अनुराधा चन्दा

स्त्री शक्ति : समानान्तर ऊर्जा
पारस्परिक सहयोग एवं समन्वय

ज़मीनी स्तर पर अभिसरण का अनूठा मंच; वैज्ञाानिक शोध; रचनात्मक उपक्रम; व्यावसायिक सटीकता तथा गत्यात्मक उद्यम। न्याय तथा समता की तलाश में नारियों का सामूहिक प्रयार:।

उद्देश्य–भारत में स्त्रियों के लिए समता, आत्म निर्भरता तथा समान अवसर रचने के लिए एक नेटवर्क की स्थापना। सशक्तिकरण की नीतियों को विकसित करना।

दिशादृष्टि–महिला केन्द्रों का एक जाल स्थापित करना जो परस्पर जुड़ी विविध गतिविधियों को आधार दें और जो स्त्रियों के व्यापक सबलीकरण को सम्बोधित करती हों।

रणनीति–महिलाओं के राजनीतिक सशक्तिकरण की रणनीतियाँ बनाना तथा सिद्ध हो चुके आदर्शों को सहक्रियाशील बनाना। भारत में समान अवसर आयोग की स्थापना की दिशा में काम करना। अतीत तथा वर्तमान में नारियों की उपलब्धियों को दृश्य बनाने के लिए दस्तावेज़ीकरण करना।

स्त्री शक्ति : समानान्तर शक्ति के उद्देश्य

- विभिन्न ताक़तों–ग़ैर सरकारी संगठनों, शैक्षणिक पहलों, लेखकों, कलाकारों, पत्रकारों, वैज्ञानिकों, नैगमिक कार्यकर्ताओं, व्यावसायिकों, प्रदर्शनकर्ताओं, महिला समूहों तथा सक्रियकर्मियों को परस्पर जोड़ना।
- नैगमिक जगत से सम्पर्क-संवाद करना।
- ज़मीनी तथा राष्ट्रीय स्तर की महिला नेत्रियों का नेटवर्क बनाना।
- महिलाओं के मुद्दों को सामने लाना तथा सामुदायिक भागीदारी को रेखांकित करना।
- जवाबदेही की माँग करना तथा सही शासन सुनिश्चित करना।
- भारत में एक राष्ट्रीय लैंगिक समता आयोग–स्त्री समता आयोग की स्थापना करना।

- महिलाओं के प्रकाशनों को प्रोत्साहन देना।
- 100 महिला मंच विकसित करना।
- एशिया में महिलाओं की आवाज़ सृजित करने की दिशा में प्रयास करना।
- एक वैश्विक नेटवर्क की रचना की दिशा में प्रयत्न करना जो हिंसा का विरोध करे, बदलाव लाए व विश्व शान्ति स्थापित कर सके।